독자의 1초를 아껴주는 정성!

세상이 아무리 바쁘게 돌아가더라도
책까지 아무렇게나 빨리 만들 수는 없습니다.
인스턴트 식품 같은 책보다는
오래 익힌 술이나 장맛이 밴 책을 만들고 싶습니다.

길벗이지톡은 독자 여러분이
우리를 믿는다고 할 때 가장 행복합니다.
나를 아껴주는 어학도서,
길벗이지톡의 책을 만나보십시오.

독자의 1초를 아껴주는
정성을 만나보십시오.

미리 책을 읽고 따라해본 2만 베타테스터 여러분과
무따기 체험단, 길벗스쿨 엄마 2% 기획단,
시나공 평가단, 토익 배틀, 대학생 기자단까지!
믿을 수 있는 책을 함께 만들어주신 독자 여러분께 감사드립니다.

(주)도서출판 길벗 www.gilbut.co.kr
길벗이지톡 www.gilbut.co.kr
길벗스쿨 www.gilbutschool.co.kr

《시나공 JLPT 일본어능력시험 N3 문법》 학습계획표

《시나공 JLPT 일본어능력시험 N3 문법》을 학습하시는 분들을 위해 6주 완성으로 학습계획표를 짜보았습니다. 시험 6주 전에 시작해서 5~8일에 한 개의 시나공 문법을 학습하도록 설계한 학습 프로그램입니다. 12주 전에 시작하시는 분은 6주 완성 프로그램을 2회 반복하시거나 6주를 12주로 늘려 학습하시는 등 개인별 학습 시간과 학습 수준에 따라 자신만의 학습 계획을 세워보세요.

첫째 주	1일차	2일차	3일차	4일차	5일차	6일차	7일차
학습 내용	준비마당	시나공 01	시나공 01	시나공 01	시나공 01	시나공 01	적중 예상문제

둘째 주	8일차	9일차	10일차	11일차	12일차	13일차	14일차
학습 내용	적중 예상문제	복습	시나공 02	시나공 02	시나공 02	시나공 02	시나공 02

셋째 주	15일차	16일차	17일차	18일차	19일차	20일차	21일차
학습 내용	적중 예상문제	적중 예상문제	복습	시나공 03	시나공 03	시나공 03	시나공 03

무엇이든 물어보세요!

학습하다가 궁금한 점이 생기면 길벗 홈페이지(www.gilbut.co.kr)에 회원으로 가입한 후 '1:1 문의' 코너에 질문하세요. 여러분의 궁금증을 확실히 해결해 드립니다.

넷째 주	22일차	23일차	24일차	25일차	26일차	27일차	28일차
학습 내용	시나공 03	적중 예상문제	적중 예상문제	복습	시나공 04	시나공 04	시나공 04

다섯째 주	29일차	30일차	31일차	32일차	33일차	34일차	35일차
학습 내용	시나공 04	적중 예상문제	적중 예상문제	복습	시나공 05	시나공 05	시나공 05

여섯째 주	36일차	37일차	38일차	39일차	40일차	41일차	42일차
학습 내용	적중 예상문제	복습	실전 모의고사1	실전 모의고사2	총복습	총복습	총복습

성중경 지음

시나공 JLPT 일본어능력시험 N3 문법

Crack the Exam! – JLPT N3 Grammar

초판 발행 · 2021년 10월 10일

지은이 · 성중경
기획 · 북스코어
발행인 · 이종원
발행처 · (주)도서출판 길벗
브랜드 · 길벗이지톡
출판사 등록일 · 1990년 12월 24일
주소 · 서울시 마포구 월드컵로 10길 56(서교동)
대표전화 · 02)332-0931 | **팩스** · 02)323-0586
홈페이지 · www.gilbut.co.kr | **이메일** · eztok@gilbut.co.kr

기획 및 책임편집 · 오윤희(tahiti01@gilbut.co.kr) | **표지 디자인** · 최주연 | **제작** · 이준호, 손일순, 이진혁
마케팅 · 이수미, 장봉석, 최소영 | **영업관리** · 심선숙 | **독자지원** · 송혜란, 윤정아

편집진행 및 교정 · 정보경 | **본문 디자인** · 박찬진 | **전산편집** · 수(秀) 디자인
CTP 출력 및 인쇄 · 금강인쇄 | **제본** · 금강제본

ISBN 979-11-6521-667-2 04730
(길벗 도서번호 301080)

정가 15,000원

독자의 1초까지 아껴주는 정성 길벗출판사

길벗 | IT실용서, IT/일반 수험서, IT전문서, 경제경영서, 취미실용서, 건강실용서, 자녀교육서
더퀘스트 | 인문교양서, 비즈니스서
길벗이지톡 | 어학단행본, 어학수험서
길벗스쿨 | 국어학습서, 수학학습서, 유아학습서, 어학학습서, 어린이교양서, 교과서

페이스북 **www.facebook.com/gilbuteztok**
네이버 포스트 **http://post.naver.com/gilbuteztok**
유튜브 **https://www.youtube.com/gilbuteztok**

강의실에서만 들을 수 있는 내용을 생생하게 담았다

본 교재는 2010년 출간된 〈시나공 JLPT 일본어능력시험 N3 문자 · 어휘/문법〉을 문법 파트만 따로 분리하여 최신 문제 출제 경향을 반영하고 혼자서도 더욱 쉽게 학습할 수 있도록 해설 내용을 대폭 강화한 JLPT 수험 대비서입니다.

그동안 시험에 어떤 문제가 출제되었는지, 시험에 출제되는 형태는 어떠한지, 출제 문제들을 면밀히 분석하여 최신 출제 경향을 반영하였습니다. 아울러 저자가 오랫동안 시험과목을 전문적으로 강의해 오면서 축적된 강의 노하우를 교재에 담기 위해 노력했습니다. 각 문법의 뉘앙스와 주의할 점, 시험에 주로 출제되는 부분과 정답을 찾는 포인트 등 강의실에서만 들을 수 있는 내용을 교재 속에 담았습니다.

각 파트의 연습문제는 실제 시험에 충분히 대비할 수 있도록 실전과 유사한 난이도와 유형으로 만들었으며 정답을 찾을 수 있는 요령과 오답은 왜 오답인지 등의 자세한 풀이과정을 곁들여 두었기 때문에 혼자서도 쉽고 빠르게 익힐 수 있을 것입니다.

N3은 JLPT의 5단계 중 중간 단계 수준의 시험입니다. N3에 응시하는 분들 대부분이 막 초급 일본어를 끝낸 학습 수준임을 고려해서 앞부분에 기초를 다질 수 있는 초급 문법을 두어 N3 문법을 학습하기에 앞서 초급 문법을 다시 한번 복습한 후 N3 문법으로 이어질 수 있도록 구성한 것 또한 본 교재의 특징입니다.

아무리 심혈을 기울였다고는 하나 분명 부족한 면도 있으리라 생각됩니다만, 본 교재가 N3 수험자들에게 학습 방향을 제시하고 더 나아가서는 합격에 많은 도움이 되리라고 생각합니다.

끝으로 본 교재가 출판되기까지 많은 도움을 주신 분들에게 감사드립니다.

성중경

이 책의 구성 및 활용법

이 책은 N3의 가장 핵심이 되는 문법을 총 5개의 시나공 문법으로 나누어 엮었습니다. 모든 시나공 문법에는 '적중 예상 문제'를 수록하였으며, 실전처럼 풀어볼 수 있는 모의고사를 수록하였습니다.

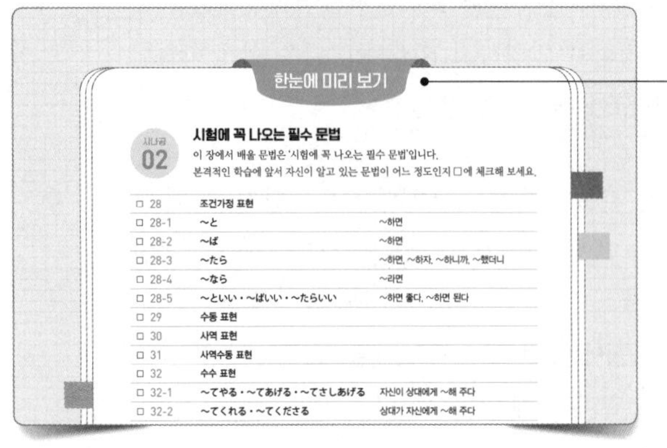

한눈에 미리 보기

시나공 02 **시험에 꼭 나오는 필수 문법**

이 장에서 배울 문법은 '시험에 꼭 나오는 필수 문법'입니다.
본격적인 학습에 앞서 자신이 알고 있는 문법이 어느 정도인지 □에 체크해 보세요.

□ 28	조건가정 표현	
□ 28-1	～と	～하면
□ 28-2	～ば	～하면
□ 28-3	～たら	～하면, ～하자, ～하니까, ～했더니
□ 28-4	～なら	～라면
□ 28-5	～といい・～ばいい・～たらいい	～하면 좋다, ～하면 된다
□ 29	수동 표현	
□ 30	사역 표현	
□ 31	사역수동 표현	
□ 32	수수 표현	
□ 32-1	～てやる・～てあげる・～てさしあげる	자신이 상대에게 ～해 주다
□ 32-2	～てくれる・～てくださる	상대가 자신에게 ～해 주다

① 한눈에 미리 보기

각 시나공 문법에서 배울 문법과 해석을 학습에 앞서 한눈에 확인할 수 있습니다. 공부 시작하기 전에 알고 있는 문법이 어느 정도인지 미리 체크해볼 수 있습니다.

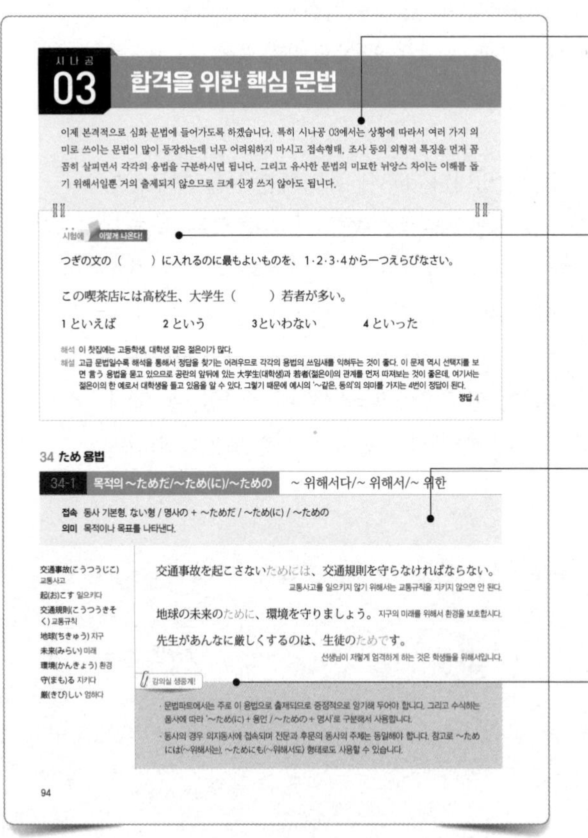

시나공 03 **합격을 위한 핵심 문법**

이제 본격적으로 심화 문법에 들어가도록 하겠습니다. 특히 시나공 03에서는 상황에 따라서 여러 가지 의미로 쓰이는 문법이 많이 등장하는데 너무 어려워하지 마시고 접속형태, 조사 등의 외형적 특징을 먼저 꼼꼼히 살피면서 각각의 용법을 구분하시면 됩니다. 그리고 유사한 문법의 미묘한 뉘앙스 차이는 이해를 돕기 위해서일뿐 거의 출제되지 않으므로 크게 신경 쓰지 않아도 됩니다.

시험에 이렇게 나온다!

つぎの文の（　　）に入れるのに最もよいものを、1·2·3·4から一つえらびなさい。

この喫茶店には高校生、大学生（　　）若者が多い。

1 といえば　　2 という　　3 といわない　　4 といった

해석 이 찻집에는 고등학생, 대학생 같은 젊은이가 많다.
해설 고급 문법일수록 해석을 통해서 정답을 찾기는 어려우므로 각각의 용법의 쓰임새를 익혀두는 것이 좋다. 이 문제 역시 선택지를 보면 言う 용법을 묻고 있으므로 공란의 앞뒤에 있는 大学生(대학생)과 若者(젊은이)의 관계를 먼저 따져보는 것이 좋은데, 여기서는 젊은이의 한 예로서 대학생을 들고 있음을 알 수 있다. 그렇기 때문에 예시의 '～같은, 등의'의 의미를 가지는 4번이 정답이 된다.

정답 4

34 ため 용법

34-1 목적의 ～ためだ/～ため(に)/～ための　～ 위해서다/～ 위해서/～ 위한

접속 동사 기본형, ない형 / 명사の + ～ためだ / ～ため(に) / ～ための
의미 목적이나 목표를 나타낸다.

交通事故(こうつうじこ) 교통사고
起(お)こす 일으키다
交通規則(こうつうきそく) 교통규칙
地球(ちきゅう) 지구
未来(みらい) 미래
環境(かんきょう) 환경
守(まも)る 지키다
厳(きび)しい 엄하다

交通事故を起こさないためには、交通規則を守らなければならない。
교통사고를 일으키지 않기 위해서는 교통규칙을 지키지 않으면 안 된다.

地球の未来のために、環境を守りましょう。 지구의 미래를 위해서 환경을 보호합시다.

先生があんなに厳しくするのは、生徒のためです。
선생님이 저렇게 엄격하게 하는 것은 학생들을 위해서입니다.

강의실 생중계!

· 문법파트에서는 주로 이 용법으로 출제되므로 중점적으로 암기해 두어야 합니다. 그리고 수식하는 동사에 따라 '～ため(に) + 용언 / ～ための + 명사'로 구분해서 사용합니다.
· 동사의 경우 의지동사에 접속되며 전문과 후문의 동사의 주체는 동일해야 합니다. 참고로 ～ためには(～위해서는), ～ためにも(～위해서도) 형태로도 사용할 수 있습니다.

94

② 시나공 소개

이 책은 시나공 01에서 시나공 05까지 총 5개의 시나공 문법으로 구성되어 있습니다. 각 시나공 문법에서 배울 학습 내용을 간단하게 요약 정리해두었습니다.

③ 시험에 이렇게 나온다!

각 시나공 문법에 대한 소개와 문제 유형을 살펴볼 수 있도록 예시 문제를 실었습니다. 본 학습 전에 가볍게 풀어보면서 정답 찾기 요령을 익혀보세요.

④ 문법 설명

각 문법의 접속형태와 의미를 정리했으며 예문과 예문에 나오는 어휘까지 꼼꼼하게 실었습니다.

⑤ 강의실 생중계!

현장 경험을 토대로 선생님만의 문제 풀이 비법을 실었습니다. 시험에 출제되는 형태, 학습 시 주의할 점, 정답을 찾는 포인트 등 강의실에서만 들을 수 있는 내용을 생생하게 공개합니다!

☑ 시나공 확인 문제

つぎの文の ＿★＿ に入る最もよいものを、1·2·3·4から一つえらびなさい。

道で外国人に東京駅へ ＿＿ ＿★＿ ＿＿ ＿＿ が、英語が話せな
なかった。

1 いいのかと　2 どう　3 聞かれた　4 行っ

해석 길에서 외국인이 도쿄역에 어떻게 가면 되는지 물었지만 영어를 못해서 가르쳐 주지 못했다.

해설 조언을 구할 때 주로 사용하는 표현 ～といい・～ばいい・～たらいい 만 암기하고 있으면 4-1이 된다는 것
리고 1번에 인용의 と가 있으므로 뒤에는 3번이 와야 한다. 마지막으로 부사인 1번은 당연히 4번을 수식해야 한
하면 2-4-1-3이 되므로 정답은 4번이다.

⑥ 시나공 확인 문제

학습 진행 사이사이에 문제를 실었습니다. 적중 예상 문제 풀이에 앞서 간단하게 문제 형태를 익히고 학습한 내용을 확인해볼 수 있습니다.

적중 예상 문제 ①

問題1 つぎの文の（　　）に入れるのに最もよいものを、1·2·3·4から一つえらびなさい。

01 朝起きて窓を（　　）、雪が降っていた。
1 開ければ　2 開けると　3 開けてから　4 開けるなら

02 このごろ風邪が流行していて、病院は予約制ではあるが、いつも混んでいて２時間も（　　）こともある。
1 待たれる　2 待たされる　3 待てる　4 待とう

03 A「これを全部一人で作ったんですか。」
B「いいえ。友達に手伝って（　　）んです。」
1 あげた　2 やった　3 くださった　4 もらった

⑦ 적중 예상 문제

실전에 강해지려면 실제 시험과 같은 형식의 문제를 풀어보는 것이 가장 좋습니다. 문제를 푼 다음에는 예문을 통째로 암기해보세요. 학습 효과 100%입니다.

실전 모의고사 1회

問題 1 つぎの文の（　　）に入れるのに最もよいものを、1·2·3·4から一つえらびなさい。

01 もう三日（　　）降り続いている雨のせいで、子供たちは外遊びができなくて残念がっている。
1 も　2 など　3 くらい　4 に

02 危ないから暗くならない（　　）山を下りたほうがいい。
1 うちに　2 ために　3 あいだ　4 あとで

03 この曲をきく（　　）、いつも昔見た映画を思い出す。
1 までに　2 くせに　3 たびに　4 うちに

04 早く起きられる（　　）目覚ましをかけて寝た。

⑧ 실전 모의고사 2회분

실전과 똑같은 형태의 실전 모의고사 2회분을 실었습니다. 실전처럼 시간을 체크하면서 시험 직전에 풀어보세요.

정답 & 해설집

〈정답 & 해설집〉을 책 속의 책으로 넣어 학습 편의성을 높였습니다. 적중 예상 문제와 실전 모의고사에 대한 정답과 자세한 해설을 실었습니다. 왜 답이 되는지, 왜 답이 될 수 없는지, 상세한 해설을 통해 문제 풀이 요령을 터득할 수 있습니다.

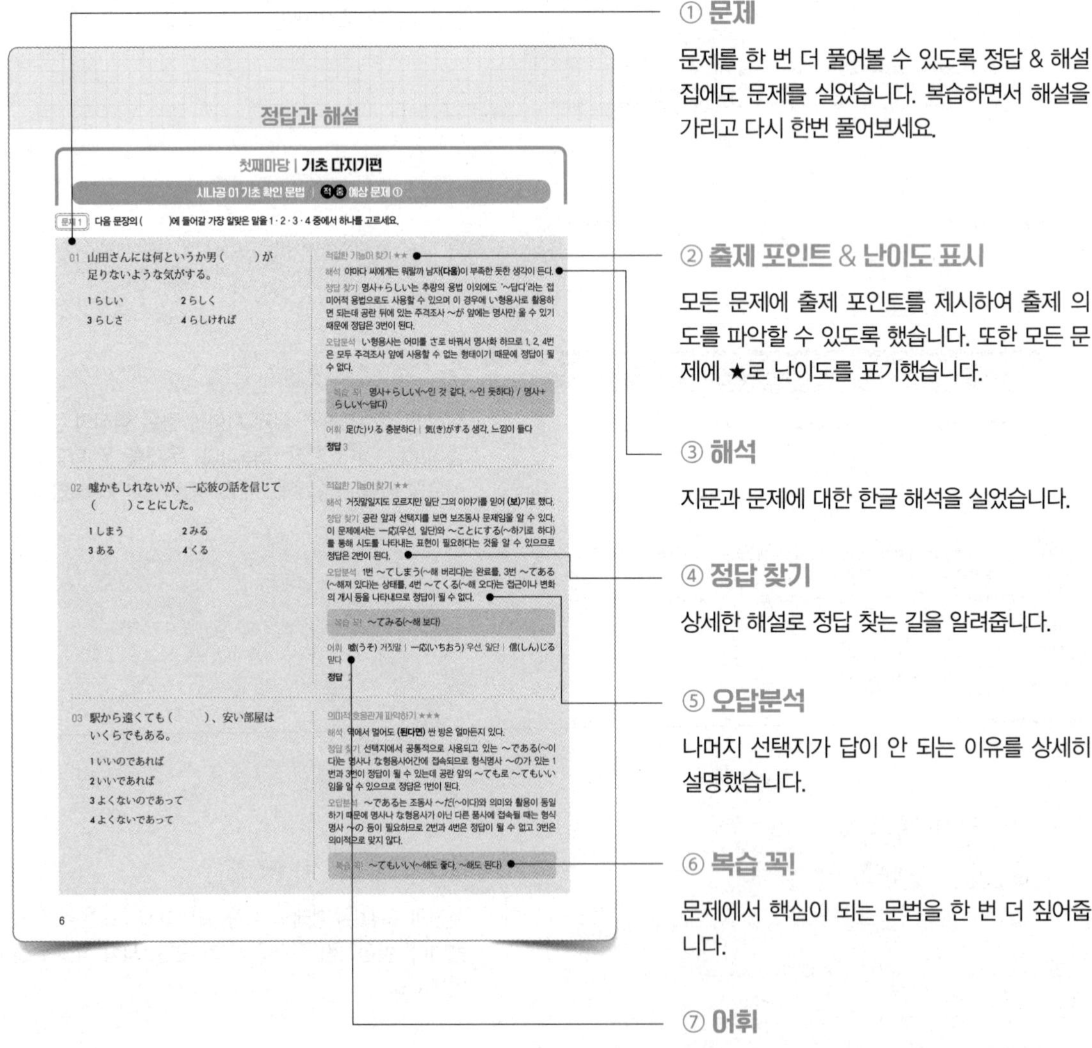

① 문제

문제를 한 번 더 풀어볼 수 있도록 정답 & 해설집에도 문제를 실었습니다. 복습하면서 해설을 가리고 다시 한번 풀어보세요.

② 출제 포인트 & 난이도 표시

모든 문제에 출제 포인트를 제시하여 출제 의도를 파악할 수 있도록 했습니다. 또한 모든 문제에 ★로 난이도를 표기했습니다.

③ 해석

지문과 문제에 대한 한글 해석을 실었습니다.

④ 정답 찾기

상세한 해설로 정답 찾는 길을 알려줍니다.

⑤ 오답분석

나머지 선택지가 답이 안 되는 이유를 상세히 설명했습니다.

⑥ 복습 꼭!

문제에서 핵심이 되는 문법을 한 번 더 짚어줍니다.

⑦ 어휘

지문과 문제에 나온 단어들을 꼼꼼하게 정리하였습니다.

이 책의 차례

JLPT란 무엇인가요?

JLPT는 Japanese-Language Proficiency Test에서 따온 이름으로 일본어를 모국어로 하지 않는 사람을 대상으로 52개 국가에서 응시하고 있는 일본어능력을 평가하는 시험입니다. 일본어와 관련된 지식과 더불어, 실제로 사용할 수 있는 실용적인 일본어 능력을 중시하기 때문에, 문자 · 어휘 · 문법과 같은 언어 지식을 활용한 커뮤니케이션 상의 과제 수행능력을 측정합니다.

- **실시횟수** : 연 2회 (7월과 12월에 실시)
- **시험레벨** : N1, N2, N3, N4, N5의 5단계
- **시험접수** : 능력시험사무국 홈페이지 (http://www.jlpt.or.kr)에 안내
- **주의사항** : 수험표, 신분증 및 필기도구 (HB연필, 지우개)를 반드시 지참

N3 레벨은 구체적으로 어떤 수준인가요?

N3은 '생활 일본어를 어느 정도 이해할 수 있는 수준'으로, 읽기와 듣기의 언어행동으로 나누어 제시한 인정기준은 아래와 같습니다.

읽기	• 일상적인 화제에 대하여 쓰여진 구체적인 내용이 표면적으로 드러난 문장을 읽고 이해하는 것이 가능하다. • 신문의 표제어를 보고 대략적인 정보를 유추할 수 있다. • 일상적으로 접하는 다소 난이도가 있는 글의 경우, 다른 표현이 주어졌을 때는 요점을 파악하는 것이 가능하다.
듣기	• 일상에 있어 비교적 자연스러운 속도의 정돈된 대화를 듣고, 이야기의 구체적인 내용을 등장인물과 대조하여 대체적으로 이해가 가능하다.

N3 시험 시간표를 알려주세요!

입실	1교시		휴식	2교시
13:10	**언어지식**(문자 · 어휘) 13:30~14:00	**언어지식**(문법) · **독해** 14:05~15:15	15:15~15:35	**청해** 15:35~16:20
	(100분)		(20분)	(45분)

N3 합격기준은 어떻게 되나요?

일본어능력시험은 종합득점과 각 과목별 득점의 두 가지 기준에 따라 합격여부를 판정합니다. 즉, 종합득점이 합격에 필요한 점수(합격점) 이상이며, 각 과목별 득점이 과목별로 부여된 합격에 필요한 최저점(기준점) 이상일 경우 합격입니다.

구분	합격점	기준점		
		언어지식	독해	청해
N3	95	19	19	19

N3 구성과 득점범위는 어떻게 되나요?

교시	항목	시간	내용		문항	득점범위
1교시	언어지식 (문자 · 어휘)	30분	1	한자읽기	8	0~60
			2	한자쓰기	6	
			3	문맥규정	11	
			4	유의표현	5	
			5	용법	5	
	언어지식 (문법)	70분	1	문법형식 판단	13	
			2	문장 만들기	5	
			3	글의 문법	5	
	독해		4	단문이해	4	0~60
			5	중문이해	6	
			6	장문이해	4	
			7	정보검색	2	
2교시	청해	45분	1	과제이해	6	0~60
			2	포인트이해	6	
			3	개요이해	3	
			4	발화표현	4	
			5	즉시응답	9	
		총 145분			총 102	0~180

※ 문항 수는 매회 시험에서 출제되는 대략적인 기준으로 실제 시험에서의 출제 수는 다소 달라질 수 있습니다.

6주 완성 프로그램

본 교재의 가장 이상적인 학습 일자입니다. 시험 6주 전에 시작해서 5~8일에 한 개의 시나공 문법을 학습하도록 설계한 학습 프로그램입니다. 12주 전에 시작하시는 분은 6주 완성 프로그램을 2회 반복하시거나 6주를 12주로 늘리거나 하여 각자 자신만의 학습계획을 세워보세요.

첫째 주	1일차	2일차	3일차	4일차	5일차	6일차	7일차
학습 내용	준비마당	시나공 01	시나공 01	시나공 01	시나공 01	시나공 01	적중 예상문제
둘째 주	8일차	9일차	10일차	11일차	12일차	13일차	14일차
학습 내용	적중 예상문제	복습	시나공 02	시나공 02	시나공 02	시나공 02	시나공 02
셋째 주	15일차	16일차	17일차	18일차	19일차	20일차	21일차
학습 내용	적중 예상문제	적중 예상문제	복습	시나공 03	시나공 03	시나공 03	시나공 03
넷째 주	22일차	23일차	24일차	25일차	26일차	27일차	28일차
학습 내용	시나공 03	적중 예상문제	적중 예상문제	복습	시나공 04	시나공 04	시나공 04
다섯째 주	29일차	30일차	31일차	32일차	33일차	34일차	35일차
학습 내용	시나공 04	적중 예상문제	적중 예상문제	복습	시나공 05	시나공 05	시나공 05
여섯째 주	36일차	37일차	38일차	39일차	40일차	41일차	42일차
학습 내용	적중 예상문제	복습	실전 모의고사1	실전 모의고사2	총복습	총복습	총복습

3수 완성 프로그램

본 교재의 최단기 학습 일자입니다. 단기 학습 효과를 보려는 분들에게 적합한 학습 스케줄입니다.

첫째 수	1일차	2일차	3일차	4일차	5일차	6일차	7일차
학습 내용	준비마당 시나공 01	시나공 01	시나공 01	적중 예상문제	시나공 02	시나공 02	적중 예상문제
둘째 수	**8일차**	**9일차**	**10일차**	**11일차**	**12일차**	**13일차**	**14일차**
학습 내용	시나공 03	시나공 03	시나공 03	적중 예상문제	시나공 04	시나공 04	적중 예상문제
셋째 수	**15일차**	**16일차**	**17일차**	**18일차**	**19일차**	**20일차**	**21일차**
학습 내용	시나공 05	시나공 05	적중 예상문제	실전 모의고사1	실전 모의고사2	총복습	총복습

준비마당

문제소개 및 완벽대비법

준비마당은 문법 문제 유형을 살펴보는 마당입니다. 앞으로 문제를 잘 풀어나가기 위한 준비운동이라고 생각하고 부담 없이 문제 유형을 살피는 데 초점을 두도록 합니다.

01 問題 1 문법형식 판단

問題 1 문장의 (　　　)에 들어갈 의미적으로 가장 적당한 문법형식을 고르는 문제로 13문항이 출제됩니다.

문제 미리 풀어보기

問題 1 つぎの文の(　　　)に入れるのに最もよいものを、1·2·3·4から一つえらびなさい。

けさは体の調子があまりよくなくて(　　　)なかなか起きられなかった。

1 起きていないのに　　　2 起きていても
3 起きようと思わないのに　　　4 起きようと思っても

調子(ちょうし) 상태
なかなか 좀처럼
起(お)きる 일어나다

해석 오늘 아침은 몸 상태가 별로 좋지 않아서 일어나려고 해도 좀처럼 일어날 수 없었다.

해설 공란 앞의 이유와 공란 뒤의 좀처럼 일어날 수 없었다를 통해 논리적으로 화자가 일어나려고 했지만 일어날 수 없었다는 것임을 알 수 있으므로 자신의 의지를 객관적으로 표현할 때 사용하는 ～ようと思う(~하려고 생각하다)와 사실과는 반대되는 내용을 나타내는 ～ても(~해도, ~했지만)가 합쳐진 4번이 정답이 된다. 참고로 1번은 일어나지 않았는데, 2번은 일어나 있어도, 3번은 일어나려고 생각하지 않는데 라는 의미가 되므로 문맥상 정답이 될 수 없다.

정답 4

문제분석과 완벽대비법

문법형식 판단 문제는 문장 내용에 알맞은 문법형식을 찾는 문제로 총 13문제가 출제되는데 출제경향을 분석해 보면 크게 두 가지 유형으로 나눌 수 있습니다.

문제 초반에서 중반까지는 상대적으로 난이도가 낮은 문제로 주로 문맥에 맞는 적절한 조사, 접속형태, 부사, 경어, 추량, 사역, 조건가정, 수수동사 등을 단편적으로 묻는 문제가 출제되고 있습니다. 이런 유형의 문제는 대부분의 경우 공란의 앞뒤에 정답의 단서가 있는 경우가 많으므로 문제 전체를 전부 해석해야 할 필요가 없기 때문에 귀중한 시간을 아낄 수 있습니다. 이러한 유형에 대비하기 위해서는 각 문법의 의미뿐만 아니라 접속형태 및 접속되는 단어의 종류 등의 특징을 함께 숙지해 두면 많은 도움이 될 것입니다.

중반에서 후반까지는 상대적으로 난이도가 높은 문제로 하나가 아닌 두 가지 이상의 문법이 합쳐진 비교적 긴 선택지 중에서 문맥상 가장 적절한 표현을 찾는 문제가 출제되고 있습니다. 이러한 유형의 문제는 대부분의 경우 논리의 흐름이 중요한 단서가 되는 경우가 많으므로 문제를 해석할 때 접속조사나 이유, 조건 등의 표현이 있으면 특히 유의하면서 문맥을 파악해야 합니다. 그리고 두 가지 이상의 문법이 합쳐진 선택지는 단순히 해석에만 의존하면 혼동하거나 실수하기 쉬우므로 먼저 각 문법을 나누어 두고 문맥상 적절한 문법을 하나씩 찾아가거나 반대로 적절하지 않는 문법을 차례대로 삭제해 나가면 어렵지 않게 정답을 찾을 수 있을 것입니다.

02 問題 2 문장 만들기

問題 2 제시된 4개의 선택지를 문장 속에서 알맞게 나열한 후 ___★___ 부분에 들어갈 말을 고르는 문제로 5문항이 출제됩니다.

問題 2 つぎの文の ___★___ に入る最もよいものを、1·2·3·4から一つえらびなさい。

この中学校の今年の ______ ______ ___★___ ______ 400人になった。

1 生徒数は　　2 にくらべて　　3 4 %減少して　　4 去年

生徒数(せいとすう) 학생수
去年(きょねん) 작년
減少(げんしょう)する 감소하다

해석 이 중학교의 올해 학생수는 지난해와 비교해서 4% 감소하여 400명이 되었다.

해설 선택지 중에서 먼저 두 사항을 비교할 때 사용하는 2번 ～にくらべて(～와 비교해서, ～에 비해서)는 명사에 접속하므로 4-2가 됨을 쉽게 알 수 있다. 그리고 소유격 조사 ～の(～의)가 있어 명사가 필요한 첫 번째 칸에는 문맥상 1번이 가장 적절하고 논리적으로 올해와 작년의 학생수를 비교한 결과가 필요하므로 구체적인 수치를 제시하고 있는 3번을 마지막 칸에 넣어 전체적으로 나열하면 1-4-2-3이 되므로 정답은 2번이다.

정답 2

문제분석과 완벽대비법

문장 만들기 문제는 문장을 구성하는 단어의 조합이나 위치배열을 통해 의미가 통하는 문장으로 만드는 능력을 측정하기 위한 문제로 총 5문제가 출제되는데 출제유형은 크게 두 가지로 나눌 수 있습니다.

첫 번째는 주로 짧은 단어나 조사, 문법 위주로 나누어져 있는 형태로 비교적 난이도가 낮은 유형의 문제라고 할 수 있습니다. 이러한 유형의 문제는 전체적인 문맥파악과 함께 각각의 단어나 조사의 전후의 수식관계 및 문법의 접속형태가 결정적인 단서가 되는 경우가 많으므로 본 교재에서 다루는 각 문법의 접속형태를 중점적으로 숙지함과 동시에 초급에서 다루는 각 품사의 명사 수식형, 동사 수식형과 같은 기초적인 접속형태도 복습해 두어야 합니다. 그리고 처음부터 한 번에 전체적으로 나열하려고 하지 말고 접속형태를 확실히 알고 있는 것을 기준으로 삼아 앞뒤의 수식관계를 생각하면서 문맥에 맞도록 하나씩 나열해 가는 것이 좋습니다.

두 번째는 두 개 이상의 단어나 문법 등이 포함된 상대적으로 긴 어구를 문맥의 흐름에 맞게 배열하는 유형으로 상대적으로 난이도가 높은 문제라고 할 수 있습니다. 이런 유형의 문제는 어느 정도의 독해력도 필요하다고 할 수 있습니다만 많은 경우 사용된 문법의 논리나 주로 함께 사용하는 조사, 호응하는 표현 등이 중요한 단서가 되는 경우가 많으므로 각 문법을 학습할 때 이러한 특징이 있을 경우 꼭 숙지해 두도록 합니다.

그리고 선택지뿐만 아니라 첫 번째 칸의 앞이나 마지막 칸의 뒤에 나오는 조사나 단어도 중요한 단서를 제공하는 경우가 많으므로 주의해서 살펴보아야 합니다.

問題 3 글 전체의 흐름을 파악하는 능력과 함께 문장과 문장의 흐름 속에서 알맞은 표현이나 단어를 빈칸에 넣어 문장과 문장의 연결 방법을 이해할 수 있는지를 평가하는 문제로 5문항이 출제됩니다.

문제 미리 풀어보기

問題 3 つぎの文章を読んで、文章全体の内容を考えて、[1] から [5] の中に入る最もよいものを、1·2·3·4から一つえらびなさい。

釣りの大好きな父の影響からか、私の[1]は釣りです。暇があれば、全国の有名な川や湖へ釣りに行っています。家内も釣りが嫌いなほうではないので、ときどき一緒に行ったりもします。

[2]、最近は会社の仕事が忙しくて、週末も働かなければならないので、釣りの好きな私[3]、週末が休めないことより、釣りに行けなくなったことがとても残念でした。

3月に入って、やっと仕事も落ち着いて、昨日は久しぶりに高校時代の友達と湖へ釣りに行きました。車に乗って行こうかとも思いましたが、お酒を飲むかもしれないし、天気もいいから、電車に乗って行くことにしました。

湖に着いたときには、12時を過ぎていたので、家内が作ってくれたお弁当を友達と一緒に食べました。空は雲ひとつなく晴れていたのですが、3月に[4]だからか、まだ風がちょっと寒かったです。

昼ご飯を食べたあと、5時まで釣りをしました。釣れた魚は全部で3匹で、ちょっとはずかしい成績でしたが、久しぶりに昔の友達といろいろな話ができて楽しかったので、また[5]。

01 1 仕事　2 趣味　3 古里　4 慣習

02 1 しかし　2 そこで　3 それに　4 だから

03 1 に対しては　2 を通して　3 を中心に　4 にとっては

04 1 なりたいの　2 なるつもり　3 なったばかり　4 なるたびに

05 1 行くだろうと思っていました　2 行こうと思っています
3 行くだろうと思うはずです　4 行こうと思ったかもしれません

釣(つ)り 낚시
影響(えいきょう) 영향
暇(ひま) 짬
全国(ぜんこく) 전국
湖(みずうみ) 호수
家内(かない) 아내
週末(しゅうまつ) 주말
働(はたら)く 일하다
残念(ざんねん)だ 아쉽다, 유감이다
落(お)ち着(つ)く 안정되다
久(ひさ)しぶりだ 오랜만이다
過(す)ぎる 지나다
お弁当(べんとう) 도시락
雲(くも) 구름
晴(は)れる (날씨가) 개다
釣(つ)れる (물고기가) 잡히다
はずかしい 부끄럽다
成績(せいせき) 성적

해석 낚시를 매우 좋아하는 아버지의 영향 때문인지 나의 [1 취미]는 낚시입니다. 시간이 있으면 전국의 유명한 강이나 호수로 낚시를 갑니다. 아내도 낚시를 싫어하는 편이 아니기 때문에 때때로 함께 가기도 합니다.

[2 그러나] 요즘은 회사일이 바빠서 주말에도 일을 하지 않으면 안 되기 때문에 낚시를 좋아하는 저 [3 에게 있어서는] 주말을 쉬지 못하는 것보다 낚시를 가지 못하는 것이 매우 아쉬웠습니다.

3월이 되어서 겨우 일이 안정되어서 어제는 오래간만에 고등학교 시절 친구와 함께 호수로 낚시를 갔습니다. 차를 타고 갈까 생각했습니다만, 술을 마실지도 모르고 날씨도 좋아서 전차를 타고 가기로 했습니다.

호수에 도착하니 12시가 넘어서 아내가 만들어준 도시락을 친구와 함께 먹었습니다. 하늘은 구름 한 점 없이 맑았습니다만, 3월이 [4 된지 얼마되지 않아서] 인지 아직 바람이 좀 추웠습니다.

점심을 먹은 후 5시까지 낚시를 했습니다. 낚은 고기는 전부 해서 3마리로 좀 창피한 성적이었지만 오래간 만에 옛날 친구와 여러 가지 이야기를 할 수 있어서 즐거웠기 때문에 또 [5 가려고 생각하고 있습니다].

해설 01 공란 뒤에 나오는 釣り(낚시)의 의미를 알면 쉽게 정답을 찾을 수 있지만 혹시 모른다면 다음 단락에서 회사일이 바빠서 갈 수 없다는 내용을 통해서 취미에 대한 이야기임을 알 수 있으므로 정답은 2번 趣味(취미)이다.

02 앞 단락에서 필자는 낚시를 매우 좋아하며 자주 다닌다는 것을 알 수 있는데 공란 뒤에는 바빠서 주말에도 일을 해야 한다고 적혀 있으므로 역접을 나타내는 1번 しかし(그러나)가 정답이 된다. 2번(그래서, 그런 까닭으로)과 4번(그래서, 그러니까)은 순접, 3번(게다가, 더욱이)은 첨가를 나타낼 때 사용하므로 논리상 정답이 될 수 없다.

03 공란 뒤의 내용을 보면 주말에 쉬지 못하는 것보다 낚시를 못하는 것에 대한 주관적인 아쉬움을 적고 있으므로 주로 사람이나 단체 명사와 함께 입장, 처지를 나타내는 4번 ～にとっては(～에 있어서는)가 정답이 된다.

04 앞 단락의 3월이 되어 일이 좀 한가해졌다와 공란 뒤의 아직 좀 쌀쌀했다를 통해 지금 3월 초라는 것은 추정할 수 있으므로 3번 なったばかり(된 지 얼마 되지 않았다, 막 ～이 되었다)가 정답이 된다. 1번 ～たい(～하고 싶다)와 3번 ～つもり(～할 생각, 작정)는 주어가 무생물에는 사용할 수 없고 4번 ～たびに(～할 때마다, ～할 적마다)는 문맥상 정답이 될 수 없다.

05 앞 문장을 보면 친구와의 낚시를 회상하면서 즐거웠다고 말하고 있기 때문에 또 친구와 낚시를 가고 싶다는 내용이 되어야 하므로 화자의 계획이나, 결심을 나타낼 때 사용하는 ～ようと思う(～하려고 생각하다)가 사용된 2번이 정답이다. 1번과 2번에 사용된 추량을 나타내는 ～だろう(～일 것이다)는 화자 자신의 행위에는 사용할 수 없으며 4번은 시제와 의미가 문맥상 맞지 않다.

정답 01 –2 02 –1 03 –4 04 –3 05 –2

문제분석과 완벽대비법

글 전체의 흐름을 파악하는 능력과 함께 문장과 문장의 흐름 속에서 알맞은 표현이나 단어를 빈칸에 넣어 문장과 문장의 연결 방법을 판단할 수 있는지를 평가하는 문제로 5문항이 출제되는데 독해문제와 유사하지만 상대적으로 쉬운 내용으로 화자의 주장이나 요점, 내용 등을 묻는 독해와는 달리 문장을 이해한 후 내용이나 흐름에 맞는 단어나 문법이 사용된 표현 등을 찾아 빈칸에 채워 넣는 점이 차이라고 말할 수 있습니다.

독해적인 요소가 많다고는 해도 대부분의 경우 정답을 찾을 수 있는 단서는 빈칸의 바로 앞 문장이나 뒤 문장에 있으므로 결국은 '문법형식 판단'의 다섯 문제가 하나로 합쳐진 형태라고도 할 수 있습니다. 그러므로 빈칸이 없는 문장은 대략적인 이야기의 흐름만 이해하면서 읽고 빈칸이 있는 문장의 경우에는 앞 뒤 문장을 특히 앞 문장을 꼼꼼하게 해석하여 문맥의 흐름이나 논리를 파악한 후 그에 맞는 표현이나 단어를 선택해야 하며 접속사나 부사와 관련된 문제는 매회 한 문제씩 출제되므로 꼭 학습해 두어야 합니다.

그리고 선택지의 해석만으로 정답여부를 판단하기 어려울 경우에는 예를 들면 '생각이 든다고 합니다'는 '전문'으로, '나눌 수 있을 것이라고 생각합니다'는 '가능' 등과 같이 해석이 아닌 문법의 종류로 구분한 후 문맥상 어떤 종류의 문법이나 표현이 적절한지를 따져보면 보다 쉽게 해결할 수도 있습니다.

첫째마당

기초 다지기편

01 기초 확인 문법

〈문제풀이〉 적중 예상 문제

한눈에 미리 보기

시나공 01

기초 확인 문법

이 장에서 배울 문법은 '기초 확인 문법'입니다.
본격적인 학습에 앞서 자신이 알고 있는 문법이 어느 정도인지 □에 체크해 보세요.

□ 01	보조동사	
□ 01-1	~ておく	~해 두다, ~해 놓다
□ 01-2	~てみる	~해 보다
□ 01-3	~てしまう	~해 버리다
□ 01-4	~ていく	~해 가다
□ 01-5	~てくる	~해 오다
□ 02	~ている/~てある	~고 있다/ ~져 있다
□ 03	(よ)う 용법	
□ 03-1	~(よ)う	~하자, ~하겠다
□ 03-2	~(よ)う	~하자
□ 03-3	~(よ)う＋か	~할까?
□ 03-4	~(よ)う＋とする	~하려고 하다
□ 03-5	~(よ)う＋と思う	~하려고 생각하다
□ 04	~だろう・~でしょう	~일 것이다, ~일 테지
□ 05	~てください/~ないでください	~해 주세요/ ~하지 마세요
□ 06	~てほしい/~ないでほしい	~해 주었으면 좋겠다/ ~하지 않았으면 좋겠다
□ 07	~てもいい・~てもかまわない/ ~なくてもいい・~なくてもかまわない	~해도 된다 ・~해도 상관 없다 / ~하지 않아도 된다 · ~하지 않아도 상관 없다
□ 08	~てはいけない・~てはだめだ・~てはならない	~해서는 안 된다
□ 09	~たほうがいい/~ないほうがいい	~하는 편이 좋다/ ~하지 않는 편이 좋다
□ 10	~なければならない・~なければいけない・ ~なければだめだ	~하지 않으면 안 된다
	~なくてはならない・~なくてはいけない・ ~なくてはだめだ	~하지 않고서는 안 된다
	~ないといけない・~ないとだめだ・ ~ないとならない	~하지 않으면 안 된다
□ 11	そうだ 용법	
□ 11-1	전문의 ~そうだ	~라고 한다
□ 11-2	양태의 ~そうだ	~할 것 같다, ~으로 보인다
□ 12	らしい 용법	
□ 12-1	추량의~らしい	~인 것 같다, ~인 모양이다

□	12-2	접미어적 용법의 ~らしい	~답다
□	13	~かもしれない	~일지도 모른다
□	14	~かどうか	~인지 어떤지, ~할지 어떨지
□	15	のに 용법	
□	15-1	역접의 ~のに	~한데, ~인데
□	15-2	목적의 ~のに	~하는데
□	16	から 용법	
□	16-1	~から	~부터
□	16-2	~から	~때문에
□	16-3	~てから	~하고 나서
□	17	の 용법	
□	17-1	명사화 ~の (~のは・~のが・~のを・~のか・~のも)	~것(~것은, ~것이, ~것을, ~것인지, ~것도)
□	17-2	강조의 ~のは ~だ /~のが ~だ	~것은 ~이다/ ~것이 ~이다
□	17-3	설명의 ~のだ・~んだ	~것입니다
□	18	~まま(で)	~한 채, ~대로
□	19	~ず	~않고, ~않다
□	20	な 용법	
□	20-1	금지의 ~な	~하지 마
□	20-2	명령의 ~な	~해, ~해라
□	20-3	감탄의 ~な	~구나
□	21	~し	~하고
□	22	でも 용법	
□	22-1	~でも	~에서도
□	22-2	~でも	~이라도, ~조차도
□	22-3	~でも	(설령) ~일지라도
□	22-4	~でも	~라도, ~이나
□	22-5	~でも	~든지, ~이라도
□	22-6	~だけでも	(적어도) ~만이라도
□	23	~とか	~라든지, ~든지
□	24	~やすい/~にくい	~하기 쉽다 / ~하기 어렵다
□	25	~すぎる	너무 ~하다, 지나치게 ~하다
□	26	~ながら	~하면서
□	27	~である	~이다

시나공

01 기초 확인 문법

이 장에서 학습할 기초 확인 문법은 N4에서 주로 출제되는 문법이지만 N3에서도 공통적으로 알아야 할 필수 문법입니다. 단 N3에서는 직접 문제에 출제되는 경우는 적으나 다른 문법과 함께 복합적으로 출제되는 경향이 많기 때문에 꼭 숙지해야 합니다. 기초 문법에 자신이 있는 경우 복습 겸 가볍게 확인만 하고, 자신이 없는 경우 정확하게 익힌 후 다음 단계로 넘어가는 것이 좋습니다.

시험에 이렇게 나온다!

つぎの文の（　　　）に入れるのに最もよいものを、1·2·3·4から一つえらびなさい。

大切にしていた思い出の写真を（　　　）。

1 なくしていた　　2 なくしてしまった　　3 なくしてみた　　4 なくしておいた

해석 소중히 간직했던 추억의 사진을 잃어버렸다.

해설 선택지를 보면 なくす(잃다, 분실하다)가 공통적으로 사용되고 있는 보조동사 문제라는 것을 알 수 있다. 이 문제는 형태상으로는 정답을 알 수가 없기 때문에 우선 문제의 내용을 파악할 필요가 있는데, '소중한 사진을 잃다'가 핵심이므로 정답은 완료나 의도하지 않은 결과를 나타내는 ~てしまう(~해 버리다)가 되어야 함을 알 수 있다. 그러므로 정답은 2번이다.

정답 2

01 보조동사

01-1 ~ておく ~해 두다, ~해 놓다

접속 동사 て형 + ~ておく

의미 앞으로의 준비를 위해서 미리, 사전에 ~하다 또는 어떤 상태를 계속 지속시킨다는 의미이다.

パーティー 파티
掃除(そうじ) 청소

A お父さん、ビールはあとで買ってもいいでしょ。

B うん。でも、時間がないかもしれないから、先に買っておいた方がいいんじゃない？

A : 여보, 맥주는 나중에 사도 되죠? B : 응, 하지만 시간이 없을지도 모르니까 미리 사 두는 편이 좋지 않겠어?

今日パーティーがあるから、まず部屋の掃除をしときましょう。

오늘 파티가 있으니까 우선 방청소를 해 둡시다.

강의실 생중계!

- 보조동사는 동사 て형에 접속되어 본래의 의미와 독립성을 상실하여 부속적인 의미를 더하는 역할을 하는 동사를 말하며 기본적으로 한자 표기를 하지 않습니다.
- 회화에서는 ~とく(~ておく), ~どく(~でおく)로 축약이 일어날 수도 있습니다.

01-2 ～てみる ～해 보다

접속 동사 て형 + ～てみる
의미 시험 삼아 ～하다, 여하튼 ～해 보다는 의미이다.

駅前(えきまえ) 역 앞
頼(たの)む 부탁하다

まず自分でやってみてから聞いてください。 우선 스스로 해 보고 나서 물으세요.

駅前に新しい寿司屋ができたから、行ってみよう。 역 앞에 새로운 초밥집이 생겼으니까 가 보자.

そのことなら、吉田さんに頼んでみたらどうですか。 그 일이라면 요시다 씨에게 부탁해 보는 것이 어떻습니까?

01-3 ～てしまう ～해 버리다

접속 동사 て형 + ～てしまう
의미 어떤 동작, 행위가 완료되거나 완전히 그 상태가 되다 또는 의도하지 않은 사태가 일어나다는 의미를 나타내는 표현이다.

冷(さ)める 식다
いつの間(ま)にか 어느 새인가
着物(きもの) 옷, 기모노
汚(よご)す 더럽히다
急(いそ)ぐ 서두르다
出発(しゅっぱつ)する 출발하다

料理が冷めてしまうから、早く食べよう。 요리가 식어 버리니까 빨리 먹자.

いつの間にか夜になってしまいました。 어느샌가 밤이 되어 버렸습니다.

新しい着物を子供が汚しちゃった。 새 기모노를 아이가 더럽혀 버렸다.

강의실 생중계!

회화체에서는 ～ちゃう(～てしまう), ～じゃう(～でしまう)로 축약이 일어날 수도 있습니다.
예 田中君、急がないと電車が出発しちゃうよ。 다나카 군, 서둘지 않으면 전철이 출발해 버려.

시나공 확인 문제

つぎの文の（　　）に入れるのに最もよいものを、1·2·3·4から一つえらびなさい。

駅前の焼き肉屋は安くておいしいので、1週間前に（　　）と入れないくらい人気がある。

1 予約しておかない　2 予約してしまう　3 予約してみない　4 予約している

해석 역 앞에 있는 야키니쿠 가게는 싸고 맛있기 때문에 일주일 전에 예약해 두지 않으면 들어갈 수 없을 정도로 인기가 있다.

해설 선택지를 보면 동사인 予約する(예약하다)가 공통적으로 사용되고 있으므로 문맥을 파악해서 해결해야 하는데 공란 앞의 1週間前に(1주일 전에)와 공란 뒤의 ～と入れない(～하면 들어갈 수 없다)를 단서로 앞으로의 준비를 위해 미리, 사전에 ～하다는 의미를 나타내는 ～ておく(～해 두다)와 부정이 합쳐진 1번이 정답임을 알 수 있다. **정답** 1

01-4 ~ていく ~해 가다

접속 동사 て형 + ~ていく
의미 동작의 계속(현재-미래), 소멸, 상태변화의 진행을 나타낼 때 사용한다.

意味(いみ) 의미
戦争(せんそう) 전쟁
痛(いた)み 통증
消(き)える 사라지다

タバコをやめたからか、彼はだんだん太っていった。
담배를 끊었기 때문인지 그는 점점 살이 쪄 갔다.

意味もない戦争でたくさんの人が死んでいった。
의미도 없는 전쟁으로 많은 사람이 죽어 갔다.

薬を飲んだら、足の痛みが少しずつ消えていった。
약을 먹었더니 다리의 통증이 조금씩 사라져 갔다.

강의실 생중계!

行く(가다)가 보조동사로 사용되는 경우 이동의 의미가 아니라 현재에서 미래로 흘러갈 경우나 소실을 의미하게 됩니다. 단순히 우리말의 해석상 자연스러운 형태를 선택하면 틀리는 경우도 많이 있으므로 꼭 시간적인 흐름 등을 고려해야 하며, 해석하지 않는 편이 우리말로는 더 자연스러운 경우도 많습니다.

01-5 ~てくる ~해 오다

접속 동사 て형 + ~てくる
의미 동작의 계속(과거-현재), 상태변화의 시작, 출현을 나타낼 때 사용한다.

グラフ 그래프
ここ数年(すうねん) 최근 몇 년
増(ふ)える 증가하다, 늘다
くりかえす 반복하다
内容(ないよう) 내용
濡(ぬ)れる 젖다

このグラフからわかるように、ここ数年、海外旅行者数は増えてきています。
이 그래프에서 알 수 있는 것처럼 최근 몇 년간 해외 여행자수는 늘고 있습니다.

３月になると、だんだん暖かくなってきた。
3월이 되자 점점 따뜻해져 왔다.

何回もくりかえして読んだら、本の内容が少しずつ分かってきた。
몇 번이나 반복해서 읽었더니 책의 내용이 조금씩 이해되어 왔다.

急に雨が降ってきて、服が全部濡れてしまった。
갑자기 비가 내려서 옷이 전부 젖어버렸다.

강의실 생중계!

来る(오다)가 보조동사로 사용되는 경우 이동의 의미가 아니라 과거로부터 현재까지의 흐름이나 발생, 출현을 의미하게 됩니다. ~ていく의 경우와 마찬가지로 해석하지 않는 경우가 더 자연스러운 경우도 많습니다.

02 ～ている/～てある ～고 있다 / ~져 있다

접속 동사 て형 + ～ている/～てある
의미 진행, 상태를 나타낸다.

花瓶(かびん) 꽃병
庭(にわ) 정원
燃(も)やす 태우다
壁(かべ) 벽
油絵(あぶらえ) 유화

子供が一人で泣いている。 아이가 혼자서 울고 있다.

花瓶が床に倒れている。 꽃병이 마루에 넘어져 있다.

弟が庭で何かを燃やしている。 남동생이 마당에서 뭔가를 태우고 있다.

教室の壁に油絵がかけてあった。 교실 벽에 유화가 걸려 있었다.

강의실 생중계!

N4에서 주로 다루는 표현이므로 여기서는 복습 겸 중요한 포인트만 간단히 살펴보겠습니다. 우선 자동사, 타동사에 따라 구분되므로 자동사, 타동사를 구분해야 하며 그 다음으로 진행이냐 상태냐에 따라 보조동사인 いる 또는 ある를 결정하면 됩니다. 마지막으로 조사(が, を)에도 주의해야 합니다. 간단히 도식화하면 다음과 같습니다.

① 자동사의 경우

자동사의 경우 형태상의 차이가 없으므로 문맥을 보고 결정하지만 주어가 사람인 경우에는 대부분 진행, 사물인 경우는 대부분 상태로 보면 됩니다.

진행 : ～が 자동사+ている (～가 ～하고 있다)
예 子供が一人で泣いている。 아이가 혼자서 울고 있다.

상태 : ～が 자동사+ている (～가 ～해져 있다) 〈자연적 결과〉
예 花瓶が床に倒れている。 꽃병이 마루에 넘어져 있다.

② 타동사의 경우

타동사의 경우 형태상으로 차이가 있으므로 구분하기가 쉽습니다. 참고로 시험에서는 타동사의 상태표현이 가장 출제빈도가 높으므로 중점적으로 익혀 두는 것이 좋습니다.

진행 : ～を 타동사+ている (～을 ～하고 있다)
예 弟が庭で何かを燃やしている。 남동생이 마당에서 뭔가를 태우고 있다.

상태 : ～が 타동사+てある (～가 ～해져 있다) 〈인위적 결과〉
예 教室の壁に油絵がかけてあった。 교실 벽에 유화가 걸려 있었다.

☑ 시나공 확인 문제

つぎの文の（　　）に入れるのに最もよいものを、1·2·3·4から一つえらびなさい。

おいしそうなすいかが店頭にたくさん並べて（　　）ので、一つ買ってきた。

1 いた　2 みた　3 しまった　4 あった

해석 맛있어 보이는 수박이 가게 앞에 많이 진열되어 있어서 한 개 사왔다.
해설 공란의 앞뒤와 선택지를 보면 보조동사 문제임을 알 수 있다. 이 문제에서는 가게에 진열된 수박을 샀다는 의미이므로 타동사인 並べる가 중요한 포인트가 된다. 즉 타동사는 ～てある(～해져 있다) 형태로 상태를 나타내므로 정답은 4번이 된다. **정답** 4

03 (よ)う 용법

03-1 ~(よ)う ~하자, ~하겠다

접속 1그룹동사(5단동사)는 ～う단(어미)을 ～お단으로 바꾸고 +う
2그룹동사(1단동사)는 ～る(어미) 빼고 +よう
3그룹동사(불규칙동사)는 くる→こよう, する → しよう
의미 의지 / 자청, 제의를 나타낸다.

あしたは映画にでも行こう。 내일은 영화라도 보러 가야지.

ここからは僕がやろう。 여기서부터는 내가 할게.

강의실 생중계!

기본적으로는 화자의 의지를 나타내는 표현이나 문형에 따라 다양한 의미로 사용되며 정중형은 ～ましょう를 사용합니다. 단 4, 5번 용법으로는 ～ましょう를 사용할 수 없으며 접속 형태는 1~5번까지 같습니다.

03-2 ~(よ)う ~하자

접속 03-1과 같음
의미 권유를 나타낸다.

泊(と)まる 묵다

もうこんな時間か、そろそろ帰ろう。 벌써 이렇게 시간이 됐네, 이제 그만 돌아가자.

ちょっと高そうだが、このホテルに泊まろう。 좀 비싸 보이지만 이 호텔에 묵자.

03-3 ~(よ)う+か 할까?

접속 03-1과 같음
의미 자문 / 권유나 자청에 대한 상대의 생각을 묻는다.

週末(しゅうまつ) 주말

A あした、何時にどこで会おうか。 내일 몇 시에 어디에서 만날까?

B そうね、3時に駅前のデパートの前で会おう。
글쎄, 3시에 역 앞 백화점 앞에서 만나자.

今日は週末だし、遊びにでも行こうか。 오늘은 주말이고 하니 놀러라도 갈까?

03-4 ~(よ)う＋とする ~하려고 하다

접속 03-1과 같음
의미 의지 실현 / 동작, 상태의 직전을 나타낸다.

結局(けっきょく) 결국
観光船(かんこうせん) 관광선
定員(ていいん)オーバー 정원초과

何度もお酒をやめようとしたが、結局やめられなかった。
몇 번이나 술을 끊으려고 했지만 결국 끊을 수가 없었다.

観光船に乗ろうとしたが、定員オーバーで乗れなかった。
관광선을 타려고 했지만 정원초과로 탈 수가 없었다.

강의실 생중계!

어떤 것을 실현시키기 위해 노력할 때나 어떤 동작, 상태가 시작되기 직전을 나타낼 때 사용합니다.

03-5 ~(よ)う＋と思う ~하려고 생각하다

접속 03-1과 같음
의미 화자가 생각한 결심이나 계획을 말할 때 사용하는 표현이다.

思(おも)う 생각하다
子供(こども) 아이, 자식
頃(ころ) 때, 시절
風邪(かぜ) 감기
引(ひ)く 끌다, 병에 걸리다
休(やす)む 쉬다

子供の頃、私は先生になろうと思っていました。
어릴 적에 저는 선생님이 되려고 생각하고 있었습니다.

風邪を引いたので、今日は家でゆっくり休もうと思う。
감기에 걸렸기 때문에 오늘은 집에서 푹 쉬려고 생각한다.

강의실 생중계!

'~(よ)う 용법' 중에서 가장 많이 출제되니 반드시 익혀두어야 합니다. '~(よ)う+かと思う' 형태로도 사용할 수 있는데 이 경우에는 '~할까 생각하다'라는 의미로 화자가 어떤 행위를 망설이거나 주저할 때 사용합니다.

☑ 시나공 확인 문제

つぎの文の(　　)に入れるのに最もよいものを、1·2·3·4から一つえらびなさい。

弟は会社を(　　)と思っているらしい。

1 やめろ　　2 やめた　　3 やめよう　　4 やめるか

해석 남동생은 회사를 그만두려고 생각하고 있는 것 같다.

해설 선택지를 보면 동사 やめる(그만두다, 사직하다)가 다양한 형태로 활용되어 있기 때문에 접속 형태를 묻는 문제라는 것을 알 수 있다. 이 문제에서는 남동생이 회사를 그만두려고 한다는 의미이므로 정답은 청유형인 3번이 된다. 참고로 '청유형+と思う(~하려고 생각한다)'는 기본적으로 화자 자신의 의지를 나타내는 표현이지만 ~らしい・~ようだ 등을 붙여서 타인의 의지를 묘사할 수도 있다.

정답 3

04 ～だろう・～でしょう ～일 것이다, ～일 테지

접속 동사・い형용사의 보통형/な형용사 어간, 명사+～だろう・～でしょう
의미 조동사 ～だ의 추량형으로, 확실치 않은 사실, 완곡한 주장, 판단을 나타낼 때 사용한다.

役(やく)に立(た)つ 도움이 되다
全国(ぜんこく) 전국
お菓子(かし)屋(や) 과자점
資料(しりょう) 자료

僕が部長だったら、そんなことは言わなかっただろう。
내가 부장이라면 그런 말은 하지 않았을 것이다.

彼も一緒に行けば役に立つだろうと思う。
그도 함께 가면 도움이 될 것이라고 생각한다.

ここは全国的に有名なお菓子屋だから、きっとおいしいでしょう。
이곳은 전국적으로 유명한 과자점이니까 틀림없이 맛있을 것입니다.

강의실 생중계!

- 주로 たぶん ～だろう(아마 ～일 것이다), きっと ～だろう(틀림없이 ～일 것이다) 형태로 사용되는 경우가 많으며 정중형은 ～でしょう입니다.
- 부사와 함께 'なんと, なんて～だろう(참으로, 어쩌면 이렇게, 얼마나 ～인가, ～일까)' 형태로 감탄이나 놀람을 나타낼 때도 사용할 수 있습니다. 출제 가능성도 있으니 익혀두면 좋습니다.
  예 ああ、**なんて**美しい人**だろう**。 아, 어쩌면 이렇게 아름다울까.
- 참고로 화자나 상대방의 의지적인 행동에는 사용하지 않는 것이 좋으며 의문문은 ～か를 붙여서 ～だろうか・～でしょうか를 사용하는데, 주로 ～だろうか는 자문할 때, ～でしょうか는 상대에게 물을 때 사용합니다.
  예 A：課長、資料は何部ぐらい必要**でしょうか**。 과장님, 자료는 몇 부 정도 필요할는지요?
  B：そうですね、15部お願いできますか。 글쎄요, 15부 부탁합니다.
- 회화에서는 끝을 올려서 발음하기도 하는데 이 경우 ～だろ(?), ～でしょ(?)로 표기하기도 하며 주로 자신의 추측에 대해서 상대에게 확인하거나 물을 때 사용합니다.
  예 A：あしたのパーティー、君も行く**でしょ**。 내일 파티 너도 가지?
  B：もちろん行くよ。 물론 가.

☑ 시나공 확인 문제

つぎの文の ＿★＿ に入る最もよいものを、1・2・3・4から一つえらびなさい。

A「お父さん、ビールは5本しかないけど、買ってきましょうか。」
B「お酒が ＿＿ ＿★＿ ＿＿ ＿＿、それだけで十分だよ。」
1 人もいる　**2** 飲めない　**3** から　**4** だろう

해석 A 여보, 맥주는 5병밖에 없는데 사올까요?
B 술을 못 마시는 사람도 있을 테니까 그것으로 충분해.
해설 첫 번째 공란에는 가능동사인 2번이 들어가야 한다는 것은 어렵지 않게 알 수 있다. 그리고 2번은 1번에 있는 명사 人를 수식하는 것이 좋다. 마지막으로 ～からだろう(～때문일 것이다)와 ～だろうから(～일 테니까) 모두 가능하지만 문장이 종결되면 안 되기 때문에 4-3이 되어야 한다. 전체적으로 나열하면 2-1-4-3이 되므로 정답은 1번이다. **정답** 1

05 ～てください/～ないでください ～해 주세요/ ～하지 마세요

접속 동사 て형＋～てください / 동사 ない형＋～ないでください
의미 명령, 지시, 의뢰, 부탁, 권유를 나타낼 때 사용한다.

ゴミ 쓰레기
決(き)める 정하다
場所(ばしょ) 장소
捨(す)てる 버리다
禁煙(きんえん) 금연
吸(す)う 피우다
怖(こわ)い 무섭다
機械(きかい) 기계
危(あぶ)ない 위험하다
触(さわ)る 만지다
くだらない 쓸데없다
冗談(じょうだん) 농담
びっくりする 깜짝 놀라다
先輩(せんぱい) 선배
勉強会(べんきょうかい) 연구회, 공부 모임
参加(さんか)する 참가하다

ゴミは決められた場所に捨てください。 쓰레기는 지정된 장소에 버려 주세요.

ここは禁煙なので、タバコは吸わないでください。
이곳은 금연이므로 담배는 피우지 마세요.

わたし一人では怖いですから、一緒に行ってくださいませんか。
저 혼자서는 무서우니까 함께 가주시지 않겠습니까?

강의실 생중계!

- 확인하거나 강조하기 위해서 종조사(～ね, ～よ)를 붙여서 사용하기도 합니다.
  예 できるだけ時間は守っ**てくださいね**。 가능한 한 시간은 지켜 주세요.
  この機械は危ないですから、触ら**ないでくださいね**。 이 기계는 위험하니까 만지지 마세요.
- 경우에 따라서는 격려나 비난의 의미로까지 사용할 수 있습니다.
  예 もう、くだらない冗談で人をびっくりさせ**ないでください**。
  정말, 쓸데없는 농담으로 사람을 놀라게 하지 마세요.
- 시험에서는 사역동사에 접속되는 형태로도 출제되는데 어떤 행위를 실행하기 위해서 상대에게 허가를 구할 때 사용하는 표현이지만 '자신이 ～하고 싶다'는 의지가 내포되어 있습니다.
  예 先輩、来週の勉強会、私も参加させ**てください**。
  선배님, 다음 주 스터디 모임에 저도 참가시켜 주세요.
- 의뢰의 경우 ～てくださいませんか 쪽이 더 정중한 표현입니다.
- 반말 형태는 くれる(주다)를 사용하여 ～てくれ(～해 줘), ～ないでくれ(～하지 마)를 사용하면 됩니다.

시나공 확인 문제

つぎの文の ＿★＿ に入る最もよいものを、1·2·3·4から一つえらびなさい。

「＿＿＿ ＿★＿ ＿＿＿ ＿＿＿」と彼は部長に頼んだ。

1 その仕事は　　2 やらせて　　3 ぜひ私に　　4 ください

해석 '그 일은 꼭 저에게 시켜 주십시오'라고 그는 부장에게 부탁했다.
해설 선택지 중에서 ～て형인 2번은 필연적으로 4번과 짝을 이룰 수밖에 없다. 그리고 1번은 주격조사 ～は를 포함하고 있기 때문에 문장의 주어가 되는 것이 자연스러우며, 마지막으로 사역동사인 2번의 행위주체가 되는 3번을 2번 앞에 넣으면 된다. 전체적으로 나열하면 1–3–2–4가 되므로 정답은 3번이다.
정답 3

06 ～てほしい/～ないでほしい ～해 주었으면 좋겠다/~하지 않았으면 좋겠다

접속 동사 て형 + ～てほしい / 동사 ない형 + ～ないでほしい
의미 상대에 대한 희망이나 요구, 의뢰를 나타낼 때 사용한다.

仕事(しごと) 일
下品(げひん)だ 상스럽다, 천하다
言葉(ことば) 말
使(つか)う 사용하다
寂(さび)しい 외롭다
秘密(ひみつ) 비밀
宿題(しゅくだい) 숙제
撮(と)る 사진 찍다
写真(しゃしん) 사진

山田さんにこの仕事をやってほしいと思っています。
야마다 씨가 이 일을 해 줬으면 좋겠다고 생각하고 있습니다.

そんな下品な言葉は使わないでほしい。 그런 상스러운 말은 안 썼으면 좋겠어.

私一人では寂しいから、行かないでほしい。 나 혼자서는 외로우니까 가지 않기를 바래.

そのことは田中さんには秘密にしておいてほしいです。
그 일은 다나카 씨에게는 비밀로 해 주면 좋겠습니다.

田中君、宿題に君の撮った写真を使わせてほしいんだけど。
다나카 군, 숙제에 네가 찍은 사진을 사용하게 해주었으면 좋겠는데.

同じことを何度も言わせないでほしい。 같은 말을 몇 번이나 말하게 하지 않았으면 좋겠어.

강의실 생중계!

- 의미적으로는 ～てもらいたい와 유사하나 상대에 대해 자신의 희망을 그대로 전하는 표현이므로 상대적으로 정중함은 조금 떨어집니다.
- 기본문형은 '私は あなたに + ～てほしい'인데 이것을 '자신이 ~하길 원하다'로 오역하는 경우가 많은데 '상대가 ~해주길 나는 원하다'라는 의미이므로 주의해야 합니다.
- 부정은 ～てほしくない(~하길 바라지 않는다)를 사용할 수도 있습니다.
- 사역동사와 함께 '사역동사 て형+てほしい(~하게 해주었으면 좋겠다, ~하게 해주길 바란다)' 형태로도 사용할 수 있는데 자신이 하고 싶은 일을 상대에게 허가를 구하거나 부탁 또는 희망을 나타낼 때 사용합니다.
- 이 표현은 독해나 청해파트에서 빈번히 등장하므로 바로 이해할 수 있도록 확실히 숙지해 두세요.

☑ 시나공 확인 문제

つぎの文の（　　）に入れるのに最もよいものを、1·2·3·4から一つえらびなさい。

どんな方法が一番効果的なのか自分でやって（　　）です。

1 みなくてほしい　　2 みるとほしい　　3 みてほしい　　4 みてもほしい

해석 어떤 방법이 가장 좋은지 스스로 해 보기 바랍니다.
해설 항상 문제를 풀기 전에 먼저 출제의도를 분석해 보는 것이 좋다. 이 문제도 단순히 해석으로 접근하기 보다는 공통적으로 ほしい가 사용되고 있으므로 ほしい의 용법으로 접근하면 바로 정답을 알 수 있다. 즉 ほしい는 동사에 접속할 때는 '～てほしい・～ないでほしい' 형태로 사용하므로 정답은 3번이 된다.

정답 3

07 ~てもいい・~てもかまわない / ~なくてもいい・~なくてもかまわない
~해도 된다・~해도 상관 없다/ ~하지 않아도 된다・~하지 않아도 상관 없다

접속 동사・い형용사 て형+ ~ても+いい・かまわない
な형용사 어간・명사 + ~でも+いい・かまわない
동사, い형용사, な형용사, 명사의 ない형+~なくても+いい・かまわない
의미 허가, 허용을 할 때 사용한다.

材料(ざいりょう) 재료
余(あま)る 남다
多(おお)め 좀 많이, 넉넉하게
選(えら)ぶ 고르다
~代(だい) ~비용
払(はら)う 지불하다
報告書(ほうこくしょ) 보고서
提出(ていしゅつ)する 제출하다

材料は余ってもいいですから、多めに買っておいてください。
재료는 남아도 되니까 좀 많이 사두세요.

あなたの好きな方を選んでもいいですよ。 당신이 좋아하는 쪽을 골라도 됩니다.

テキスト代は払わなくてもいいです。 교재비는 내지 않아도 됩니다.

何でもかまわないから、ほしいものがあったら言ってね。
무엇이든 상관없으니까 원하는 것이 있으면 말해.

강의실 생중계!

- 문어체로는 いい 대신 よい를 사용하기도 하며, ~ても의 も는 생략할 수도 있습니다.
  예 報告書は遅く**ていい**ですから、必ず提出してください。
  보고서는 늦어도 좋으니까 반드시 제출해 주세요.
- 두 표현은 동일하게 봐도 큰 문제는 없으나 かまわない가 상대적으로 소극적인 허가, 허용의 표현이 됩니다. 참고로 大丈夫だ(괜찮다) 등 다른 유사한 표현으로도 나타낼 수 있습니다.
- 상대에게 허가를 구할 때는 '~てもいいですか / ~なくてもいいですか(~해도 됩니까? / ~하지 않아도 됩니까?)'를 사용하고 더 정중하게는 '~てもよろしいですか / ~なくてもよろしいですか'를 사용하면 됩니다.

시나공 확인 문제

つぎの文の ＿★＿ に入る最もよいものを、1·2·3·4から一つえらびなさい。

道具は ＿＿ ＿＿ ＿★＿ ＿＿ から、好きなものを使ってください。

1 使っても　2 らしい　3 かまわない　4 何を

해석 도구는 어떤 것을 사용해도 상관없는 것 같으니까 원하는 것을 사용하세요.

해설 여러 가지 방법으로 풀 수도 있으나 가장 눈에 띄는 3번을 기준으로 나열하는 편이 좋다. 즉 ~ても+いい, ~ても+かまわない 형태로 사용하므로 1-3이 된다. 그러면 2번이 접속될 수 있는 곳은 3번 뒤뿐이다. 마지막으로 타동사인 1번 앞에 4번을 넣어 완성하면 된다. 전체적으로 나열하면 4-1-3-2가 되므로 정답은 3번이다. **정답** 3

08 ～てはいけない・～てはだめだ・～てはならない ～해서는 안 된다

접속 동사・い형용사 て형 + ～ては + いけない・だめだ・ならない
な형용사 어간・명사 + ～では + いけない・だめだ・ならない
의미 '～해서는 안 된다'라고 금지할 때 사용한다.

ひざ 무릎
形(かたち) 형태
複雑(ふくざつ)だ 복잡하다
特定(とくてい) 특정(정해진)
以外(いがい) 이외
片付(かたづ)く 정리되다
盗(ぬす)む 훔치다

スカートはひざより短くてはいけません。 스커트는 무릎보다 짧아서는 안 됩니다.

子供が使うものなので、形が複雑ではいけない。
아이가 사용할 물건이므로 형태가 복잡해서는 안 된다.

ボールペンではいけません。必ず鉛筆で書いてください。
볼펜은 안 됩니다. 반드시 연필로 적어 주세요.

特定の大きさ以外は使ってはいけませんでしょうか。
특정(정해진) 사이즈 이외에는 사용해서는 안 되는지요?

部屋はまだ片付いていないから、入っちゃだめ。
방은 아직 정리가 되어있지 않으니까 들어가서는 안 돼.

人のものを盗んだりしてはならない。 남의 물건을 훔치거나 해서는 안 된다.

강의실 생중계!

- 세 가지는 모두 유사한 표현으로 기본적으로 금지를 나타낸다는 의미만 알고 있어도 충분하지만 참고로 설명하면 ～ていけない는 윗사람이 아랫사람에게 사용하는 명령의 느낌이 강하고 ～てはならない는 사회적, 도덕적인 측면이 강하며 ～てはだめだ는 일반적인 사이에서 많이 사용합니다. 그리고 경우에 따라서는 노력 종용, 바람직하지 않음, 비난의 뉘앙스를 가지기도 합니다.
- 회화체에서는 ～ちゃ(～ては), ～じゃ(～では)로 축약이 되기도 합니다.

예 A：お母さん、このおもちゃ、買っ**ちゃ**だめ？엄마, 이 장난감 사면 안 돼?
B：だめよ、家にも同じようなものがあるじゃない。안 돼, 집에도 비슷한 것이 있잖아.

✔ 시나공 확인 문제

つぎの文の（　　）に入れるのに最もよいものを、1・2・3・4から一つえらびなさい。

この荷物は壊れやすいですから、（　　）。

1 重ねなければなりません　　2 重ねなくてもかまいません
3 重ねてはいいです　　4 重ねてはだめです

해석 이 짐은 부서지기 쉬우므로 포개서는 안 됩니다.
해설 선택지에 제시된 표현들이 각각 다른 경우에는 논리를 통해서 정답을 찾아야 한다. 이 문제에서는 전문의 '이 짐은 부서지기 쉽다'를 통해서 겹쳐서 쌓거나 포개지 말아야 한다는 것을 알 수 있기 때문에 금지를 나타내는 4번이 정답이 된다. **정답** 4

09 ～たほうがいい/～ないほうがいい ～하는 편이 좋다 / ～하지 않는 편이 좋다

접속 동사 た형 + ～たほうがいい / 동사 ない형 + ～ないほうがいい
의미 주로 충고를 할 때 사용하며 넓은 의미로는 권유 혹은 지시, 명령의 의미로 볼 수도 있다.

風邪(かぜ) 감기
計画(けいかく) 계획
中止(ちゅうし)する 중지하다
付(つ)き合(あ)う 교제하다, 사귀다
降(ふ)る (비, 눈이) 내리다
傘(かさ) 우산
甘(あま)い 달다
砂糖(さとう) 설탕

君は風邪だから、今日は早く帰ったほうがいいよ。
자네는 감기이니까 오늘은 일찍 돌아가는 것이 좋아.

その計画には問題があるから、中止したほうがいい。
그 계획은 문제가 있으니까 중지하는 편이 좋다.

A 悪い友達とは付き合わないほうがいいですよ。
B そうですね、私もそう思います。
A : 나쁜 친구하고는 사귀지 않는 편이 좋아요. B : 그렇지요. 저도 그렇게 생각합니다.

雨が降るかもしれないから、傘を持っていったほうがよさそうだ。
비가 내릴지도 모르니까 우산을 가져가는 편이 좋을 것 같다.

甘くないほうがよければ、砂糖は入れなくてもいいです。
달지 않는 편이 좋으면 설탕은 넣지 않아도 됩니다.

강의실 생중계!

- 긍정일 경우에 과거형에 접속되는 점만 주의하면 됩니다. 간혹 '동사 기본형 + ほうがいい ～하는 편이 좋다' 형태로도 사용되나 이 경우는 대부분 비교해서 말할 때 사용되는데 시험에 출제되는 경우는 거의 없으므로 참고만 하는 것이 좋습니다.
- N3에서는 마지막의 ～いい 부분을 ～よさそうだ(양태), ～よければ(가정) 등으로 활용해서 난이도를 높이는 형태로 많이 출제되니 참고하세요.

시나공 확인 문제

つぎの文の（　　）に入れるのに最もよいものを、1·2·3·4から一つえらびなさい。

服や靴などは、自分に合うかどうか、実際にお店で確認してから（　　）ほうがいいと思う。

1 買わない　　2 買った　　3 買い　　4 買え

해석 옷이나 신발 등은 자신에게 맞을지 어떨지 실제로 가게에서 확인하고 나서 사는 편이 좋다고 생각한다.
해설 선택지를 보면 접속형태를 묻는 문제임을 알 수 있다. 공란 뒤의 ～ほうがいい(～하는 편이 좋다)는 동사의 た형이나 ない형에 접속되므로 1번과 2번이 정답이 될 수 있는데 문맥상 옷은 직접 확인하고 살 것을 충고하고 있으므로 2번은 정답이 된다. **정답 2**

10	～なければならない・～なければいけない・～なければだめだ	～하지 않으면 안 된다
	～なくてはならない・～なくてはいけない・～なくてはだめだ	～하지 않고서는 안 된다
	～ないといけない・～ないとだめだ・～ないとならない	～하지 않으면 안 된다

접속 동사, い형용사, な형용사, 명사의 ない형+～なければ・なくては・ないと～
의미 의무, 당연, 필요, 필연을 나타내는 표현이다.

規則(きそく) 규칙
方法(ほうほう) 방법
見(み)つける 찾다
材料(ざいりょう) 재료
はかる 재다
締(し)め切(き)り 마감
申(もう)し込(こ)む 신청하다
試験(しけん) 시험
落(お)ちる 떨어지다
就職(しゅうしょく) 취직
絶対(ぜったい)に 절대로, 반드시
合格(ごうかく) 합격

規則は必ず守らなければなりません。 규칙은 반드시 따르지 않으면 안 됩니다.

何とかして一番いい方法を見つけなくてはいけない。 어떻게든 가장 좋은 방법을 찾지 않으면 안 된다.

材料の重さをきちんとはかって入れなくてはいけません。 재료의 무게를 정확하게 재서 넣지 않으면 안 됩니다.

締め切りはあさってですからあさってまでに申し込まなければなりません。 마감일이 모레이므로 모레까지 신청하지 않으면 안 됩니다.

강의실 생중계!

- 약간의 뉘앙스 차이는 있으나 모두 유사한 의미로 봐도 큰 문제는 없습니다. 참고로 ならない 쪽이 사회적, 도덕적인 측면이 강하고 いけない, だめだ 쪽이 개인적, 개별적 상황의 측면이 강하다고 할 수 있습니다.
- 회화에서는 ～なければ는 ～なきゃ로, ～なくては는 ～なくちゃ로 축약이 일어나기도 합니다.
  예 試験に落ちたら就職できないから、絶対に合格し**なきゃ**。
  시험에 떨어지면 취직할 수 없으니까 반드시 합격해야 해.

시나공 확인 문제

つぎの文の（　　）に入れるのに最もよいものを、1·2·3·4から一つえらびなさい。

A 「この仕事は（　　）理由でもあるんですか。」
B 「経験のある人は木村さんしかいないからです。」

1 木村さんでなくてはいけない　　2 木村さんだけいけない
3 木村さんだからいけない　　4 木村さんじゃなくてもいけない

해석 A 이 일은 기무라 씨가 아니고서는 안 되는 이유라도 있습니까?
B 경험이 있는 사람은 기무라 씨밖에 없기 때문입니다.

해설 대화 형식의 문제에서는 대화의 내용을 통해서 정답을 찾아야 한다. 이 문제에서도 B가 경험이 있는 사람은 기무라 씨뿐이라고 말하고 있으므로 정답은 ～なくてはいけない(～하지 않고서는 안 된다)의 명사와 접속형태인 1번이 된다. 참고로 명사의 부정형은 '명사+ではない・じゃない・でない' 세 가지가 모두 가능하다. **정답** 1

11 そうだ 용법

11-1 전문의 ~そうだ ~라고 한다

접속 동사 · い형용사 · な형용사 · 명사의 보통형 + ~そうだ
의미 다른 정보원으로부터 얻은 사실을 전할 때 사용하는 표현이다.

付(つ)き合(あ)う 교제하다
開(ひら)く 열다
熱(ねつ) 열

あの二人は去年から付き合っているそうです。
저 두 사람은 작년부터 교제하고 있다고 합니다.

A 田中さん、今月で会社をやめるんだそうですね。
B ええ。やめて、小さな店を開こうと思っています。
A : 다나카 씨, 이번 달로 회사를 그만두신다면서요? B : 예. 그만두고 작은 가게를 열려고 생각하고 있습니다.

A 課長、高橋さんから電話がありまして、熱があるので今日は休むそうです。
B あ、そうですか。わかりました。
A : 과장님. 다카하시 씨로부터 전화가 왔는데 열이 나서 오늘은 쉬겠답니다. B : 아 그렇습니까? 알겠습니다.

강의실 생중계!

- そうだ는 크게 양태와 전문 두 가지 용법으로 사용되는데 접속형태와 활용 여부로 구분하면 됩니다. 전문의 そうだ는 정중형 등 일부를 제외하면 활용을 할 수 없습니다. 즉 의문문, 부정문이나 명사 수식, 동사 수식 등을 할 수 없는 점이 가장 큰 외형적 특징이며 양태 용법과의 차이점입니다.
- 정보원을 나타내는 '~によると・~によれば, ~では(~에 의하면, ~로는)'을 수반하는 경우가 많으며 이런 점에서는 추량의 ~らしい와 비슷하다고 할 수 있습니다.
  예 新聞によると、また公共料金が上がるそうです。 신문에 의하면 또 공공요금이 오른답니다.
- 참고로 유사한 표현으로는 ~ということだ・~とのことだ(~라고 한다)도 있습니다.

✔ 시나공 확인 문제

つぎの文の ＿★＿ に入る最もよいものを、1·2·3·4から一つえらびなさい。

あの二人は ＿＿＿ ＿＿＿ ＿★＿ ＿＿＿ 兄弟のように見える。

1 夫婦だ　**2** どう　**3** 見ても　**4** そうだが

해석 저 두 사람은 부부라는데, 어떻게 봐도 형제처럼 보인다.
해설 문법인 4번을 기준으로 삼는 것이 좋다. ~そうだ는 전문과 양태 용법이 있지만 선택지를 보면 1번과 짝이 되어 전문을 나타낼 수밖에 없음을 알 수 있다. 나머지는 どう見ても(어떻게, 아무리 봐도)로 하나의 관용표현처럼 외워두면 편리하다. 전체적으로 나열하면 1-4-2-3이 되므로 정답은 2번이다.
정답 2

11-2 양태의 ~そうだ ~할 것 같다, ~으로 보인다

접속 동사 ます형 / い형용사 · な형용사의 어간 + ~そうだ (단 いい・よい는 よさそうだ, ない는 なさそうだ)
의미 현재 또는 가까운 장래에 '~할 것 같다' 또는 외견을 추량의 근거로 해서 '~으로 보인다'라고 표현할 때 사용한다.

包(つつ)む 포장하다
~方(かた) ~하는 법
売(う)れる 팔리다
誕生日(たんじょうび) 생일

おいしそうなパンですね、どこで買ったんですか。
맛있어 보이는 빵이군요. 어디서 샀습니까?

包み方は簡単そうに見えますが、けっこう難しいです。
포장법은 간단한 것처럼 보이지만 꽤 어렵습니다.

こんなに高くては売れそうにない。 이렇게 비싸서는 팔릴 것 같지 않다.

A お母さんの誕生日のプレゼント、どれがいいかなあ。
B これなんか、よさそうじゃない？
A : 엄마 생일 선물 어느 것이 좋을까? B : 이 같은 것 좋지 않겠어?

강의실 생중계!

- 주로 현재의 시각적인 정보에 근거하기 때문에 과거의 사실에 관해서는 사용할 수 없습니다.
- 전문의 そうだ와 달리 な형용사처럼 활용한다는 점이 매우 중요합니다. 즉 '~そうな+명사', '~そうに+동사' 등과 같이 활용됩니다.
- 부정은 동사의 경우에는 '~そうにない・~そうもない (~할 것 같지(도) 않다)'를 사용하고 い형용사, な형용사의 경우에는 '~なさそうだ (~이지 않을 것 같다)' 또는 '~そうじゃない (~할 것 같지 않다)'를 사용하니 주의하세요.
- 今にも(당장이라도), 見るからに(보기만 해도) 등의 부사와 함께 쓰이는 경우가 많습니다.

☑ 시나공 확인 문제

つぎの文の ＿★＿ に入る最もよいものを、1·2·3·4から一つえらびなさい。

外を見ると、＿＿ ＿★＿ ＿＿ ＿＿ 天気だった。

1 そうな　**2** 出し　**3** 今にも　**4** 雨が降り

해석 밖을 보니 당장이라도 비가 내릴 것 같은 날씨였다.

해설 나열문제는 선택지 중에서 접속형태나 의미 등 가장 확실히 알고 있는 것을 기준으로 나열하는 것이 좋다. 이 문제에서도 여러 단서가 있으나 우선 2번 出す는 여기에서는 복합동사(동사의 ます형에 접속되어 하나의 의미처럼 사용되는 동사)의 역할을 하고 있으므로 4번과 짝이 되어 '~하기 시작하다'라는 의미를 형성해야 하고, 두 번째로 1번 そうな는 양태를 나타내기 때문에 동사 ます형인 2번에 접속되어야 한다. 나머지 3번은 '당장이라도'라는 의미의 부사이므로 제일 앞으로 가져와서 전체적으로 나열하면 3-4-2-1이 됨을 알 수 있다. 그러므로 정답은 4번이다.
정답 4

12 らしい 용법

12-1 전문의 ~らしい ~인 것 같다, ~인 모양이다

접속 동사 · い형용사의 보통형 / な형용사 어간 / 명사 + ~らしい

의미 근거나 이유가 있는 추량(~라고 추정된다)과 전문이나 추량에 근거한 단정(~인 것 같다, ~라고 생각한다)을 나타낼 때 사용한다.

試験(しけん) 시험
落(お)ちる 떨어지다
性格(せいかく) 성격
得意(とくい)だ 자신이 있다, 잘하다
イベント 행사, 공연
開始(かいし) 개시

父は何も言わなかったけど、私が試験に落ちたことを知っているらしい。
아버지는 아무 말도 하지 않았지만 내가 시험에 떨어진 사실을 알고 있는 것 같다.

A 木村さんは本当に性格が明るいですね。
B ええ。それに運動も得意らしいですよ。
A : 기무라 씨는 정말로 성격이 밝군요. B : 예. 게다가 운동도 잘하는 것 같아요.

A イベントの開始は２時からですよね。
B いえ、今日は土曜日なので、３時かららしいですよ。
A : 행사 개시는 2시부터 이지요? B : 아뇨, 오늘은 토요일이므로 3시부터인 것 같아요.

강의실 생중계!

~らしい의 조동사적 용법으로 객관적인 상태, 근거로 해서 추량할 때나 완곡히 표현할 때 사용하므로 자신의 판단에 책임을 지지 않는 점이 ~ようだ와의 가장 큰 차이점입니다. 그러므로 객관적인 정보를 나타내는 '명사+~によると・~によれば(~에 의하면), ~では(~로는)'를 수반하는 경우도 많습니다.

예 新聞によると、アメリカで大きな地震があった**らしい**。
신문에 의하면 미국에서 큰 지진이 있었던 것 같다.

12-2 접미어적 용법의 ~らしい ~답다

접속 명사 + ~らしい

의미 ~로서 걸맞는 성질을 갖추고 있다는 것을 나타낼 때 사용한다.

行動(こうどう) 행동
暇(ひま)だ 한가하다
人間(にんげん) 인간

そんな行動をするなんて大人らしくありません。
그런 행동을 하는 것은 어른답지 않습니다.

A ３月なのに雪まで降って寒いですね。
B ええ、早く春らしい天気になってほしいですね。
A : 3월인데 눈까지 내려서 춥군요. B : 예. 빨리 봄다운 날씨가 되었으면 좋겠군요.

강의실 생중계!

~らしい의 접미어적 용법으로 이 경우에는 い형용사로 활용되기 때문에 형용사적 용법이라고도 하며 이러한 부분과 명사에만 접속되는 점이 추량의 ~らしい와 구별할 수 있는 외형적 특징이 됩니다.

13 ～かもしれない ～일지도 모른다

접속 동사 · い형용사의 보통형 / な형용사 어간/ 명사 +～かもしれない
의미 단정할 수는 없지만 ～할 가능성이 있다고 말할 때 사용한다.

野菜(やさい) 야채
値段(ねだん) 가격
新商品(しんしょうひん) 신상품
デザイン 디자인
原因(げんいん) 원인
喫茶店(きっさてん) 찻집

A だれかこの仕事をやってくれる人、いないかな。
B 鈴木さんに頼んでみたら？やってくれるかもしれないよ。

A : 누가 이 일 해줄 사람 없을까. B : 스즈키 씨에게 부탁해 보렴. 해 줄지도 몰라.

A この新商品、あまり売れませんね。デザインのせいでしょうか。
B それも原因の一つかもしれません。

A : 이 신상품, 그다지 팔리지 않군요. 디자인 탓일까요? B : 그것도 한 가지 원인일지도 모릅니다.

あの喫茶店なら、静かかもね。 저 찻집이라면 조용할지도 (몰라).

강의실 생중계!

'ひょっとすると(어쩌면), もしかすると(혹시)' 등의 부사를 수반하기도 하며 줄여서 ～かも, ～かもね 만으로도 사용할 수 있습니다.

14 ～かどうか ～인지 어떤지, ～할지 어떨지

접속 동사 · い형용사의 보통형 / な형용사 어간 / 명사 + ～かどうか
의미 불확실한 짐작을 나타내는 표현이다.

輸入(ゆにゅう)する 수입하다
検討(けんとう)する 검토하다
信(しん)じる 믿다
心配(しんぱい)だ 걱정이다
結果(けっか) 결과

アメリカから部品を輸入するかどうか検討しています。

미국으로부터 부품을 수입할지 어떨지 검토하고 있습니다.

これでいいかどうか、先生に聞いてみて。 이것으로 좋을지 어떨지 선생님에게 물어 봐.

彼女が本当に僕のことが好きかどうか、知りたいんだ。

그녀가 정말로 나를 좋아하는지 어떤지 알고 싶다.

結果はどうなるか誰にもわからない。 결과가 어떻게 될지 아무도 모른다.

강의실 생중계!

의문사(何, いつ, どこ 등)가 있는 경우에는 ～かどうか를 사용할 수 없다는 점에 특히 주의해야 합니다. 이럴 경우에는 ～か만 사용할 수 있습니다.

15 のに 용법

15-1 역접의 ~のに ~한데, ~인데

접속 동사 · い형용사 · な형용사의 명사 수식형 / 명사な + ~のに
의미 ~로부터 당연히 예상되는 일이 일어나지 않고 그와는 다른 일이 일어났다는 의미이다.

連休(れんきゅう) 연휴
病気(びょうき)だ 아프다
呼(よ)ぶ 부르다
返事(へんじ) 대답
面白(おもしろ)い 재미있다
つまらない 재미없다

A 連休なのに、田中さんはどこへも行かないんですか。
B ええ、子供が病気なので……。
A : 연휴인데 다나까 씨는 아무데도 가지 않습니까? B : 예, 아이가 아파서….

さっきから呼んでいるのに、どうして返事をしないんですか。
아까부터 부르고 있는데 왜 대답을 하지 않습니까?

僕は面白いのに、母はつまらないと言った。 나는 재미있는데 엄마는 재미없다고 말했다.

15-2 목적의 ~のに ~하는데

접속 동사 기본형 + ~のに
의미 주로 어떤 명사를 주제로 삼아 그것에 관해 설명할 때 사용한다.

秋(あき) 가을
季節(きせつ) 계절
切(き)る 자르다
人形(にんぎょう) 인형
作(つく)る 만들다
苦労(くろう)する 수고하다

秋は運動をするのに一番いい季節だと思う。
가을은 운동을 하는데 가장 좋은 계절이라고 생각한다.

A へえ、珍しいナイフですね。
B あ、これですか。これはパンを切るのに使うんです。
A : 와 신기한 칼이군요. B : 아 이것 말입니까? 이것은 빵을 자르는데 사용합니다.

A このかわいい人形、林さんが作ったんですか。
B ええ。作るのにけっこう苦労しました。
A : 이 귀여운 인형 하야시 씨가 만들었습니까? B : 예, 만드는데 꽤 고생했습니다.

강의실 생중계!

동사에만 접속될 수 있다는 점이 역접의 용법과 다른 부분입니다. 그러므로 ~のに는 동사에 접속될 경우 특히 주의해서 역접인지 목적인지를 확실히 구분하여야 합니다. 참고로 주로 かかる(걸리다), 要る(필요하다), 必要だ(필요하다), 大切だ(중요하다), 便利だ(편리하다), いい(좋다), 使う(사용하다), 苦労する(고생하다) 등과 함께 한정적으로 사용됩니다.

16 から 용법

16-1 ~から ~부터

접속 명사 + ~から
의미 시간적, 공간적 기점이나 이유 · 원인 등을 나타낼 때 사용한다.

忙(いそが)しい 바쁘다
不注意(ふちゅうい) 부주의
火事(かじ) 화재

忙しくすぎて母からの電話に出られなかった。
바빠서 엄마한테서 온 전화를 받지 못했다.

不注意から火事になってしまった。 부주의 때문에 화재가 났다.

강의실 생중계!

명사에 바로 접속되는 경우라도 문맥상 이유를 나타낼 수도 있으니 참고하는 것이 좋습니다.

16-2 ~から ~ 때문에

접속 동사 · い형용사 · な형용사 · 명사의 보통형 + ~から
의미 이유를 나타내는 표현이지만 판단의 근거 등을 나타내기도 한다.

朝寝坊(あさねぼう)する 늦잠을 자다
授業(じゅぎょう) 수업
遅刻(ちこく)する 지각하다
傘(かさ) 우산
持(も)つ 갖다

今日授業に遅刻したわけはバスがなかなか来なかったからです。
오늘 수업에 늦은 것은 버스가 늦게 와서 늦은 것입니다.

課長、雨が降りそうですから、傘を持っていきましょう。
과장님, 비가 올 것 같으니까 우산을 가지고 갑시다.

강의실 생중계!

~から, ~ので는 같은 의미로 취급해도 큰 문제는 되지 않지만 ~ので는 な형용사나 명사에 접속되는 경우 ~なので가 되는 점만 주의하면 됩니다.

16-3 ~てから ~하고 나서

접속 동사 · い형용사 · な형용사 · 명사의 보통형 + ~から
의미 시각적인 전후관계를 나타낼 때 사용한다.

お腹(なか) 배
ペコペコだ 배가 고프다
食事(しょくじ) 식사
ボタン 버튼
押(お)す 누르다

今はお腹がペコペコだから、食事をしてから勉強しよう。
지금은 배가 매우 고프니까 식사를 하고 나서 공부하자.

お金を入れてからボタンを押します。 돈을 넣고 나서 버튼을 누릅니다.

17 の 용법

17-1	명사화 ~の(~のは・~のが・~のを・~のか・~のも)	~것(~것은, ~것이, ~것을, ~것인지, ~것도)

접속 동사 · い형용사 · な형용사의 명사 수식형 + ~の
의미 시간적, 공간적 기점이나 이유 · 원인 등을 나타낼 때 사용한다.

約束(やくそく)する 약속하다
忘(わす)れる 잊다
不思議(ふしぎ)だ 불가사의하다, 신기하다
演奏(えんそう) 연주
うれしい 기쁘다
苦手(にがて)だ 서투르다

友達と３時に約束があるのを忘れていた。 친구와 3시에 약속이 있는 것을 잊고 있었다.

どうやったらあんなに上手に絵がかけるのか、不思議です。
어떻게 하면 저렇게 능숙하게 그림을 그릴 수 있는지 불가사의합니다.

彼女が僕の演奏を見に来てくれたのがうれしかった。
그녀가 내 연주를 보러와 준 것이 기뻤다.

私はテレビでサッカーを見るのが一番好きです。
나는 TV로 축구를 보는 것을 좋아합니다.

私は絵をかくのが苦手です。 나는 그림을 그리는 것이 서툽니다.

僕は課長が話すのをずっと聞いていました。
나는 과장님이 말하는 것을 계속 듣고 있었습니다.

강의실 생중계!

일반적으로 절에 바로 조사가 붙을 수 없으므로 형식명사인 の나 こと가 들어가서 절과 조사를 이어주는 역할을 해야 합니다. 이 경우 の와 こと의 차이는 거의 없으나 見る・見える・聞く・聞こえる(들리다)・感じる(느끼다) 등의 감각동사나 待つ・手伝う(거들다)・遅れる(늦다)・急ぐ(서두르다) 등과 같이 그 자리에서 명사절의 내용이 일어나는 동사의 경우에는 の만을 사용할 수 있습니다. 반대로 언어, 사고 등의 정신적 동사나 こと만을 취하는 관용표현 ~ことができる・~ことがある 등에서는 の를 사용할 수 없으므로 참고하는 것이 좋습니다. 대략적인 경향으로 추상적인 사항은 こと, 그 장면에서 직접 관련되는 것이나 감각적 사항은 の를 사용한다고 이해하면 됩니다.

☑ 시나공 확인 문제

つぎの文の ＿★＿ に入る最もよいものを、1·2·3·4から一つえらびなさい。

私が一番 ＿＿ ＿＿ ＿★＿ ＿＿ 映画です。

1 このフランス　　2 いるのは　　3 おもしろい　　4 と思って

해석 내가 가장 재미있다고 생각하고 있는 것은 이 프랑스 영화입니다.
해설 우선 인용을 나타내는 조사 と를 포함하는 4번을 기준으로 생각하면 앞에 올 수 있는 것은 3번뿐이다. 그리고 2번은 보조동사 いる가 있어서 4번 뒤에 들어가야 한다. 마지막으로 1번은 명사가 필요한 마지막 공란에 넣으면 된다. 전체적으로 나열하면 3-4-2-1이 되므로 정답은 2번이다. **정답 2**

17-2 강조의 ~のは ~だ /~のが ~だ　~것은 ~이다/ ~것이 ~이다

접속 동사 · い형용사 · な형용사의 명사 수식형 + ~のは ~だ/~のが ~だ
의미 강조를 나타낸다.

受(う)ける
(시험을) 응시하다
知(し)り合(あ)う
알게 되다

試験を受けたのは私だけでした。 시험을 친 것은 저뿐이었습니다.

そのとき買ったのが、このかばんです。 그때 산 것이 이 가방입니다.

彼女とはじめて知り合ったのは、小学生のころだった。
그녀와 처음 알게 된 것은 초등학교 때였다.

강의실 생중계!

문장에서 강조하고 싶은 부분을 주제의 위치에 가져오는 것을 말합니다.

17-3 설명의 ~のだ・~んだ　~것입니다

접속 동사 · い형용사 · な형용사의 명사 수식형 / 명사な + ~のだ · ~んだ
의미 이유나 상황을 설명하는 표현이다.

顔色(かおいろ) 안색

A きのう、どうして来なかったのですか。
B ええ、忙しくて時間がなかったのです。
A : 어제 왜 오지 않았습니까? B : 예, 바빠서 시간이 없었어요.

A 顔色が悪いですが、どうしたんですか。
B 風邪で頭が痛いんです。
A : 안색이 안 좋은데 무슨 일입니까? B : 감기로 머리가 아파서입니다.

강의실 생중계!

어떤 상황을 설명할 때 그 배후에 있는 이유, 원인 등을 말할 때나 물을 때 사용합니다. 회화체에서는 の가 ん이 되는 경우가 많습니다.

18 ～まま(で) ～한 채, ～대로

접속 동사 た형, ない형 / 명사 + の / 연체사 + ～まま(で)
의미 ～한 상태가 유지된 상황에서 다른 동작이 이루어진다는 의미이다.

うっかりする 깜빡하다
窓(まど) 창문
靴(くつ) 구두
気(き)に入(い)る 마음에 들다
電気(でんき) 전기
つける 켜다

うっかりして、窓を開けたまま出かけてしまった。
깜빡해서 창문을 열어 둔 채 외출해 버렸다.

A 木村さん、この靴は新しいですね。まだ一度もはいていないんですか。
B ええ、気に入らなかったので、買ったままなんですよ。
A : 기무라 씨, 이 신발 새것이군요. 아직 한 번도 신지 않았습니까? B : 예, 마음에 들지 않아서 사 놓고만 있어요.

A 先生、ドアは閉めましょうか。
B いいえ、暑いから、開けたままにしておいてください。
A : 선생님, 문은 닫을까요? B : 아니요, 더우니까 열어두세요.

教室には誰もいないのに、電気がついたままになっていた。
교실에는 아무도 없는데 전기가 켜진 채로 있었다.

강의실 생중계!

동사의 た형과 ない형에 접속된다는 점이 매우 중요한 포인트이며 시험에서는 상대적으로 ～たまま 형태가 가장 많이 출제되므로 중점적으로 익혀두는 것이 좋습니다. 그리고 ～ままだ(～한 채이다), ～ままにする(～한 상태로 두다), ～ままになる(～한 상태가 되다) 형태로도 사용할 수 있으므로 참고하는 것이 좋습니다. い형용사 な형용사, 명사 수식형에도 접속될 수 있으나 N3 시험에서는 잘 나오지 않으니 참고만 하세요.

19 ～ず ～않고, ～않다

접속 동사 ない형 + ～ず (단 する는 せず)
의미 '～하지 않다'라는 부정을 나타내는 조동사이다.

娘(むすめ) 딸
黙(だま)る 잠자코 있다
迷惑(めいわく) 폐
考(かんが)える 생각하다

娘は勉強もせずに遊んでばかりいる。 딸은 공부도 하지 않고 놀고 있다.

何も言わずに黙っていてください。 아무말도 하지 말고 잠자코 있으세요.

他人の迷惑も考えずにタバコを吸う人もいる。
남에게 폐가 되는 것을 생각하지 않고 담배를 피우는 사람도 있다.

강의실 생중계!

의미적으로는 ～ない와 동일하게 생각해도 되지만, 주의할 점은 する와 접속될 때는 しず가 아니라 せず(않고)가 된다는 점과, ～ない는 で가 붙어 ～ないで가 되는 반면 ～ず는 に가 붙어 ～ずに(～않고서)가 되는 점입니다. 참고로 ～ずには(～하지 않고서는)로도 사용할 수 있습니다.

20 な 용법

20-1 금지의 ~な ~하지 마

접속 동사 기본형+~な
의미 강한 금지를 나타낼 때 사용한다.

勝手(かって)だ 제멋대로다
要(い)る 필요하다

人の部屋に勝手に入るな。 남의 방에 제멋대로 들어오지 마.

要らないものは買うな。 필요 없는 물건은 사지 마.

강의실 생중계!

주로 타동사의 기본형에만 접속된다는 점이 다른 용법과의 확연한 차이점입니다.

20-2 명령의 ~な ~해, ~해라

접속 동사 ます형 + ~な
의미 허물없는 사이끼리 사용하는 명령의 표현이다.

もう遅いから、早く帰りな。 늦었으니까 빨리 돌아가.

もう７時だよ。早く起きな。 벌써 7시야. 빨리 일어나.

강의실 생중계!

'동사 ます형+なさい ~하세요, ~해라'의 준말로 이해하면 됩니다. 금지용법과는 접속형태가 다릅니다.

20-3 감탄의 ~な ~구나

접속 동사 · い형용사 · な형용사 · 명사의 보통형, 정중형 + ~な(あ)
의미 놀람, 감탄 등의 강한 감정을 나타낼 때나 독백, 확인할 때 사용한다.

懐(なつ)かしい 정겹다

ああ、この教室、本当に懐かしいなあ。 아, 이 교실 정말로 정겨워.

私も行きたいなと思いました。 나도 가고 싶은데 라고 생각했습니다.

강의실 생중계!

시험에서는 거의 출제되지 않으나 다른 파트에서 많이 등장하니 참고만 하는 것이 좋습니다. 다른 용법과의 구분을 위해서 ~なあ로 표기하는 경우가 많습니다.

21 ～し ~하고

접속 동사 · い형용사 · な형용사 · 명사의 보통형 + ～し
의미 어떤 사실이나 조건을 열거할 때 사용한다.

美人(びじん) 미인
お客様(きゃくさま) 손님

外は雨も降っているし、風も吹いている。 밖에는 비도 내리고 있고, 바람도 불고 있다.

あのレストランは、安いしサービスもいい。 저 레스토랑은 싸고 서비스도 좋다.

木村さんは、美人だし頭もいい。 기무라 씨는 미인이고 머리도 좋다.

A お客様、この部屋はどうですか。駅から5分で、月7万円です。
B そうですね。交通も便利だし、値段も高くないですね。

A : 손님 이 방은 어떻습니까? 역에서 5분이고 한 달에 7만 엔입니다.
B : 그렇군요. 교통도 편리하고 가격도 비싸지 않네요.

강의실 생중계!

기본적으로 어떤 사실이나 조건 열거할 때 주로 사용하지만 후문의 원인, 이유를 나타내거나 문미에 붙여서 결과를 암시할 때도 사용합니다.

시나공 확인 문제

つぎの文の（　　）に入れるのに最もよいものを、1·2·3·4から一つえらびなさい。

A 「今週の土曜日、みんなで遊園地に行くんだけど、どう？」
B 「行きたいんだけど、お金も（　　）ねえ……。」

1 なくし　　2 ないし　　3 ないでし　　4 なかったし

해석 A 이번 주 토요일 모두 함께 유원지에 가는데 어때?
B 가고 싶지만 돈도 없고….

해설 대부분 무턱대고 해석부터 하려고 하는 경향이 많은데 좋지 않은 습관이다. 우선 문법적으로 바른 형태인지를 확인하는 것이 좋다. 이 문제는 ～し 용법을 묻고 있으므로 1번과 3번은 접속형태가 맞지 않기 때문에 정답이 될 수 없다. 나머지 2번과 4번 중에서 시제는 과거가 될 수 없으므로 정답은 2번이 된다. 참고로 여기서 ～し는 문미에 붙어서 갈 수 없는 결과를 암시하는 의미로 사용되고 있다.

정답 2

22 でも 용법

22-1 ~でも ~에서도

접속 명사 + ~でも
의미 장소명사 + ~で(~에서)와 조사 ~も(~도)가 붙은 연어 용법으로 '~에서도'라는 뜻이다.

野菜(やさい) 야채

この店でも野菜を売っていますよ。 이 가게에서도 야채를 팔고 있습니다.

강의실 생중계!

- N3에서는 거의 출제되지는 않으므로 다른 용법과의 구분을 위해서 참고만 하세요.
- でも 용법은 품사나 명사의 종류에 따라서 다양한 의미로 사용되므로 각별히 주의해야 합니다.

22-2 ~でも ~이라도, ~조차도

접속 명사 + ~でも
의미 부조사 용법으로 극단적인 예를 들어 그 외의 경우에는 물론이라고 말할 때 사용한다.

子供(こども) 아이
経済(けいざい) 경제

そんなことは子供でも知っています。 그런 것은 아이조차도 알고 있습니다.

この経済の本はとてもやさしいですから、小学生でも読めます。
이 경제 책은 매우 쉬워서 초등학생이라도 읽을 수 있습니다.

✔ 시나공 확인 문제

つぎの文の ＿★＿ に入れるのに最もよいものを、1·2·3·4から一つえらびなさい。

この小説はとてもおもしろかったので、＿＿＿ ＿＿＿ ＿★＿ ＿＿＿ 最後まで読むことができた。

1 あまり得意ではない　2 文字や文章を　3 私でも　4 読むのが

해석 이 소설은 너무 재미있어서 문자나 글을 읽는 것을 좋아하지 않는 나도 끝까지 읽을 수 있었다.

해설 어려워 보이지만 기초적인 문법만으로도 쉽게 나열할 수 있다. 먼저 조사 ~を가 있는 2번은 타동사인 4번의 목적어가 되어야 하므로 2-4가 된다. 그리고 1번은 주격조사 ~が가 있는 4번의 술어가 됨과 동시에 명사인 3번을 수식하게 해 전체적으로 나열하면 2-4-1-3이 되어 정답은 1번이다.

정답 1

22-3 ～でも (설령) ~일지라도

접속 명사 + ～でも
의미 부조사 용법으로 '～일지라도'라고 가정할 때 사용한다.

遠足(えんそく) 소풍

先生でもわからない問題はありますよ。 선생님일지라도 모르는 문제는 있어요.

明日の遠足は雨でも行きます。 내일 소풍은 설령 비가 와도 갑니다.

22-4 ～でも ~라도, ~이나

접속 명사 + ～でも
의미 부조사 용법으로 가벼운 예시, 제안을 나타낸다.

お客様、コーヒーでもいかがですか。 손님 커피라도 어떨습니까?

時間はまだあるし、映画でも見ようか。 시간은 아직 있으니 영화라도 볼까?

시나공 확인 문제

つぎの文の（　　）に入れるのに最もよいものを、1·2·3·4から一つえらびなさい。

A 「木村さん、よかったら、あした一緒に映画（　　）見に行きませんか。」
B 「いいですね。そうしましょう。」

1 には　**2** では　**3** にも　**4** でも

해석 A 기무라 씨, 괜찮다면 내일 함께 영화라도 보러 가지 않겠습니까?
B 좋아요. 그렇게 합시다.

해설 대화형식의 문제로 문맥상 목적격 조사 ～を(～을, ～를)를 넣으면 되지만 선택지에 없으므로 어떤 것을 확실하게 말하지 않고 가볍게 예를 들거나 제안할 때 사용할 수 있는 4번 ～でも(～이나, ～라도)가 정답이 되어야 한다. **정답** 4

22-5 ～でも ~든지, ~이라도

접속 명사 + ～でも
의미 부조사 용법으로 부정칭 대명사에 접속되어 전면 부정, 긍정할 때 사용한다.

何でもいいですから、問題があったら私に知らせてください。
무엇이든 좋으니까 문제가 있으면 저에게 알려주세요.

午後は家にいますから、いつでも電話してください。
오후에는 집에 있으니까 언제라도 전화해 주세요

22-6 ～だけでも (적어도) ~만이라도

접속 명사, 동사 기본형 + ～だけでも
의미 부조사 용법으로 だけ와 함께 ～だけでも 형태로 최소한의 희망을 나타낸다.

許(ゆる)す 용서하다
残(のこ)す 남기다

妹だけでも許していただけませんか。 여동생만이라도 용서해 주실 수 없겠습니까?

これだけでも残しておきたい。 이것만이라도 남겨두고 싶다.

A ここのところ毎日雨ですね。
B そうですね。せめて週末だけでも晴れてほしいですね。
A : 요새 매일 비군요. B : 그러게요. 하다못해 주말만이라도 맑았으면 좋겠군요.

☑ 시나공 확인 문제

つぎの文の（　　）に入れるのに最もよいものを、1·2·3·4から一つえらびなさい。

このクリーニング屋は、会費300円を払って会員になると、いつ（　　）10%割引の会員料金で利用できる。

1 なら　　2 しか　　3 でも　　4 だけ

해석 이 세탁소는 회비 300엔을 내고 회원이 되면 언제든지 10% 할인된 회원가로 이용할 수 있다.
해설 문맥상 항상 10% 할인을 받을 수 있다는 의미가 되어야 함을 알 수 있는데 공란 앞의 いつ(언제)를 단서로 부정칭 대명사와 함께 전면 부정이나 긍정을 나타낼 때 사용할 수 있는 3번 ～でも(~든지, ~이라도)가 정답이 됨을 알 수 있다. 참고로 1번은 ~라면, 2번은 ~밖에, 4번은 ~뿐, 만이므로 문맥상 정답이 될 수 없다.
정답 3

23 ~とか ~라든지, ~든지

접속 동사・い형용사의 기본형 / な형용사 어간, 명사 + (だ) + ~とか
의미 어떤 사항이나 방법의 구체적인 예를 몇 가지 제시할 때 사용한다.

洋食(ようしょく) 양식
洗濯(せんたく) 세탁
ネット 인터넷
辞書(じしょ) 사전
調(しら)べる 조사하다, 찾다

私は洋食より和食の方が好きです。たとえばトンカツとかそばとか。
저는 양식보다 일식 쪽을 좋아합니다. 예를 들면 돈까스라든지 소바라든지.

週末も洗濯とか掃除とかで忙しい。
주말에도 세탁이라든가 청소라든가로 바쁘다.

スポーツは、サッカーとかバスケットとかが好きです。
스포츠는 축구라든지 농구라든지를 좋아합니다.

先生に聞く前に、自分で辞書を使うとかネットで調べるとかしたらどう?
선생님에게 묻기 전에 스스로 사전을 이용하든지 인터넷에서 찾아보든지 하는 게 어때?

강의실 생중계!

주로 ~とか~とか 형태로 반복적으로 사용하지만 ~とか~など(~등) 형태로도 사용도기도 하며 마지막을 생략하고 ~とか로도 사용할 수도 있습니다.

☑ 시나공 확인 문제

つぎの文の ＿★＿ に入る最もよいものを、1・2・3・4から一つえらびなさい。

先輩の田中さんに報告書の書き方 ＿＿＿ ＿★＿ ＿＿＿ ＿＿＿ を、いろいろ教えてもらった。

1 とか　　2 打ち　　3 ワープロの　　4 方とか

해석 선배인 다나카 씨가 보고서 작성법이라든가 워드프로세스 치는 법이라든가 여러 가지를 가르쳐 주셨다.
해설 우선 동사 ます형+方(~하는 법)가 되어야 하므로 2번과 4번이 짝이 되어 3번의 수식을 받아야 함을 알 수 있다. 마지막으로 결국 ~とか ~とか(~라든지 ~라든지)를 묻는 문제이기 때문에 첫 번째 공란에 1번이 들어가야 한다. 전체적으로 나열하면 1-3-2-4가 되므로 정답은 3번이다.

정답 3

24 ～やすい/～にくい ～하기 쉽다 / ～하기 어렵다

접속 동사 ます형 + ～やすい/～にくい
의미 '～하기 쉽다, 용이하다, 곧 ～해버리는 경향이 있다' 또는 '～하는 것이 어렵다, 좀처럼 ～할 수 없다'라는 표현이다.

似合(にあ)う 어울리다
汚(よご)れる 더러워지다, 때 묻다
気(き)をつける 주의하다
説明(せつめい)する 설명하다
はく 신다

A 田中さんは白い服がよく似合いますね。
B ありがとうございます。でも、汚れやすいからいつも気をつけないといけないんです。

A : 다나카 씨는 흰색 옷이 잘 어울리는군요.
B : 감사합니다. 그렇지만 때 묻기 쉽기 때문에 항상 주의하지 않으면 안 됩니다.

すみませんが、もう少しわかりやすく説明してくださいませんか。
죄송합니다만, 좀 더 알기쉽게 설명해 주시면 안 되겠습니까?

僕は、靴ははきやすければそれで十分だと思います。
나는 신발은 신기 편하면 그것으로 충분하다고 생각합니다.

新聞は難しい漢字が多くてちょっと読みにくいです。
신문은 어려운 한자가 많아서 읽기 어렵습니다.

강의실 생중계!

い형용사 '易(やす)い 용의하다, 손쉽다', '難(にく)い 어렵다'의 접미어 용법으로 '安(やす)い 싸다', '憎(にく)い 밉다'로 혼동하지 않도록 특히 주의해야 합니다. 참고로 어미가 ～い이기 때문에 전체적으로는 い형용사로 활용하면 됩니다.

시나공 확인 문제

つぎの文の(　　)に入れるのに最もよいものを、1·2·3·4から一つえらびなさい。

これは機能が多くて便利そうですが、子供にはちょっと(　　)ね。

1 使いやすいですね　　2 使わなかったそうです
3 使っているそうです　　4 使いにくいかもしれません

해석 이것은 기능이 많아서 편리해 보입니다만, 아이에게는 좀 사용하기 어려울지도 모르겠군요.
해설 이러한 논리를 묻는 문제에 있어서는 접속조사 등이 중요한 단서가 되는 경우가 많다. 이 문제에서도 역접의 의미를 나타내는 접속조사 ～が(～이지만, 이기는 하나)가 사용되고 있기 때문에 논리상 후문은 아이에게는 '편리하지 않다'라는 의미가 되어야 함을 알 수 있다. 그러므로 정답은 4번이 된다. **정답** 4

25 ～すぎる 너무 ~하다, 지나치게 ~하다

접속 동사 ます형 / い형용사 · な형용사의 어간 + ～すぎる
의미 정도가 지나침을 나타낸다.

飲(の)み過(す)ぎ 과음
塩(しお) 소금
しょっぱい 짜다
失敗(しっぱい)する 실패하다
塩分(えんぶん) 염분
さまざま 여러 가지
原因(げんいん) 원인
気(き)をつける 조심하다, 주의하다

この病気の原因は、お酒の飲みすぎです。 이 병의 원인은 과음입니다.

塩を入れすぎたのか、しょっぱかった。 소금을 너무 넣었는지 짰다.

簡単すぎて失敗することもときどきある。 너무 간단해서 실수하는 경우도 가끔 있다.

彼女が作ってくれた料理がとてもおいしくて、食べすぎてしまった。
그녀가 만들어준 요리가 너무 맛있어서 과식해 버렸다.

강의실 생중계!

동사 過ぎる(넘다, 지나치다)가 사용되고 있으므로 어떤 동작이나 상태가 보통의 수준 정도를 넘었다는 것을 나타낼 때 사용합니다. 시험에서는 주로 부정적인 뉘앙스로 많이 출제됩니다.
참고로 ～すぎる가 붙으면 1그룹동사(1단 활용 동사)가 되며 ～すぎ와 같이 명사형으로 사용되는 경우도 많습니다.

예 塩分のとり**すぎ**は、さまざまな病気の原因になりますので、気をつけましょう。
염분의 과다 섭취는 다양한 질병의 원인이 되기 때문에 조심합시다.

시나공 확인 문제

つぎの文の（　　）に入れるのに最もよいものを、1·2·3·4から一つえらびなさい。

東京は物価が（　　）、外国人には生活しにくい。

1 高すぎて　　2 高くすぎて　　3 高いすぎて　　4 高くなくすぎて

해석 동경은 물가가 너무 비싸서 외국인에게는 생활하기 어렵다.
해설 간혹 등장하는 형태로 접속형태만 알면 쉽게 정답을 찾을 수 있다. 동사 過ぎる(지나가다, 경과하다, 과분하다)는 い형용사의 어간에 접속되어 '너무, 지나치게 ~하다'라는 의미로도 사용되는데 선택지 중에서 올바른 형태는 1번뿐이므로 정답은 1번이 된다. **정답** 1

26 ～ながら ～하면서

접속 동사 ます형 + ～ながら
의미 하나의 일을 할 때 동시에 또 다른 일을 하고 있다는 동시진행을 나타낼 때 사용한다.

畑(はたけ) 밭
汗(あせ) 땀
流(なが)す 흘리다
作業(さぎょう) 작업
発表(はっぴょう) 발표
表(ひょう) 표
説明(せつめい)する 설명하다
贈(おく)る 선물하다
選(えら)ぶ 고르다
楽(たの)しい 즐겁다

辞書を引きながら日本語の本を読みます。 사진을 찾으면서 일본어 책을 읽습니다.

ジュースを飲みながら歩いている。 주스를 마시면서 걷고 있다.

ラジオを聞きながら勉強する。 라디오를 들으면서 공부한다.

畑でみんな汗を流しながら作業をしていた。
밭에서 모두 땀을 흘리면서 작업을 하고 있었다.

発表の時は、表やグラフを見せながら説明したほうがいい。
발표할 때는 표나 그래프를 보이면서 설명하는 것이 좋다.

贈る相手のことを考えながらプレゼントを選ぶのはとても楽しい。
선물할 상대를 생각하면서 선물을 고르는 일은 매우 즐겁다.

강의실 생중계!

두 개의 동작 중 후문이 중심적인 동작이 됩니다. 일반적으로 전문과 후문은 바뀌어도 큰 문제는 없으나 의미적으로 전문이 후문의 수단이나 방법이 되는 경우에는 바꿔 쓸 수 없습니다.

✔ 시나공 확인 문제

つぎの文の（　　）に入れるのに最もよいものを、1·2·3·4から一つえらびなさい。

ここでは科学技術を体験を通して（　　）学ぶことができる。

1 楽しんだのに　　2 楽しんだまま　　3 楽しみながら　　4 楽しまないので

해석 이곳은 과학기술을 체험을 통해서 즐기면서 배울 수 있다.

해설 선택지를 보면 모두 동사 楽しむ(즐기다)가 있기 때문에 접속형태가 아닌 의미로 정답을 찾을 수밖에 없다. 우선 楽しむ와 공란 뒤의 学ぶ(배우다)와의 관계를 고려해 보면 '즐기면서 동시에 배운다'라는 의미가 되어야 함을 알 수 있다. 그러므로 정답은 3번 楽しみながら(즐기면서)가 된다.

정답 3

27 ～である ~이다

접속 명사, な형용사 어간 + ～である
의미 '~이다'라고 단정을 나타낼 때 사용한다.

実用的(じつようてき)だ 실용적
調(しら)べる 알아보다, 조사하다
最終的(さいしゅうてき) 최종적
自分(じぶん) 자신

こうしたほうが実用的である。 이렇게 하는 편이 실용적이다.

林さんも、会社をやめてそば屋を開いた人の一人である。
하야시 씨도 회사를 그만두고 메밀국수 가게를 개업한 사람들 중 한 사람이다.

インターネットなどで調べてもいいが、最終的に決めるのは自分である。
인터넷 등에서 알아봐도 되지만 최종적으로 결정하는 것은 자신이다.

강의실 생중계!

- 단정의 조동사 ～だ(~이다)의 문어체이며 동사(ある)처럼 활용합니다. 몇 가지 예를 들면 부정형(～ではない, ～じゃない ~이 아니다), 정중형(～であります ~입니다), 과거형(～であった ~이었다), 가정(～であれば ~라면), 중지형(～であり ~이고), 과거(～であった ~였다) 등등입니다.
- 참고로 동사 ある(있다)와 조동사 ～である(~이다)를 혼동하지 않도록 주의해야 합니다.

시나공 확인 문제

つぎの文の（　　）に入れるのに最もよいものを、1·2·3·4から一つえらびなさい。

朝食を取らない会社員の割合は、おととしは20%で（　　）が、今年は25%と増加している。

1 だった　　2 あった　　3 なった　　4 いった

해석 아침을 먹지 않는 회사원의 비율은 재작년에는 20%였는데 올해는 25%로 증가하고 있다.
해설 비교적 쉬워 보이지만 자칫하면 실수할 수 있기 때문에 주의해야 한다. 이 문제에서는 공란 앞의 で가 정답을 찾는 중요한 포인트가 된다. 왜냐하면 ～だ(~이다)의 문어체가 ～である이기 때문이다. 또 ～である는 동사 ある처럼 활용하기 때문에 과거형은 ～であった(~이었다)이다. 그러므로 정답은 2번이 된다.

정답 2

적중 예상 문제 ①

問題1 つぎの文の（　　）に入れるのに最もよいものを、1·2·3·4から一つえらびなさい。

01 山田さんには何というか男（　　）が足りないような気がする。

1 らしい　2 らしく　3 らしさ　4 らしければ

02 嘘かもしれないが、一応彼の話を信じて（　　）ことにした。

1 しまう　2 みる　3 ある　4 くる

03 駅から遠くても（　　）、安い部屋はいくらでもある。

1 いいのであれば　2 いいであれば
3 よくないのであって　4 よくないであって

04 彼女がこの知らせを聞いたら、とても喜ぶ（　　）と思います。

1 でしょう　2 かどうか　3 だろう　4 かもしれません

05 姉は日曜日なのに、どこへも（　　）一日中家にいる。

1 行かずに　2 行かずで　3 行かなくて　4 行かないに

06 私が作ったクッキーなんだ。食べて（　　）、おいしいよ。

1 みたい　2 みないで　3 みな　4 みるな

07 あの店はいつも混雑しているから、ほかの店に（　　）ほうがいい。

1 行った　2 行かない　3 行こう　4 行けば

08 A「木村さん、この機械ちょっと（　　）。」
B「そうですか、でも慣れればとても便利ですよ。」

1 使ってみたいですね　2 使いやすいですね
3 使いにくいですね　4 使ったことがあります

問題2 つぎの文の ___★___ に入る最もよいものを、1·2·3·4から一つえらびなさい。

01 危ないから、＿＿＿ ＿＿＿ ＿★＿ ＿＿＿ でね。

1 音楽を聞き　2 しない　3 ながら　4 道を歩いたり

02 しっかりと ＿＿＿ ＿＿＿ ＿★＿ ＿＿＿ 盗まれてしまった。

1 かけて　2 自転車を　3 かぎが　4 あった

03 夕べはとても疲れていて、＿＿＿ ＿★＿ ＿＿＿ ＿＿＿ しまった。

1 つけた　2 眠って　3 テレビを　4 まま

04 子供は４歳になると、友だちがして ＿＿＿ ＿＿＿ ＿★＿ ＿＿＿、自分のしたい遊びに友だちを誘ったりする。

1 やってみよう　2 いることに　3 としたり　4 興味を持って

05 この方法で ＿＿＿ ＿＿＿ ＿★＿ ＿＿＿ が、一度やってみよう。

1 いくか　2 うまく　3 わからない　4 どうか

06 A「このガラスの製品は ＿＿＿ ＿＿＿ ＿★＿ ＿＿＿ 運んでね。」
B「うん、わかった。」

1 注意して　2 壊れ　3 んだから　4 やすい

07 近所に ＿＿＿ ＿＿＿ ＿★＿ ＿＿＿ とても便利になった。

1 から　2 スーパーが　3 買い物が　4 できた

08 二度も同じ失敗をした僕に先輩が ＿＿＿ ＿★＿ ＿＿＿ ＿＿＿、ちょっと心が楽になった。

1 言って　2 なと　3 くれて　4 気にする

적 중 예상 문제 ②

問題1 つぎの文の（　　）に入れるのに最もよいものを、1·2·3·4から一つえらびなさい。

01 彼は僕に何か（　　）そうな顔をしていたが、結局何も言わなかった。

1 言った　2 言いた　3 言わない　4 言う

02 A「鈴木さん、ドアを閉めましょうか。」
B「いいえ、遅れてくる人もいるだろうから、開けて（　　）ください。」

1 きて　2 いて　3 みて　4 おいて

03 いつか（　　）と思うと、なかなかものが捨てられなくて片付けが進まない。

1 使うかもしれない　2 使ったかもしれない
3 使わないほうがいい　4 使ったほうがいい

04 田中さん、砂糖をどのくらい入れれば（　　）よくわからないんですけど教えてもらえますか。

1 いいかどうか　2 いいと　3 いいのか　4 いいか

05 広告には駅まで徒歩10分と書いて（　　）、実際に行ってみたら20分以上かかった。

1 あったのに　2 おいたのに　3 みたから　4 いたから

06（　　）いいから、はやく英語が話せるようになりたい。

1 上手じゃないでも　2 上手でなくても
3 上手でも　4 上手なくても

07 危険ですから、必ず準備運動を（　　）泳いでください。

1 したから　2 してから　3 するまえに　4 すれば

08 子供は母親が帰ってくる（　　）じっと待っていた。

1 ことを　2 ものを　3 のを　4 ところを

▶ 정답과 해설 11쪽

問題2 つぎの文の ＿★＿ に入る最もよいものを、1・2・3・4から一つえらびなさい。

01 店長、まだ何も ＿＿ ＿＿ ＿★＿ ＿＿ 許してやりましょう。

1 ことだし　2 子供の　3 わからない　4 やった

02 今回の調査では ＿＿ ＿＿ ＿★＿ ＿＿ 人が30%に上った。

1 子供がいなくても　2 と答えた　3 かまわない　4 結婚して

03 スープを作るとき、塩の量を ＿＿ ＿★＿ ＿＿ ＿＿ 食べられなかった。

1 すぎて　2 のか味が　3 濃くなり　4 間違えた

04 修学旅行では一生 ＿＿ ＿★＿ ＿＿ ＿＿ です。

1 ほしい　2 忘れられない　3 作って　4 思い出を

05 ＿＿ ＿＿ ＿★＿ ＿＿ 公園は花見客でいっぱいだった。

1 天気なのに　2 そうな　3 雨が降り　4 今にも

06 週末は ＿＿ ＿★＿ ＿＿ ＿＿ 朝早く出発したほうがいい。

1 かも　2 しれない　3 道がこむ　4 から

07 広告には ＿＿ ＿＿ ＿★＿ ＿＿ 簡単にダイエットができると書いてあった。

1 無理な　2 楽しく　3 せずに　4 運動を

08 こっちは僕が ＿＿ ＿＿ ＿★＿ ＿＿ 。

1 あっちを　2 やる　3 やりな　4 から君は

적중 예상 문제 ③

問題 1 つぎの文の（　　）に入れるのに最もよいものを、1·2·3·4から一つえらびなさい。

01 いつものあなたらしくないですね。こんな失敗は二度と（　　）ください。

1 させて　2 して　3 しなくて　4 しないで

02 テレビを（　　）寝る人がたまにいるが、テレビをつけていると睡眠が乱れるのでよくないそうだ。

1 ついたまま　2 つけたまま　3 つけている間　4 ついている間

03 約束の時間は３時だから、絶対（　　）よ。

1 忘れて　2 忘れな　3 忘れよう　4 忘れるな

04 彼はとても真面目で責任感があるので、（　　）信頼されている。

1 だれからでも　2 だれかでも　3 だれかは　4 だれからは

05 お父さんはいつも新聞を読み（　　）朝ご飯を食べます。

1 やすく　2 でから　3 ながら　4 あとで

06 ちょうど家を（　　）としたときに電話がかかってきた。

1 出よう　2 出た　3 出る　4 出ない

07 忙しくて直接会うのがだめなら、せめて電話（　　）したほうがいい。

1 までで　2 だけでも　3 までには　4 だけに

08 帰りにデパートに寄って、靴下とかシャツ（　　）いろいろ買ってきた。

1 と　2 や　3 とか　4 を

問題2 つぎの文の ＿★＿ に入る最もよいものを、1・2・3・4から一つえらびなさい。

01 もう7時だが、明日の発表の ＿＿ ＿＿ ＿★＿ ＿＿ ので、まだ帰れない。

1 準備を　2 ための　3 ならない　4 しなければ

02 僕は一度 ＿＿ ＿＿ ＿★＿ ＿＿ と思っている。

1 彼に会って　2 だけでも　3 謝りたい　4 いいから

03 旅行の記念に ＿＿ ＿＿ ＿★＿ ＿＿ しまった。

1 買って　2 弟が割って　3 かびんを　4 きた

04 失敗は ＿＿ ＿＿ ＿★＿ ＿＿ することなんだから、そんなに落ち込まなくていいよ。

1 なら　2 でも　3 人間　4 だれ

05 アパートはたしかに便利ですが、＿＿ ＿＿ ＿★＿ ＿＿ かもしれません。

1 住み　2 お年寄りに　3 とっては　4 にくい

06 教室の ＿＿ ＿＿ ＿★＿ ＿＿ ドアが閉まっていて入れなかった。

1 入ろう　2 けれども　3 中に　4 とした

07 もし ＿＿ ＿＿ ＿★＿ ＿＿ メールでもかまわない。

1 のが　2 面倒　3 訪問する　4 であれば

08 展示されているものは自由に ＿＿ ＿＿ ＿★＿ ＿＿ 書いてあった。

1 いいが　2 持ち帰っては　3 使ってみても　4 いけないと

적중 예상 문제 ④

問題1 つぎの文の（　　）に入れるのに最もよいものを、1·2·3·4から一つえらびなさい。

01 山下君、明日の会議のあと、食事会をしたいから予定をあけて（　　）か。

1 おいただろう　2 おいてくれない　3 あればいい　4 あるといけない

02 森さんは怖そうな人だと思っていたが、（　　）思ったより優しくて親切な人だった。

1 話してみると　2 話したかどうか　3 話す前に　4 話したとしても

03 息子「お父さん今日は遅いなあ。お腹ぺこぺこなのに。」
母　「お父さんは残業で帰りが遅くなるっていってたから、悪いけど先に（　　）。」

1 食べちゃっていた　2 食べちゃったか　3 食べちゃおうか　4 食べちゃうだろう

04 車の鍵をどこに置いたか（　　）としたが、いくら考えても思い出せなかった。

1 思い出した　2 思い出せる　3 思い出して　4 思い出そう

05 東京のような大都会ではたくさんの情報が（　　）、こんな田舎では難しい。

1 入るだろうが　2 入らないだろうが
3 入らないようだが　4 入りたかったようだが

06 すみませんけど、辞書を持ってくるのを忘れたので、ちょっと（　　）。

1 貸したいんですけど　2 貸してほしいんですけど
3 借りていただけますか　4 借りてもらいますか

07 仕事に必要だから真面目に英語の勉強を（　　）本も買ったが、なかなか時間が取れない。

1 しようと思って　2 しようと思えば　3 することになれば　4 することになるより

08 誰かが私の家の前に何度もゴミを捨てるから、「ここにゴミを（　　）！」という看板を立てた。

1 捨ててね　2 捨てろ　3 捨てるな　4 捨てるんだ

問題2 つぎの文の ＿★＿ に入る最もよいものを、1·2·3·4から一つえらびなさい。

01 商品を ＿＿ ＿＿ ＿★＿ ＿＿ ください。

1 しまったので　2 キャンセルさせて　3 注文して　4 間違えて

02 今日70歳の誕生日を迎えた ＿＿ ＿★＿ ＿＿ ＿＿ と心から願っている。

1 元気でいて　2 母親には　3 ほしい　4 いつまでも

03 立ったままでも ＿★＿ ＿＿ ＿＿ ＿＿ にゆっくり腰を伸ばしてください。

1 ままでも　2 後ろの方　3 床に座った　4 かまいませんので

04 あまり親しくもないから、彼には結婚式の ＿＿ ＿＿ ＿★＿ ＿＿ と思った。

1 頼まない　2 司会を　3 ほうが　4 よさそうだ

05 妹は ＿＿ ＿＿ ＿★＿ ＿＿ あるので、毎日とても忙しい。

1 いけない　2 卒業論文が　3 書かないと　4 締め切りまでに

06 壊れた店の看板が ＿＿ ＿＿ ＿★＿ ＿＿ 注意が必要だ。

1 落ちてきて　2 今にも　3 そうだから　4 しまい

07 僕は ＿＿ ＿＿ ＿★＿ ＿＿ 試験が人生の全てではないとよく言います。

1 若者に　2 心配している　3 かもしれないと　4 試験に合格できない

08 面接のときに遅刻してはいけませんが ＿＿ ＿★＿ ＿＿ ＿＿ きちんと時間を守りましょう。

1 ので　2 よくない　3 のも　4 早すぎる

: : 둘째마당 : :

내공 쌓기편

02 시험에 꼭 나오는 필수 문법

〈 문제풀이 〉 적중 예상 문제

03 합격을 위한 핵심 문법

〈 문제풀이 〉 적중 예상 문제

한눈에 미리 보기

시나공 02

시험에 꼭 나오는 필수 문법

이 장에서 배울 문법은 '시험에 꼭 나오는 필수 문법'입니다.
본격적인 학습에 앞서 자신이 알고 있는 문법이 어느 정도인지 □에 체크해 보세요.

□ 28	조건가정 표현	
□ 28-1	～と	～하면
□ 28-2	～ば	～하면
□ 28-3	～たら	～하면, ～하자, ～하니까, ～했더니
□ 28-4	～なら	～라면
□ 28-5	～といい・～ばいい・～たらいい	～하면 좋다, ～하면 된다
□ 29	수동 표현	
□ 30	사역 표현	
□ 31	사역수동 표현	
□ 32	수수 표현	
□ 32-1	～てやる・～てあげる・～てさしあげる	자신이 상대에게 ～해 주다
□ 32-2	～てくれる・～てくださる	상대가 자신에게 ～해 주다
□ 32-3	～てもらう・～ていただく	자신이 상대로부터 ～해 받다
□ 33	경어 표현	
□ 33-1	특정형 경어	
□ 33-2	일반형 경어의 존경어 공식	
□ 33-2-1	お・ご～になる	～하시다
□ 33-2-2	～れる・られる	～하시다
□ 33-2-3	お・ご～くださる/お・ご～ください	～해 주시다/～해 주십시오
□ 33-3	일반형 경어의 겸양어 공식	
□ 33-3-1	お・ご～する/いたす	～하다, ～해 드리다
□ 33-3-2	お・ご～いただく	～해 받다, ～해 주시다
□ 33-4	주의해야 할 경어표현	
□ 33-4-1	ござる	있습니다
□ 33-4-2	～でござる	～입니다
□ 33-4-3	うかがう	찾아뵙다, 여쭙다, 듣다
□ 33-4-4	～(さ)せていただく	～하다
□ 33-4-5	～ていただけますか・ ～ていただけませんか	～해 주실 수 있겠습니까? ～해 주십시오

시나공

02 시험에 꼭 나오는 필수 문법

시나공 02 파트에서는 시험에서 자주 출제되는 필수문법이지만 확실한 개념 정립이 안 된 경우가 많아서 틀리기 쉬운 '조건가정, 수동, 사역, 사역수동, 경어 표현'에 관해서 본격적으로 다루어보도록 하겠습니다. 이러한 표현들은 단순히 해석만으로는 이해하기 어려운 측면이 많기 때문에 언제, 어떤 경우에 사용하는 표현인지를 먼저 익혀 두는 것이 좋습니다.

시험에 이렇게 나온다!

つぎの文の（　　　）に入れるのに最もよいものを、1·2·3·4から一つえらびなさい。

君が一週間以内に（　　　）、お金を貸してやるよ。

1 返すなら　　2 返したら　　3 返せば　　4 返すと

해석 자네가 일주일 이내에 갚을 거라면 돈을 빌려 주겠어.

해설 선택지를 보면 조건가정의 문제임을 알 수 있다. 이런 문제는 단순히 해석으로만 접근하면 틀리기 쉬우므로 문형과 논리를 근거로 푸는 것이 좋다. 문제를 보면 전문은 '일주일 이내에 갚는다', 후문은 '돈을 빌려 주겠다'는 의미이다. 즉 '전문을 전제로 후문을 하겠다'라는 의미로 실제로는 후문이 행해진 후에 전문이 행해진다는 것을 알 수 있다. 이러한 경우에는 ～なら밖에는 사용할 수 없으므로 정답은 1번이 된다.

정답 1

28 조건가정 표현

28-1 ～と ~하면

접속 동사 · い형용사 · な형용사의 기본형 / 명사だ＋～と

의미 ❶ 필연적 결과, 자연현상, 논리, 객관적 사실, 일반적인 사항 ❷ 습관

パーティー 파티
掃除(そうじ) 청소

春になると、花が咲きます。 봄이 되면 꽃이 핍니다. 〈자연현상〉

５から３を引くと、２になる。 5에서 3을 빼면 2가 된다. 〈논리〉

この道をまっすぐ行くと、郵便局があります。 이 길을 곧장 가면 우체국이 있습니다. 〈객관적 사실〉

このボタンを押すと、ドアが開きます。 이 버튼을 누르면 문이 열립니다. 〈일반적인 사항〉

私は朝起きると、まず髪を洗います。 나는 아침에 일어나면 먼저 머리를 감습니다. 〈습관〉

田舎(いなか) 시골
治(なお)る 낫다
逃(に)げる 도망치다
泣(な)き出(だ)す 울기 시작하다

강의실 생중계!

- '～と・～ば・～たら・～なら'는 서로 유사한 경우와 특징적인 경우가 있으므로 한마디로 규정 짓기에는 무리가 있으므로 여기서는 시험에서 많이 다루어지는 부분을 중심으로 설명하겠습니다. 시험만을 위해서라면 각 표현의 특징적인 부분만 익혀두면 됩니다.
- ～とは 기본적으로 보편적 진리를 나타내므로 의지, 판단, 허가, 명령, 요구 등의 인간의 의지나 감정에 관계된 문장에는 사용할 수 없습니다.
- 일반적으로 과거문에 사용할 수 없으나 예외적으로 아래와 같은 경우는 과거문에 사용할 수 있습니다.

① 발견 : ~하자, ~하니까

예 家に帰ると、田舎から父が来ていた。집에 돌아가니 시골에서 아빠가 와 있었다.
そとに出ると雨が降っていた。밖에 나가자 비가 내리고 있었다.

② 과거의 습관이나 과거 사실 : ~하면, ~하자, ~하니까

예 子供のころは風邪を引くと、すぐ治った。어릴 적에는 감기에 걸리면 곧 나았다.
バスが止まると、すぐドアが開いた。버스가 멈추자 곧 문이 열렸다.

③ 동일주체에 의한 연속적 동작 : ~하자, ~하자마자

예 彼女は僕の顔を見ると、逃げた。그녀는 나를 보자마자 도망쳤다.
山田さんはその知らせを聞くと、泣き出した。야마다 씨는 그 소식을 듣자마자 울기 시작했다.

28-2 ～ば ~하면

접속 동사·い형용사의 ば형 + ～ば
의미 ❶ 가정 ❷ 자연현상, 논리, 속담, 예상 가능한 일 ❸ 전문(前文)이 상태인 경우

足(た)す 더하다

週末は天気がよければ、ゴルフに行きます。
주말에는 날씨가 좋으면 골프를 치러 갑니다. 〈가정〉

1に2を足せば3になる。 1에 2를 더하면 3이 된다. 〈논리〉

お金があれば、車を買いたいです。 돈이 있으면 차를 사고 싶습니다. 〈前文이 상태〉

시나공 확인 문제

つぎの文の（　　）に入れるのに最もよいものを、1·2·3·4から一つえらびなさい。

トイレに入った娘が急に泣き出したので、あわてて（　　）ゴキブリだった。

1 行ってみるなら　2 行ってしまったら　3 行ってしまえば　4 行ってみると

해석 화장실에 들어간 딸이 갑자기 울음을 터뜨려서 황급히 가보니 바퀴벌레였다.
해설 선택지를 보면 조건, 가정 문제임을 알 수 있는데 화자가 화장실에 간 것과 바퀴벌레는 전혀 연관성이 없고 단지 화장실에 가서 바퀴벌레가 있는 것을 발견한 것이므로 실제로 행동해서 확인한 사실을 나타내는 ～てみる(~해 보다)와 발견을 나타내는 ～と가 합쳐진 4번이 정답이 되어야 한다.
정답 4

中止(ちゅうし)する
중지하다
間違(まちが)い
틀림, 잘못
手伝(てつだ)う
거들다, 도와주다
頃(ころ) 때
テニス 테니스
プール 풀장
人生(じんせい) 인생

강의실 생중계!

- ～ば는 기본적으로 화자가 반대의 상황을 염두에 두어 말할 때 주로 사용합니다. 그리고 기정 사실을 나타낼 수 없으며, 전문(前文)이 상태(비의지)를 나타내는 경우를 제외하면, ～と와 마찬가지로 의지, 의뢰, 의무, 희망 등의 문장에는 사용할 수 없습니다.
- 아직 일어나지 않은 일을 가정하므로 일반적으로 과거문에 사용할 수 없으나 예외적으로 아래와 같은 경우는 과거문에 사용할 수 있습니다.

① 현재의 반대 가정 (후회, 아쉬움, 권유) : ～하면 좋았다(～하면 좋았을 텐데)
주로 '～ば +과거문 (+が・けど・のに・だろう)'의 형태로 사용됩니다.
예 あの時、勉強すれ**ば**、よかった。그때 공부했더라면 좋았다.
あなたがいれ**ば**、もっと楽しかったのですが。
당신이 있었더라면 더 즐거웠을 것입니다만….
君が手伝ってくれれ**ば**、もっと早く終わったのに。
자네가 거들어 줬으면 더 빨리 끝났을 텐데.

② 과거의 습관 : ～하면
예 子供の頃、天気がよけれ**ば**、よく外で遊んだ。
어릴 때는 날씨가 좋으면 종종 밖에서 놀았다.
中学生の時は週末になれ**ば**、いつも友達とテニスをしていた。
중학생 때는 주말이 되면 항상 친구와 테니스를 했다.

- **관용문형**

① ～ば～ほど : ～하면 ～할수록 (ほど 용법 5번 참조)

② ～も～ば～も・～も～なら～も : ～도 ～하고(거니와) ～도

동사・い형용사 ば형+～ば / な형용사 어간, 명사+～なら의 형태로 접속되며, 앞의 사항과 같은 종류의 사항을 덧붙일 때나 이유를 말할 때 사용합니다. 시험에서는 주로 ～も～ば～も 형태가 출제되므로 중점적으로 암기하는 것이 좋습니다. 그리고 대립되는 것을 열거하여 양쪽 모두 있다는 의미로 사용하기도 합니다.
예 このデパートの中には映画館**も**あれ**ば**、プール**も**ある。
이 백화점 안에는 영화관도 있고 풀장도 있다.
人生、悪いこと**も**あれ**ば**よいこと**も**ありますよ。인생, 나쁜 일도 있고 좋은 일도 있어요.
木村さんは英語**も**上手**なら**、中国語**も**できるから、本当にうらやましいですね。
기무라 씨는 영어도 능숙하고 중국어도 잘하니까 정말로 부럽군요.

시나공 확인 문제

つぎの文の（　　）に入れるのに最もよいものを、1·2·3·4から一つえらびなさい。

待合室にはテレビを見ている人も（　　）、居眠りをしている人もいた。

1 いれば　　2 いると　　3 いたら　　4 いるなら

해석 대합실에는 텔레비전을 보고 있는 사람도 있고 졸고 있는 사람도 있었다.
해설 조건가정 중에서 일부 특수용법으로 사용되는 표현은 하나의 공식처럼 암기해 두는 편이 좋다. 즉 여기서는 공란의 앞의 ～も와 후문의 ～も를 통해서 ～も～ば～も(～도 ～하고 ～도)를 묻고 있다는 것을 바로 알 수 있다. 그러므로 정답은 1번이 된다. **정답** 1

28-3 ~たら ~하면, ~하자, ~하니까, ~했더니

접속 동사 · い형용사 · な형용사 · 명사의 た형 + ~たら
의미 ❶ 가정(~하면) ❷ 발견(~하자, 하니까) ❸ 의외의 결과(~했더니, 하니까) ❹ 확실한 미래(~하면)

箱(はこ) 상자
人形(にんぎょう) 인형
終(お)わる 끝나다
小説(しょうせつ) 소설
貸(か)す 빌려주다

もし一緒に行きたかったら、電話してください。
만약에 함께 가고 싶으면 전화해 주세요. 〈가정〉

ホテルの窓を開けたら、海が見えた。 호텔 창문을 여니까 바다가 보였다. 〈발견〉

箱を開けたら、かわいい人形が入っていた。
상자를 열었더니 귀여운 인형이 들어 있었다. 〈의외의 결과〉

今日学校が終わったら、映画を見に行こうよ。
오늘 학교가 끝나면 영화를 보러 가자. 〈확실한 미래〉

강의실 생중계!

네 가지 표현 중에서 가장 사용범위가 넓으며 희망, 의뢰, 의지문을 형성하는 경우도 많습니다. 하지만 우발적, 개별적인 성격이 강하므로 필연적 결과나 자연현상, 논리 등에는 사용하지 않는 것이 좋습니다.

28-4 ~なら ~라면

접속 동사 · い형용사의 기본형 /な형용사 어간 · 명사 + ~なら
의미 ❶ 주제 ❷ 상대의 말이나 행동을 조건으로 할 때 ❸ 시간적 전후관계를 필요로 하지 않을 때 사용한다.

新(あたら)しい 새롭다
安(やす)い 싸다
電気製品(でんきせいひん) 전자제품
一緒(いっしょ)に 함께

A 田中さん、お金ありますか。
B ええ、5千円ぐらいならありますよ。
A : 다나카 씨 돈 있습니까? B : 예. 5천 엔 정도라면 있습니다.

A 新しいテレビがほしいんだけど、どこが安いかな。
B 電気製品を買うなら、あの店が一番安いよ。
A : 새로운 TV를 갖고 싶은데 어디가 쌀까? A : 전자제품을 살 거라면 저 가게가 가장 싸.

本を買うなら、一緒に行ってやるよ。 책을 살 거라면 함께 가 줄게.

강의실 생중계!

자연적인 또는 당연히 일어나는 사건에는 사용할 수 없기 때문에 조건가정 중에서 가장 제한적으로 사용되며 주로 의지, 의뢰, 충고, 권유, 명령 등의 문장을 형성하는 점이 정답의 찾는 중요한 포인트가 됩니다. 명사에 접속되어 주제를 나타낼 때는 ~は(~은, ~는)와 유사한 의미를 가집니다.

28-5 ～といい・～ばいい・～たらいい ~하면 좋다, ~하면 된다

접속 각각 ～と, ～ば, ～たら와 동일
의미 조언, 권유, 바람을 나타낼 때 사용한다.

薬(くすり) 약
分(わ)かる 알다
就職(しゅうしょく) 취직
一人(ひとり) 혼자
旅行(りょこう) 여행

風邪ですか。風邪なら、この薬を飲むといいですよ。
감기입니까? 감기라면 이 약을 먹으면 좋습니다.

やり方が分からないんですが、どうしたらいいですか。
방법을 모르겠습니다만, 어떻게 하면 됩니까?

早くいいところに就職できるといいですね。 빨리 좋은 곳에 취직 되면 좋겠군요.

一人で旅行に行きたいなら、行けばいい。 혼자서 여행을 가고 싶으면 가면 돼.

강의실 생중계!

- 각 표현이 약간씩 다르지만 차이를 구분하는 문제는 출제되지 않으니 유사한 표현으로 봐도 무방합니다만 참고로 특징만 간략히 설명하겠습니다.
- ～といい는 가장 일반적인 권유이며 방임을 나타내기도 합니다. 의문형으로는 사용할 수 없습니다.
- ～ば는 ～たら와 유사해서 의문형으로도 사용 가능하며 성실한 조언의 의미는 상대적으로 약합니다.
- ～たら는 가장 격의 없는 표현이며 의문문으로 사용해서 상대에게 조언을 구할 수도 있습니다. ～ばいい와 마찬가지로 ～のに를 붙여 후회의 의미를 나타낼 수 있습니다.

시나공 확인 문제

つぎの文の ＿★＿ に入る最もよいものを、1·2·3·4から一つえらびなさい。

道で外国人に東京駅へ ＿＿＿ ＿★＿ ＿＿＿ ＿＿＿ が、英語が話せなくて教えられなかった。

1 いいのかと　　2 どう　　3 聞かれた　　4 行ったら

해석 길에서 외국인이 도쿄역에 어떻게 가면 되는지 물었지만 영어를 못해서 가르쳐 주지 못했다.

해설 조언을 구할 때 주로 사용하는 표현 ～といい・～ばいい・～たらいい 만 암기하고 있으면 4-1이 된다는 것은 곧 알 수 있다. 그리고 1번에 인용의 と가 있으므로 뒤에는 3번이 와야 한다. 마지막으로 부사인 1번은 당연히 4번을 수식해야 한다. 전체적으로 나열하면 2-4-1-3이 되므로 정답은 4번이다.

정답 4

29 수동 표현

접속 1그룹동사(5단동사): 어미 ～う단을 ～あ단으로 바꾸고 + ～れる
2그룹동사(1단동사): 어미 ～る를 빼고 + ～られる
3그룹동사(불규칙동사): 来る → 来られる / する → される

의미 기본문형은 'Aが + Bに + 수동동사'로 'A(문장주어 : 피해자)가 B(행위주체 : 가해자)한테서 ～함을 당하다(의역은 B가 ～하다)'의 뜻이다.

雑誌(ざっし) 잡지
棚(たな) 선반
商品(しょうひん) 상품
世界(せかい) 세계
一番(いちばん) 가장
選(えら)ぶ 고르다, 뽑다
噛(か)む 물다
怪我(けが) 부상
失敗(しっぱい) 실패
上司(じょうし) 상사
努力(どりょく)する 노력하다

この雑誌は多くの人に読まれています。
이 잡지는 많은 사람들에게 읽혀지고 있다. 〈일반수동〉

棚の上にはたくさんの商品が並べられている。
진열대 위에는 많은 상품이 진열되어 있다. 〈일반수동〉

私の国は「世界で一番行きたい国」に選ばれたこともある。
우리나라는 '세계에서 가장 가고 싶은 나라'에 선정된 적이 있다. 〈일반 수동〉

犬に手をかまれて、けがをした。 개에게 손을 물려 손에 부상을 당했다. 〈피해의 수동〉

大きな失敗をして、上司に叱られた。 큰 실수를 해서 상사에게 꾸중들었다. 〈피해의 수동〉

先生にもっと努力しなさいと言われました。
선생님한테 더욱더 노력하라고 주의를 받았습니다. 〈피해의 수동〉

강의실 생중계!

- 타인으로부터 동작이나 작용을 받는 것을 주어의 입장에서 말하는 표현입니다. 즉 수동문에서는 행위의 주체가 상대방이 된다는 사실이 중요합니다. 다시 말하면 상대가 어떤 행위를 하고 문장주어는 당하다(받다)라는 개념입니다. 따라서 직역하면 경우에는 행위에 주체를 주어로 놓고 능동으로 해석하는 등의 의역이 필요합니다.
- 문장의 주어, 행위주체는 생략할 수도 있으며, 행위주체에는 일반적으로 ～に를 사용하지만 정신적 의미의 동사인 경우 ～から를 사용할 수도 있으며 시험에 간혹 조사를 묻는 문제로 출제되니 익혀두면 좋습니다.
- 수동은 크게 '일반 수동'과 '피해의 수동(행위의 결과가 문장의 주어에게 나쁜 영향을 끼치는 경우)'으로 나눌 수 있는데 시험에 자주 출제되는 것은 '피해의 수동'입니다.

✔ 시나공 확인 문제

つぎの文の(　　　)に入れるのに最もよいものを、1·2·3·4から一つえらびなさい。

夜中に子供に(　　　)眠れなかった。

1 泣かされて　　2 泣かせて　　3 泣かれて　　4 泣かせられて

해석 한 밤중에 아이가 울어서 잘 수가 없었다.

해설 행위의 주체를 파악할 수 있어야 한다. 선택지의 泣く의 주체는 아이이며 문제의 眠る의 주체는 화자이다. 즉 아이가 울어서 피해를 당했다는 의미이므로 수동표현인 3번이 정답이다.

정답 3

30 사역 표현

접속 1그룹동사(5단동사): 어미 ～う단을 ～あ단으로 바꾸고 + ～せる
2그룹동사(1단동사): 어미 ～る를 빼고 + ～させる
3그룹동사(불규칙동사): 来る → 来させる / する → させる

의미 기본문형은 'Aは Bに + 사역동사'으로 'A(문장주어 : 명령자)는 B(행위주체 : 피명령자)에게 ～하도록 지시하다, 명령하다, 허락하다'는 뜻이다.

写真(しゃしん) 사진
撮(と)る 찍다
面白(おもしろ)い 재미있다
冗談(じょうだん) 농담
笑(わら)う 웃다
小学生(しょうがくせい) 초등학생
息子(むすこ) 아들
英会話(えいかいわ) 영어회화
習(なら)う 배우다

先生が学生に本を読ませます。
선생님이 학생에게 책을 읽힙니다.

すみませんが、写真を撮らせてくださいませんか。
죄송합니다만, 사진을 찍게 해 주실 수 없겠습니까?

鈴木さんはときどき面白い冗談を言って、みんなを笑わせる。
스즈키 씨는 가끔 재미있는 농담을 해서 모두를 웃긴다.

小学生の息子にオンライン英会話を習わせようかと思っています。
초등학생인 아들에게 온라인 영어회화를 배우게 할까 생각하고 있습니다.

강의실 생중계!

- 어떤 행위를 상대에게 행하게 할 때 사용합니다. 즉 문장의 주어가 상대에게 어떤 행위를 하도록 명령, 지시, 허락, 방임한다는 의미입니다.
- 문장 주어, 행위 주체는 생략할 수도 있습니다.
- 조사 ～に는 상대에게 어떤 행위를 하도록 직접적으로 명령, 지시하는 경우에 사용하고, 직접적인 명령이 아닌 허용, 방임 또는 자동사나 관용적 표현 등에서는 ～を를 사용할 수도 있고 무의지 동작, 재귀적 동작일 경우에는 오히려 ～を를 사용해야 합니다.
- 시험에서는 사역동사를 다른 문법과 결합시켜 출제하는 경우가 매우 많기 때문에 꼭 익혀두어야 합니다.

✔ 시나공 확인 문제

つぎの文の(　　　)に入れるのに最もよいものを、1·2·3·4から一つえらびなさい。

私は宿題のない日は子供を自由に(　　　)。

1 遊びます　　2 遊ばせます　　3 遊ばれます　　4 遊べます

해석 나는 숙제가 없는 날은 아이를 자유롭게 놀게 합니다.

해설 선택지의 遊ぶ의 주체가 아이인 것은 쉽게 알 수 있다. 그리고 子供を의 を를 통해서 화자가 아이를 놀도록 한다는 의미이므로 사역표현인 2번이 정답이다. 참고로 여기서 사역동사는 허락, 방임의 의미이다. **정답** 2

31 사역수동 표현

접속 1그룹동사(5단동사): 어미 ~う단을 ~あ단으로 바꾸고 + ~せられる
2그룹동사(1단동사): 어미 ~る를 빼고 + ~させられる
3그룹동사(불규칙동사): 来る → 来させられる / する → させられる

의미 기본문형은 'AはBに + 사역수동동사'로 'A(문장주어 : 피강요자)는 B(강요자)한테서 ~하게함을 당하다(의역하면 A는 억지로, 마지못해, 강요로 ~하다)'는 뜻이다.

部長(ぶちょう) 부장(님)
カラオケ 가라오케, 노래방
歌(うた)う 노래 부르다
掃除(そうじ) 청소
手伝(てつだ)う 거들다

私は部長にお酒を飲まされました。 부장님은 나에게 억지로 술을 마시게 했습니다.

A 田中さん、きのうカラオケで歌を歌ったそうですね。
B 歌ったんじゃなくて、歌わせられたんです。

A : 다나카 씨, 어제 가라오케에서 노래를 불렀다면서요?
B : 부르고 싶어서 부른 것이 아니라 어쩔 수 없이 부른 겁니다.

訪問販売で必要ではない品物を買わされることがよくある。
방문 판매로 필요하지도 않는 상품을 마지못해 사는 경우가 종종 있다.

妹もいるのに、掃除を手伝わされるのはいつも僕です。
여동생도 있는데 항상 저에게만 청소를 시킵니다.

강의실 생중계!

- 문맥에 따라서는 문장 주어, 강요자가 생략되는 경우도 많습니다.
- 사역과 수동이 합쳐진 형태로 문장의 주어가 어떤 행위를 한다는 점에서는 일반적인 타동사와 동일한 의미이지만 자신의 의지가 아닌 상대의 '강요로, 마지못해, 어쩔 수 없이' 어떤 행위를 할 때 사용하므로 문맥에 맞게 적절히 의역을 해야 하는 경우가 많습니다.
- 참고로 5단동사(話す는 제외)의 경우 '歌う : 歌わせられる＝歌わされる'와 같이 축약할 수도 있다는 점에 유의해야 합니다.
- 출제빈도가 높기 때문에 꼭 익혀두어야 합니다.

✔ 시나공 확인 문제

つぎの文の（　　）に入れるのに最もよいものを、1·2·3·4から一つえらびなさい。

妹は言うことを聞かなかったので、母に部屋の掃除を（　　）。

1 させられました　　**2** させました　　**3** されました　　**4** しました

해석 여동생은 말을 듣지 않아서 엄마가 벌로 방청소를 시켰습니다.
해설 문제를 보면 방청소를 한 주체는 妹(여동생)임을 알 수 있다. 단 자의적이 아니라 엄마가 시켜서 했다는 의미이므로 정답은 사역수동 동사인 1번이 된다.

정답 1

32 수수 표현

32-1 ~てやる・~てあげる・~てさしあげる 자신이 상대에게 ~해 주다

접속 동사의 て형 + ~てやる・~てあげる・~てさしあげる

의미 기본문형은 '자신(주어)が/は 상대(대상)に+~てやる・~てあげる・~てさしあげる'로 '내가 ~에게 ~해 주다・드리다'의 뜻이다.

誕生日(たんじょうび) 생일
プレゼント 선물
教(おし)える 가르치다

僕は妹に誕生日のプレゼントを買ってやった。 나는 여동생에게 생일 선물을 사 줬다.

私は金さんに日本語を教えてあげました。 나는 김씨에게 일본어를 가르쳐 주었습니다.

あんなに行きたがっているんだから、行かせてあげたらどうですか。
저렇게 가고 싶어 하니까 보내 주는 것이 어떻습니까?

32-2 ~てくれる・~てくださる 상대가 자신에게 ~해 주다

접속 동사의 て형 + ~てくれる・~てくださる

의미 기본문형은 '상대(주어)が/は + 자신(대상)に + ~て + くれる・くださる'로 '~가 나에게 ~해 주다·주시다'의 뜻이다.

駅(えき) 역
連(つ)れる 데리고 가다
迎(むか)える 마중하다

友達が私の妹を駅まで連れていってくれました。
친구가 내 여동생을 역까지 데려다 주었습니다.

田中さんが駅まで迎えに来てくださいました。
다나카 씨가 역까지 마중을 와 주셨습니다.

32-3 ~てもらう・~ていただく 자신이 상대로부터 ~해 받다

접속 동사의 て형 + ~てもらう・~ていただく

의미 기본문형은 '자신(주어)が/は+상대(대상)に・から+~て + もらう・いただく'로 '내가 ~로부터 ~해 받다(의역은 ~가 ~해 주다)'의 뜻이다.

商品(しょうひん) 상품
住所(じゅうしょ) 주소
わざわざ 특별히, 일부러

商品のカタログを送りますから、住所を教えてもらえますか。
상품 카탈로그를 보낼 테니 주소를 가르쳐 주실 수 있습니까?

わざわざ来ていただいて、ありがとうございます。 특별히 와 주셔서 감사합니다.

강의실 생중계!

많은 학생들이 어려워하는 표현인데 간단히 말하면 ~てもらう・~ていただく 문형에서는 ~に・~から 앞에 있는 사람이 어떤 행위를 했다고 이해하면 됩니다. 즉 상대가 나에게 '~해 주다'라고 의역하면 됩니다.

33 경어 표현

33-1 특정형 경어

경어는 상대의 행위를 높이는 '존경어'와 자신이나 자기쪽의 행위를 낮추는 '겸양어', 표현을 공손하게 하는 '정중어'로 나눌 수 있습니다. 그리고 이들을 미리 정해놓은 '특정형 경어'와 공식을 이용한 '일반형 경어' 두 종류로 나눌 수 있습니다. 특정형 경어는 일상에서 자주 사용하는 동사 중 몇 개를 미리 정해 놓은 것입니다.

기본형	존경어	겸양어 (정중어)
行く	いらっしゃる おいでになる	まいる
来る	いらっしゃる おいでになる お越(こ)しになる お見えになる	まいる
いる	いらっしゃる おいでになる	おる
する	なさる	致(いた)す
言う	おっしゃる	申(もう)す 申(もう)し上(あ)げる
くれる	くださる	×
やる・与(あた)える	×	差(さ)し上(あ)げる
もらう	×	いただく
食べる・飲む	召(め)し上(あ)がる	いただく
見る	ご覧(らん)になる	拝見(はいけん)する
会う	×	お目にかかる
知る	ご存(ぞん)じだ	存(ぞん)じる
思う	×	存じる

시나공 확인 문제

つぎの文の（　　）に入れるのに最もよいものを、1·2·3·4から一つえらびなさい。

送ってくださったみかんはおいしく（　　）おります。

1 くださって　　2 もうして　　3 いただいて　　4 めしあがって

해석 보내주신 귤은 맛있게 먹고 있습니다.

해설 선택지를 보면 경어 문제임을 알 수 있다. 행위의 주체가 화자 자신이기 때문에 겸양어가 필요하다. 즉 존경어인 1번과 4번은 제외되어야 하며 의미적으로 '먹다'가 되어야 하므로 '먹다, 마시다, 받다'의 겸양어인 3번 いただく가 정답이 된다. **정답 3**

詳(くわ)しい 상세하다
博物館(はくぶつかん) 박물관
雑誌(ざっし) 잡지
作品(さくひん) 작품
~名様(めいさま) ~분, ~명

詳しくは博物館のホームページをご覧になってください。
상세한 것은 박물관 홈페이지를 봐 주십시오.

木村先生は何とおっしゃいましたか。 기무라 선생님은 뭐라고 말씀하셨습니까?

雑誌で山田さんの作品を拝見したことがあります。
잡지에서 야마다 씨의 작품을 본적이 있습니다.

社長は今お客様と話していらっしゃいます。 사장님은 손님과 이야기하고 계십니다.

課長、KTOという会社をご存じですか。 과장님, KTO라는 회사를 알고 계십니까?

近いうちにお目にかかりたいのですが。 조만간 뵙고 싶습니다만.

昨日のニュースはご覧になりましたか。 어제 뉴스는 보셨습니까?

10名様にプレゼントを差し上げます。 열 분에게 선물을 드리겠습니다.

강의실 생중계!

일본어의 특징이라고 할 수 있는 경어는 문법파트에서 꾸준히 출제되고 있고, 청해파트 등 다른 파트에서도 빈번히 사용되고 있으니만큼 필히 익혀 두어야 합니다. 문법파트를 대비하기 위해서는 존경, 겸양의 개념을 확실히 이해한 후에 각각의 경어동사 및 공식을 암기하는 것이 좋습니다.

✔ 시나공 확인 문제

つぎの文の ＿★＿ に入る最もよいものを、1·2·3·4から一つえらびなさい。

これは冷やして白いワインと ＿＿＿ ＿★＿ ＿＿＿ ＿＿＿ おいしいです。

1 あがった　　2 一緒に　　3 ほうが　　4 めし

해석 이것은 차게 해서 백포도주와 함께 드시는 편이 맛있습니다.

해설 끊어져 있지만 食べる의 존경어가 めしあがる이므로 4-1이 되어야 한다. 그리고 1번은 뒤에 명사가 필요하기 때문에 뒤에 3번을 넣어 주고, 마지막으로 2번을 첫 번째 공란에 넣어서 나열하면 2-4-1-3이 되므로 정답은 4번이다. **정답 4**

33-2 일반형 경어의 존경어 공식

33-2-1 お・ご~になる ~하시다

존경어 공식-① お + 동사 ます형 + ~になる / ご + 명사 + ~になる

コンピューター 컴퓨터
使(つか)う 사용하다

先生はお酒はお飲みになりませんか。 선생님은 술은 마시지 않으십니까?

こちらが本田さんがお書きになった本ですか。 이것이 혼다 씨가 쓰신 책입니까?

こちらのコンピューターはいつでもお使いになれます。 이 컴퓨터는 언제든지 사용하실 수 있습니다.

강의실 생중계!

- 앞에서 다룬 특정형 경어 이외의 동사는 공식을 이용합니다. 존경어를 만드는 공식과 겸양어를 만드는 공식으로 나누어서 학습해 두세요.
- 상대 또는 제3자의 행위 등을 높여서 말할 때 사용하는 존경표현입니다.
- 활용은 마지막 부분인 なる만 합니다. 또 いる, 言う, くれる 등 일부동사는 이 형태를 사용하지 않습니다. 참고로 お+동사 ます형+(だ), ご(お)+명사+(だ) 형태로 줄여서 사용할 수도 있습니다.

시나공 확인 문제

つぎの文の ＿★＿ に入る最もよいものを、1·2·3·4から一つえらびなさい。

現在 ＿＿＿ ＿＿＿ ＿★＿ ＿＿＿ お書きください。

1 なっている　　2 商品名と　　3 お使いに　　4 ご意見を

해석 현재 사용하고 계시는 상품명과 의견을 적어 주십시오.

해설 お, ご와 같은 접두어가 있을 경우 대부분 경어문제라고 생각해도 된다. 이 문제에서는 3번과 1번이 짝이 되어 존경공식을 이룬다는 것을 알 수 있다. 나머지는 と로 연결되는 형태이므로 2-4가 되어 목적어가 필요한 마지막 공란에 들어간다. 전체적으로 나열하면 3-1-2-4가 되므로 정답은 2번이다.

정답 2

33-2-2 ~れる・られる ~하시다

존경어 공식-② 수동 동사

部長(ぶちょう) 부장
出(で)る 나가다

田中さんは今何を読まれているんですか。 다나카 씨는 지금 무엇을 읽고 계십니까?

部長は何時に出られますか。 부장님은 몇 시에 나가십니까?

韓国へ行かれたことはありますか。 한국에 가신 적이 있습니까?

강의실 생중계!

수동동사는 수동, 가능, 자발 이외에도 존경 용법으로도 사용할 수 있습니다. 하지만 상대적으로 존경의 정도는 약간 떨어집니다. 또 いる 등 일부의 동사는 사용할 수 없습니다.

33-2-3 お・ご~くださる/お・ご~くださる ~해 주시다/~해 주십시오

존경어 공식-③ お + 동사 ます형 + ~くださる/ください
ご+명사 + ~くださる/ください

感謝(かんしゃ) 감사
参加(さんか) 참가
皆様(みなさま) 여러분
参加費(さんかひ) 참가비
変更(へんこう) 변경
事務局(じむきょく) 사무국
館内(かんない) 관내
食堂(しょくどう) 식당
お弁当(べんとう) 도시락
持参(じさん)する 지참하다

ご参加くださった皆様に感謝のお言葉を申し上げます。
참가해 주신 여러분께 감사 말씀 드립니다.

参加費は当日お支払いください。 참가비는 당일 지불해 주십시오.

住所に変更がある方は事務局までお知らせください。
주소에 변경이 있는 분은 사무국에 알려 주십시오.

館内には食堂がありませんので、お弁当などをご持参ください。
관내에는 식당이 없으므로 도시락 등을 지참해 주십시오.

강의실 생중계!

'~て+くださる・ください'와 같은 의미이나 훨씬 정중한 표현이 됩니다.

☑ 시나공 확인 문제

つぎの文の（　　）に入れるのに最もよいものを、1·2·3·4から一つえらびなさい。

先生のご都合のよい日を（　　）ください。

1 知らせ　　2 お知らせ　　3 お知らせて　　4 知られて

해석 선생님의 형편이 좋은 날을 알려 주십시오.

해설 접속형태 문제로 공란 뒤의 ください가 중요한 힌트가 된다. 왜냐하면 동사와 ください가 접속되는 형태는 ~て+ください 또는 お+동사 ます형+ください뿐이기 때문이다. 그러므로 정답은 2번이 된다. 이처럼 경어공식 문제에서는 특히 접두어와 동사의 형태에 유의해서 오답을 고르지 않도록 해야 한다.

정답 2

33-3 일반형 경어의 겸양어 공식

33-3-1 お・ご~する / お・ご~いたす ~하다, ~해 드리다

겸양어 공식-① お+동사 ます형 + ~する・いたす
ご + 명사 + ~する・いたす

天気(てんき) 일기
予報(よほう) 예보
伝(つた)える 전하다
届(とど)ける 보내다
借(か)りる 빌리다
招待(しょうたい)する 초대하다
病院(びょういん) 병원
紹介(しょうかい) 소개
案内(あんない) 안내
少々(しょうしょう) 잠시

では、あしたの天気予報をお伝えします。 그러면 내일의 일기예보를 전해드리겠습니다.

あしたまでにお届けします。 내일까지 배달하겠습니다.

これ、ちょっとお借りしてもいいですか。 이것, 잠깐 빌려도 되겠습니까?

A 中山さんもご招待した方がいいんじゃありませんか？
B そうですね、そうしましょう。

A : 나카야마 씨도 초대하는 편이 좋지 않겠습니까? B : 그렇군요. 그렇게 합시다.

では、この病院についてご紹介いたします。
그럼, 이 병원에 관해서 소개해 드리겠습니다.

ご案内いたしますので、少々お待ちください。
안내해 드리겠으니 잠시만 기다려 주십시오.

강의실 생중계!

- 자신이 하는 행위를 상대에 대해서 정중하게 말하는 겸양표현이며 する보다 いたす를 사용하는 편이 더 정중합니다.
- いる, 言う, くれる 등 일부동사는 이 형태를 사용하지 않습니다.

☑ 시나공 확인 문제

つぎの文の ＿★＿ に入る最もよいものを、1·2·3·4から一つえらびなさい。

皆様、これから入国 ＿＿＿ ＿＿＿ ＿★＿ ＿＿＿ 。

1 お知らせ　　2 手続き　　3 します　　4 について

해석 여러분 지금부터 입국절차에 관해서 알려드리겠습니다.

해설 먼저 1번을 통해서 겸양어 공식(お+동사ます형+する)이 사용되고 있다는 것을 알 수만 있으면 간단히 해결되는 문제이다. 나머지 부분에서는 4번 ~について(~에 관해서)는 명사에 접속되므로 2번과 짝이 될 수밖에 없어 전체적으로 나열하면 2-4-1-3이 된다. 그러므로 정답은 1번이다.

정답 1

33-3-2 お・ご〜いただく ～해 받다, ～해 주시다

겸양어 공식-② お+동사 ます형 + ～いただく
ご + 명사 + ～いただく

案内(あんない) 안내
利用(りよう) 이용
感想(かんそう) 감상
詳(くわ)しい 상세하다
教(おし)える 가르치다
楽(たの)しむ 즐기다, 좋아하다
多数(たすう) 다수
用意(ようい) 준비, 대비

ご案内いただき、ありがとうございます。 안내해 주셔서 감사합니다.

たくさんの方にご利用いただいております。 많은 분들이 이용하시고 있습니다.

お使いいただいた商品のご感想を聞かせてください。 사용하신 상품의 감상을 들려 주십시오.

もう少し詳しくお教えいただきたいのですが。 좀 더 상세히 가르쳐 주셨으면 좋겠습니다만.

このほかにも、お楽しみいただけるプログラムを多数ご用意しております。 이 외에도, 즐길 수 있는 프로그램을 다수 준비하고 있습니다.

강의실 생중계!

'～て+いただく'와 같은 의미이나 훨씬 정중한 표현으로 대부분의 경우 '～해 주시다'로 의역하거나 문맥에 맞게 해석하는 것이 좋습니다.

✔ 시나공 확인 문제

つぎの文の ＿★＿ に入る最もよいものを、1·2·3·4から一つえらびなさい。

10万円以上 ＿＿＿ ＿＿＿ ＿★＿ ＿＿＿ をさしあげます。

1 すてきなプレゼント　2 いただいた　3 お買い上げ　4 お客様には

해석 10만엔 이상 구매해 주신 손님에게는 멋진 선물을 드리고 있습니다.

해설 경어 공식을 잘 숙지하고 있다면 2번과 3번을 통해서 お+동사ます형+いただく(～해 받다, ～해 주시다)를 어렵지 않게 찾을 수 있다. 그리고 2번 뒤에는 수식할 명사가 필요하므로 4번이 와야 하며, 마지막 공란에는 목적어 역할을 하도록 1번을 넣어주면 된다. 전체적으로 나열하면 3-2-4-1이 되므로 정답은 4번이다.

정답 4

33-4 주의해야 할 경어표현

33-4-1 ござる 있습니다

召(め)し上(あ)がる 드시다
~階(かい) ~층
建物(たてもの) 건물

そんなことはございません。 그런 일은 없습니다.

何もございませんが、どうぞ召し上がってください。
아무것도 없습니다만(차린 것은 없습니다만) 드십시오.

A すみません、トイレは何階ですか。
B トイレは2階にございます。
A : 죄송합니다. 화장실은 몇 층입니까? B : 화장실은 5층에 있습니다.

강의실 생중계!

ござる는 여러 의미를 가지나 N3에서는 ある(있다)의 정중어로만 알면 됩니다. 그리고 정중형은 ござります가 아니라 ございます가 되므로 주의해야 합니다.

33-4-2 ~でござる ~입니다

접속 な형용사 어간 / 명사 + ~でござる

準備(じゅんび) 준비
営業(えいぎょう) 영업
事務室(じむしつ) 사무실

ただいま準備中でございますので、少々お待ちください。
지금 준비 중이오니 잠시만 기다려 주십시오.

営業部は内線9番でございます。 영업부는 내선 9번입니다.

事務室はこちらではございません。 사무실은 이쪽이 아닙니다.

강의실 생중계!

~です보다 더 정중한 표현이 ~でござる라고 이해하면 됩니다. ござる와 마찬가지로 정중형은 ~でございます입니다. ~で의 유무로 전혀 다른 의미가 되므로 주의해야 합니다.

☑ 시나공 확인 문제

つぎの文の（　　）に入れるのに最もよいものを、1·2·3·4から一つえらびなさい。

お客様、お探しの本はこちらに（　　）。

1 いらっしゃいます　2 おられます　3 ございます　4 なさいます

해석 손님, 찾으시는 책은 이쪽에 있습니다.

해설 의미적으로 사물(本)의 존재를 나타내는 동사 ある가 필요하다는 것을 우선 찾아낼 수 있어야 한다. 보기 중에서 ある는 없지만 대신 사용할 수 있는 정중어에 해당하는 ござる(있습니다)가 있으므로 3번을 선택하면 된다. **정답** 3

33-4-3 うかがう 찾아뵙다, 여쭙다, 듣다

伺(うかが)う 여쭙다, 듣다, 찾아뵙다
午前(ごぜん) 오전
約束(やくそく) 약속
午後(ごご) 오후
個人的(こじんてき) 개인적
意見(いけん) 의견
料理教室(りょうりきょうしつ) 요리교실, 강좌
本日(ほんじつ) 오늘
説明(せつめい) 설명

A 木村さん。あした何時までうかがえばいいですか。
기무라 씨, 내일 몇 시까지 방문하면 되겠습니까?

B 午前中はほかの約束がありますから、午後２時にいらっしゃってください。 오전 중에는 다른 약속이 있으니까 오후 2시에 오십시오.

個人的にうかがいたいことがありますが。 개인적으로 여쭤보고 싶은 것이 있습니다만.

田中さんのご意見をうかがいたいんですが。 다나카 씨의 의견을 듣고 싶습니다만….

ちょっとうかがいますが、料理教室は何曜日でしょうか。
잠깐 여쭈어 보고 싶습니다만, 요리교실은 무슨 요일입니까?

本日ご説明にうかがってもよろしいでしょうか。
오늘 설명 드리러 방문해도 괜찮으시겠습니까?

강의실 생중계!

うかがう(伺う)는 다양한 의미로 사용되나 '묻다, 듣다, 방문하다'의 겸양어로만 이해하고 있으면 충분합니다.

☑ 시나공 확인 문제

つぎの文の（　　）に入れるのに最もよいものを、1·2·3·4から一つえらびなさい。

田中先輩、昇進試験のことでちょっと（　　　）んですが。

1 うかがいたい
2 ご聞きにしたい
3 おうかがいになりたい
4 お聞きいただきたい

해석 다나카 선배님, 승진시험에 관해서 잠시 여쭤보고 싶습니다만….

해설 선택지 중에서 2번은 존재하지 않는 형태이므로 주의하는 것이 좋다. 이 문제에서는 내용상 묻다(聞く)라는 표현이 필요함을 알 수 있다. 그런데 4번은 문맥상 정답이 될 수 없기 때문에 聞く의 정중한 표현인 うかがう가 사용된 1번이 정답이 된다. 참고로 3번은 자신의 행위인데도 존경 공식이 사용되었기 때문에 정답이 될 수 없다. **정답 1**

33-4-4 ~(さ)せていただく ~하다

접속 사역동사 て형 + ~(さ)せていただく

発表(はっぴょう)する 발표하다
休業(きゅうぎょう)する 휴업하다
辞(や)める 그만두다, 사직하다
連絡(れんらく) 연락
注文(ちゅうもん) 주문
キャンセルする 취소하다
場合(ばあい) 때, 경우

それでは、発表させていただきます。 그러면 발표하겠습니다.

あしたは休業させていただきます。 내일은 휴업하겠습니다.

会社を辞めさせていただきたいんですが。 회사를 그만두고 싶습니다만.

ご連絡がとれない時にはご注文をキャンセルさせていただく場合があります。 연락이 되지 않을 때에는 주문을 취소하는 경우가 있습니다.

강의실 생중계!

- 시험에서는 사역동사의 て형에 접속되는 점이 중요한 포인트가 되는 경우가 많습니다.
- 우리말에서는 볼 수 없는 매우 독특한 표현으로 다소 이해하기 어려운 측면도 있지만 직역으로는 '~시켜, ~하게 해 받다'라고 해석되는데 자신이 하려는 행위를 정중하게 나타내는 표현으로 이해하고 '~하다'로 해석하거나 문맥에 따라 적절히 해석해야 합니다.
- 같은 의미로 해석되는 '~(さ)せてもらう'를 사용할 수도 있으나 정중함은 많이 떨어집니다.

시나공 확인 문제

つぎの文の ＿★＿ に入る最もよいものを、1·2·3·4から一つえらびなさい。

今月の第３月曜日は ＿＿＿ ＿★＿ ＿＿＿ ＿＿＿ 、よろしくお願いします。

1 休業日と　**2** いただき　**3** させて　**4** ますので

해석 이번 달 제3 월요일은 휴업일이오니 잘 부탁드립니다.

해설 우선 자신이 '~하겠다'의 정중표현이 사역동사て+いただく이므로 3-2가 됨을 쉽게 알 수 있으며, 4번 ます는 동사에 붙는 조동사이기 때문에 2번 뒤에 들어가야 한다. 마지막으로 3번 앞에 1번을 넣어 ~とする(~으로 하다)형태를 만들어 주면 된다. 전체적으로 나열하면 1-3-2-4가 되므로 정답은 3번이다. **정답** 3

33-4-5 ～ていただけますか ～ていただけませんか ～해 주실 수 있겠습니까? ～해 주십시오

単語(たんご) 단어
意味(いみ) 의미
教(おし)える 가르치다
製品(せいひん) 제품
サンプル 샘플
送(おく)る 부치다, 보내다
パスポート 여권
工場(こうじょう) 공장
見学(けんがく) 견학
コピー 복사

田中さん、この単語の意味をちょっと教えていただけますか。
다나카 씨, 이 단어의 의미를 좀 가르쳐 주실 수 있겠습니까?

製品のサンプルを送っていただけませんか。 제품의 샘플을 보내주실 수 없겠습니까?

パスポートを見せていただけますか。 여권을 보여 주십시오.

工場を見学させていただけませんか。 공장을 견학시켜 주십시오.

すみませんが、コピーさせていただけませんか。
죄송합니다만 복사를 해도 되겠습니까?

강의실 생중계!

- 직역은 '～해 받을 수 있습니까?' 이지만 간단히 말하면 '～해 주십시오'로 이해하면 됩니다. 다만 ～いただきますか로 잘못 사용하는 경우가 많은데 의뢰의 의미가 되게 하기 위해서는 가능표현을 사용해서 ～いただけますか를 사용해야 한다는 점에 유의해야 합니다. 참고로 ～いただけますか보다는 ～いただけませんか 쪽이 더 정중합니다.
- 사역동사와 함께 사용하면 자신의 행위에 대해서 허가를 구할 때 사용하는데 '～하게 해 받을 수 있겠습니까?' 즉 '～시켜 주십시오. 자신이 ～하고 싶다, ～해도 됩니까?' 라고 이해하고 문맥에 따라 적절히 의역해야 합니다. 시험에 빈번하게 출제되니 꼭 익혀 두세요.
- 같은 의미로 해석되는 '～て もらえますか・もらえませんか'를 사용할 수도 있으나 정중함은 많이 떨어집니다.

시나공 확인 문제

つぎの文の（　　）に入れるのに最もよいものを、1·2·3·4から一つえらびなさい。

A「すみませんが、そこの書類を（　　）。」
B「あ、これですか。はい、どうぞ。」

1 取っていただけますか　　**2** 取ってあげましょうか
3 取らせていただけませんか　　**4** 取らせてあげましょうか

해석 A 죄송합니다만, 그곳에 있는 서류를 집어 주시겠습니까?
B 아, 이것 말입니까? 자 여기 있습니다.

해설 A, B의 대화 내용을 보면 A가 B에게 서류를 집어 줄 것을 부탁하고 있다는 것을 알 수 있다. 그러므로 정답은 1번이 된다. 참고로 ～いただきますか로 잘못 사용하지 않도록 본문을 통해서 다시 한번 확인하는 편이 좋으며 3번 표현을 사용하면 화자 자신이 집는다는 의미가 되어버린다. **정답** 1

적중 예상 문제 ①

問題 1 つぎの文の(　　　)に入れるのに最もよいものを、1·2·3·4から一つえらびなさい。

01 朝起きて窓を（　　　）、雪が降っていた。

1 開ければ　　2 開けると　　3 開けてから　　4 開けるなら

02 このごろ風邪が流行していて、病院は予約制ではあるが、いつも混んでいて２時間も（　　　）こともある。

1 待たれる　　2 待たされる　　3 待てる　　4 待とう

03 A「これを全部一人で作ったんですか。」
B「いいえ。友達に手伝って（　　　）んです。」

1 あげた　　2 やった　　3 くださった　　4 もらった

04 当店はわかりにくい場所に（　　　）ので、こちらの地図を参考にしてください。

1 ございます　　2 いただきます
3 いらっしゃいます　　4 さしあげます

05 いつも当店をご利用（　　　）、まことにありがとうございます。

1 いたしまして　　2 さしあげまして
3 いただきまして　　4 うかがいまして

06 田中さん、一番近い動物園はどこにあるか（　　　）。

1 教えるでしょうか　　2 教えていただけますか
3 教えたらいかがですか　　4 教えるのではないでしょうか

▶ 정답과 해설 28쪽

問題2 つぎの文の ＿★＿ に入る最もよいものを、1·2·3·4から一つえらびなさい。

01 この工場で ＿＿ ＿＿ ＿★＿ ＿＿ が少し違います。

1 いる車は　2 部品　3 作られて　4 輸出用で

02 小学生の娘はいつも自分の夢は世界中の ＿＿ ＿＿ ＿★＿ ＿＿ と言っている。

1 愛される　2 ことだ　3 誰からも　4 歌手になる

03 卒業論文の内容について ＿＿ ＿★＿ ＿＿ ＿＿ が、よろしいでしょうか。

1 ことが　2 先輩にいくつか　3 伺いたい　4 あります

04 日本の文化を体験 ＿＿ ＿＿ ＿★＿ ＿＿ ください。

1 までに　2 方は20日　3 お申し込み　4 したい

05 もしよろしければ、＿＿ ＿＿ ＿★＿ ＿＿ んですが。

1 ご意見を　2 聞かせて　3 皆様の　4 いただきたい

06 木村さん、大事な話がありますが、もしご迷惑で ＿＿ ＿＿ ＿★＿ ＿＿ でしょうか。

1 お宅へ　2 よろしい　3 なければ　4 うかがっても

적중 예상 문제 ②

問題1 つぎの文の(　　　)に入れるのに最もよいものを、1·2·3·4から一つえらびなさい。

01 最近、泥棒に（　　　）家が多いから、気をつけてください。

1 いれられる　　2 いれさせる　　3 はいる　　4 はいられる

02 昨日はいつものバスが遅れて30分も（　　　）大変でした。

1 待たされて　　2 待てて　　3 待たれて　　4 待たれさせて

03 木村さんの（　　　）ことはよくわかりました。もう一度考えてみます。

1 言わせる　　2 言われる　　3 言わせられる　　4 お言いになる

04 A「忙しそうですね、何かお手伝い（　　　）。」
B「はい、お願いします。では、この書類を年度別に分けていただけますか。」

1 になりましょうか　　2 あげましょうか
3 しましょうか　　4 くださいましょうか

05 20%割引して、料金は往復で３万円（　　　）。

1 でございます　　2 くださいます　　3 おります　　4 ございます

06 僕も海外旅行に行きたいが、新しい車を買ったばかりだから（　　　）時間もない。

1 お金がなかったら　　2 お金がないと
3 お金もなければ　　4 お金もなかったなら

問題2 つぎの文の ＿★＿ に入る最もよいものを、1·2·3·4から一つえらびなさい。

01 A「ラグビーを始めたのは何歳のときですか。」
B「中学1年生のときです。父に相談したら、＿＿ ＿＿ ＿★＿ ＿＿ 始めました。」

1 かって　2 挑戦してみたら　3 言ってくれて　4 いいんじゃない

02 一年に一度しか見られない景色なので、みんな期待と ＿＿ ＿★＿ ＿＿ ＿＿ 向かった。

1 目的地に　2 させながら　3 胸をどきどき　4 不安に

03 部長、＿＿ ＿＿ ＿★＿ ＿＿ てもよろしいでしょうか。

1 いただいた　2 資料はあした　3 貸して　4 お返しし

04 今回の調査結果を ＿＿ ＿＿ ＿★＿ ＿＿ こちらをご覧ください。

1 ご報告　2 前に　3 する　4 まず

05 お客様には ＿＿ ＿＿ ＿★＿ ＿＿ の受付は終了いたしました。

1 お申し込み　2 たいへん　3 ございませんが　4 申し訳

06 皆さんとご一緒できなくなって、＿＿ ＿＿ ＿★＿ ＿＿ ございます。

1 としても　2 非常に　3 私　4 残念で

적중 예상 문제 ③

問題1 つぎの文の(　　)に入れるのに最もよいものを、1·2·3·4から一つえらびなさい。

01 どんなに大変なときでも僕のことをよく理解してくれる彼女（　　）結婚してもいいと思った。

1 へなら　2 となら　3 となど　4 へなど

02 やらなければならないことが多すぎて、何から始めたら（　　）わからなくて困っている。

1 いいと　2 よくても　3 よくて　4 いいのか

03 A「前田さん、会議の資料、ちょっと（　　）ですか。」
B「ええ、どうぞ。」

1 見せてくれたらいい　2 見せてやったらいい
3 見せてあげていい　4 見せてもらっていい

04 （レストランで）
客「12時に予約した森です。」
店員「森様ですね。それではお席に（　　）。」

1 お案内します　2 お案内ください　3 ご案内くださいます　4 ご案内いたします

05 （メールで）
子供の教育で悩むことの多かった私には、今回の学習会はとても役に立ちました。来月もぜひ（　　）。

1 参加されております　2 参加させていただきます
3 参加してくださいます　4 参加していらっしゃいます

06 店長にあした急な用事があるのでアルバイトを（　　）と頼んでみたが、断られた。

1 休ませていただけませんか　2 休ませるでしょうか
3 休むのではないですか　4 休んだらいかがですか

問題 2 つぎの文の ＿★＿ に入る最もよいものを、1·2·3·4から一つえらびなさい。

01 街の風景を ＿＿ ＿＿ ＿★＿ ＿＿ その様子が写ってしまった。

1 交通事故が　2 撮っていたら　3 たまたま近くで　4 起きて

02 いろいろと心配だが、いい経験にもなるので息子を ＿＿ ＿＿ ＿★＿ ＿＿ 思っている。

1 留学に　2 ようと　3 あげ　4 行かせて

03 絵本を借りに図書館に行ったが、絵本の種類が多すぎて ＿＿ ＿＿ ＿★＿ ＿＿ わからなかった。

1 いいのか　2 したら　3 何を　4 お借り

04 お使いになった机や椅子 ＿＿ ＿＿ ＿★＿ ＿＿ もとにお戻しください。

1 になる　2 お帰り　3 前に　4 などは

05 クイズの正解を当てた方には全員 ＿＿ ＿＿ ＿★＿ ＿＿ ご応募ください。

1 ぜひ　2 素敵な　3 さしあげますので　4 プレゼントを

06 田中さん、来週京都へ行くんですが、＿＿ ＿＿ ＿★＿ ＿＿ いただけますか。

1 観光地があったら　2 おすすめの　3 もし　4 教えて

한눈에 미리 보기

시나공 03

합격을 위한 핵심 문법

이 장에서 배울 문법은 '합격을 위한 핵심 문법'입니다.
본격적인 학습에 앞서 자신이 알고 있는 문법이 어느 정도인지 □에 체크해 보세요.

□ 34	ため 용법	
□ 34-1	목적의 ～ためだ/～ため(に)/～ための	~ 위해서다/~ 위해서/~ 위한
□ 34-2	이유의 ～ためだ/～ため(に)/～ための	~ 때문이다 / ~ 때문에 / ~ 때문의
□ 35	～せいだ / ～せいで / ～せいか	~ 때문이다 / ~ 때문에 / ~ 때문인지
□ 36	～おかげだ / ～おかげで / ～おかげか	~덕분이다 / ~덕분으로 / ~덕분인지
□ 37	～くせに	~주제에, ~한데, ~인데
□ 38	～たびに	~ 때마다, ~ 때면 언제나
□ 39	～には	~하기에는, ~하기 위해서는
□ 40	～とは・～というのは	~은(는), ~라고 하는 것은
□ 41	～うえ(に)	~한데다가
□ 42	むき・むけ 용법	
□ 42-1	～むき	~향, ~방향
□ 42-2	～むきだ / ～ むきに / ～むきの	~에 적합하다 / ~에 적합하게 / ~에 적합한
□ 42-3	～むけだ / ～むけに / ～むけの	~을 위해서다, ~용이다 / ~용으로 / ~용
□ 43	～最中(に)	~하는 중에
□ 44	～うちに	~ 동안에, ~ 사이에, ~ 때에
□ 45	間 용법	
□ 45-1	～間 / ～間は	~ 동안 계속 / ~ 동안에는
□ 45-2	～間に	~ 동안에, ~ 사이에
□ 46	いう 용법	
□ 46-1	～という	~라는
□ 46-2	～といった	~ 같은, ~ 등의
□ 46-3	～といっても	~라고 해도
□ 46-4	～というより	~라고 하기보다
□ 47	する 용법	
□ 47-1	～にする	~으로 하다, ~으로 선택하다
□ 47-2	～がする	~이 나다
□ 47-3	～とする	~라고 하다

□	48	ても 용법	
□	48-1	いくら～ても・どんなに～ても	아무리 ~해도
□	48-2	たとえ～ても	설령 · 비록 ~라도,
□	49	って 용법	
□	49-1	～って＋동사	~라고
□	49-2	～って＋명사	~라고 하는, ~라는
□	49-3	～って	~이라는 것은, ~란, ~은
□	49-4	～って	~라고 하다, ~하대, ~이래
□	49-5	～って(？)	~라니? ~라고?
□	50	だって 용법	
□	50-1	だって	하지만, 그렇지만, 왜냐하면
□	50-2	～だって	~일지라도, ~라도, ~역시
□	50-3	～だって～だって	~이든 ~이든
□	51	ようだ 용법	
□	51-1	추량의 ～ようだ・～みたいだ	~ 같다
□	51-2	비유, 예시의 ～ようだ / ～ように / ～ような	~같다 / ~같이 / ~같은
□	51-3	～ようなら	~할 것 같으면
□	51-4	～ように	~하도록
□	51-5	～ように	~하도록, ~하시길
□	51-6	～ようにする	~하도록 하다
□	51-7	～ようになる	~하게 되다
□	51-8	～ように言う	~하도록 말하다
□	52	つもり 용법	
□	52-1	～つもりだ	~할 작정 · 생각 · 의도이다
□	52-2	～つもりだった	~할 작정이었다, ~하려고 생각했었다
□	52-3	～つもりだ	~했다고 · 하다고 생각하다
□	53	はず 용법	
□	53-1	～はずだ	~할 터이다, ~할 것이다
□	53-2	～はずがない	~할 리가 없다
□	54	ところ 용법	
□	54-1	～ところだ	~하려는 참이다 /~하고 있는 중이다/ 막 ~했다
□	54-2	～ところに・～ところへ・～ところを・～ところで	~시점에, ~참에

한눈에 미리 보기

□	54-3	～たところ	～했더니, ～한 결과
□	55	くらい 용법	
□	55-1	～くらい・～ぐらい	～쯤, ～정도
□	55-2	～くらい(だ)	～만큼(이다), ～정도(이다)
□	55-3	～くらい～はない	～만큼 ～한 것은 없다
□	55-4	～くらいなら	～할 정도라면, ～할 거라면
□	56	ほど 용법	
□	56-1	～ほど	～ 정도, ～쯤
□	56-2	～ほど(だ)	～만큼(이다), ～정도(이다)
□	56-3	～ほど～はない	～만큼 ～한 것은 없다
□	56-4	～ほど ～ない	～만큼 ～하지 않다
□	56-5	～ば ～ほど / ～なら ～ほど	～하면 ～할수록
□	57	まで 용법	
□	57-1	～まで	～까지
□	57-2	～までに	～까지
□	58	だけ 용법	
□	58-1	～だけ	～만, ～뿐
□	58-2	～だけだ	～ 뿐이다
□	58-3	～だけで(は)ない / ～だけで(は)なく	～뿐만 아니다 / ～뿐만 아니라
□	58-4	～だけ / ～だけの	～만큼 / ～만큼의
□	59	ばかり 용법	
□	59-1	～ばかり	～뿐, ～만 / ～ 정도, ～쯤
□	59-2	～たばかりだ	～한지 얼마 안됐다
□	59-3	～ばかりだ	～할 뿐이다, ～하기만 하다
□	59-4	～てばかりだ / ～てばかりいる	～하기만 하다 / ～하기만 하고 있다
□	59-5	～ばかりで(は)ない /～ばかりで(は)なく	～뿐만 아니다 / ～뿐만 아니라
□	60	～しか	～밖에
□	61	～とおり(に)	～대로
□	62	かわりに 용법	
□	62-1	～かわりに	～ 대신에
□	62-2	～かわりに	～하는 대신에 / ～하는 대가로

□	63	よる 용법	
□	63-1	~によると・~によれば	~에 의하면, ~로는
□	63-2	~によって	~에 따라서/ ~에 의해서/ ~으로 인해서/~으로
□	63-3	~によっては	~에 따라서는
□	64	もの 용법	
□	64-1	~ものだ	~하곤 했다
□	64-2	~ものだから・~もので・~もの	~ 때문에
□	65	こと 용법	
□	65-1	~ことができる	~할 수 있다
□	65-2	~ことがある	~ 한 적이 있다
□	65-3	~ことがある	~하는 경우가 있다
□	65-4	~ことにする	~하기로 하다
□	65-5	~ことになる	~하게 되다, ~한 결과가 되다
□	65-6	~ことになっている	~하기로 되어 있다, ~하게 되어 있다
□	65-7	~ことから	~ 때문에, ~로 인해
□	65-8	~ことで	~에 관해서, ~에 대해서
□	65-9	~ことで	~으로, ~ 때문에
□	65-10	~ことは~が	~하기는 ~하지만
□	65-11	~ということだ	~라고 한다, ~라는 소문이다
□	66	わけ 용법	
□	66-1	~わけだ	~하는 것이다, ~할 만하다
□	66-2	~わけではない	~하는 것은 아니다
□	66-3	~わけがない	~할 리가 없다, 당연히 ~하지 않는다
□	67	~一方で	~하는 한편(으로), ~와는 반대로, ~와 동시에

시나공 03

합격을 위한 핵심 문법

이제 본격적으로 심화 문법에 들어가도록 하겠습니다. 특히 시나공 03에서는 상황에 따라서 여러 가지 의미로 쓰이는 문법이 많이 등장하는데 너무 어려워하지 마시고 접속형태, 조사 등의 외형적 특징을 먼저 꼼꼼히 살피면서 각각의 용법을 구분하시면 됩니다. 그리고 유사한 문법의 미묘한 뉘앙스 차이는 이해를 돕기 위해서일뿐 거의 출제되지 않으므로 크게 신경 쓰지 않아도 됩니다.

시험에 이렇게 나온다!

つぎの文の（　　　）に入れるのに最もよいものを、1·2·3·4から一つえらびなさい。

この喫茶店には高校生、大学生（　　　）若者が多い。

1 といえば　　2 という　　3 といわない　　4 といった

해석 이 찻집에는 고등학생, 대학생 같은 젊은이가 많다.

해설 고급 문법일수록 해석을 통해서 정답을 찾기는 어려우므로 각각의 용법의 쓰임새를 익혀두는 것이 좋다. 이 문제 역시 선택지를 보면 言う 용법을 묻고 있으므로 공란의 앞뒤에 있는 大学生(대학생)과 若者(젊은이)의 관계를 먼저 따져보는 것이 좋은데, 여기서는 젊은이의 한 예로서 대학생을 들고 있음을 알 수 있다. 그렇기 때문에 예시의 '~같은, 등의'의 의미를 가지는 4번이 정답이 된다.

정답 4

34 ため 용법

34-1 목적의 ~ためだ/~ため(に)/~ための　~ 위해서다/~ 위해서/~ 위한

접속 동사 기본형, ない형 / 명사の + ~ためだ / ~ため(に) / ~ための

의미 목적이나 목표를 나타낸다.

交通事故(こうつうじこ) 교통사고
起(お)こす 일으키다
交通規則(こうつうきそく) 교통규칙
地球(ちきゅう) 지구
未来(みらい) 미래
環境(かんきょう) 환경
守(まも)る 지키다
厳(きび)しい 엄하다

交通事故を起こさないためには、交通規則を守らなければならない。
교통사고를 일으키지 않기 위해서는 교통규칙을 지키지 않으면 안 된다.

地球の未来のために、環境を守りましょう。 지구의 미래를 위해서 환경을 보호합시다.

先生があんなに厳しくするのは、生徒のためです。
선생님이 저렇게 엄격하게 하는 것은 학생들을 위해서입니다.

강의실 생중계!

- 문법파트에서는 주로 이 용법으로 출제되므로 중점적으로 암기해 두어야 합니다. 그리고 수식하는 품사에 따라 '~ため(に) + 용언 / ~ための + 명사'로 구분해서 사용합니다.
- 동사의 경우 의지동사에 접속되며 전문과 후문의 동사의 주체는 동일해야 합니다. 참고로 ~ためには(~위해서는), ~ためにも(~위해서도) 형태로도 사용할 수 있습니다.

34-2 이유의 ~ためだ/~ため(に)/~ための ~ 때문이다 / ~ 때문에 / ~ 때문의

접속 동사 · い형용사 · な형용사의 명사 수식형 / 명사の(である)+~ためだ/~ため(に)/~ための
의미 이유, 원인를 나타낸다.

両親(りょうしん) 부모님, 양친
寒(さむ)い 춥다
風邪(かぜ)を引(ひ)く 감기에 걸리다
電車(でんしゃ) 전철
事故(じこ) 사고
遅刻(ちこく)する 지각하다
大雪(おおゆき) 큰눈, 대설
列車(れっしゃ) 열차
出発(しゅっぱつ) 출발

両親が旅行に行ったために、僕がご飯を作らなければならなくなった。
부모님이 여행을 갔기 때문에 내가 밥을 짓지 않으면 안 되게 되었다.

とても寒かったために風邪を引いてしまいました。
매우 추웠기 때문에 감기에 걸려버렸습니다.

電車の事故のために、遅刻してしまいました。 전철 사고 때문에 지각해 버렸습니다.

大雪のために列車は出発できなくなった。 폭설 때문에 열차는 출발할 수 없게 되었다.

강의실 생중계!

- 시험에서는 명사에 접속되는 형태로 가장 많이 출제되면 동사의 경우 일반적으로 ~た형이나 ~ている형에 접속됩니다.
- 참고로 부정적인 결과에 사용되는 경우가 대부분입니다. 그리고 목적용법과의 차이는 다양한 품사에 접속되는 점과 의뢰나 의지문에는 사용할 수 없다는 점입니다.

✔ 시나공 확인 문제

つぎの文の（　　）に入れるのに最もよいものを、1·2·3·4から一つえらびなさい。

参加者の（　　）飲み物は冷蔵庫に入れておきました。

1 せいの　**2** ための　**3** おかげの　**4** くせの

해석 참가자를 위한 음료는 냉장고에 넣어 두었습니다.
해설 시험에서는 일반적으로 사용되는 형태가 주로 출제되는 경향이 있다는 점을 알아두면 실전에서 많은 도움이 된다. 이 문제에서도 1, 3, 4번은 시험에서는 잘 출제되지 않는 형태이기 때문에 가능하면 정답으로 선택하지 않는 것이 좋다. 여기서는 손님을 위한 음료수라는 의미이므로 목적을 나타내는 2번이 정답이다. **정답** 2

35 ～せいだ / ～せいで / ～せいか ~ 때문이다 / ~ 때문에 / ~ 때문인지

접속 동사 · い형용사 · な형용사의 명사 수식형 / 명사の + ～せいだ / ～せいで / ～せいか
의미 '～가 원인이 되어서 좋지 않은 결과가 되었다'라고 말할 때 사용한다.

視力(しりょく) 시력
黒板(こくばん) 칠판
怒(おこ)る 화내다
疲(つか)れ 피로
取(と)れる 없어지다, 가시다

夕べ飲みすぎたせいで、頭が痛い。 어제 저녁에 과음한 탓으로 머리가 아프다.

視力が弱いせいで、黒板の字がよく見えない。
시력이 약한 탓에 칠판의 글씨가 잘 보이지 않는다.

彼女があんなに怒っているのは、僕のせいです。
그녀가 저렇게 화난 것은 나 때문입니다.

最近は年のせいか、寝ても疲れがとれない。
요즘 나이 탓인지 자도 피로가 풀리지 않는다.

강의실 생중계!

'~ 때문이다, ~ 탓이다'라는 의미대로 앞과 후문에는 부정적 의미의 단어나 문장이 온다는 점이 중요한 포인트가 되며, せい(형식명사)를 い형용사로 착각하지 않도록 유의해야 합니다. 참고로 ～せいにする(~탓으로 돌리다) 형태로 사용할 수도 있습니다.

36 ～おかげだ / ～おかげで / ～おかげか ~덕분이다 / ~덕분으로 / ~덕분인지

접속 동사 · い형용사 · な형용사의 명사 수식형 / 명사の + ～おかげだ / ～おかげで / ～おかげか
의미 '～의 도움이 있었기 때문에 좋은 결과가 되었다'라고 말할 때 사용한다.

熱(ねつ) 열
下(さ)がる 내리다
暖(あたた)かい 따뜻하다
静(しず)かだ 조용하다
ぐっすり 푹
手伝(てつだ)う 돕다, 거들다

薬を飲んだおかげか、熱が少し下がったようだ。
약을 먹은 덕분인지, 열이 조금 내린 것 같다.

暖かいおかげで、いつもより早く花が咲いた。
(날씨가) 따뜻한 덕분에 평년보다 빨리 꽃이 피었다.

部屋が静かだったおかげで、ぐっすり眠れた。 방이 조용했던 덕분에 푹 잘 수 있었다.

仕事が予定より早く終わったのは、弟が手伝ってくれたおかげです。
일이 예정보다 빨리 끝난 것은 남동생이 거들어 준 덕분입니다.

강의실 생중계!

'~덕분이다'라는 의미대로 앞과 후문에는 긍정적 의미의 단어나 문장이 오는 점이 정답을 찾는 포인트가 됩니다. 특히 'せい 용법'과 구분하는 문제로 많이 출제되는데 이러한 점만 유의하면 됩니다. 참고로 시험에서는 거의 출제되지는 않지만 단순히 어떤 결과의 원인을 나타내는 부정적인 의미로도 사용할 수는 있습니다. 또한 おかげさまで(덕분으로)는 남의 호의나 친절에 대해 감사의 뜻을 표하는 인사말로 단독적으로 사용한다는 점도 익혀두면 좋습니다.

37 ～くせに ～주제에, ～한데, ～인데

접속 동사 · い형용사 · な형용사의 명사 수식형 / 명사の + ～くせに
의미 좋지 않은 부분을 비난, 경멸하거나, 의외, 불만을 나타낼 때 사용한다.

大人(おとな) 어른
簡単(かんたん)だ 간단하다
ふりをする ～체 하다
妻(つま) 아내
下手(へた)だ 서투르다
習(なら)う 배우다

大人のくせに、そんな簡単なこともできないのか。
어른이면서 그런 간단한 것도 못하니?

彼女は本当は知らないくせに、知っているふりをしているだけです。
그녀는 사실은 모르면서 알고 있는 척하는 것뿐입니다.

妻は料理が下手なくせに、習おうともしません。
아내는 요리가 서툰데도 배우려고 하지 않습니다.

A こんな簡単な計算もできないの？
B 自分も間違ったくせに……。

A : 이런 간단한 계산도 못하니? B : 자기도 틀렸으면서….

강의실 생중계!

くせ가 형식명사라는 점만 알면 접속형태는 쉽게 알 수 있으며 의미대로 주로 부정적인 의미로만 사용된다는 점이 중요한 포인트입니다. 참고로 ～のに(～한데, ～인데)와 거의 유사하다고 생각해도 됩니다.

✔ 시나공 확인 문제

つぎの文の ＿★＿ に入る最もよいものを、1·2·3·4から一つえらびなさい。

彼は一年間も英語を ＿＿＿ ＿＿＿ ＿★＿ ＿＿＿ できないんですよ。

1 簡単な　　2 くせに　　3 会話も　　4 習った

해석 그는 1년 동안이나 영어를 배웠으면서도 간단한 회화도 못해요.
해설 2번 ～くせに는 기대가 충족되지 못하기 때문에 비난, 경멸 등을 할 때 사용하는 형식명사로 1번과 4번에 접속될 수 있지만 논리상 4번에 접속되어야 한다. 그리고 타동사인 4번은 첫 번째 공란에 넣어주면 나 머지는 1–3이 된다는 것은 간단히 알 수 있다. 전체적으로 나열하면 4–2–1–3이 되므로 정답은 1번이다. **정답** 1

38 ～たびに ～ 때마다, ～ 때면 언제나

접속 동사 기본형 / 명사の / その + ～たびに
의미 '～하면 그 때는 항상 후문과 같은 결과가 된다'라고 말할 때 사용한다.

髪型(かみがた) 머리 모양, 헤어스타일
変(か)わる 바뀌다
ポイント 포인트
貯(た)まる (돈이) 모이다
珍(めずら)しい 드물다, 희귀하다
立(た)ち寄(よ)る 들르다
お土産(みやげ) 선물

彼女は会うたびに髪型が変わっている。 그녀는 만날 때마다 헤어스타일이 바뀐다.

このカードはお買い物するたびにポイントが貯まります。 이 카드는 쇼핑할 때마다 포인트가 적립됩니다.

この店には珍しいものがたくさんあるので、旅行で来るたびに立ち寄ります。 이 가게에는 진귀한 물건이 많이 있으므로 여행으로 올 때마다 들립니다.

彼はうちに来るたびにお土産を持ってきます。 그는 우리집에 올 때마다 선물을 가지고 옵니다.

강의실 생중계!

- 우리말 해석과 같은 뉘앙스의 표현이므로 이해하기는 어렵지 않을 것이지만 명사의 경우에는 일반 명사가 아닌 동사성 명사가 온다는 점만 주의하면 됩니다.
- 참고로 '동사성명사'란 간단히 설명하면 명사에 '하다'를 붙여서 뜻이 통하는 명사라고 생각하면 됩니다. 예를 들면 공부(勉強), 운동(運動), 여행(旅行) 등을 말합니다.

☑ 시나공 확인 문제

つぎの文の（　　）に入れるのに最もよいものを、1·2·3·4から一つえらびなさい。

この曲を聞く（　　）何だか悲しくなるのはどうしてだろう。

1 たびに　　2 おかげに　　3 ために　　4 くせに

해석 이 곡을 들을 때마다 왠지 슬퍼지는 것은 왜일까.
해설 보기 중에서 2번은 사용하지 않는 형태이기 때문에 제외시켜야 한다. 나머지의 의미를 살펴보면 1번은 '～할 적마다', 3번은 '～하기 위해서', 4번은 '～주제에, ～인데도'이므로 문맥상 어울리는 것은 1번뿐임을 알 수 있다. **정답** 1

39 ~には ~하기에는, ~하기 위해서는

접속 동사 기본형 + ~には
의미 기본적으로 목적을 나타내는 표현이지만 평가기준 등을 나타내기도 한다.

やせる 여위다. (살이) 빠지다
大切(たいせつ)だ 중요하다
靴(くつ) 신발
狭(せま)い 좁다
会員(かいいん) 회원
方法(ほうほう) 방법
読書(どくしょ) 독서
季節(きせつ) 계절

やせるには、食べすぎないことが大切です。
살을 빼기에는 과식하지 않는 것이 중요합니다.

この靴は僕がはくにはちょっと大きい。
이 신발은 내가 신기에는 좀 크다.

この部屋は大人４人が寝るには狭すぎます。
이 방은 어른 4명이 자기에는 너무 좁습니다.

このクラブの会員になるには、二つの方法があります。
이 클럽의 회원이 되기 위해서는 두 가지 방법이 있습니다.

秋は、読書をするにも運動をするにもいい季節である。
가을은 독서를 하기에도, 운동을 하기에도 좋은 계절이다.

강의실 생중계!

목적 용법의 ~ためには(~하기 위해서는)와 유사한 부분이 많아 바꾸어 쓸 수 있는 경우도 많지만 부정에 접속될 수 없는 점이 가장 큰 차이점입니다. 참고로 ~にも(~하기에도) 형태로도 사용할 수 있습니다.

✔ 시나공 확인 문제

つぎの文の ＿★＿ に入る最もよいものを、1·2·3·4から一つえらびなさい。

この家は僕一人で ＿＿ ＿＿ ＿★＿ ＿＿ かもしれない。

1 ちょっと　**2** には　**3** 広すぎる　**4** 住む

해석 이집은 나 혼자서 살기에는 좀 넓은지도 모른다.
해설 2번 ~には는 동사 기본형에 접속되므로 3번이나 4번에 접속될 수 있으나 의미상 4번에 접속됨을 쉽게 알 수 있다. 3번은 마지막 공란에 넣어주어야 하며, 부사인 1번은 3번을 수식해야 의미가 자연스러워진다. 전체적으로 나열하면 4-2-1-3이 되므로 정답은 1번이다.
정답 1

40 ~とは・~というのは ~은(는), ~라고 하는 것은

접속 명사 + ~とは・というのは
의미 정의나 명제 등의 주제를 나타낼 때 사용한다.

辞書(じしょ) 사전
相手(あいて) 상대
週刊誌(しゅうかんし) 주간지
雑誌(ざっし) 잡지

先生、いい辞書とはどんな辞書でしょうか。
선생님, 좋은 사전이라고 하는 것은 어떤 사전인지요?

愛とは相手のことを大切に思うことである。
사랑이라고 하는 것은 상대를 소중히 생각하는 것이다.

週刊誌とは毎週出る雑誌のことです。 주간지라고 하는 것은 매주 나오는 잡지를 말합니다.

강의실 생중계!

의미적으로는 ~は에 가까운 표현이며 일반적으로 ~とは~ことだ(~라고 하는 것은 ~말한다) 형태를 이루는 경우가 많으므로 익혀두면 실전에 도움이 됩니다.

41 ~うえ(に) ~한데다가

접속 동사 · い형용사 · な형용사 · 명사 수식형 / 명사 + である / その + ~うえ(に)
의미 어떤 사항에 새로이 비슷한 성질의 사항이 일어난다는 의미이다.

つづける 계속하다
喉(のど) 목
美人(びじん) 미인
優(やさ)しい 상냥하다
安(やす)い 싸다
眼鏡(めがね) 안경

お酒を飲んだうえに朝まで歌を歌いつづけたので、喉が痛い。
술을 마신데다가 아침까지 노래를 계속 불러서 목이 아프다.

山田さんは美人でやさしいです。そのうえ料理も上手です。
야마다 씨는 미인이고 상냥합니다. 게다가 요리도 잘합니다.

この店には、安いうえにかわいい眼鏡がたくさんあります。
이 가게에는 싸고 예쁜 안경이 많이 있습니다.

강의실 생중계!

~し(~하고, ~한데다가), ~だけでなく(~뿐만 아니고)와 유사한 표현으로, 上(うえ)가 사용되고 있다고 해서 단순히 상하의 개념으로 착각하지 않도록 주의해야 합니다. 그리고 そのうえ(게다가)처럼 접속사적으로도 사용이 가능하다는 점도 잊어서는 안 됩니다.

42 むき・むけ 용법

42-1 ~むき ~향, ~방향

접속 명사 + ~むき
의미 방향을 나타내는 명사와 함께 방향을 나타낸다.

窓(まど) 창문
富士山(ふじさん) 후지산
見(み)える 보이다
前向(まえむ)き 정면으로 향함, 사고방식이 적극적임
うらやましい 부럽다
引(ひ)っ越(こ)す 이사하다
日当(ひあ)たり 볕이 듦
選(えら)ぶ 고르다

東むきの窓からは富士山が見えます。 동쪽 창문에서는 후지산이 보입니다.

僕は何でも前向きに考えられる人がうらやましい。
나는 무엇이든 긍정적으로 생각할 수 있는 사람이 부럽다.

引っ越すなら、日当たりのいい南むきの部屋を選んだほうがいい。
이사할거면 햇볕이 잘 드는 남향의 방을 고르는 편이 좋다.

강의실 생중계!

- 앞에는 방향(東・西・南・北) 등을 나타내는 명사가 온다는 점이 중요한 특징입니다.
- 문법파트보다는 어휘나 독해, 청해파트에서 많이 등장하니 꼭 익혀두세요.

42-2 ~むきだ/~むきに/~むきの ~에 적합하다 / ~에 적합하게 / ~에 적합한

접속 명사 + ~向きだ/向きの/向きに
의미 '~에 적합하다, 어울린다'라는 의미이다.

景気(けいき) 경기
男性(だんせい) 남성
少(すく)ない 적다
カラフル 컬러풀

景気が悪くなったため男性むきの仕事が少なくなった。
경기가 나빠서 남자에게 적합한 직업이 적어졌다.

店内は子供むきにカラフルにできていた。
가게 안은 아이에게 적합하게 컬러풀하게 만들어져 있었다.

私はこの仕事にむいていないと思います。 저는 이 직업이 적성에 맞지 않다고 생각합니다.

강의실 생중계!

- むく(향하다, 가리키다)라는 자동사에서 유래된 표현으로 꼭 어떤 대상, 목표로 한 것이 아니라 단지 결과물로 판단해서 ~에게 적합하고 어울린다, 혹은 더 적합하다는 뉘앙스이므로 ~むけ 용법과 구분해야 합니다.
- 참고로 동사를 그대로 사용해서 '명사 + ~にむく, ~にむいている (~에 적합하다, 적성에 맞다)' 형태로 사용할 수도 있습니다. 그리고 뒤에 수식하는 품사에 따라 '~むきの+명사, ~むきに+용언'으로 구분해서 사용합니다.

42-3 ～むけだ / ～むけに / ～むけの ～을 위해서다, ～용이다 / ～용으로 / ～용

접속 명사 + ～むけだ / ～むけに / ～むけの
의미 '～에 적합하도록'라는 의미이다.

企業(きぎょう) 기업
情報(じょうほう) 정보
出版者(しゅっぱんしゃ) 출판사
出版(しゅっぱん)する 출판하다
最近(さいきん) 최근
販売(はんばい) 판매

このサイトには企業むけの情報がたくさんあります。
이 사이트에는 기업용 정보가 많이 있습니다.

この出版社は主に子供むけの本を出版している。
이 출판사는 주로 어린이용 책을 출판하고 있다.

最近では、大人むけのゲームもたくさん販売されている。
최근에는 성인용 게임도 많이 판매되고 있다.

강의실 생중계!

- 문법파트 보다는 독해, 청해 파트에서 등장하는 경우가 있으니 참고해두세요.
- むける(향하게 하다, 돌리다)라는 타동사에서 유래 된 표현으로 처음부터, 기획 단계부터 '어떤 대상만을 위해서'라는 의미로 이런 점이 ～むき 용법과의 차이입니다.
- 시험에서는 주로 ～むけ가 출제되므로 중점적으로 익혀 두는 것이 좋습니다. 그리고 뒤에 수식하는 품사에 따라 '～むけの+명사, ～むけに+용언'으로 구분해서 사용합니다.

43 ～最中(に) ～하는 중에

접속 동사 ている형 / 명사の + ～最中(さいちゅう)(に)
의미 한창, 마침 ～하고 있을 때에 라는 의미로 사용한다.

停電(ていでん) 정전
困(こま)る 난처하다
試合(しあい) 시합
着信(ちゃくしん) 착신
簡単(かんたん)に 간단하게
通話(つうわ) 통화
切(き)り替(か)える 바꾸다, 전환하다

食事の最中に停電になって困ってしまった。 한창 식사 중에 정전이 되어서 난처했다.

試合をしている最中に雨が降ってきた。 한창 시합을 하고 있는 중에 비가 내렸다.

このイヤホンは、音楽を聞いている最中に着信があっても、簡単に通話に切り替えることができる。
이 이어폰은 음악을 듣고 있는 중에 전화가 걸려와도 간단히 통화로 전환할 수 있다.

강의실 생중계!

문법파트에서의 출제빈도는 매우 낮으나 일상에서 많이 사용하니 익혀두면 좋습니다. 住んでいる(살고 있다) 등과 같은 상태를 나타내는 동사에는 사용할 수 없습니다. 참고로 食事中(식사 중)와 食事の最中(식사 중)는 유사한 의미지만 접속형태가 다르다는 점을 다시 한번 확인하세요.

44 ~うちに ~ 동안에, ~ 사이에, ~ 때에

접속 동사 기본형 · ている형 · ない형 / い형용사 기본형 / な형용사 명사 수식형 /명사の(である) + ~うちに
의미 ~을 어떤 범위의 종점으로 정하고 '그 이후에는 성립하기 힘들다' 혹은 '일반적이지 않기 때문에 그보다 전에'라고 말할 때 사용한다.

登(のぼ)る 오르다
経験(けいけん) 경험
若(わか)い 젊다
十分(じゅうぶん)だ 충분하다
冷(さ)める 식다

日本にいるうちに富士山に登ってみたいです。
일본에 있을 동안에 후지산에 올라가 보고 싶습니다.

まだ元気なうちにいろいろなことを経験したい。
아직 건강할 때 여러 가지 것을 경험하고 싶다.

若いうちに勉強しなさい。 젊을 때 공부하세요.

子供のうちに十分に外遊びをするのがいい。 어릴 때 충분히 밖에서 노는 것이 좋다.

さあ、冷めないうちにどうぞ。 자, 식기 전에 드세요.

강의실 생중계!

- 거의 매번 등장하는 빈출문법이니 꼭 익혀두는 것이 좋습니다.
- 동사의 경우 행위, 동작의 동사가 아닌 '상태동사'의 기본형, ~ない형, ~ている형이 오는 점이 중요한 포인트입니다.
- ない+うちに와 같이 부정형에 접속되는 경우 일반적으로 '~하기 전에'라고 의역하는데 해석에만 의존한 나머지 ~前に를 사용하지 않도록 주의해야 합니다.
- '~うちは(~동안에는)'의 형태가 되기도 하는데 '전문의 상황이 변화하면 후문의 상황도 변화한다'라는 사실을 강조하고 싶을 때 사용하는 문형인데 출제빈도는 매우 낮습니다.

☑ 시나공 확인 문제

つぎの文の（　　）に入れるのに最もよいものを、1·2·3·4から一つえらびなさい。

ここは危ないから、明るい（　　）帰った方がいいですよ。

1 なかに　　2 たびに　　3 はじめに　　4 うちに

해석 이곳은 위험하니까 밝을 때 돌아가는 편이 좋아요.
해설 우선 선택지 중에서 2번(~할 때마다)은 い형용사에 접속되지 않으므로 정답이 될 수 없다. 그리고 1번과 3번은 문법적으로 다루지 않는 형태이므로 가능하면 정답으로 선택하지 않는 것이 좋다. 이 문제에서는 밝을 때 즉 '낮 시간에, 해가 지기 전에'라는 의미이므로 정답은 4번 ~うちに(~동안에, 사이에)가 되어야 한다.

정답 4

45 間 용법

45-1 ～間 / ～間は ～ 동안 계속 / ～ 동안에는

접속 동사 기본형, ている형 / い형용사, な형용사의 명사 수식형 / 명사の + ～間(あいだ)・間は
의미 ～기간 동안 계속 후문의 사항이 일어난다는 의미이다.

留守(るす) 집을 비움, 부재 중
世話(せわ) 보살핌, 돌봐줌
待合室(まちあいしつ) 대합실
講義(こうぎ) 강의
熱心(ねっしん) 열심
血圧(けつあつ) 혈압

僕が留守の間、ずっと弟が犬の世話をしてくれた。
내가 집을 비운 동안 쭉 남동생이 강아지를 돌봐주었다.

待合室で友達を待っている間、テレビを見ていた。
대합실에서 친구를 기다리는 동안 TV를 보고 있었다.

木村先生の講義の間、みんなは熱心に話を聞いていた。
기무라 선생님이 강의하고 계시는 동안 모두 열심히 이야기를 듣고 있었다.

血圧が高くなっている間は、運動をしてはいけません。
혈압이 높을 동안에는 운동을 해서는 안 됩니다.

강의실 생중계!

- 間 용법 중에서 이 용법을 묻는 문제가 가장 많이 출제됩니다.
- ～동안 계속의 의미를 가지므로 앞에는 상태동사, ～ている 형태, 계속동사 등이 주로 오며 형용사나 명사가 올 수도 있으며 부사 ずっと(계속, 쭉)와 함께 사용되는 경우가 많습니다.
- ～うちに와 ～間의 차이를 묻는 문제가 많이 출제되고 있는데 어떤 기간 안에 완료일 경우에는 ～うちに, 기간 동안 계속일 경우에는 ～間라고 생각하면 됩니다. 그리고 ～間は는 '어떤 기간 동안에만 해당한다'라는 의미로 うちは와 유사한 뉘앙스를 가집니다.

45-2 ～間に ～ 동안에, ～ 사이에

접속 ～間와 동일.
의미 '어떤 한정된 시간내에 후문이 일어난다'라는 순간적인 동작, 변화를 나타낸다.

半分(はんぶん) 절반
全部(ぜんぶ) 전부
本屋(ほんや) 서점
～軒(けん) ～채
庭(にわ) 마당, 뜰
濡(ぬ)れる 젖다

僕がご飯を半分ぐらい食べている間に、彼は全部食べてしまう。
내가 밥을 반쯤 먹을 동안에 그는 전부 먹어버린다.

ここまで来る間に本屋は一軒もなかった。 여기까지 올 동안에 책방은 한곳도 없었다.

寝ている間に雨が降ったのか、庭が濡れていた。
자고 있는 동안에 비가 왔는지 마당이 젖어 있었다.

강의실 생중계!

～間와 ～間に는 전혀 다른 의미가 된다는 점에 유의해야 합니다. 참고로 ～間に는 ～うちに와 대부분의 경우 유사하다고 볼 수 있고, 출제빈도는 상대적으로 낮습니다.

46 いう 용법

46-1 ～という ～라는

접속 명사 / 동사 · い형용사 · な형용사의 보통형 + ～という + 명사
의미 앞에 명사 또는 절을 뒤에 명사에 이어준다.

部長(ぶちょう) 부장
先輩(せんぱい) 선배
うわさ 소문
大統領(だいとうりょう) 대통령
文化(ぶんか) 문화
テーマ 테마, 주제

部長、木村さんという方がいらっしゃいました。
부장님, 기무라 씨라는 분이 오셨습니다.

木村先輩がこの大学の先生になるといううわさを聞いた。
기무라 선배님이 이 대학의 교수가 된다는 소문을 들었다.

日本の文化というテーマで作文を書いてください。
일본의 문화라는 주제로 작문을 써 주세요.

강의실 생중계!

문중에서 앞의 명사 또는 절을 뒤에 명사에 이어주는 역할을 하며 각각 '～라는, ～라 불리는 ～라고 하는'의 의미를 가집니다. 즉 명사에 접속되는 경우에는 명칭이나 이름을, 절에 접속되는 경우에는 뒷 명사의 속성을 나타냅니다.

46-2 ～といった ～ 같은, ～ 등의

접속 명사 / 동사 · い형용사 · な형용사의 보통형 + ～といった + 명사
의미 예를 들거나 두 가지 이상의 사항을 나열할 때 사용한다.

にんじん 당근
たまねぎ 양파
野菜(やさい) 야채
申(もう)し込(こ)む 신청하다
住所(じゅうしょ) 주소
個人情報(こじんじょうほう) 개인정보
ドイツ 독일
先進国(せんしんこく) 선진국
言葉(ことば) 말
意味(いみ) 의미

にんじんやたまねぎといった野菜をたくさん食べた方がいいですよ。
당근, 양파 같은 야채를 많이 먹는 편이 좋다.

申し込むときには、電話番号·住所といった個人情報が必要です。
신청할 때에는 전화번호 · 주소 같은 개인정보가 필요합니다.

アメリカやドイツといった国を、先進国と言います。
미국이나 독일 같은 나라를 선진국이라고 합니다.

その言葉はたしか「食べる」というような意味だったと思います。
그 말은 아마 '먹는다'와 같은 의미였다고 생각합니다.

강의실 생중계!

'～といった+명사'의 형태로 예를 들 때 사용하므로 '～라고 말한'으로 오역하지 않도록 주의해야 합니다. 유사한 표현으로는 ～というような를 사용할 수 있습니다. 그리고 AやBといった(～이나 ～등) 형태로 두 가지 이상의 사항을 나열할 때도 사용할 수 있습니다.

46-3 ～といっても ~라고 해도

접속 명사 / 동사 · い형용사 · な형용사의 보통형 + ～といっても
의미 '~부터 기대되는 것과는 다르게 사실은 ~이다'라고 말할 때 사용한다.

社長(しゃちょう) 사장
会社(かいしゃ) 회사
大(たい)した 대단한, 엄청난
深(ふか)い 깊다
メートル 미터
安心(あんしん)する 안심하다

社長といっても、小さな会社ですから、たいしたことはありません。
사장이라 해도 작은 회사이기 때문에 대단치는 않습니다.

日本語を習ったことがあるといっても、３か月習っただけです。
일본어를 배운 적이 있다고 해도 겨우 3개월뿐입니다.

この川は、深いといっても１メートルぐらいですから安心してください。
이 강은 깊다고 해도 1미터 정도이니까 안심하세요.

강의실 생중계!

단순히 言うが 言っても 형태로 되었다고 생각하면 쉽게 이해할 수 있습니다. 접속 형태상의 특징이 없으므로 형태와 의미 위주로 암기해 두어야 합니다.

46-4 ～というより ~라고 하기보다

접속 명사 / 동사 · い형용사 · な형용사(어간)의 보통형 + ～というより
의미 어떤 일을 평가할 때 '~라고 하기보다는 ~라고 말하는 편이 적절하다'라는 의미이다.

作家(さっか) 작가
科学者(かがくしゃ) 과학자
見(み)える 보이다
起(お)きる 일어나다
遊(あそ)び 놀이

木村さんは作家というより科学者のように見える。
기무라 씨는 작가라고 하기보다 과학자처럼 보인다.

A 今日は早く起きたね。
B 起きたというより、起こされたんだよ、母に。
A : 오늘은 일찍 일어났군. B : 일어났다고 하기보다는 엄마가 억지로 깨웠어.

これじゃ勉強というより遊びだね。 이래서는 공부라고 하기보다 놀이군요.

강의실 생중계!

비교의 기준을 나타내는 ～より(~보다)의 의미만 알면 동사에 접속될 경우 '~하기 보다'라는 의미가 된다는 것은 쉽게 알 수 있습니다. 접속 형태상의 특징이 없으므로 ～より가 사용되는 형태와 의미 위주로 익혀두는 것이 좋습니다.

47 する 용법

47-1 ～にする ～으로 하다, ～으로 선택하다

접속 명사 + ～にする
의미 여러 가지 중에서 하나를 골라서 선택, 결정한다는 의미이다.

なさる 하시다
飲(の)み会(かい) 술모임, 회식
濃(こ)い 짙다
茶色(ちゃいろ) 갈색
四角(しかく) 사각

お飲み物は何になさいますか。 마실 것은 무엇으로 하시겠습니까?

田中さん、飲み会は何曜日にしましょうか。 다나카 씨, 술모임은 무슨 요일로 할까요?

A お客様、どちらになさいますか。
B そうですね、この濃い茶色の四角いテーブルにします。
A : 손님, 어느 것으로 하시겠습니까? B : 그렇군요, 이 진한 갈색의 사각형 테이블로 하겠습니다.

강의실 생중계!

- 정중하게는 '～になさる(존경)・～に致す(겸양)' 형태로 구분해서 사용하며 청해파트에서 빈번히 등장하므로 익혀두는 것이 좋습니다.
- 활용해서 ～にしても(～으로 해도, ～하더라도) 등 다양한 형태로 사용할 수도 있습니다.

47-2 ～がする ～이 나다

접속 명사 + ～がする
의미 어떤 현상, 느낌이 지각되었을 때 사용한다.

さっき 조금 전
変(へん)だ 이상하다
匂(にお)い 냄새
香(かお)り 향기
梅(うめ) 매화

さっきから変な匂いがするんですけど。 조금 전부터 이상한 냄새가 납니다만.

だれかが僕を見ているような気がした。 누군가가 나를 보고 있는 듯한 생각이 들었다.

散歩をしていたらいい香りがしたので見回すと、もう梅が咲いていた。
산책을 하고 있었더니 좋은 향기가 나서 둘러보니 벌써 매화가 피어 있었다.

강의실 생중계!

지각표현이므로 앞에는 音(소리), 声(목소리), 匂い(냄새), 香り(향기), 味(맛), 感じ(느낌), 気(생각) 등의 명사만 올 수 있습니다.

47-3 ~とする ~라고 하다

접속 동사 · い형용사 · な형용사, 명사(だ)의 보통형 + ~とする
의미 '~라고 가정하다'라는 의미이다.

円(えん) 원
点(てん) 점
地震(じしん) 지진
起(おこ)る 일어나다
大会(たいかい) 대회
行(おこな)う 행하다, 하다, 거행하다

あなたは今日本にいるとします。何が一番したいですか。
당신이 지금 일본에 있다고 합시다. 무엇을 가장 하고 싶습니까?

この円の外に点があるとします。 이 원 밖에 어떤 점이 있다고 합시다.

地震が起こったとしたら、あなたはどうしますか。
지진이 일어났다고 한다면 당신은 어떻게 하겠습니까?

もし雨が降ったとしても、大会は行います。 만약 비가 오더라도 대회는 거행합니다.

강의실 생중계!

- 시험에서는 대부분 동사에 접속되는 형태로 출제가 됩니다.
- 조사에 따라서 의미가 달라지므로 조사에 특히 주의합시다. 참고로 가정은 ~とすれば・~としたら・~とすると(~라고 하면), 양보는 ~としても(~라고 해도)가 됩니다.

시나공 확인 문제

つぎの文の ＿★＿ に入る最もよいものを、1·2·3·4から一つえらびなさい。

A「僕はステーキ定食にするけど、君は?」
B「私はあまりお腹がすいていない ＿＿ ＿＿ ＿★＿ ＿＿ かな。」

1 コーヒー　　2 だけに　　3 から　　4 しよう

해석 A 나는 스테이크 정식을 먹을건데, 넌?
B 나는 별로 배가 고프지 않으니까 커피만 할까.

해설 보기와 대화 내용을 보면 메뉴 선택 때 자주 등장하는 ~にする(~으로 하다) 문제임을 알 수 있다. 다만 이 문제에서는 중간에 한정을 나타내는 ~だけ(~만, 뿐)가 더해진 형태에 불과하다. 그러므로 1-2-4가 되어야 하며, 3번은 첫 번째 공란에 넣어 커피만을 선택한 이유를 나타내면 된다. 전체적으로 나열하면 3-1-2-4가 되므로 정답은 2번이다. **정답 2**

48 ても 용법

48-1 いくら～ても・どんなに～ても 아무리 ~해도

접속 동사 · い형용사 て형 + ～ても / な형용사, 명사의 て형 + ～でも
의미 정도를 강조할 때 사용한다.

必要(ひつよう) 필요
悲(かな)しい 슬프다
泣(な)く 울다
結果(けっか) 결과

私はどんなに安くても、必要でないものは買いません。
저는 아무리 싸도 필요한 물건이 아니면 안 삽니다.

どんなに悲しくても、泣いたりしてはいけない。
아무리 슬프더라도 울거나 해서는 안 된다.

誰がやっても結果は同じだろう。 누가 해도 결과는 같을 것이다.

강의실 생중계!

- 여기서 いくら는 '얼마, 어느 정도'가 아니라 부사로서 '아무리'라는 의미이므로 주의해야 합니다.
- だれ, 何, どんな 등도 ～ても와 짝을 이루는 경우가 많은데 이 경우에는 '모든 경우라도'라는 뉘앙스가 됩니다.

48-2 たとえ～ても 설령 · 비록 ~라도

접속 동사 · い형용사 て형 + ～ても / な형용사, 명사의 て형 + ～でも
의미 어떤 가정한 조건하에서도 결과는 변하지 않는다는 의미이다.

試合(しあい) 시합
死(し)ぬ 죽다
秘密(ひみつ) 비밀
守(まも)る 지키다
許(ゆる)す 용서하다, 허락하다

たとえ雨が降っても、試合は行います。 설령 비가 오더라도 시합은 거행합니다.

たとえ死んでも、秘密は守ります。 설령 죽더라도 비밀은 지키겠습니다.

たとえ子供でも、そんなことは許せません。
설령 아이일지라도 그런 일은 용서할 수 없습니다.

강의실 생중계!

부사 たとえ(비록, 설령, 가령)의 의미만 익히면 쉽게 이해할 수 있는 표현입니다. 그리고 いくら・どんなに～ても는 '기정조건의 역설', たとえ～ても는 '가정조건의 역설'을 나타냅니다.

49 って 용법

49-1 ～って＋동사 ~라고

접속 문장 + ～って + 동사
의미 '문장 + ～って + 동사'의 형태로 인용하는 말이나 문장에 접속되어 동작 작용의 내용을 나타낼 때 사용한다.

教(おし)える 가르치다
数学(すうがく) 수학
同僚(どうりょう) 동료
貸(か)す 빌려 주다
頼(たの)む 부탁하다

木村さんは数学を教えていらっしゃるって聞いたんですが。
기무라 씨는 수학을 가르치고 계시다고 들었습니다만.

お父さん、友達が遊びに行こうって言っているんだけど、行ってもいい?
아빠, 친구가 놀러가자고 하는데, 가도 돼?

会社の同僚にお金を貸してくれって頼まれました。
회사 동료가 돈을 빌려 달라고 부탁했습니다.

강의실 생중계!

- ～って용법은 회화체에서 주로 사용하는 축약형태로, 접속형태나 위치에 따라서 다양한 의미로 해석됩니다. 여기서 소개하는 것 이외에도 다양한 의미로 사용되나 N3에서는 이정도면 충분할 것입니다. 참고로 앞단어가 ん으로 끝나면 ～て로 표기하기도 합니다.
- 바로 뒤에 나오는 동사를 수식하는 경우 '～と'의 축약으로 이해하면 됩니다. 참고로 청해파트에서는 바로 뒤에 동사가 나오지 않더라도 의미상으로 동사를 수식하는 경우도 있으므로 주의해야 합니다.

49-2 ～って＋명사 ~라고 하는, ~라는

접속 명사 / 동사 · い형용사 な형용사의 보통형 + ～って
의미 '～って＋명사'의 형태로, ～って가 다음에 나오는 명사의 내용을 설명할 때 사용한다.

感(かん)じ 느낌
卒業(そつぎょう)する 졸업하다

木村さんって人を知っていますか。 기무라라는 사람을 알고 있습니까?

かわいいって感じの女の子でした。 귀엽다는 느낌의 여자아이였습니다.

じゃ、1998年に卒業したってことですね。
그럼, 1998년에 대학을 졸업하셨다는 말이군요?

강의실 생중계!

바로 뒤에 나오는 명사를 수식하는 경우 '～という'의 축약으로 이해하면 됩니다. 참고로 청해파트에서는 바로 뒤에 명사가 나오지 않더라도 의미상으로 명사를 수식하는 경우도 있으므로 주의해야 합니다.

49-3 ～って ~이라는 것은, ~란, ~은

접속 명사 / 명사 상당어구 + ～って
의미 '명사 / 명사 상당어구 + ～って'의 형태로 어떤 사항을 화제로 들 때 사용한다.

先輩(せんぱい) 선배
意味(いみ) 의미
分(わ)かる 알다
会議(かいぎ) 회의

田中先輩って、本当にやさしい人だね。 다나카 선배님은 정말로 다정한 사람이야.

A この「りかい」って、どんな意味ですか。
B あ、「わかる」っていう意味ですよ。
A : 이 'りかい'라는 것은 어떤 의미입니까? B : 아, '안다'라는 의미입니다.

A 今日の会議って、何時から？
B ３時から４時まででですよ。
A : 오늘 회의, 몇 시부터지? B : 3시부터 4시까지잖아요.

강의실 생중계!

앞에 명사나 명사 상당어구가 문장의 주어의 역할을 하는 경우에는 '～というのは'의 축약으로 이해하면 됩니다. 참고로 문맥에 따라 적절히 해석해 주면 되나 해석하지 않는 편이 자연스러운 경우도 많습니다.

49-4 ～って ~라고 하다, ~하대, ~이래

접속 동사, い형용사, な형용사, 명사의 보통형 + ～って
의미 문장 끝에 사용되며, 전해들은 정보를 전할 때 사용한다.

誘(さそ)う 권유하다
課長(かちょう) 과장
昇進試験(しょうしんしけん) 승진시험
落(お)ちる 떨어지다
結婚(けっこん)する 결혼하다

A レイコに聞いてみた？
B うん。何度も誘ったんだけど、行かないってさ。
A : 레이코에게 물어 봤어? B : 응. 몇 번이나 청해 봤는데 안 간대.

うちの課長は今回の昇進試験で落ちたんですって。
우리 과장님은 이번 승진시험에서 떨어지셨대.

田中が来月結婚するんだって。 다나카가 다음달 결혼한대.

강의실 생중계!

- ～と言う(~라고 한다, ~라는 말이다)의 축약으로 문미에서 사용되는 대부분의 경우 전문의 ～そうだ로 이해하면 됩니다. 참고로 ～ってことだ, ～って話だ라고도 할 수 있습니다.
- 정중형 등 다양한 형태에 접속될 수도 있습니다.

49-5 ～って(?) ~라니? ~라고?

접속 동사, い형용사, な형용사, 명사 + ～って(?)
의미 문장 끝에 사용되며, 상대의 말을 받아서 반문할 때 사용한다.

なくす 잃다, 분실하다
花瓶(かびん) 꽃병
割(わ)る 깨다
指輪(ゆびわ) 반지

A お母さん、かばん、なくしちゃったんだよ。
B えっ、なくしたって?

A : 엄마, 가방 잃어버렸어. B : 뭐, 잃어버렸다고?

A 先生、花瓶を割ってしまったんですが。
B えっ、花瓶を割っちゃったって?

A : 선생님, 꽃병을 깨뜨려버렸습니다만. B : 뭐, 꽃병를 깨버렸다고?

A こちらの指輪は100万円でございます。
B えっ、100万円ですって?

A : 이 반지는 100만 엔입니다. B : 예! 100만 엔이라고요?

강의실 생중계!

- 표기를 할 경우 일반적으로 의문부호(?)를 붙여주는 경우가 많으며 발음을 할 때는 끝을 올려줍니다.
- 정중형 등 다양한 형태에 접속될 수도 있습니다.

시나공 확인 문제

つぎの文の(　　)に入れるのに最もよいものを、1·2·3·4から一つえらびなさい。

夕べテレビを見ていたら、お父さんに勉強しろ(　　)怒られた。

1 のを　　2 だって　　3 に　　4 って

해석 어젯밤에 TV를 보고 있다가 아빠에게 공부하라고 혼났어.

해설 공란의 앞에 명령형이 있기 때문에 문맥상 ～と 怒られた(~라고 혼나다)가 되어야 한다는 것을 알아야 문제를 해결할 수 있다. 그런데 보기 중에는 ～と가 없어 당황할 수도 있지만 회화체에서는 대신 ～って를 사용할 수 있기 때문에 정답은 4번이 된다. 이 외에도 ～って는 다양한 의미로 사용되므로 다시 한번 확인하는 것이 좋다.

정답 4

50 だって 용법

50-1 だって 하지만, 그렇지만, 왜냐하면

의미 상대에게 반론을 하거나 이유나 변명을 할 때 사용한다.

足(た)りない 부족하다
辛(から)い 맵다
美味(おい)しい 맛있다
点数(てんすう) 점수

A どうして靴、買わなかったの?
B だって、お金が足りないんだもん。

A : 왜 신발 사지 않았어? B : 하지만 돈이 부족하단 말이야.

A もう食べないの?
B うん、だって、辛いんだもん。それにおいしくもないし。

A : 이제 안 먹니? B : 응, 왜냐하면 매워. 게다가 맛도 없고.

A 何よ、この点数!ひどいじゃない。
B だって、難しかったんだもん。

A : 뭐야, 이 점수 심각하네. B : 하지만 어려웠단 말이야.

강의실 생중계!

문장의 첫머리에 오는 경우 접속사로 보면 되며 청해파트에서 많이 등장합니다.

50-2 ~だって ~일지라도, ~라도, ~역시

접속 명사 + ~だって
의미 ❶ 어떤 사항을 예시하고 그것이 다른 것과 같거나 유사하다. ❷ 의문사, 부정칭 등에 접속되어 '예외없이 ~하다'.

家事(かじ) 집안일
手伝(てつだ)い 거듦, 도와줌
動物(どうぶつ) 동물
感情(かんじょう) 감정
人間(にんげん) 인간

僕だって好きでそんなことをしたわけではない。

나 역시 좋아서 그런 일을 한 것은 아니야.

夫は今まで一度だって家事を手伝ってくれたことがありません。

남편은 지금까지 한 번도 집안일을 도와준 적이 없습니다.

動物をいじめてはいけない。動物だって感情があるのだ。

동물을 괴롭혀서는 안 돼. 동물일지라도 감정이 있으니까.

人間は誰だっていつかは死ぬ。 인간은 누구라도 언젠가는 죽는다.

강의실 생중계!

앞의 명사의 경우에도 예외가 되지 않는다는 의미로 '~も, でも'의 의미로 이해하면 됩니다. 참고로 문법파트에서는 대부분 이 용법으로 출제됩니다.

50-3 ~だって ~だって ~이든 ~이든

접속 명사 + ~だって 명사 + ~だって

의미 몇 가지 사항을 대표로 예시할 때 사용한다. 자주 출제되지 않으니 참고만 하면 된다.

サッカー 축구
野球(やきゅう) 야구
スポーツ 스포츠
うまい 잘하다, 훌륭하다

男だって、女だって、同じ人間なんだ。 남자든 여자든 같은 인간이야.

田中さんはサッカーだって、野球だって、スポーツなら何でもうまい。
다나카 씨는 축구든 야구든 스포츠라면 무엇이든 잘한다.

강의실 생중계!

반복적으로 사용된다는 점이 가장 큰 특징입니다.

☑ 시나공 확인 문제

つぎの文の ＿★＿ に入る最もよいものを、1·2·3·4から一つえらびなさい。

お金持ちになりたいのは、＿＿＿ ＿＿＿ ＿★＿ ＿＿＿ 同じですよ。

1 誰　**2** 人間　**3** だって　**4** なら

해석 부자가 되고 싶은 것은 인간이라면 누구라도 마찬가지입니다.

해설 3번 ~だって는 1번과 2번에 모두 접속될 수 있지만 문맥상 1번과 짝이 되어 '누구라도'가 되어 인간의 속성을 나타내는 것이 좋다. 그러면 자연스럽게 2번은 4번과 짝이 되어 조건가정을 나타내어야 하므로 첫 번째 공란에 들어간다. 전체적으로 나열하면 2-4-1-3이 되므로 정답은 1번이다.

정답 1

51 ようだ 용법

51-1 추량의 ～ようだ・～みたいだ ～ 같다

접속 동사 · い형용사 · な형용사의 명사 수식형 / 명사の + ～ようだ・みたいだ
의미 자신의 직접적인 감각, 경험으로부터 판단해서 추량할 때 사용하며, 불확실한 단정, 완곡한 주관적 판단을 나타낸다.

集(あつ)まる 모이다
授業(じゅぎょう) 수업

これでみんな集まったようだし、では授業を始めましょう。
이것으로 모두 모인 것 같으니 이제 수업을 시작합시다.

どうもあの人はこの学校の学生ではないようです。
아무래도 저 사람은 이 학교의 학생이 아닌 것 같습니다.

この服、大きいみたいなんですけど、もう少し小さいのはありませんか。
이 옷, 큰 것 같은데 좀 더 작은 것은 없습니까?

강의실 생중계!

- ～みたいだ는 ～ようだ의 회화체로 의미, 활용형태는 거의 동일하지만 な형용사와 명사의 경우 접속형태가 다르다는 점에 유의해야 하며, 현재형일 경우에는 ～だ를 생략하는 것이 일반적이므로 い형용사로 착각해서는 안 됩니다.
- 수식하는 품사에 따라 ～ような+명사, ～ように+용언 형태로 사용합니다.
- 주로 문미에 사용되며 부정은 ～ようではない가 아니라 ～ないようだ를 사용하므로 주의해야 합니다.

51-2 비유, 예시의 ～ようだ / ～ように / ～ような ~같다 / ~같이 / ~같은

접속 51-1과 동일
의미 비슷한 것을 제시하여 비유하거나 예를 들어 말할 때 사용한다.

氷(こおり) 얼음
冷(つめ)たい 차갑다
真夏(まなつ) 한여름
大都会(だいとかい) 대도시
住(す)む 살다
外食(がいしょく) 외식
寿司(すし) 초밥
選(えら)ぶ 고르다

子供の手はまるで氷のように冷たかった。 아이의 손은 마치 얼음처럼 차가웠다.

まだ５月なのに、真夏のように暑いですね。 아직 5월인데 한여름처럼 덥군요.

東京のような大都会に住みたいです。 동경 같은 대도시에 살고 싶습니다.

外食に寿司のような体にいい食べ物を選ぶ人が多くなった。
외식할 때 초밥 같은 건강에 좋은 음식을 선택하는 사람이 많아졌다.

강의실 생중계!

まるで를 수반해서 まるで ～ようだ(마치 ~같다)로 많이 사용합니다. 주로 문중에서 ～ように+용언(~처럼, ~같이), ～ような+명사(~같은) 형태로 사용되며 회화체로는 ～みない, ～みたいな가 됩니다.

51-3 ～ようなら ～할 것 같으면

접속 동사 · い형용사 · な형용사의 명사 수식형 + ～ようなら
의미 '～같은 경우에는'라는 의미이다.

調子(ちょうし) 상태
病院(びょういん) 병원
過(す)ぎる 넘다, 지나다
連絡(れんらく) 연락
天気(てんき) 날씨
散歩(さんぽ) 산책

休んでも体の調子がよくならないようなら、病院へ行ったほうがいいですよ。 쉬어도 몸 상태가 좋아지지 않을 것 같으면 병원에 갔다 오는 게 좋습니다.

チェックインが18時を過ぎるようなら、ホテルに連絡してください。
체크인이 18시를 넘길 것 같으면 호텔에 연락해 두세요.

あした天気がいいようなら、久しぶりに散歩に行きたい。
내일 날씨가 좋을 것 같으면 오래간만에 산책을 가고 싶다.

강의실 생중계!

- 추량을 나타내는 ~ようだ(~같다)에 조건, 가정을 나타내는 ～なら(~라면)가 합쳐진 형태로 자신의 판단이나 상대에게 판단을 맡길 때 사용하는 표현입니다.
- 참고로 유사한 표현으로 '～ようだったら'를 사용할 수도 있습니다.

☑ 시나공 확인 문제

つぎの文の（　　）に入れるのに最もよいものを、1·2·3·4から一つえらびなさい。

A「明日のパーティーに君も来ればいいのに。」
B「できるだけ（　　）、忙しいからねえ。」

1 行くようにするけど　　2 行くことにしてみるけど
3 行かないようにするけど　　4 行かないことにするけど

해석 A 내일 파티 너도 오면 좋은데.
B 가능한 한 가도록 하겠지만 바빠서.

해설 자칫하면 틀릴 수도 있으니 정확한 의미를 파악해야 한다. 여기서 B는 파티에 간다고 말하는 것이 아니고 가도록 노력해 본다는 의미이므로 '노력'을 나타내는 1번 ～ようにする(~하도록 하다)가 정답이 된다. 참고로 2번 ～ことにする(~하기로 하다)도 해석상으로는 유사하지만 '결정'을 나타내는 표현이므로 혼동하지 않도록 주의해야 한다. **정답** 1

51-4 ~ように ~하도록

접속 동사 기본형 · ない형 · 가능형 + ~ように
의미 목적을 나타낸다.

若(わか)い 젊다
髪(かみ) 머리털
一所懸命(いっしょけんめい) 열심히
箱(はこ) 상자
再使用(さいしよう) 재사용
丈夫(じょうぶ)だ 튼튼하다

少しでも若く見えるように髪を短く切った。
조금이라도 젊어 보이도록 머리를 짧게 잘랐다.

試験に落ちないように一生懸命勉強します。
시험에 떨어지지 않도록 열심히 공부하겠습니다.

この箱は再使用できるように丈夫に作られています。
이 상자는 재사용할 수 있도록 튼튼하게 만들어져 있습니다.

강의실 생중계!

목적을 나타내는 ~ために(~하기 위해서)와 구분하는 문제가 많이 출제되기도하는데 이 두 표현은 바꾸어 쓸 수도 있으나 전문과 후문의 주체가 다른 경우, 동사가 가능동사이거나 무의지 동사이면 ~ために는 사용할 수 없다는 점만 알아두면 쉽게 구분할 수 있습니다. 참고로 に를 생략해서 ~よう만으로도 사용할 수 있습니다.

51-5 ~ように ~하도록, ~하시길

접속 동사 기본형 · ない형 / 정중형 + ~ように
의미 충고, 권고, 희망, 기원, 가벼운 명령을 나타낸다.

流行(はや)る 유행하다
注意(ちゅうい)する 주의하다
迷惑(めいわく) 민폐
持(も)ち込(こ)む 갖고 들어오다
戦争(せんそう) 전쟁
平和(へいわ) 평화
世界(せかい) 세계

風邪が流行っています。風邪を引かないように注意してください。
감기가 유행하고 있습니다. 감기에 걸리지 않도록 주의해 주세요.

他の学生の迷惑になるから、授業に遅れないようにしなさい。
다른 학생들의 방해가 되니까 수업에는 늦지 않도록 하세요.

お飲み物などを店内に持ち込まないようにお願いします。
음료 등을 가게 안에 갖고 들어오지 않도록 부탁합니다.

戦争のない平和な世界になりますように。 전쟁이 없는 평화로운 세계가 되길.

강의실 생중계!

각각의 용법을 구분할 필요는 없고 목적용법 외에도 다양한 의미로 사용된다는 것 정도만 알면 됩니다. 참고로 문미에 붙여서 사용할 수도 있습니다.

51-6 ～ようにする ～하도록 하다

접속 동사 기본형 · ない형 + ～ようにする
의미 결의나 노력의 목표를 나타낸다.

インスタント食品(しょくひん) 즉석식품
やめる 그만두다
調子(ちょうし) 상태

子供にインスタント食品は食べさせないようにしています。
아이에게 인스턴트 식품은 먹이지 않으려고 하고 있습니다.

A 田中さん、お酒やめたんですか。

B やめたわけではないですが、体の調子が悪くて飲まないようにしているんです。

A : 다나카 씨 술을 끊었습니까? B : 끊은 것은 아니지만 몸 상태가 좋지 않아서 안 마시려고 하고 있습니다.

강의실 생중계!

목적의 용법의 하나이지만 자주 출제되므로 따로 문형으로 익혀두는 것이 좋습니다. 주로 의지적 동사에 접속되어 노력의 목표나 습관을 나타내며 이러한 점이 ～ことにする와의 차이점이라도 할 수 있습니다. 참고로 '～つもり(～할 작정이다)'와 함께 사용하는 경우도 많습니다.

51-7 ～ようになる ～하게 되다

접속 동사 기본형 · ない형 + ～ようになる
의미 이전의 상태에서 변화한 결과로서 지금의 상태가 있다는 의미이다.

怪我(けが) 부상
治(なお)る 낫다
練習(れんしゅう) 연습
弾く(ひ) (피아노 등을) 치다
簡単(かんたん)だ 간단하다
曲(きょく) 곡
覚(さ)める 깨다, 눈이 뜨이다

A 足の怪我はもう治りましたか。

B ええ、おかげさまで、やっと歩けるようになりました。

A : 다리 부상은 이젠 나았습니까? B : 예, 덕분으로 겨우 걸을 수 있게 되었습니다.

A どのくらい練習すればギターが弾けるようになりますか。

B 一か月ぐらい練習すれば簡単な曲は弾けるようになりますよ。

A : 어느 정도 연습하면 기타를 칠 수 있습니까? B : 한 달 정도 연습하면 간단한 곡은 칠 수 있게 됩니다.

年のせいか、最近朝早く目が覚めるようになった。
나이 탓인지 요즘 아침 일찍 잠이 깨게 되었다.

강의실 생중계!

앞에는 능력, 습관, 규칙 등의 동사만 오는 것이 특징이며 ～ようになっている(～하게 되어 있다) 형태로 제도, 시스템을 나타낼 수도 있습니다. 참고로 시험에서는 가능동사에 접속되는 형태로 자주 출제됩니다.

51-8 ～ように言う ～하도록 말하다

접속 동사의 기본형 · ない + ～ように言う

医者(いしゃ) 의사
血圧(けつあつ) 혈압
店員(てんいん) 점원
領収書(りょうしゅうしょ) 영수증
間違(まちが)える 틀리다, 잘못하다
直(なお)す 고치다
資料(しりょう) 자료

医者からお酒をやめるように言われたが、なかなかやめられずにいる。
의사로부터 술을 끊으라고 지시 받았으나 좀처럼 끊지 못하고 있다.

医者から血圧に気をつけるように言われました。
의사로부터 혈압에 주의하라는 말을 들었습니다.

店員に領収書を持ってくるように言われた。 점원이 영수증을 가져 오라고 했다.

課長に間違えたところを消して書き直すように言われた。
과장님이 틀린 곳은 지우고 다시 적으라고 말했다.

彼女に早く資料を持ってくるように言った。 그녀에게 빨리 자료를 가져오라고 말했다.

강의실 생중계!

- 의뢰, 명령, 금지하는 내용을 나타낼 때 사용합니다.
- ～ように 용법에 속하지만 이 형태로도 많이 등장하니 여유가 되면 익혀두면 좋습니다.

시나공 확인 문제

つぎの文の ＿★＿ に入る最もよいものを、1·2·3·4から一つえらびなさい。

自信がなかったのに、＿＿＿ ＿＿＿ ＿★＿ ＿＿＿ なってしまった。

1 泳げる　**2** たった　**3** ように　**4** 1週間で

해석 자신이 없었는데 겨우 1주일 만에 수영을 할 수 있게 되었다.

해설 3번과 마지막 공란 뒤의 なる를 통해서 ～ようになる(～하게 되다) 문제임을 알 수 있는데 시험에서는 가능동사에 접속되는 형태로 많이 출제되므로 참고하는 것이 좋다. 그리고 부사인 2번은 '겨우, 단지'라는 의미로 수량명사 앞에 쓰이므로 2-4가 되어야 한다. 전체적으로 나열하면 2-4-1-3이 되므로 정답은 1번이다.

정답 1

52 つもり 용법

52-1 ～つもりだ ～할 작정・생각・의도이다

접속 동사의 기본형・ない형 / その + ～つもりだ
의미 이전부터 생각하고 있었던 자신의 의지를 다소 객관적으로 표현할 때 사용한다.

デジタルカメラ 디지털 카메라
借(か)りる 빌리다
連休(れんきゅう) 연휴
日本語能力試験(にほんごのうりょくしけん) 일본어능력시험
受(う)ける 받다, 치르다

デジタルカメラを持っていないので、友達から借りるつもりです。
디지털카메라는 가지고 있지 않기 때문에 친구에게서 빌릴 생각입니다.

明日から三日間連休ですが、田中さんは何をするつもりですか。
내일부터 3일간 연휴입니다만, 다나카 씨는 무엇을 할 작정입니까?

A 今回の日本語能力試験、受けますか。
B いいえ、あまり勉強していないので、今回は受けないつもりです。
A : 이번에 일본어능력시험 치십니까? B : 아니요, 별로 공부를 하지 않았으므로 이번에는 치지 않을 생각입니다.

강의실 생중계!

생각, 마음가짐, 의도를 나타내는 표현이므로 당연히 의지동사와 함께 사용하며 시험에서는 거의 이 용법으로만 출제되고 있습니다. 참고로 부정의 경우에는 ～ないつもりだ(～하지 않을 작정이다)를 사용하는데 ～つもりはない형태를 사용하기도 합니다.

52-2 ～つもりだった ~할 작정이었다, ~하려고 생각했었다

접속 동사 기본형・ない형 / その + ～つもりだった
의미 '～하려고 했으나 실제로는 ～하지 못했다'라는 과거시점에서의 의지를 나타낼 때 사용한다.

宿題(しゅくだい) 숙제
参加(さんか)する 참가하다
結局(けっきょく) 결국

A 太郎、宿題は全部やった？
B ううん、やるつもりではいたんだけど……。
A : 다로야, 숙제 다 했니? B : 아니, 하려고 했는데….

その時は参加するつもりだったが、結局参加するのはやめた。
그때는 참가할 작정이었지만 결국 그만 두었다.

강의실 생중계!

실제로는 실현되지 않았을 경우에 사용하는 경우가 대부분이므로 과거시제인 부분에 특히 주의해야 합니다.

52-3 ~つもりだ ~했다고 · 하다고 생각하다

접속 동사 た형 / い형용사 · な형용사의 명사 수식형 / 명사の + ~つもりだ
의미 실제로는 그렇지 않으나 그렇다고 생각할 때 사용하는 표현이다.

おこづかい 용돈
自分(じぶん) 자기 자신, 스스로
貯金(ちょきん)する 저금하다

母からもらったおこづかいは、映画を見たつもりで、本を買った。
엄마에게서 받은 용돈은 영화를 본 셈 치고 책을 샀다.

今年60歳の父は、自分ではまだ若いつもりでいる。
올해 60살인 아빠는 스스로는 아직 젊다고 생각하고 있다.

A 新しい車、買った？
B ううん、買ったつもりで貯金することにした。
A : 새 차 샀어? B : 아니. 산 셈치고 저금하기로 했어.

강의실 생중계!

다른 つもり 용법과는 달리 동사의 경우 과거형이나 다른 품사에도 접속되는 점이 중요한 포인트입니다. 참고로 가상이나 착오, 과신 등을 나타낼 때 사용합니다.

시나공 확인 문제

つぎの文の（　　）に入れるのに最もよいものを、1·2·3·4から一つえらびなさい。

A「鈴木さん、社員旅行に行かなかったそうですね。」
B「ええ。行く（　　）、急に田舎から両親が来たものですから。」

1 つもりなんですが　　2 つもりだったんですが
3 つもりはなかったんですが　　4 つもりじゃなかったんですが

해석 A 스즈키 씨 사원여행을 가지 않았다면서요?
B 예. 갈 생각이었습니다만, 갑자기 시골에서 부모님이 오셔서….

해설 つもり용법을 묻는 문제로 그다지 어렵지는 않지만 형태에 따라 뉘앙스가 사뭇 달라지기도 하므로 주의하는 것이 좋다. 이 문제에서도 단순히 '가지 않는다'는 의미만을 생각해서 3번을 선택해서는 안 된다. 왜냐하면 3번은 결국 갔다는 의미가 되기 때문이다. 여기서는 가려고 했지만 가지 못했다는 의미이므로 정답은 2번이 되어야 한다. **정답 2**

53 はず 용법

53-1 ~はずだ ~할 터이다, ~할 것이다

접속 동사 · い형용사 · な형용사의 명사 수식형 / 명사の + ~はずだ
의미 추론을 근거로 당연히 그렇게 된다고 확신할 때 사용하는 표현이다.

先輩(せんぱい) 선배
説明書(せつめいしょ) 설명서

A 木村さんがまだなんだけど、来ないのかな。
B 来ると言っていましたから、来るはずです。

A : 기무라 씨가 아직인데, 안 오려나…. B : 온다고 말했으니까 올 겁니다.

A 先輩、これちょっと教えてもらえますか。
B わるい、今忙しいからこの説明書を見て。読めば分かるはずだから。

A : 선배님, 이것 좀 가르쳐 주세요. B : 미안, 지금 바쁘니까 이 설명서를 봐. 읽으면 알 수 있을 거야.

僕のかばん、ここにあるはずなのに、ないんだ。

내 가방 여기에 있어야 하는데, 없어.

강의실 생중계!

はずが 형식명사이므로 접속형태는 간단히 알 수 있으며 자신의 의지적 행동에는 사용할 수 없습니다. 참고로 ~はずだ는 기본적으로 논리적인 추론에 의한 결론을 나타내지만 사실이 아니거나 증거에 반한 결과에 대해서도 사용할 수 있습니다.

53-2 ~はずがない ~할 리가 없다

접속 동사 · い형용사 · な형용사의 명사 수식형 / 명사の + ~はずがない
의미 '어떤 사실을 근거로 그럴 가능성은 없다'라고 말할 때 사용한다.

盗(ぬす)む 훔치다
嘘(うそ) 거짓말
当(あ)たり前(まえ)だ 당연하다
中古(ちゅうこ) 중고
新品(しんぴん) 신품

A 田中さんが人のものを盗んだそうです。
B えっ、嘘でしょう。田中さんがそんなことをするはずがないです。

A : 다나카 씨가 남의 물건을 훔쳤답니다. B : 예! 거짓말이겠죠. 다나카 씨가 그런 일을 할 리가 없습니다.

中古が新品より高いはずがありません。 중고가 신품보다 비쌀 리가 없습니다.

강의실 생중계!

~はずだ의 부정의 형태로, ~はずはない(~할리는 없다)가 되는 경우도 있습니다. 참고로 부정의 형태는 ~ないはずだ(~하지 않을 것이다) 형태로 사용할 수 있으나 확신의 정도가 상대적으로 많이 떨어집니다. 그리고 시험에서는 ~わけがない와 동일한 의미로 봐도 큰 문제는 없습니다.

54 ところ 용법

54-1 ~ところだ ~하려는 참이다 /~하고 있는 중이다/ 막 ~했다

접속 동사의 기본형 · ている형 · た형 + ~ところだ
의미 접속되는 시제에 따라 순서대로 ~하려는 참이다 〈직전〉 / ~하고 있는 중이다 〈도중〉 / 막 ~했다 〈직후〉를 나타낸다.

食事(しょくじ) 식사
済(す)む 해결되다, 끝내다
報告書(ほうこくしょ) 보고서
急(いそ)ぐ 서두르다

A 田中さん、お食事はもう済みましたか。
B いいえ、これから食べに行くところです。

A : 다나카 씨 식사하셨습니까? B : 아니요. 지금 먹으러 가려는 참입니다.

A 木村君、報告書はまだですか。
B すみません。今急いで書いているところなんです。

A : 기무라 군, 보고서는 아직입니까? B : 죄송합니다. 지금 서둘러서 쓰고 있는 중입니다.

강의실 생중계!

여기서 ところ는 장소가 아닌 장면을 의미하는 형식명사로 사용되고 있습니다. 즉 일련의 흐름 속의 어떤 시점이라는 의미를 나타냅니다. 거의 매번 시험에 등장하는 문법으로 시제에 따라 의미가 달라지기 때문에 특히 시제부분과 함께 중점적으로 익혀두어야 합니다.

54-2 ~ところに・~ところへ・~ところを・~ところで ~시점에, ~참에

접속 동사의 기본형 · ている형 · た형 + ~ところに・~ところへ・~ところを・~ところで
의미 어떤 행위의 어느 단계인지를 나타낼 때 사용한다.

警察(けいさつ) 경찰
犯人(はんにん) 범인
逃(に)げる 도망가다
捕(つか)まえる 체포하다
目(め)が覚(さ)める 잠이 깨다

山本さんのうわさをしているところへ本人がやってきた。

야마모토 씨의 뒷이야기를 하고 있을 때에 본인이 왔다.

警察は犯人が逃げようとするところを捕まえた。

경찰은 범인이 도망치려는 것을 잡았다.

夢の中で彼女にキスしようとしたところで目が覚めた。

꿈속에서 그녀에게 키스를 하려던 순간에 잠이 깼다.

강의실 생중계!

54-1의 ~ところだ가 문장 중에 사용될 때 다양한 조사를 취하는데 네 가지는 모두 같은 의미이지만 나타내고자 하는 상황에 따라 조사가 달라집니다. 간단히 정리하면 그 때에, 그 장면, 상황에(~ところへ・~ところに), 주체가 어떤 동작 중에, 후에(~ところを), 시간의 흐름 중의 어떤 시점, 장소에서(~ところで) 후문이 일어났을 때 사용합니다. 그러나 시험에서는 네 가지의 구분을 묻지는 않으므로 참고로만 하도록 합니다.

54-3 ~たところ ~했더니, ~한 결과

접속 동사 た형 + ~ところ
의미 '~한 결과 이렇게 되었다'라는 의미로 사용한다.

息子(むすこ) 아들
身長(しんちょう) 키, 신장
応募(おうぼ) 응모
資格(しかく) 자격
実務(じつむ) 실무

1年ぶりに息子の身長をはかったところ、5センチも伸びていた。
1년 만에 아들의 키를 재어 봤더니 5센티나 커 있다.

彼の名前をまわりの人に聞いてみたところ、誰も知らなかった。
그의 이름을 주위사람들에게 물어봤더니 아무도 몰랐다.

応募資格を調べてみたところ、2年以上の実務経験が必要だった。
응모자격을 알아보니, 2년 이상의 실무경험이 필요했다.

강의실 생중계!

동사의 た형에 접속되는 점이 중요한 포인트가 됩니다. N3에서는 출제빈도는 낮으니 참고만 하세요.

☑ 시나공 확인 문제

つぎの文の ＿★＿ に入る最もよいものを、1·2·3·4から一つえらびなさい。

きのうの事故 ＿＿ ＿＿ ＿★＿ ＿＿、新しい事実がわかった。

1 調査してみた　**2** 詳しく　**3** について　**4** ところ

해석 어제의 사고에 관해서 자세히 조사 했더니 새로운 사실을 알 수 있었다.

해설 4번 ところ를 통해서 ところ의 결과용법임을 알 수 있다. 즉 동사 た형+~ところ(~했더니, ~한 결과)를 묻는 문제임을 알 수 있으므로 1-4가 되며 마지막 공란에 들어가야 한다. 명사에 접속되는 3번은 첫 번째 공란에, 부사화 된 2번은 동사인 1번 앞에 넣으면 된다. 전체적으로 나열하면 3-2-1-4가 되므로 정답은 1번이다.

정답 1

55 くらい 용법

55-1 ～くらい・～ぐらい ～쯤, ～정도

접속 명사, 연체사 + ～くらい・ぐらい
의미 대략적인 분량, 수량을 나타낸다.

上手(じょうず)だ 능숙하다
かかる 걸리다
夕食(ゆうしょく) 저녁밥
準備(じゅんび) 준비
会議室(かいぎしつ) 회의실
狭(せま)い 좁다

彼は日本語が上手になるのに1年ぐらいしかかからなかったそうだ。
그는 일본어가 능숙해 지는데 1년 정도밖에 걸리지 않았다고 한다.

夕食の準備にはどれぐらい時間がかかりますか。
저녁식사 준비에는 어느 정도 시간이 걸립니까?

会議室は狭いが、5人ぐらいまでなら入れると思う。
회의실은 좁지만 5명 정도라면 들어갈 수 있다고 생각한다.

강의실 생중계!

- 크기, 시간, 수량 등이 대략 그 수치에 가깝거나 거의 같다는 의미입니다.
- 참고로 기초문법으로 N3에서는 대부분 이 용법으로 출제되는데 독립적인 용법보다는 다른 조사나 조동사와 결합된 형태로 출제되고 있습니다만 의미는 동일하니 걱정할 필요는 없습니다.

55-2 ～くらい(だ) ～만큼(이다), ～정도(이다)

접속 동사 · い형용사 · な형용사의 명사 수식형 + ～くらい(だ)
의미 상태의 정도를 나타낼 때 사용한다.

疲(つか)れる 지치다
眠(ねむ)い 졸립다
きつい 고되다

もう一歩も歩けないくらい疲れてしまった。
이제 한걸음도 걷을 수 없을 만큼 지쳐버렸다.

きのう見た映画はつまらなくて、眠くなるくらいだった。
어제 본 영화는 재미가 없어서 졸릴 정도였다.

仕事がきついので、やめたいくらいだ。 일이 너무 고되어서 회사를 그만두고 싶을 정도다.

今日はご飯を食べる時間がないくらい忙しかったです。
오늘은 밥을 먹을 시간이 없을 정도로 바빴다.

강의실 생중계!

이 용법의 경우에는 ～ほどだ를 사용해도 대부분의 경우 큰 문제가 없으며 명사를 수식할 경우에는 '～くらいの+명사'를 사용합니다. 참고로 강조해서 ～くらいだ라고도 할 수 있습니다. 문법파트보다는 청해나 독해파트에서 등장하는 경우가 상대적으로 많습니다.

55-3 ~くらい~はない ~만큼 ~한 것은 없다

접속 명사, 동사 기본형 + くらい ~はない
의미 '~만큼 ~한 것은 없기 때문에 가장 ~하다'라는 의미이다.

賢(かしこ)い 똑똑하다
試験(しけん) 시험

田中さんくらい賢い人は他にいません。 다나카 씨만큼 똑똑한 사람은 없습니다.

きのうの試験くらい難しい試験はないだろう。
어제 문제만큼 어려운 시험은 없을 것이다.

アメリカであの歌手くらい人気のある歌手はいない。
미국에서 저 가수만큼 인기 있는 가수는 없다.

강의실 생중계!

비교 기준을 나타내는 표현으로 ~ほど로 바꿔 써도 큰 문제는 없습니다.

55-4 ~くらいなら ~할 정도라면, ~할 거라면

접속 동사 기본형 + ~くらいなら
의미 어떤 사항을 들어 '그것이 나쁘다, 싫다'라는 의미이다.

途中(とちゅう) 도중
一生(いっしょう) 일생
独身(どくしん) 독신
ましだ 낫다

途中でやめるくらいなら、はじめからやらない方がましだ。
도중에 그만 둘 거라면 처음부터 하지 않는 편이 낫다.

彼と結婚するくらいなら、一生独身でいた方がましです。
그와 결혼할 거라면 평생 독신으로 있는 편이 낫습니다.

専門家に高い費用を払って頼むくらいなら、自分でやるという人も多い。
전문가에게 비싼 비용을 지불하고 부탁할 거라면 스스로 하겠다고 하는 사람도 많다.

강의실 생중계!

주로 '~くらいなら~方がましだ・方がいい ~할 거라면 ~하는 편이 낫다 · ~하는 편이 좋다' 형태를 이루는 경우가 많습니다. 참고로 이 용법으로는 ~ほど를 사용할 수 없습니다.

56 ほど 용법

56-1 ~ほど ~ 정도, ~쯤

접속 명사 + ほど
의미 대략적인 수량을 나타낸다.

研究室(けんきゅうしつ) 연구실
待(ま)つ 기다리다
大雪(おおゆき) 폭설, 대설
配送(はいそう) 배송
遅(おく)れる 늦어지다
可能性(かのうせい) 가능성

研究室の前で田中先生を30分ほど待った。
연구실 앞에서 다나카 선생님을 30분 정도 기다렸다.

大雪のため、配送は３日ほど遅れる可能性があります。
폭설 때문에 배송은 3일 정도 늦을 가능성이 있습니다.

강의실 생중계!

앞에는 수량이나 시간 명사가 오며 ～くらい와 유사한 의미를 가지지만 상대적으로 문어체적 표현입니다.

56-2 ~ほど(だ) ~만큼(이다), ~정도(이다)

접속 동사 · い형용사, な형용사의 명사수식형 + ～ほど(だ)
의미 어떤 상태가 어느 정도 그러한지를 강조해서 말할 때 사용한다.

休日(きゅうじつ) 휴일
働(はたら)く 일하다
荷物(にもつ) 짐
景色(けしき) 경치
涙(なみだ) 눈물
すばらしい 훌륭하다

木村さんのお姉さんはびっくりするほど美しかった。
기무라 씨의 누님은 놀랄 만큼 아름다웠다.

休日も働かなければならないほど忙しい。 휴일도 일하지 않으면 안 될 만큼 바쁘다.

荷物は二人では持てないほど重かった。 짐은 둘이서는 들지 못할 만큼 무거웠다.

山の上から見た景色は、涙が出るほどすばらしかった。
산 위에서 본 경치는 눈물이 나올 만큼 훌륭했다.

この店はテレビで紹介されるほど有名ですよ。
이 가게는 TV에서 소개되었을 만큼 유명해요.

강의실 생중계!

일부 관용적으로 사용되는 경우를 제외하고는 ～くらい로 바꾸어도 큰 문제는 없으며 ～くらい 쪽이 회화체적이며 상대적으로 정도가 낮다고 볼 수 있습니다. 명사를 수식할 때는～ほどの를 사용합니다.

56-3 ～ほど～はない ～만큼 ~한 것은 없다

접속 명사 + ほど～はない
의미 ~만큼 ~한 것은 없다라는 의미이다.

単純(たんじゅん)だ 단순하다
ルール 규칙
試験(しけん) 시험
合格(ごうかく) 합격
嬉(うれ)しい 기쁘다

このルールほど単純なルールはない。 이 룰만큼 단순한 룰은 없다.

この映画ほどたくさんの人に知られた映画はないだろう。
이 영화만큼 많은 사람들에게 알려진 영화는 없을 것이다.

今までの人生で試験に合格した日ほどうれしかった日はない。
지금까지 시험에 합격했던 날만큼 기뻤던 날은 없다.

강의실 생중계!

- '가장 ~하다'라는 의미로 사용되며 ～くらい～はない와 유사한 의미를 가집니다.
- 거의 매번 모든 파트에서 등장하는 빈출문법이니 꼭 익혀두어야 합니다.

56-4 ～ほど～ない ~만큼 ~하지 않다

접속 명사 / 동사 기본형 + ほど～ない
의미 정도를 비교하는 기준을 나타낼 때 사용한다.

重大(じゅうだい)だ 중대하다
辛(から)い 맵다

A 部長、わたしが行きます。
B いや、君が行くほど重大な問題じゃないよ。
A : 부장님, 제가 가겠습니다. B : 아니, 자네가 갈 만큼 중대한 문제는 아니야.

A どうですか。辛いでしょ。
B 辛いことは辛いけど、あなたが言うほどは辛くないです。
A : 어떻습니까? 맵죠? B : 맵기는 하지만 당신이 말한 만큼 맵지는 않습니다.

ゴルフは木村さんほど上手ではない。 골프는 기무라 씨만큼 능숙하지는 않다.

강의실 생중계!

부정문을 수반해서 정도를 비교할 때 사용하며 대부분의 경우 이 용법으로는 ～くらい를 사용할 수 없습니다. 참고로 청해파트에서도 많이 등장하니 꼭 익혀두는 것이 좋습니다.

56-5 ～ば ～ほど / ～なら ～ほど ～하면 ~할수록

접속 동사 · い형용사의 ば형 + ～ば + 동사 · い형용사의 기본형 + ～ほど
な형용사 어간 + ～なら + な형용사의 명사 수식형 + ～ほど
의미 한쪽이 변하면 그와 함께 다른 쪽도 변한다고 말할 때 사용한다.

難(むずか)しい 어렵다
勉強(べんきょう) 공부
返事(へんじ) 답변
箱(はこ) 상자

日本語は難しいけど、勉強すればするほどおもしろくなる。
일본어는 어렵지만 공부하면 할수록 재미있어 진다.

返事は早ければ早いほどいいんですが。 답변은 빠르면 빠를수록 좋습니다만.

友達は多ければ多いほどいいと思います。 친구는 많으면 많을수록 좋다고 생각합니다.

部屋が静かなら静かなほど勉強できる。 방은 조용하면 조용할수록 공부하기에는 좋다.

A 箱の大きさはどのくらいがいいですか。
B そうですねえ、大きければ大きいほどいいんですが。
A : 상자의 크기는 어느 정도가 좋습니까? B : 글쎄요, 클수록 좋습니다만.

강의실 생중계!

- 앞뒤에 동일한 단어가 반복적으로 들어가는 점이 정답을 찾는 포인트가 됩니다.
- 주로 동사나 い형용사 형태로 출제되는 경우가 많으므로 중점적으로 익혀두는 것이 좋습니다.
- 줄여서 앞부분의 ～ば 부분은 생략하고 뒤의 '～ほど' 부분만 사용할 수도 있습니다.

✔ 시나공 확인 문제

つぎの文の（　　）に入れるのに最もよいものを、1·2·3·4から一つえらびなさい。

中国語は勉強すれば勉強する（　　）難しくなるような気がする。

1 くらい　　2 ほど　　3 つもり　　4 ばかり

해석 중국어는 공부하면 공부할수록 어려워지는 듯한 생각이 든다.
해설 시험을 위한 문법은 가능하면 공식처럼 암기해 두면 유용한 경우가 많다. 이 문제에서도 동일 단어가 사용되면서 앞에 ～ば가 있기 때문에 ～ば ～ほど(~하면 할수록)를 묻고 있음을 알 수 있다. 그러므로 정답은 2번이 된다. **정답 2**

57 まで 용법

57-1 ～まで ～까지

접속 명사 / 동사 기본형 + ～まで
의미 동작이나 사항의 범위, 정도, 한정을 나타낸다.

銀行(ぎんこう) 은행
先輩(せんぱい) 선배
丁寧(ていねい)だ 정중, 친절하다
細(こま)かい 잘다, 세세하다
教(おし)える 가르치다

お酒は好きではないが、ビール２杯ぐらいまでは飲める。
술은 좋아하지 않지만 맥주 2잔 정도까지는 마실 수 있다.

ここは銀行がないので隣の町にまで行かなくてはならない。
이곳은 은행이 없어서 옆 동네까지 가지 않으면 안 된다.

先輩は僕が理解できるまで丁寧に細かく機械の使い方を教えてくれる。
선배님은 내가 이해할 때까지 친절하고 상세하게 기계 사용법을 가르쳐 주었다.

先生がいらっしゃるまでここで待っていてください。
선생님이 오실 때까지 여기서 기다리고 있으세요.

강의실 생중계!

- 일반 명사에 접속될 경우 한정 외에도 놀람이나 비난의 마음을 강조할 때 사용할 수 있습니다.
- 시간 명사나 동사에 접속될 경우 '～까지 동작, 상황의 계속'을 의미하므로 ～までに와 구분하여야 합니다.

57-2 ～までに ～까지

접속 동사 기본형 / 명사 + ～までに
의미 동작의 개시, 종료의 최종적인 기한을 나타낸다.

借(か)りる 빌리다
返(かえ)す 돌려주다
掃除(そうじ) 청소
会議(かいぎ) 회의
終(お)わる 끝나다
新入生(しんにゅうせい) 신입생
歓迎会(かんげいかい) 환영회
用意(ようい) 준비

お借りになった本は25日までにお返しください。
빌리신 책은 25일까지 반환해 주세요.

わたしが帰ってくるまでに掃除をしておいてください。
내가 돌아오기 전까지 청소를 해 두세요.

会議は３時までには終わると思ったが、４時になっても終わらなかった。
회의는 3시까지는 끝날 것이라고 생각했는데 4시가 되어도 끝나지 않았다.

新入生歓迎会の日までにプレゼントを用意しておいてください。
신입생 환영회 날까지 선물을 준비해 두세요.

강의실 생중계!

시간, 때를 나타내는 표현과 함께 기한을 나타내는 문법으로 '～이전까지 동작, 행위의 완료'라고 생각하면 쉽게 ～まで와 구분할 수 있습니다.

58 だけ 용법

58-1 ~だけ ~만, ~뿐

접속 명사 + ~だけ
의미 어떤 사항을 한정하거나 특별히 화제로 삼을 때 사용한다.

遅刻(ちこく)する 지각하다
販売(はんばい) 판매
感謝(かんしゃ) 감사
気持(きも)ち 마음, 기분
言葉(ことば) 말, 언어
伝(つた)わる 전해지다, 전달되다

遅刻したのはあなただけです。 지각한 것은 당신뿐입니다.

きのうは日本語を１時間だけ勉強しました。 어제는 일본어를 한 시간만 공부했습니다.

このビールは冬にだけ販売する。 이 맥주는 겨울에만 판매한다.

感謝の気持ちは言葉だけでは伝わらない。 감사의 마음은 말만으로는 전해지지 않는다.

강의실 생중계!

- 유사한 의미인 ~しか(~밖에, ~만)는 부정문을 수반하여 한정한다는 점이 다르므로 이 점을 ~だけ와 구분할 때 사용하면 됩니다.
- 문법파트에서는 주로 이 용법으로 출제됩니다.

58-2 ~だけだ ~뿐이다

접속 동사 · い형용사 · な형용사의 명사 수식형 + ~だけだ
의미 '~뿐이다'라고 행위나 상태를 한정할 때 사용한다.

資料(しりょう) 자료
配(くば)る 나누어주다
果物(くだもの) 과일
形(かたち) 형태
味(あじ) 맛

A 木村さん、どうしたんですか。具合でも悪いんですか。
B いいえ。ちょっと眠いだけです。
A : 기무라 씨, 왜 그러십니까? 몸 상태라도 좋지 않습니까? B : 아닙니다. 좀 졸릴 뿐입니다.

A 何をお探しですか。
B あ、ちょっと見てるだけです。
A : 무엇을 찾고 있습니까? B : 아, 좀 보고 있을 뿐입니다.

この仕事は資料を配るだけですから、英語ができなくてもかまいません。
이 일은 자료를 나누어 주기만 하면 되니까 영어를 못해도 상관없습니다.

この果物は、形がちょっと変なだけで、味はいい。
이 과일은 모양이 좀 이상할 뿐 맛은 좋다.

강의실 생중계!

용언에 접속되는 점이 다를 뿐 기본적으로 58-1번의 ~だけ와 같은 한정의 개념으로 이해하면 됩니다. 참고로 추량이나 명령, 의지문에도 사용할 수 있습니다.

58-3 ～だけで(は)ない / ～だけで(は)なく ～뿐만 아니다 / ~뿐만 아니라

접속 동사 · い형용사 · な형용사의 명사 수식형 / 명사 + ～だけで(は)ない・～だけで(は)なく

의미 '～뿐만 아니라 더 넓은 범위에도'라고 말할 때 사용한다.

日当(ひあ)たり 볕
地元(じもと) 지역, 본고장
住民(じゅうみん) 주민
観光客(かんこうきゃく) 관광객
健康(けんこう) 건강
性格(せいかく) 성격

この家は静かなだけでなく、日当たりもいいですよ。
이 집은 조용할 뿐만 아니라 볕도 잘 들어요.

ここは地元住民にだけでなく、観光客にもたいへん人気がある。
이곳은 지역주민뿐만 아니라 관광객에게도 대단히 인기가 있다.

これは、おいしいだけでなく、健康にいいものもたくさん入っています。
이것은 맛있을 뿐만 아니라 건강에 좋은 것도 많이 들어 있습니다.

彼女は、かわいいだけじゃなくて性格もいい。 그녀는 귀여울 뿐만 아니라 성격도 좋다.

강의실 생중계!

～だけ(～뿐, ～만)의 의미만 알고 있으면 부정형이 된 것에 불과하므로 쉽게 이해할 수 있습니다.

58-4 ～だけ / ～だけの ~만큼 / ~만큼의

접속 가능동사 / 동사 たい / な형용사의 명사 수식형 + ～だけ・～だけの

의미 최대한을 나타내는 표현이다.

自信(じしん) 자신
おごる 한턱내다

ここにある食べ物は食べたいだけ食べていいよ。
여기에 있는 음식은 마음껏 먹어도 돼.

できるだけのことはやってみますが、自信はありません。
할 수 있는 데까지는 해 보겠습니다만, 자신은 없습니다.

今日は僕がおごるから、飲みたいだけ飲んでいいよ。
오늘은 내가 한턱낼 테니까 마음껏 마셔도 돼.

A このクッキー、一つもらってもいい?
B うん。好きなだけどうぞ。

A : 이 쿠키, 하나 먹어도 돼? B : 응, 얼마든지 먹어.

강의실 생중계!

문맥에 따라 다소 의역이 필요하며, 주로 관용적 표현으로 많이 사용되므로 하나의 단어로 암기하는 것도 좋은 방법입니다. 참고로 명사를 수식할 때는 '～だけの+명사' 형태를 사용합니다.

59 ばかり 용법

59-1 ～ばかり ～뿐, ～만 / ～ 정도, ～쯤

접속 명사 + ～ばかり
의미 사물을 한정할 때 사용한다.

田中さんはさっきからお酒ばかり飲んでいます。
다나카 씨는 아까부터 술만 마시고 있습니다.

1時間ばかり待っていただけますか。 1시간 정도 기다려 주실 수 있습니까?

昨日の試験は難しい問題ばかりだった。 어제 시험은 어려운 문제뿐이었다.

강의실 생중계!

- 명사에 접속되는 가장 기본적용법으로 ～だけ와 거의 유사하지만 전체, 반복적 뉘앙스를 가지는 점이 다르며 주로 부정적인 의미로 사용하는 경우가 많습니다.
- 그리고 수량명사에 접속되면 '～가량, ～쯤'이라는 의미로 ～くらい와 유사한 의미를 가지게 됩니다.

59-2 ～たばかりだ ～한지 얼마 안됐다

접속 동사 た형 + ～たばかりだ
의미 동작이 완료되고서 아직 얼마 지나지 않았다는 의미이다.

引(ひ)っ越(こ)す 이사하다
町(まち) 마을
盗(ぬす)む 훔치다

A 遅くなってすみません。
B いいえ、私も今来たばかりです。
A : 늦어서 죄송합니다. B : 아니요. 저도 온지 얼마 되지 않아요.

引っ越したばかりなので、まだこの町のことはよくわかりません。
이사 온지 얼마 되지 않아서 아직 이 마을에 대해서는 잘 모릅니다.

田中さんは今年６月に結婚したばかりなので、まだ子供はいません。
다나카 씨는 올 6월에 막 결혼해서 아직 아이는 없습니다.

買ったばかりのかばんを盗まれてしまった。
산지 얼마 되지 않은 가방을 도둑맞아 버렸다.

강의실 생중계!

- 동사 과거형에만 접속되는 부분이 가장 중요한 포인트이며 출제빈도가 아주 높은 문법이므로 반드시 익혀두어야 합니다.
- 명사를 수식할 경우에는 ～ばかりの를 사용합니다.

59-3 ～ばかりだ　~할 뿐이다, ~하기만 하다

접속 동사 · い형용사의 기본형 / な형용사의 명사 수식형 + ～ばかりだ
의미 범위를 한정을 나타내는 표현으로 주로 부정적으로 사용한다.

笑(わら)う 웃다
物価(ぶっか) 물가
人口(じんこう) 인구
減(へ)る 줄다
手伝(てつだ)う 돕다

何度聞いても彼は笑っているばかりで、何も教えてくれなかった。
몇 번이나 물어도 그는 웃기만 할 뿐 아무것도 가르쳐주지 않았다.

その町の人口は減っていくばかりだった。　그 마을의 인구는 줄어가기만 했다.

山田さんはただ見ているばかりで、手伝ってくれなかった。
그는 그저 보고만 있을 뿐 도와주지 않았다.

강의실 생중계!

- 이 용법의 ～ばかりだ는 크게 두 가지로 나눌 수 있습니다. 첫째는 ～だけだ와 거의 같지만 '～하는 것 이외의 일은 일어나지 않는다'라는 부정적 의미를 나타내는 경우이며, 둘째는 변화의 동사에 접속되어 어떤 한 방향으로만 변화가 일어난다는 의미로 역시 부정적인 의미로 사용되는 경우가 많습니다.
- 추량문에는 사용할 수 있으나 ～だけだ 용법과는 달리 명령이나 의지문에는 사용할 수 없습니다.

시나공 확인 문제

つぎの文の（　　）に入れるのに最もよいものを、1·2·3·4から一つえらびなさい。

今度引っ越した家は、建てた（　　）なのでとてもきれいだ。

1 だけ　　2 とおり　　3 ばかり　　4くらい

해석 이번에 이사한 집은 지은 지 얼마 되지 않으므로 매우 깨끗하다.

해설 문제의 핵심을 파악해야 하는 문제로 후문의 매우 깨끗하다가 중요한 힌트가 된다. 즉 비교적 새 건물이라는 의미이므로 정답은 동사의 과거형에 접속되어 '～한지 얼마 되지 않았다'는 의미를 나타내는 3번이 정답이 된다. 참고로 ばかり 용법은 접속형태에 따라 다른 의미로도 사용되므로 주의해야 한다.

정답 3

59-4 ~てばかりだ / ~てばかりいる ~하기만 하다 / ~하기만 하고 있다

접속 동사 て형 + ~てばかりだ・~てばかりいる
의미 어떤 동작 하나에만 한정되어 있다는 의미이다.

お世話(せわ)になる 신세 지다
入社(にゅうしゃ) 입사
当時(とうじ) 당시
上司(じょうし) 상사

来週から試験なのに、息子は遊んでばかりいる。
다음 주부터 시험인데 아들은 놀고만 있다.

木村さんにはいつもお世話になってばかりですが、これからもよろしくお願いします。 기무라 씨에게는 항상 신세만 지고 있습니다만, 앞으로도 잘 부탁합니다.

入社当時は上司や先輩たちに助けられてばかりの毎日だった。
입사 당시에는 상사나 선배들에게 매일 도움만 받았다.

働いてばかりいると体を壊しますから、たまにはゆっくり休んでください。 일만 하고 있으면 건강을 해치니까 가끔은 푹 쉬세요.

강의실 생중계!

의미적으로는 동사 기본형+ばかりだ와 동일시해도 시험에서는 큰 문제는 없습니다. 단 동사 て형에 접속된다는 점이 중요한 포인트입니다. 참고로 いる는 생략될 수도 있습니다.

59-5 ~ばかりで(は)ない / ~ばかりで(は)なく ~뿐만 아니다 / ~뿐만 아니라

접속 명사 / 동사· い형용사 · な형용사의 명사 수식형 + ~ばかりで(は)ない / ~ばかりで(は)なく
의미 '~만이 아니고 범위가 더 크게 밖에도 미친다'는 의미이다.

気温(きおん) 기온
湿度(しつど) 습도
不快(ふかい)だ 불쾌하다
ドラマ 드라마
人気(にんき) 인기

今日は気温が高いばかりでなく、湿度も高くて本当に不快だ。
오늘은 기온이 높을 뿐만 아니라 습도도 높아서 정말 불쾌하다.

彼女は親切なばかりではなく、顔もきれいだ。
그녀는 친절할 뿐만 아니라 얼굴도 예쁘다.

最近日本では韓国のドラマばかりではなく、韓国の歌も人気があるらしい。 요즘은 일본에서 한국 드라마뿐만 아니라 한국의 노래도 인기가 있는 것 같다.

강의실 생중계!

- ~だけで(は)ない・だけで(は)なく와 거의 같은 의미의 용법으로 후문에 ~も, ~まで, ~にも, ~でも 등이 사용되는 경우가 많습니다.
- 상대적으로 좀 딱딱한 표현이지만 ~ばかりか도 같은 의미로 사용할 수 있습니다.

60 ~しか ~밖에

접속 명사, 조사 + ~しか
의미 특정의 사항이외는 모두 부정하며 '그것뿐이다'라는 의미이다.

料理(りょうり) 요리
習(なら)う 배우다
経(た)つ 경과하다, 지나다
下手(へた)だ 서툴다
残(のこ)る 남다

もうすぐ閉店の時間だから、買い物に行くなら今しかない。
이제 곧 폐점시간이니까 장보러 갈거면 지금밖에 없다.

この料理は韓国でしか食べられません。 이 요리는 한국에서 밖에 먹을 수 없습니다.

日本語は習ってまだ少ししか経っていないから下手です。
일본어는 배우고서 아직 조금밖에 (시간이)지나지 않아서 서툽니다.

夏休みももう3日しか残っていない。 여름방학도 이제 3일밖에 남지 않았다.

강의실 생중계!

기본적으로 명사에 붙으며 부정을 수반해서 '~밖에 없다' 즉 '~뿐이다'라고 한정하는 표현입니다만 초급과 다르게 N3시험에서는 앞에 조사를 수반하여 '명사 + に(에게, 에)・ぐらい(쯤, 정도)・で(에서)・から(부터, 에게)・ずつ(씩)+~しか' 형태로 많이 출제됩니다.

☑ 시나공 확인 문제

つぎの文の ＿★＿ に入る最もよいものを、1·2·3·4から一つえらびなさい。

地方にはまだまだ私たちの ＿＿＿ ＿＿＿ ＿★＿ ＿＿＿ 雰囲気を体験してみるのもいい。

1 そこでしか　**2** 知らないお祭りが　**3** たくさんあるので　**4** 味わえない

해석 지방에는 아직도 우리가 모르는 축제들이 많기 때문에 그 곳에서밖에 체험할 수 없는 분위기를 느껴보는 것도 좋다.

해설 먼저 주격조사 ~が가 있는 2번의 술어로서 ある가 있는 3번이 적절하므로 2-3이 되어야 한다. 그리고 ~しか(~밖에)가 있는 1번 뒤에는 부정이 와야 하므로 1-4가 되어야 함을 알 수 있다. 마지막으로 첫 번째 칸의 ~の는 이 문제에서는 소유격이 아닌 ~が 대신 사용된 주격이므로 문맥상 2번이 들어가는 것이 적절하므로 전체적으로 나열하면 2-3-1-4가 되어 정답은 1번이 된다. **정답** 1

61 ～とおり(に) ~대로

접속 동사 기본형 · た형 / 명사の / この, その, あの + ～とおり(に)
명사 + ～どおり
의미 '~에 따라서, ~와 마찬가지로'라고 말할 때 사용한다.

結果(けっか) 결과
営業(えいぎょう) 영업
成績(せいせき) 성적
話(はな)し合(あ)い 회의
順調(じゅんちょう)に 순조롭게
期待(きたい) 기대
予想(よそう)する 예상하다

僕の言うとおりにしてください。 내가 말하는 대로 하세요.

A 田中さんは、こうなると分かっていましたか。
B ええ、もちろん予想したとおりの結果です。
A : 다나카 씨, 이렇게 될 줄 알았습니까? B : 예, 물론 예상했던 대로의 결과입니다.

ご覧のとおり、営業成績は下がりつづけています。
보시는 바와 같이 영업성적은 계속 내려가고 있습니다.

子供は親の期待どおりにならないことが多い。
아이는 부모의 기대대로 되지는 않는 경우가 많다.

予想どおり、話し合いは順調に進んだ。 예상대로 회의는 순조롭게 진행되었다.

강의실 생중계!

- 접속형태에 따라 ～とおり나 ～どおり가 된다는 점과 동사의 경우 언어, 사고관계 혹은 상태표현의 동사에만 접속되는 특징을 가지고 있습니다.
- 문법파트보다는 독해파트에서 종종 등장하니 익혀두면 좋습니다.
- 수식하는 품사에 따라 ～とおり(に)+용언, ～とおりの+명사로 구분해서 사용합니다.
- 참고로 명사로 사용할 경우 ～とおり는 '통로, 도로, 길'의 의미로도 사용되므로 혼동하지 않도록 해야 합니다.

✔ 시나공 확인 문제

つぎの文の（　　）に入れるのに最もよいものを、1·2·3·4から一つえらびなさい。

みんな、僕の言うことをよく聞いて、僕が言った（　　）行動してね。

1 とおりに　　2 ために　　3 うちに　　4 ほどに

해석 모두 내가 하는 말을 잘 듣고 내가 말한 대로 행동해줘.
해설 우선 공란의 앞에 있는 동사과거형에 접속될 수 없는 3번은 제외시켜야 한다. 그리고 2번은 과거형에 접속되면 '~했기 때문에'라는 의미가 된다. 문제에서는 화자가 말한 대로 행동하라는 의미이므로 정답은 1번 ～とおりに(~대로)가 된다. **정답** 1

62 かわりに 용법

62-1 ～かわりに ～ 대신에

접속 명사の + ～かわりに
의미 ～가 아니고 같은 역할을 하는 것이 대신한다는 의미이다.

牛肉(ぎゅうにく) 소고기
豚肉(ぶたにく) 돼지고기
探(さが)す 찾다

A 先生、牛肉がないときはどうしますか。
B 牛肉のかわりに豚肉を使ってもいいです。

A : 선생님, 소고기가 없을 때는 어떻게 합니까? B : 소고기 대신에 돼지고기를 사용해도 됩니다.

A 山田さんはこの仕事はやりたくないそうです。
B そうですか。じゃあ、かわりの人を探さなければなりませんね。

A : 야마다 씨는 이 일은 하고 싶지 않답니다. B : 그렇습니까? 그럼, 대신할 사람을 찾지 않으면 안 되겠군요.

강의실 생중계!

かわり가 형식명사인 것만 알면 접속형태는 쉽게 외울 수 있습니다. 참고로 수식을 받지 않고 독립적으로 사용할 수도 있으며 유사한 표현으로는 ～にかわって(～을 대신해서)도 있습니다.

62-2 ～かわりに ～하는 대신에 / ～하는 대가로

접속 동사 · い형용사 · な형용사의 명사 수식형 + ～かわりに
의미 '～하지 않고 / ～하는 대가로 어떤 일을 한다'는 의미이다.

宿題(しゅくだい) 숙제

A 田中さん、今度の休みに北海道へ行くそうですね。
B ああ、北海道へ行きたかったんですけど、かわりに大阪へ行くことにしました。

A : 다나카 씨 이번 휴가 때 홋카이도에 가신다면서요?
B : 예, 홋카이도에 가고 싶었는데 대신에 오사카에 가기로 했습니다.

A 太郎くん、ちょっと手伝ってくれる?
B うん、いいよ。そのかわりに、僕の宿題見てくれる?

A : 다로야 좀 거들어 줄래? B : 응 좋아. 그 대신에 내 숙제 봐 줄래?

강의실 생중계!

62-1 용법에서 명사 대신에 동사가 접속되어 '～하는 대신에'라는 의미가 된 것으로 이해하면 됩니다. 단 경우에 따라서는 '～하는 대가로'라는 의미가 되기도 합니다.

63 よる 용법

63-1 ~によると・~によれば ~에 의하면, ~로는

접속 명사 + ~によると・~によれば
의미 전문에서 그 내용의 정보원을 나타낼 때 사용한다.

調査(ちょうさ) 조사
匂(にお)い 냄새
人工的(じんこうてき) 인공적
作(つく)る 만들다
天気予報(てんきよほう) 일기예보
習慣(しゅうかん) 습관

弟の手紙によると、母は元気だそうだ。
남동생의 편지에 의하면 어머니는 건강하시다고 한다.

調査によると、ほとんどの匂いが人工的に作れるそうです。
조사에 의하면 대부분의 냄새를 인공적으로 만들 수 있다고 합니다.

天気予報によれば、あしたは雨が降るそうだ。
일기예보에 의하면 내일은 비가 온다고 한다.

友達の話では、アメリカではこんな習慣はないらしい。
친구 말로는 미국에서는 이런 습관은 없는 것 같다.

강의실 생중계!

주로 후문에 전문(傳聞)을 나타내는 ~そうだ・~らしい・~ということだ 등과 함께 사용되는 점이 중요한 포인트가 되며, 회화문에서는 ~では를 사용하기도 합니다.

☑ 시나공 확인 문제

つぎの文の ＿★＿ に入る最もよいものを、1·2·3·4から一つえらびなさい。

電子メールで送ってきた ＿＿ ＿＿ ＿★＿ ＿＿ そうだ。

1 参加費は　　2 案内に　　3 1万円だ　　4 よると

해석 이메일로 보내온 안내에 의하면 참가비는 만 엔이라고 한다.

해설 마지막 공란 뒤에 있는 전문 そうだ가 결정적인 포인트가 된다. 전문은 주로 ~によると ~そうだ(~에 의하면 ~란다) 형태로 사용하기 때문에 2번과 4번이 짝이 되어야 하며, 나머지는 1-3순으로 마지막 공란에 넣어주면 된다. 전체적으로 나열하면 2-4-1-3이 되므로 정답은 1번이다.

정답 1

63-2 ～によって ～에 따라서/ ～에 의해서/ ～으로 인해서/～으로

접속 명사 + ～によって (참고 : ～によって + 문장, ～による + 명사)

의미 ❶ 의존(～에 따라서) : ～에 대응해서 후문의 사항이 각각 다르다는 것을 나타낼 때 사용한다.
❷ 행위의 주체(～에 의해서) : 수동문에서 행위나 동작의 주체를 의미한다.
❸ 원인, 이유(～으로 인해서) : ～가 원인이 되어 어떤 결과가 되었다고 말할 때 사용한다.
❹ 수단, 방법(～으로) : ～라는 수단, 방법을 사용해서 어떤 일을 한다고 말할 때 사용한다.

水道代(すいどうだい) 수도요금
異(こと)なる 다르다
流行(りゅうこう) 유행
若者(わかもの) 젊은이
科学(かがく) 과학
発達(はったつ) 발전
点数(てんすう) 점수

韓国と違って、日本は地域によって水道代が異なるそうだ。
한국과 달리 일본은 지역에 따라서 수도 사용료가 다르다고 한다. 〈의존〉

新しい流行は若者によって作られる。
새로운 유행은 젊은이들에 의해서 만들어진다. 〈행위의 주체〉

科学の発達によって生活が便利になった。
과학의 발전에 의해서 생활이 편리해졌다. 〈원인, 이유〉

点数によってクラスを決めます。 점수로 반을 정합니다. 〈수단, 방법〉

강의실 생중계!

- 문맥에 따라 다양한 의미로 사용되지만 시험에서는 용법의 구분문제는 출제되지 않으므로 어떠한 의미로 사용되는 정도만 익혀두면 됩니다.
- 의존의 의미로 쓰인 경우, 앞에는 가능성이나 다양한 종류를 나타내는 명사가 오며 후문에는 '다르다, 다양하다, 변한다' 등의 일정하지 않다는 의미의 문장이 오는 것이 특징입니다.
  예 性格は人**によって**さまざまでしょう。 성격은 사람에 따라서 다양할 것입니다.
- 행위나 동작의 주체를 나타내는 용법은 수동문을 형성하는 점과 앞에는 행위의 주체가 될 수 있는 '사람, 법인'과 관련된 명사가 온다는 점이 다른 용법과 구분할 수 있는 중요한 포인트가 됩니다.
  예 この新しい薬はアメリカの会社**によって**開発された。
  이 새로운 약은 미국회사에 의해서 개발되었다.
- 원인, 이유를 나타내는 용법은 앞에 원인이 될 수 있는 명사가 온다는 것과 후문이 무의지적인 점이 특징입니다. 외형적으로 뚜렷한 특징이 없으므로 문맥을 흐름을 잘 파악해야 합니다.
  예 それは居眠り運転**による**事故でした。 그것은 졸음운전으로 인한 사고였습니다.
- 수단, 방법의 용법은 앞에 수단, 방법이 될 수 있는 명사가 온다는 것과 후문이 의지적인 점이 중요한 포인트가 되며, 일상적인 수단, 방법에는 사용하지 않는 것이 좋습니다.
  예 ハチは花と葉を色**によって**区別します。 벌은 꽃과 잎을 색깔로 구별합니다.

63-3 ～によっては ～에 따라서는

접속 명사 + ～によっては
의미 '어떤 경우에는 ～하는 경우도 있다'라는 의미이다.

送料(そうりょう) 우송료
重量(じゅうりょう) 무게, 중량
地域(ちいき) 지역
製品(せいひん) 제품
機能(きのう) 기능
利用(りよう) 이용
自宅(じたく) 자택
住所(じゅうしょ) 주소
引(ひ)き受(う)ける 맡다, 담당하다

僕にはおいしいが、人によってはまずく感じるかもしれない。
나는 맛있지만 사람에 따라서는 맛없게 느낄지도 모른다.

送料は500円ですが、重量によっては変わる場合があります。
운송요금은 500엔입니다만, 중량에 따라서는 달라질 경우가 있습니다.

地域によっては、この製品の一部の機能やサービスを利用できない場合がある。
지역에 따라서는 이 제품의 일부 기능이나 서비스를 이용할 수 없는 경우가 있다.

ご自宅の住所によってはお引き受けできないこともあります。
자택 주소에 따라서는 맡을 수 없는 경우도 있습니다.

강의실 생중계!

63-1번 용법의 ～によって에 조사 は가 덧붙은 형태로 이해하면 되며, 여러 종류 중에서 하나를 들어 말할 때 사용합니다.

☑ 시나공 확인 문제

つぎの文の（　　）に入れるのに最もよいものを、1·2·3·4から一つえらびなさい。

場合（　　）、デパートで買った方が安いときもある。

1 に関しては　**2** にたいしては　**3** については　**4** によっては

해석 경우에 따라서는 백화점에서 사는 편이 쌀 때도 있다.

해설 선택지를 보면 1번과 3번은 동일시해도 되는 표현이므로 정답에서 제외시켜야 한다. 후문을 보면 일반적으로는 백화점이 비싸지만 '쌀 때도 있다'는 의미이므로 정답은 4번이 된다. 참고로 場合によっては(경우에 따라서는)는 자주 사용되기 때문에 일종의 관용표현으로 암기해 두는 것이 좋다.

정답 4

64 もの 용법

64-1 ～ものだ ~하곤 했다

접속 동사 · い형용사 · な형용사의 た형 + ～ものだ
의미 과거에 자주 한 일을 회상하면서 그리움을 담아서 말할 때 사용한다.

昔(むかし) 옛날
けんか 싸움

子供の頃は彼とよく遊びに行ったものだ。 어릴 적에는 그와 자주 놀러가곤 했었다.

2年前までは、日曜日にはいつも友達とゴルフに行ったものだ。
2년 전까지는 토요일에는 항상 친구와 골프를 가곤 했었다.

昔は兄とよくけんかをしたものだ。 옛날에는 형과 자주 싸우곤 했었다.

강의실 생중계!

～ものだ는 여러 가지 의미로 사용되므로 접속형태 등 외형적 특징으로 명확히 익히는 것이 중요합니다. 이 문법은 아래의 세 가지 포인트로 정답을 찾을 수 있습니다.
1. 과거형에 접속되어 있는지 확인
2. 과거를 나타내는 말(昔・子供の頃・学生時代 등) 확인
3. 빈도부사(いつも・毎日・よく 등) 확인

64-2 ～ものだから・～もので・～もの ~ 때문에

접속 동사 · い형용사 · な형용사의 명사 수식형 / 명사 + な + ～ものだから・～もので・～もの
의미 개인적인 변명, 이유 등을 말할 때 사용한다.

自信(じしん) 자신
帰(かえ)り 귀가
妻(つま) 아내
怒(おこ)る 화내다

A みんなでカラオケに行くんですけど、山田さんも一緒にどうですか。
B 私は歌が下手なもんですから、カラオケは自信がないんです。
A : 모두 함께 노래방에 갑니다만 야마다 씨도 함께 가시겠습니까?
B : 저는 노래를 잘 못 부르니까 노래방에서 노래 부르기는 자신이 없습니다.

いつも帰りが遅いものだから、妻には怒られてばかりいる。
언제나 귀가시간이 늦기 때문에 항상 아내에게 혼난다.

강의실 생중계!

'예상 외의 일이나 본의 아닌 이유가 있었기 때문이다'라고 말하고 싶을 때 주로 사용합니다. 참고로 회화체에서는 ～もんだから, ～もんで가 되기도 합니다.

65 こと 용법

65-1 ～ことができる ~할 수 있다

접속 동사 기본형 + ～ことができる
의미 가능을 나타낸다.

体重(たいじゅう) 체중
減(へ)らす 줄이다

英語で手紙を書くことができるとは、うらやましい。
영어로 편지를 쓸 수가 있다니 부럽다.

毎日運動をしなければ体重を減らすことはできません。
매일 운동을 하지 않으면 체중을 줄일 수는 없습니다.

강의실 생중계!

- こと 용법은 일부 시제나 사용되는 동사에 차이가 있으므로 꼼꼼하게 살펴볼 필요가 있습니다. 매번 반드시 출제되는 빈출문법이므로 여기에 적힌 용법을 모두 숙지하고 각 용법 간의 외형적 차이나 뉘앙스 차이를 명확히 암기하도록 하세요.
- ～ことはできる, ～こともできる 형태로도 사용할 수 있으며 부정은 ～ことができない를 사용합니다.

65-2 ～ことがある ~한 적이 있다

접속 동사 た형 + ～ことがある
의미 경험을 나타낸다.

動物園(どうぶつえん) 동물원

その件については、聞いたことがあります。 그 건에 관해서는 들은 적이 있습니다.

動物園には、見たことも聞いたこともない動物もいた。
동물원에는 지금까지 본적도 들은 적도 없는 동물도 있었다.

彼に会ったことはないが、名前は聞いたことがある。
그를 만난 적은 없지만 이름은 들은 적이 있다.

강의실 생중계!

- ～ことはある, ～こともある 형태로도 사용할 수 있으며 부정은 ～ことがない를 사용합니다. 바로 뒤에 나오는 '경우, 가능성' 용법과 혼동할 수 있으니 동사의 시제에 주의해야 합니다.

65-3 ～ことがある ~하는 경우가 있다

접속 동사 기본형 · ない형 + ～ことがある
의미 경우, 가능성을 나타낸다.

無料(むりょう) 무료
場合(ばあい) 경우
払(はら)う 지불하다

夕ご飯はたいていうちに帰って食べますが、たまに外で食べることがあります。 저녁밥은 대개 집에 돌아가서 먹습니다만, 가끔 밖에서 먹을 경우가 있습니다.

サービス料は無料ですが、場合によってはお金を払うこともあります。
서비스료는 무료입니다만, 경우에 따라서는 돈을 내어야 하는 경우도 있습니다.

강의실 생중계!

- '가끔, 때때로 ~한다'라는 의미이므로 いつも(항상), よく(자주)와 같은 높은 빈도를 나타내는 부사와 함께 사용할 수 없습니다.
- ～ことはある, ～こともある 형태로도 사용할 수 있으며 부정은 ～ことはない를 사용합니다.

65-4 ～ことにする ~하기로 하다

접속 동사 기본형 · ない형 + ～ことにする
의미 자신의 결정, 결의를 나타내는 말이다.

病気(びょうき) 병
心配(しんぱい)だ 걱정이다
国(くに) 고향, 국가
会議(かいぎ) 회의

病気の母が心配なので、あした国へ帰ることにしました。
아픈 어머니가 걱정되어 내일 고향에 돌아가기로 했다

あしたの会議はどうすることにしましたか。 내일 회의는 어떡하기로 했습니까?

子供も生まれたので、10年も吸っていたタバコをやめることにしました。
아이도 태어나서 10년 동안이나 피웠던 담배를 끊기로 했습니다.

それが本当に難しいかどうか、自分でやってみることにした。
그것이 정말로 어려운지 어떤지 스스로 해 보기로 했다.

강의실 생중계!

의지동사와 함께 주체의 결정, 결의를 나타낼 때 사용하므로 무의지 동사가 올 수 없습니다. 부정은 '～ない+ことにする ~하지 않기로 하다'를 사용합니다.
참고로 과거형에 접속될 수도 있는데 이 경우에는 '사실은 그렇지 않지만 그렇게 생각한다'라는 다른 의미가 됩니다.
예 その話は聞かなかったことにするよ。그 이야기는 안 들은 것으로 하겠어.

65-5 ～ことになる ~하게 되다, ~한 결과가 되다

접속 동사 기본형 + ～ことになる
의미 자신의 결정이 아닌 외부적인 요인에 의해서 그런 상황이 되었다는 결과를 말할 때 사용한다.

弾(ひ)く (피아노 등을) 치다
夫(おっと) 남편
転勤(てんきん) 전근

あさっての発表は田中さんのかわりに僕がやることになった。
모레 발표는 다나카 씨 대신에 내가 하게 되었다.

友達の結婚式で僕がピアノを弾くことになった。
친구 결혼식에서 내가 피아노를 치게 되었다.

夫の転勤で、来月大阪に引っ越すことになった。
남편의 전근으로 다음 달 오사카로 이사하게 되었습니다.

강의실 생중계!

'주체의 의지이기 보다는 주위의 상황에 의해서 그렇게 결정되었다'라는 의미를 나타내므로 자신이 결정한 사항인지 아닌지를 근거로 ～ことにする〈결정, 결의〉와 ～ことになる〈결과〉를 구분하면 됩니다.

65-6 ～ことになっている ~하기로 되어 있다, ~하게 되어 있다

접속 동사 기본형 · ない형 + ～ことになっている
의미 '~해야 하는 것이 규정, 규칙, 예정, 불문율, 습관이다'라고 말할 때 사용한다.

報告(ほうこく) 보고
書類(しょるい) 서류
本人(ほんにん) 본인
直接(ちょくせつ) 직접
私用(しよう) 개인용
使(つか)う 사용하다

明日の報告は田中さんがすることになっている。
내일 보고는 다나카 씨가 하기로 되어 있다.

危ないので、ここではガラスのコップは使えないことになっています。
위험하므로 이곳에서는 유리컵을 사용할 수 없게 되어 있습니다.

会社の車は私用で使ってはならないことになっている。
회사차는 개인용으로 사용해서는 안 되는 것으로 되어 있다.

강의실 생중계!

자신 이외의 결정 즉 단체, 학교, 회사, 사회 등이 정한 규칙, 예정 등을 나타낼 때 사용하므로 문맥을 통해서 의미를 파악해야 합니다.

65-7 ～ことから ～ 때문에, ~로 인해

접속 동사 · い형용사 · な형용사의 명사 수식형 / 명사 + である + ～ことから
의미 원인, 이유, 근거를 나타낼 때 사용한다.

博士(はかせ) 박사
呼ぶ(よぶ) 부르다
毛(け) 털, 머리카락

彼女は何でも知っていることから、私たちの間では「博士」と呼ばれている。
그녀는 무엇이든지 알고 있기 때문에 우리들 사이에서는 박사라고 불리고 있다.

うちの犬は毛の色が白いことからモチと名前をつけた。
우리 집 강아지는 털색이 희기 때문에 찹쌀떡이라고 이름을 붙였다.

강의실 생중계!

후문에는 전문에서 제시된 원인이나 근거에 의해 도출된 결과를 서술해야 합니다. 참고로 주로 '～ことから～と呼ばれている, ～と言われている, ～とわかる' 형태로 많이 사용됩니다.

65-8 ～ことで ～에 관해서, ～에 대해서

접속 명사＋の＋～ことで
의미 명사에 접속되어 그 사물이나 사람에 관련된 사항이라는 의미이다.

先輩(せんぱい) 선배
相談(そうだん) 상담
文法(ぶんぽう) 문법

試験のことで先輩に相談したいんですけど。
시험에 관해서 선배님에게 상담하고 싶습니다만.

先生、日本語の文法のことで質問があるんですけど。
선생님 일본어문법에 관해서 질문이 있습니다.

강의실 생중계!

후문의 동사로는 '相談する(상담하다), 質問する(질문하다), 話す(이야기하다), 悩む(고민하다)' 등이 주로 사용되므로 정답을 찾는 중요한 포인트가 됩니다.

65-9 ~ことで ~으로, ~ 때문에

접속 동사 기본형・た형・い형용사・な형용사 명사 수식형＋~ことで
의미 원인, 이유를 나타낼 때 사용한다.

国際(こくさい) 국제
大会(たいかい) 대회
優勝(ゆうしょう) 우승
試験(しけん) 시험
落(お)ちる 떨어지다

彼は国際マラソン大会で優勝したことでみんなに名前が知られるようになった。 그는 국제 마라톤 대회에서 우승해서 모두에게 이름이 알려지게 되었다.

試験に落ちたことで勉強の大切さを知った。 시험에 떨어져서 공부의 중요함을 알았다.

강의실 생중계!

어떤 원인, 이유로 인해 일어난 결과를 강조하고 싶을 때 사용합니다.

65-10 ~ことは~が ~하기는 ~하지만

접속 동사·い형용사·な형용사의 명사 수식형 + ~ことは ~が
의미 '일단은, 우선은 ~한 것은 사실이다. 하지만 ~이다'라고 말할 때 사용한다.

パーティー 파티
品質(ひんしつ) 품질

A 木村さん、明日のパーティーどうしますか。
B 行くことは行きますが、ちょっと遅れるかもしれません。
A : 기무라 씨 내일 파티 어떻게 하실 거예요? B : 가긴 갑니다만, 좀 늦을 지도 모릅니다.

A ここ、ほかの店より安いでしょ。
B まあ、安いことは安いけど、品質がちょっとねえ。
A : 여기 다른 가게보다 싸지? B : 응, 싸긴 싼데, 품질이 좀….

A あれ、読んでみた？
B まあ、読んだことは読んだけど、よくわからなかった。
A : 그거 읽어봤어? B : 응, 읽긴 읽었는데 잘 모르겠어.

강의실 생중계!

우리말의 뉘앙스대로 결과가 불충분하거나 불만일 때 주로 사용하며, 앞 뒤에 동일 단어가 반복적으로 사용되는 점이 중요한 정답의 힌트가 됩니다. 참고로 ~が 대신에 ~けど・~けれども 등을 사용할 수도 있습니다.

65-11 ～ということだ ～라고 한다, ~라는 소문이다

접속 동사 · い형용사 · な형용사의 보통형 / 명사だ + ～ということだ
의미 직접적으로 인용할 때 사용한다.

大統領(だいとうりょう) 대통령
岩(いわ) 바위
彫(ほ)る 새기다
仏像(ぶつぞう) 불상
寺(てら) 절
言(い)い伝(つた)え 전설, 전언
～によると ~에 의하면

彼女には中学生の子供がいるということだ。 그녀에게는 중학생인 딸이 있다고 한다.

ニュースによると、来月アメリカの大統領が来日するということです。 뉴스에 의하면 다음 달 미국 대통령이 방일한다고 합니다.

今はなくなったが、昔はここに大きな映画館があったということだ。 지금은 없어졌지만 옛날에는 이곳에 큰 영화관이 있었다고 한다.

岩に彫られたこの仏像は、寺の言い伝えによると、600年前に作られたということだ。 바위에 새겨진 이 불상은 절의 전설에 의하면 600년 전에 만들어졌다고 한다.

강의실 생중계!

- 전문 ～そうだ와 같은 의미로 사용된다고 이해하면 됩니다. 참고로 ～とのことだ라고도 할 수 있으며 경우에 따라서는 ～と言う도 전문으로 사용할 수 있습니다.
- 전문을 나타내므로 62-1의 ～によると, ～によれば, ～では와 함께 사용되는 경우가 많습니다.

☑ 시나공 확인 문제

つぎの文の ＿★＿ に入る最もよいものを、1·2·3·4から一つえらびなさい。

さっき電話があったのですが、彼はあさって出張から ＿＿ ＿＿ ＿★＿ ＿＿ です。

1 という　　2 帰って　　3 こと　　4 くる

해석 방금 전화가 왔습니다만, 그는 모레 출장에서 돌아온다고 합니다.

해설 문제를 보면 전화내용을 전하고 있으므로 일종의 '전문' 형태임을 알 수 있다. 그러므로 3번 こと를 통해서 ～ということだ(~라고 한다)를 묻는 문제임을 알 수 있으므로 1-3이 되고, 나머지는 자연스럽게 2-4가 되어 1번 앞에 들어간다. 전체적으로 나열하면 2-4-1-3이 되므로 정답은 1번이다.

정답 1

66 わけ 용법

66-1 ～わけだ ～하는 것이다, ～할 만하다

접속 동사 · い형용사 · な형용사의 명사 수식형 + ～わけだ
의미 어떤 사실이나 상황으로부터 '당연히 ～라는 결론이 된다'라고 말할 때 사용한다.

解(と)く 풀다

彼はぜんぜん勉強していません。だから問題が解けないわけです。
그는 전혀 공부를 하고 있지 않습니다. 그래서 문제를 풀지 못하는 것입니다.

彼は毎日運動をしているから健康なわけですね。
그는 매일 운동을 하고 있으니까 건강한 거군요.

夏だから暑いわけですが、それにしても今日は暑すぎますね。
여름이니까 더운 거겠지만 그렇더라도 오늘은 너무 덥군요.

강의실 생중계!

명사 わけ(이유, 사정, 경과)의 의미만 알고 있으면 어느 정도 의미를 추정할 수 있습니다. 참고로 이 외에도 이유를 알고 납득할 때도 사용합니다.

66-2 ～わけではない ～하는 것은 아니다

접속 동사 · い형용사 · な형용사의 명사 수식형 + ～わけではない
의미 '전부 혹은 반드시 ～하다고 말할 수는 없다'는 의미로 사용된다.

つらい 괴롭다
弱(よわ)い 약하다

あなただけがつらいわけではありません。私もつらいのです。
당신만이 괴로운 것은 아닙니다. 저도 괴롭습니다.

A 料理を自分で作らないのは、時間がないからですか。
B いいえ、そういうわけじゃないんですけど……。
A : 요리를 스스로 만들지 않는 것은 시간이 없기 때문입니까? B : 아니요, 그런 것은 아닙니다만.

みんなが力があるわけじゃない。世の中には力の弱い人もたくさんいる。
모두가 힘이 있는 것은 아니다. 이 세상에는 힘이 약한 사람도 많이 있다.

강의실 생중계!

～わけだ의 부정형태로 이해하면 되며 ～わけでもない(～하는 것도 아니다) 형태로도 사용됩니다.

66-3 ～わけがない ～할 리가 없다, 당연히 ～하지 않는다

접속 동사 · い형용사 · な형용사, 명사의 명사 수식형 + ～わけがない
의미 어떤 사태가 일어날 가능성이 전혀 없음을 나타낼 때 사용한다.

ハンサムだ 잘 생기다
輸入品(ゆにゅうひん) 수입품
得意(とくい)だ 잘하다, 능숙하다
捨(す)てる 버리다
大切(たいせつ)だ 소중하다

ハンサムな木村さんに恋人がいないわけがない。
잘생긴 기무라 씨에게 애인이 없을 리가 없다.

これはフランスからの輸入品だから、安いわけがないだろう。
이것은 프랑스 수입품이니까 쌀 리가 없지.

一度もやったことがないんだから、得意なわけがないじゃありませんか。
한 번도 한 적이 없기 때문에 잘할 리가 없지 않겠습니까?

A お母さん、ここにあった僕の写真、捨てたの？
B 何言ってるのよ。そんな大切なものを捨てるわけがないじゃない。
A : 엄마, 여기 있던 내 사진 버렸어? B : 무슨 소리 하고 있어. 그런 소중한 것을 버릴 리가 없잖아.

강의실 생중계!

- 화자의 주관적인 판단을 나타내며 ～はずがない와는 뉘앙스가 약간 다르나 시험에서는 같은 의미로 봐도 큰 문제는 없습니다.
- 참고로 ～わけはない(～할 리는 없다), ～わけもない(～할리도 없다)형태로도 사용할 수 있습니다.

시나공 확인 문제

つぎの文の（　　）に入れるのに最もよいものを、1·2·3·4から一つえらびなさい。

桜の花がインターネットで（　　）だろうと思って調べてみたら、売っているサイトがいくつもあったのでびっくりした。

1 買えるとしても　　2 買うことができたため
3 買えるわけがない　　4 買っているところ

해석 벚꽃을 인터넷으로 살 수 있을 리가 없을 것이라고 생각해서 찾아봤더니 파는 사이트가 몇 곳이나 있었기 때문에 깜짝 놀랐다.
해설 후문을 보면 벚꽃을 파는 사이트가 있어서 놀랐다고 했으므로 화자는 팔지 않을 것이라고 생각했음을 유추할 수 있으므로 가능성이 없음을 나타낼 때 사용하는 ～わけがない(～할 리가 없다)가 사용된 3번이 정답이 된다. 참고로 1번은 살 수 있다고 해도 2번 살 수 있었기 때문에 4번 사고 있는 중이라는 의미가 되므로 문맥상 정답이 아니다.
정답 3

67 ~一方で ~하는 한편(으로), ~와는 반대로, ~와 동시에

접속 동사 · い형용사 명사 수식형 / な형용사 어간 · 명사 + である + ~一方(いっぽう)で
의미 대비나 병렬을 나타낼 때 사용한다.

田舎(いなか) 시골
住(す)む 살다
優(やさ)しい 상냥하다
怖(こわ)い 무섭다
不便(ふべん)だ 불편하다

田舎に住みたいと思う人もいる一方で、都市に住みたいと思う人もいる。
시골에 살고 싶은 사람도 있는 한편 도시에 살고 싶은 사람도 있다.

お母さんはとても優しい一方で、お父さんは怖い。
엄마는 매우 상냥하지만 반대로 아빠는 무섭다.

この町は静かである一方で、買い物には不便だ。
이 마을은 조용하지만 장보기에는 불편하다.

강의실 생중계!

- A는 ~하지만 B는(대비), 어떤 면에서는 ~하지만 다른 면에서는(병렬)라는 의미로 문맥에 따라 의역이 필요하기도 합니다.
- 조사를 생략하고 '~一方'로도 사용할 수 있으며 독해파트에서는 접속사(一方, 一方で : 한편)적으로 많이 등장하니 참고 바랍니다.

☑ 시나공 확인 문제

つぎの文の（　　）に入れるのに最もよいものを、1·2·3·4から一つえらびなさい。

このマンションは、近くに駅があって交通は（　　）、歓楽街も近くにあるので、子供の教育によい環境とはいえない。

1 便利だとすれば　　2 便利である一方で　　3 便利であるように　　4 便利なのだから

해석 이 맨션은 근처에 역이 있어 교통은 편리한 반면 유흥가도 근처에 있어서 자녀 교육에 좋은 환경이라고는 할 수 없다.

해설 선택지에 공통적으로 사용되고 있는 便利だ(편리하다)를 공란에 넣어보면 앞에는 장점 뒤에는 단점을 말하고 있으므로 대비를 나타낼 수 있는 ~一方で(~하는 한편, ~와는 반대로)가 사용된 2번이 정답이 된다. 참고로 1번은 편리하다고 한다면, 3번은 편리한 것처럼, 4번은 편리하기 때문에 라는 의미가 되므로 문맥상 정답이 아니다.

정답 2

적중 예상 문제 ①

問題1 つぎの文の(　　　)に入れるのに最もよいものを、1·2·3·4から一つえらびなさい。

01 落ち葉を燃やす煙の（　　　）だんだん呼吸がしにくくなった。

1 おかげで　　2 ことで　　3 せいで　　4 もので

02 A「交通事故を防ぐ（　　　）どうしたらいいでしょうか。」
B「みんなが交通ルールをきちんと守るのが一番です。」

1 では　　2 でも　　3 とは　　4 には

03 この家は南（　　　）日当たりがいい。

1 向けで　　2 向きに　　3 向きで　　4 向けに

04 母親が掃除をしている（　　　）、子供はおとなしく本を読んでいた。

1 あいだに　　2 あいだ　　3 あいだを　　4 あいだと

05 これはパンの味が（　　　）不思議な果物です。

1 する　　2 なる　　3 でる　　4 くる

06 始発の電車に乗れる（　　　）いつもより少し早く家を出た。

1 ために　　2 ように　　3 ところに　　4 くせに

07 人数が多くて、一つ（　　　）食べていないのにお菓子がなくなってしまった。

1 ずつと　　2 ずつしか　　3 ぐらい　　4 ぐらいから

08 A「ずいぶん遅かったですね。どうしたんですか。」
B「タクシーに忘れ物をした（　　　）、遅れてしまいました。すみません。」

1 くらいで　　2 ほどで　　3 もので　　4 だけで

▶ 정답과 해설 40쪽

問題 2 つぎの文の ＿★＿ に入る最もよいものを、1･2･3･4から一つえらびなさい。

01 気分が暗いと病気になったり ＿＿ ＿＿ ＿★＿ ＿＿ 大事だと思う。

1 ためには　2 しやすいので　3 心の状態が何より　4 健康でいる

02 ホテルグローバルは ＿＿ ＿＿ ＿★＿ ＿＿ ができました。

1 おかげで　2 開業10周年を　3 皆様の　4 迎えること

03 彼女がいない僕は、友達の ＿＿ ＿＿ ＿★＿ ＿＿ なります。

1 見る　2 結婚写真を　3 うらやましく　4 たびに

04 こっちが軽くて使い方も ＿＿ ＿＿ ＿★＿ ＿＿ カメラだと思います。

1 向きの　2 簡単　3 初心者　4 なので

05 朝起きたとき ＿＿ ＿★＿ ＿＿ ＿＿ がしていた。

1 気の　2 変なにおい　3 台所から　4 せいか

06 気持ちはわかりますが、＿＿ ＿＿ ＿★＿ ＿＿ は言わないでください。

1 そんな　2 冗談でも　3 こと　4 たとえ

07 いま聞いた話はだれにも ＿＿ ＿＿ ＿★＿ ＿＿ ないでください。

1 つもりは　2 心配し　3 話す　4 ありませんから

08 あの歌手は、日本では ＿＿ ＿＿ ＿★＿ ＿＿ 有名だ。

1 ほど　2 いない　3 人が　4 知らない

적중 예상 문제 ②

問題1 つぎの文の(　　　)に入れるのに最もよいものを、1·2·3·4から一つえらびなさい。

01 天気がよかった（　　　）、思ったより作業を早く終わらせることができた。

1 おかげで　　2 せいで　　3 ように　　4 くせに

02 才能（　　　）自分の力を信じることであるとよく言われる。

1 では　　2 とは　　3 には　　4 でも

03 教育によくないので、大人（　　　）映画を子供に見せてはいけない。

1 向けた　　2 向いた　　3 向けの　　4 向きか

04 少子化（　　　）言葉は、1990年代に入ってから生まれた言葉である。

1 といえば　　2 という　　3 というと　　4 というより

05 この文章は専門用語が多すぎて、いくら（　　　）意味がよくわからない。

1 読もうとして　　2 読んでいれば
3 読んでも　　4 読んでから

06 以前は薬をお茶で（　　　）と言われていたが、近年それは大丈夫なことが明らかになった。

1 飲んでいませんが　　2 飲まなかったのに
3 飲まないように　　4 飲みませんでしたか

07 レポートは今週の金曜日（　　　）出してください。遅れてはいけません。

1 にまで　　2 までて　　3 までに　　4 でまで

08 この寺院は入るとき必ず靴を脱ぐ（　　　）。

1 ようになります　　2 ことにしています
3 ようにしています　　4 ことになっています

▶ 정답과 해설 46쪽

問題 2 つぎの文の ＿★＿ に入る最もよいものを、1·2·3·4から一つえらびなさい。

01 さっき飲んだ ＿＿ ＿＿ ＿★＿ ＿＿ なってきた。

1 眠く　2 せいか　3 風邪薬の　4 だんだん

02 甘味と酸味を合わせ持っているパッションフルーツは ＿＿ ＿＿ ＿★＿ ＿＿「南国果実の王様」とも呼ばれている。

1 豊富な栄養が　2 ある　3 ビタミンなど　4 ことから

03 学生時代の写真を ＿＿ ＿＿ ＿★＿ ＿＿ なった。

1 会いたく　2 見ている　3 昔の友達に　4 うちに

04 心配しないでください。＿＿ ＿＿ ＿★＿ ＿＿ ですから。

1 軽い　2 といっても　3 風邪　4 病気

05 人は自分の ＿＿ ＿＿ ＿★＿ ＿＿ 人のことも考えなければならない。

1 ではなく　2 こと　3 ほかの　4 ばかり

06 説明書に ＿＿ ＿＿ ＿★＿ ＿＿ みたが、うまくいかなかった。

1 やって　2 書いて　3 とおりに　4 ある

07 いつもうそを ＿＿ ＿＿ ＿★＿ ＿＿ ことにした。

1 彼の言う　2 つくから　3 信じない　4 ことは

08 小学生にこんな難しい問題が ＿＿ ＿＿ ＿★＿ ＿＿ ですか。

1 わけが　2 ない　3 解ける　4 じゃない

적중 예상 문제 ③

問題 1 つぎの文の(　　)に入れるのに最もよいものを、1·2·3·4から一つえらびなさい。

01 うちの子は男の（　　）ピンクの服ばかり着たがるので、本当に困る。

1 おかげに　　2 せいに　　3 くせに　　4 ために

02 このカメラは使い方が簡単な（　　）軽いので、女性に人気がある。

1 うえに　　2 向きに　　3 うちに　　4 ために

03 夕べ（　　）最中に地震が起きて、びっくりした。

1 寝る　　2 寝ない　　3 寝た　　4 寝ている

04 A「へえ、林さん、フランス料理が作れるんですか。」
B「フランス料理（　　）、だれでも作れる簡単なものです。」

1 というと　　2 といっても　　3 といえば　　4 といったら

05 A「わたし試験大嫌い。」
B「僕（　　）、試験は嫌いだよ。でも、しかたないよ。」

1 って　　2 なので　　3 だって　　4 なのに

06 昼寝をしようとしていた（　　）電話がかかってきた。

1 うちに　　2 だけに　　3 ところに　　4 ばかりに

07 科学技術が進歩した（　　）、数年前まではできなかった多くのことが可能になった。

1 ほうで　　2 ことで　　3 くせに　　4 おかげで

08 (雑誌で) 今回は、クレジットカードをむだに使いすぎて（　　）ための方法を教えてあげましょう。

1 しまおうと思う　　2 しまわなきゃならない
3 しまわないようにする　　4 しまおうと思わない

問題 2 つぎの文の ＿★＿ に入る最も よいものを、1·2·3·4から一つえらびなさい。

01 リサイクルとは ＿＿ ＿＿ ＿★＿ ＿＿ 再利用することです。

1 のではなく　2 要らなく　3 捨てる　4 なったものを

02 ここのハンバーガーはとても ＿＿ ＿＿ ＿★＿ ＿＿ から、よく来ます。

1 うえに　2 ほかの店　3 おいしい　4 より安い

03 A「田中さんは日記をつけていますか。」
B「ええ。でも、＿＿ ＿＿ ＿★＿ ＿＿ なものですけどね。」

1 メモ　2 いうより　3 みたい　4 日記と

04 兄に ＿＿ ＿＿ ＿★＿ ＿＿ ケータイをなくしてしまった。

1 ばかりの　2 買ってもらった
3 絶対なくすなって　4 言われたのに

05 これははじめて日本語を習う ＿＿ ＿＿ ＿★＿ ＿＿ です。

1 日本語教材　2 向けに　3 外国人　4 書かれた

06 キャラクターショップの中にいると、＿＿ ＿＿ ＿★＿ ＿＿ 気分になる。

1 まるで　2 ような　3 世界に入った　4 アニメの

07 A「今日も暑いですね。」
B「そうですね。でも、曇っている ＿＿ ＿＿ ＿★＿ ＿＿ ですね。」

1 暑く　2 からか　3 はない　4 昨日ほど

08 札幌は ＿＿ ＿＿ ＿★＿ ＿＿ ので、季節ごとに行ってみるのもよい。

1 よって　2 楽しめる　3 違う景色が　4 季節に

적중 예상 문제 ④

問題１ つぎの文の（　　　）に入れるのに最もよいものを、1·2·3·4から一つえらびなさい。

01 駅前の喫茶店は最近できた（　　　）店内はとてもきれいで雰囲気もよかった。

1 ばかりだから　2 ばかりなのに　3 あとなのに　4 あとだから

02 病気の田中さんの（　　　）僕が出張に行くことになった。

1 とおりに　2 かわりに　3 つもりに　4 ほかに

03 リエンさんの作文は、内容はとてもよかったが、漢字（　　　）文法にも間違いが多かった。

1 ほどではなく　2 かどうか　3 なのだから　4 だけでなく

04 教師の教え方（　　　）学生の成績に大きな差が出ることもある。

1 について　2 にとって　3 にくらべて　4 によって

05 彼が作ってくれたカレーはびっくりする（　　　）おいしかった。

1 ばかり　2 ところ　3 ほど　4 ころ

06 彼はそれほど英語が（　　　）が、英語より大事な行動力があったため海外で成功することができたと言える。

1 上手であるに違いない　2 上手なわけではない
3 上手でないといけない　4 上手かもしれない

07 ゴルフがうまくなるためには練習が必要だが、何も考えないでただ練習（　　　）意味がないと思う。

1 ばかりしていても　2 ばかりしていれば
3 よりしていても　4 よりしていれば

08 僕はお酒に弱いので、乾杯の一口（　　　）大丈夫だけれど、それ以上は飲めない。

1 だけでも　2 だけなら　3 とでも　4 となら

▶ 정답과 해설 57쪽

問題2 つぎの文の ＿★＿ に入る最もよいものを、1·2·3·4から一つえらびなさい。

01 理由もなく ＿＿ ＿＿ ＿★＿ ＿＿ をよく確認してから借りたほうがいい。

1 必ずその理由　2 ないから　3 安いはずが　4 安い部屋は

02 A「田中さん、具合が悪いみたいですけど風邪ですか。」
B「 ＿＿ ＿★＿ ＿＿ ＿＿ が、よくわかりません。」

1 せきは　2 だけで　3 出ません　4 熱がある

03 電話での診察は ＿＿ ＿＿ ＿★＿ ＿＿ ある。

1 わかりにくい　2 患者の状態が　3 便利である一方で　4 という欠点が

04 彼は最近、髪型やファッション ＿＿ ＿＿ ＿★＿ ＿＿ ほめられている。

1 周りの人に　2 など見た目が　3 変わったことで　4 がらりと

05 授業で新しいことを習えば ＿＿ ＿＿ ＿★＿ ＿＿ がたくさん必要になる。

1 それを定着　2 させるために　3 習うほど　4 復習する時間

06 ニュースによると、九州は ＿＿ ＿＿ ＿★＿ ＿＿ を受けたそうだ。

1 被害　2 によって　3 大きな　4 前日の台風

07 関西地方で ＿＿ ＿＿ ＿★＿ ＿＿ かもしれない。

1 この町　2 ところはない　3 ほど　4 美しい

08 子供がしたいと思っていることを、大人が決めた時間で終わらせるのではなく ＿＿ ＿＿ ＿★＿ ＿＿ ほうがいい。

1 ことができるまで　2 満足感を味わう　3 やらせた　4 子供自身が

적 중 예상 문제 ⑤

問題 1 つぎの文の(　　　)に入れるのに最もよいものを、1·2·3·4から一つえらびなさい。

01 (雑誌で) 外国での暮らしは言葉の壁、文化の違いなどストレスを感じやすくなります。そこで海外生活に慣れる（　　　）いい方法をご紹介します。

1 ことに　　2 みたいに　　3 ための　　4 らしい

02 三日間ずっと雨が降った（　　　）、楽しみにしていた家族旅行が中止になってしまった。

1 一方で　　2 場合　　3 はずで　　4 せいで

03 A「５時間はかかると思っていたが、思ったより作業が早く終わったね。」

B「ありがとう。君が手伝ってくれた（　　　）。」

1 おかげだ　　2 せいだ　　3 ようだ　　4 ほうだ

04 このサイトは、無料なのはありがたいけど、写真や動画を見る（　　　）広告が表示されるので面倒だ。

1 はじめに　　2 たびに　　3 なかに　　4 うちに

05 健康的に（　　　）食事方法や運動などの正しい知識を身につけることが大切だ。

1 やせることは　　2 やせるよりは　　3 やせるには　　4 やせるかどうか

06 傘がないから、雨が強くならない（　　　）帰ったほうがよさそうだ。

1 ために　　2 うちに　　3 たびに　　4 ように

07 この薬を健康にいい（　　　）理由で飲んでいる人が多いが、実際にどのような効果があるのかわからないので、注意する必要がある。

1 という　　2 の　　3 をいう　　4 のことの

08 僕は、夜中に食べるラーメン（　　　）おいしいものはないと思う。

1 だけ　　2 ほど　　3 しか　　4 まで

問題2 つぎの文の ＿★＿ に入る最もよいものを、1・2・3・4から一つえらびなさい。

01 疲れているのか ＿＿ ＿＿ ＿★＿ ＿＿ 食べないでずっと寝ていた。

1 彼女は何も　2 乗って　3 飛行機に　4 いるあいだ

02 息子に手帳を ＿＿ ＿＿ ＿★＿ ＿＿ 頼まれて買いに来たんだけど、こんなに種類が多いとは思いませんでした。

1 くれ　2 きて　3 って　4 買って

03 中古の自転車だが、＿＿ ＿＿ ＿★＿ ＿＿ 古くなった部品をすべて新品に交換した。

1 つもりで　2 ようにする　3 できるだけ長く　4 使える

04 毎日休まないで ＿＿ ＿＿ ＿★＿ ＿＿ 数学が面白くなった。

1 複雑な問題が　2 なってから　3 解けるように　4 勉強して

05 この新商品は今までの半分の値段 ＿＿ ＿＿ ＿★＿ ＿＿ でしょう。

1 ない　2 だから　3 はずが　4 売れない

06 ２週間の ＿＿ ＿＿ ＿★＿ ＿＿ 食べたくてしかたなかった。

1 海外旅行から　2 ところだから　3 帰ってきた　4 和食が

07 この町は遠くから ＿＿ ＿＿ ＿★＿ ＿＿ 「ハナチョウ」とも呼ばれている。

1 ことから　2 形に見える　3 花のような　4 見ると

08 ここは重要な情報を扱っている場所なので、＿＿ ＿＿ ＿★＿ ＿＿ になっているらしい。

1 入れない　2 関係者　3 こと　4 しか

:: 셋째 마당 ::

만점 마무리편

한눈에 미리 보기

고득점을 위한 심화 문법

이 장에서 배울 문법은 '고득점을 위한 심화 문법'입니다.
본격적인 학습에 앞서 자신이 알고 있는 문법이 어느 정도인지 □에 체크해 보세요.

□ 68	～として	～로서, ～의 입장에서, ～의 자격으로
□ 69	～について	～에 관해서
□ 70	～に関して	～에 관해서
□ 71	に対して 용법	～하면, ～하자, ～하니까, ～했더니
□ 71-1	대상의 ～に対して	～에게, ～대해, ～을 상대로 해서
□ 71-2	대비의 ～に対して	～한데 비해서, ～와는 반대로
□ 72	～にとって	～에게 있어서, ～의 입장에서 생각하면
□ 73	～において	～에서, ～에 있어서
□ 74	～に比べて	～에 비해서, ～와 비교해서
□ 75	～にしたがって	～에 따라서
□ 76	～から~にかけて	～부터 ～에 걸쳐서
□ 77	～にわたって	～동안, ～전체에, ～에 걸쳐서
□ 78	～て以来	～한 이후 쭉, ～하고 나서는
□ 79	～てしかたがない・～てしょうがない	～해서 어쩔 수 없다, 매우 ～하다
□ 80	～てもおかしくない・ ～ても不思議ではない	～해도 이상할 것이 없다
□ 81	～に違いない	～임에 틀림없다
□ 82	～にすぎない	～에 지나지 않는다, ～에 불과하다
□ 83	～など・～なんか・～なんて	～등, ～같은 것, ～따위/～하다니
□ 84	～はもちろん	～은 물론, ～은 당연하거니와
□ 85	～を中心に(して)	～을 중점적으로, ～을 중심으로
□ 86	～を通して・～を通じて	～을 통해서
□ 87	～だらけ	～투성이

시나공

04 고득점을 위한 심화 문법

시나공 04에서는 고급문법에 들어가도록 하겠습니다. 고급문법은 초급에서는 거의 다루어지지 않는 생소한 표현이 많이 등장하기 때문에 처음에는 다소 어려울 수 있습니다만 각 문법의 이해를 돕기 위해서 자세한 설명을 해놓았기 때문에 이해하기에 큰 무리는 없을 것입니다. 하지만 고급문법일수록 굳이 이해를 하지 않아도 하나의 공식처럼 암기해 두면 실전에서는 오히려 더 쉽게 정답을 찾을 수 있는 경우가 많이 있습니다. 그러므로 접속되는 단어의 품사, 종류 등과 같은 외형적 특징을 위주로 우선 암기해 두는 것이 좋습니다.

시험에 이렇게 나온다!

つぎの文の（　　）に入れるのに最もよいものを、1·2·3·4から一つえらびなさい。

それがみんな（　　　）一番いい方法だと思います。

1 においても　　2 にとっても　　3 にかけて　　4 にくらべても

해석 그것이 모두에게 있어서도 가장 좋은 방법이라고 생각합니다.

해설 문법문제는 우선 선택지를 통해서 문제의 종류와 출제의도를 파악하는 것이 좋다. 이 문제에서도 선택지를 보면 '~に+동사 て'형태의 문제이며 이 경우에는 앞에 오는 단어(대부분 명사)의 종류가 결정적인 단서가 된다는 점을 꼭 기억해야 한다. 여기서는 사람을 나타내는 명사 みんな(모두, 여러분)에 접속될 수 있는 것은 2번 ~にとっても(~에 있어서도)와 4번 ~にくらべても(~에 비해서도) 정도이지만 4번은 서로 비교할 때 사용하기 때문에 정답은 2번이 된다. 참고로 ~において(~에 있어서)는 주로 상황, 장소 명사에 ~にかけて(~에 걸쳐서)는 주로 ~から~にかけて 형태로 시점을 나타내는 명사에 접속된다. **정답 2**

68 ~として ~로서, ~의 입장에서, ~의 자격으로

접속 명사 + ~として

의미 입장이나 자격, 명목을 나타낼 때 사용한다.

商品(しょうひん) 상품
上司(じょうし) 상사
事件(じけん) 사건
責任(せきにん) 책임
とる 맡다, 지다
恋人(こいびと) 연인, 애인

このままでは商品として売れない。 이 상태로는 상품으로서 팔 수가 없다

上司として、今回の事件の責任をとります。 상사로서 이번 사건의 책임을 지겠습니다.

彼女は、友達としてはいいですけど、恋人としてはちょっとねえ。 그녀는 친구로서는 좋지만, 애인으로서는 좀….

강의실 생중계!

시험에서는 주로 사람 명사에 접속되는 형태로 많이 출제되고 있습니다. 참고로 ~としては(~로서는), ~としても(~로서도) 형태로도 사용할 수 있으며 명사를 수식할 경우에는 ~としての(~로서의)를 사용합니다.

69 ～について ～에 관해서

접속 명사 + ～について
의미 취급하는 대상을 말할 때 사용한다.

町(まち) 마을
歴史(れきし) 역사
紹介(しょうかい)する 소개하다
質問(しつもん) 질문
暮(く)らし 생활
気候(きこう) 기후
関係(かんけい) 관계
新製品(しんせいひん) 신제품
相談(そうだん)する 상담하다
小説(しょうせつ) 소설
感(かん)ずる 느끼다

この町の歴史についてご紹介します。 이 마을의 역사에 관해서 소개하겠습니다.

今日の授業について、何か質問ありませんか。 오늘 수업에 관해서 뭔가 질문은 없습니까?

今日の宿題は、「暮らしと気候の関係について」です。 오늘 숙제는 '생활과 기후에 관해서'입니다.

新製品についてご相談したいんですが。 신제품에 관해서 상담하고 싶습니다만.

この小説を読んで自分が感じたことについて、作文を書きなさい。 이 소설을 읽고 자신이 느낀 것에 관해서 작문을 쓰시오.

강의실 생중계!

- 명사에 접속되며 뒤에는 考える, 話す, 調べる(조사하다), 書く, 発表する(발표하다) 등의 언어, 사고에 관련된 동사가 나오는 점이 정답을 찾는 중요한 포인트가 됩니다.
- 종종 '～に対(たい)して ～에 대해서(대상용법)'와의 구분을 질문하는 경우가 많은데 이 경우에 뒤에 나오는 동사의 종류를 따져서 결정하면 됩니다.
- 참고로 뒤에 명사를 수식할 경우에는 ～についての(～에 관한)가 되며, 조사가 붙어서 ～については(～에 관해서는), ～についても(～에 관해서도) 형태로도 사용할 수 있습니다.

☑ 시나공 확인 문제

つぎの文の ___★___ に入る最もよいものを、1·2·3·4から一つえらびなさい。

日本の _____ _____ ___★___ _____ 簡単に書いてください。

1 考えを　**2** ついて　**3** 食文化に　**4** 自分の

해석 일본에 식문화에 관해서 자신의 생각을 간단히 적어 주세요.

해설 2번 ついては ～について(～에 관해서)로 사용하므로 3-2가 되어야 한다. 그리고 1번은 목적어가 필요한 마지막 공란에 넣어야 하며, 나머지 4번은 1번과 3번을 모두 수식할 수 있지만 문맥상 1번 앞에 넣어주는 것이 자연스럽다. 전체적으로 나열하면 3-2-4-1이 되므로 정답은 4번이다.

정답 4

70 ～に関して ～에 관해서

접속 명사 + ～に関(かん)して
의미 취급하는 대상을 말할 때 사용한다.

講義(こうぎ) 강의
場合(ばあい) 경우
連絡(れんらく)する 연락하다
事件(じけん) 사건
話(はな)す 이야기하다
使用(しよう)する 사용하다
意見(いけん) 의견
送(おく)る 보내다

講義などに関して質問がある場合は、私の研究室に来てください。
강의 등에 관해서 질문이 있을 경우 내 연구실로 오세요.

その件に関しては明日までにご連絡します。
그 건에 관해서는 내일까지 연락드리겠습니다.

その事件に関しては、何も話したくありません。
그 사건에 관해서는 아무것도 말하고 싶지 않습니다.

現在ご使用中の商品に関するご意見を書いてお送りください。
지금 사용하고 있는 상품에 관한 의견을 적어서 보내 주세요.

강의실 생중계!

～について보다 약간 격식 차린 표현이지만 거의 같은 의미로 사용되므로 구분할 필요는 없고, 정답을 찾는 포인트 또한 동일하게 적용됩니다. 다만 명사를 수식할 경우에는 ～に関する(～에 관한) 형태를 주로 사용합니다. 참고로 ～に関しては(～에 관해서는), ～に関しても(～에 관해서도) 형태로 조사가 덧붙을 경우도 있습니다.

시나공 확인 문제

つぎの文の（　　）に入れるのに最もよいものを、1·2·3·4から一つえらびなさい。

僕は日本の文化と韓国の文化の違い（　　）論文を書いている。

1 としての　　2 にくらべて　　3 にかんする　　4 における

해석 나는 일본의 문화와 한국의 문화의 차이에 관한 논문을 쓰고 있다.
해설 선택지 중에서 '～로서'라는 입장이나 자격을 나타내는 1번과 장소나 상황의 명사에 접속되는 4번은 정답이 될 수 없다. 그리고 비교를 나타내는 2번(～에 비교해서)도 문맥상 맞지 않으므로 취급의 대상을 나타내는 3번(～에 관해서)이 정답이 된다. **정답** 3

71 に対して 용법

71-1 대상의 ~に対して ~에게, ~에 대해, ~을 상대로 해서

접속 명사 + ~に対(たい)して
의미 동작이나 감정이 향해지는 상대나 대상을 나타낸다.

失礼(しつれい)だ 실례이다
言(い)う 말하다
意見(いけん) 의견
反対(はんたい)する 반대하다
怒(おこ)る 화내다
回答(かいとう) 회답
遅(おく)れる 늦다

お客様に対して失礼なことを言ってはいけない。
손님에게 무례한 말을 해서는 안 된다.

彼女は僕の意見に対して反対しているようだ。
그녀는 내 의견에 대해 반대하고 있는 것 같다.

質問に対する回答が遅れましたことを、おわび申し上げます。
질문에 대한 회답이 늦어서 죄송합니다.

강의실 생중계!

- 상대에게 직접 기분이나 동작이 미치는 경우에 사용하며 후문에는 심적 상태를 나타내는 행동이나 언어행동 등이 오기 때문에 이 점이 '~について, ~に関して'와의 차이라고 할 수 있습니다.
- 참고로 N3에서 출제되는 주된 용법이며 명사를 수식할 경우에는 주로 ~に対する(~에 대한) + 명사 형태를 사용합니다.

71-2 대비의 ~に対して ~한데 비해서, ~와는 반대로

접속 명사である(な) /동사 · い형용사 · な형용사의 명사 수식형 + の + ~に対して
의미 어떤 사항에 관해서 두 가지의 상황을 대비할 때 사용한다.

上手(じょうず)だ 잘하다
下手(へた)だ 서투르다
めったに 좀처럼
腹(はら)を立(た)てる 화를 내다
短気(たんき)だ 성미가 급하다
参加(さんか)する 참가하다

兄はテニスが上手なのに対して、僕は下手だ。
형은 테니스가 능숙한데 비해서 나는 서툴다.

部長はめったに腹を立てないのに対して、課長はひどく短気だ。
부장님은 좀처럼 화를 내지 않는데 비해서 과장님은 굉장히 화를 잘 낸다.

男子学生はほとんど参加したのに対して、女子学生はあまり参加しなかった。
남학생은 대부분 참가한데 비해서 여학생은 거의 참가하지 않았다.

강의실 생중계!

우선 접속형태가 대상 용법과는 다르지만 가장 큰 차이점은 전문과는 대비되는 사항이 후문에 오는 점입니다. 출제빈도는 상대적으로 낮습니다.

72 ～にとって ～에게 있어서, ～의 입장에서 생각하면

접속 명사 + ～にとって
의미 '～의 입장에서 생각하면 ～이다'라고 말할 때 사용한다.

大切(たいせつ)だ 소중하다
お年寄(としよ)り 노인
無(な)い 없다
ふるさと 고향
以外(いがい) 이외, 그 밖
遊(あそ)び 놀이

あなたにとって一番大切なものは、何ですか。
당신에게 있어서 가장 소중한 것은 무엇입니까?

これは、お年寄りにとってはなくてはならないものです。
이것은 노인들에게 있어서는 없어서는 안 되는 것입니다.

この町は、僕にとっては第二のふるさとだ。이 동네는 나에게 있어서는 제2의 고향이다.

子供にとっては寝ているとき以外はすべてが遊びである。
아이에게 있어서는 자고 있을 때 이외에는 모든 것이 놀이이다.

강의실 생중계!

- 앞의 명사는 사람이나 법인, 조직 등이 오기 때문에 정답을 찾는 중요한 포인트가 될 수 있습니다. 그리고 후문에는 평가를 나타내는 문장이 주로 옵니다.
- 참고로 명사를 수식할 경우에는 ～にとっての(～에 있어서) 형태가 되며, ～にとっては(～에 있어서는), ～にとっても(～에 있어서도) 처럼 조사가 덧붙을 수도 있습니다.

시나공 확인 문제

つぎの文の ＿★＿ に入る最もよいものを、1·2·3·4から一つえらびなさい。

子供が元気でいてくれるのが ＿＿＿ ＿★＿ ＿＿＿ ＿＿＿ です。

1 一番の　　2 親に　　3 喜び　　4 とっての

해석 아이가 건강한 것이 부모에게 있어서의 가장 큰 기쁨입니다.

해설 문법인 4번은 '명사+～にとって' 형태로 사용된다는 것을 알면 쉽게 2번과 4번을 짝지을 수 있다. 그리고 1번은 뒤에 명사가 필요한 형태이기 때문에 3번과 짝을 이루어 역시 명사가 필요한 마지막 공란에 넣어 완성하면 된다. 전체적으로 나열하면 2-4-1-3이 되므로 정답은 4번이다.

정답 4

73 ～において ～에서, ～에 있어서

접속 명사 + ～において
의미 어떤 일이 행해지는 상황, 장소, 방면을 나타낸다.

高齢化(こうれいか) 고령화
社会問題(しゃかいもんだい) 사회문제
環境問題(かんきょうもんだい) 환경문제
講演(こうえん) 강연
市民会館(しみんかいかん) 시민회관
予定(よてい) 예정

日本において高齢化は深刻な社会問題となっている。
일본에 있어서 고령화는 심각한 사회문제가 되어 있다.

中国における環境問題は東アジアに大きな影響を与えている。
중국에 있어서의 환경문제는 동아시아에 큰 영향을 끼치고 있다.

講演はあした市民会館において行われる予定です。
강연은 내일 시민회관에서 거행될 예정입니다.

インターネットの発達によって、家庭においてもさまざまな行政サービスを受けられるようになった。
인터넷의 발달에 의해서 가정에서도 다양한 행정서비스를 받을 수 있게 되었다.

강의실 생중계!

당연한 일이지만 앞에 나오는 명사는 상황이나 장소, 방면을 나타내는 명사가 오는 점이 정답을 찾는 중요한 포인트입니다. 참고로 명사를 수식하는 경우에는 ～における(～에 있어서의)를 주로 사용하며, ～においては(～에 있어서는), ～においても(～에 있어서도) 형태로도 사용할 수 있습니다.

시나공 확인 문제

つぎの文の（　　）に入れるのに最もよいものを、1·2·3·4から一つえらびなさい。

どんな状況（　　）も落ち着いて解決方法を探すようにしなければならない。

1 にわたって　**2** において　**3** にかけて　**4** にとって

해석 어떤 상황에 있어서도 침착하게 해결방법을 찾지 않으면 안 된다.

해설 1번과 3번은 주로 시간이나 장소 명사에 접속되므로 제외하는 것이 좋다. 나머지 2번과 4번은 해석으로는 정답을 찾기 어렵기 때문에 접속되는 명사의 종류로 판단하는 것이 좋다. 공란의 앞에 '상황'이라는 명사가 있으므로 정답은 2번이 된다. 복습차원에서 2번은 '장소, 상황', 4번은 '사람, 법인' 명사에 주로 접속된다.

정답 2

74 ~に比べて ~에 비해서, ~와 비교해서

접속 명사 + ~に比(くら)べて
의미 두 사항을 비교할 때 사용한다.

遅(おそ)い 늦다
前年(ぜんねん) 전년
調査(ちょうさ) 조사
減少(げんしょう)する 감소하다
寿司(すし) 초밥
安(やす)い 싸다

田中さんは木村さんに比べて仕事が遅いほうです。
다나카 씨는 기무라 씨에 비해서 일(일처리)이 늦은 편입니다.

今年の冬は例年に比べて寒いと思いますか。
올 겨울은 예년에 비해서 춥다고 생각합니까?

今回の調査で、タバコを吸っている人は前年に比べて減少していることがわかった。 이번 조사로 담배를 피우고 있는 사람은 전년에 비해서 감소하고 있다는 사실을 알 수 있었다.

寿司に比べると、うどんは値段が安いほうだ。 초밥에 비하면 우동은 가격이 싼 편이다.

강의실 생중계!

동사 比べる(비교하다, 견주다)의 의미만 알면 쉽게 이해할 수 있는 표현입니다. 참고로 조사는 と를 사용해 ~と比べて가 될 수도 있으며, ~に(と)比べると(~에 비하면, ~와 비교하면) 형태로 사용할 수도 있습니다.

시나공 확인 문제

つぎの文の ＿★＿ に入る最もよいものを、1·2·3·4から一つえらびなさい。

A「このレストラン、昔はおいしかったのに……。」
B「うん、以前に ＿＿ ＿＿ ＿★＿ ＿＿ 気がするね。」

1 落ちた　2 くらべて　3 ような　4 少し味が

해석 A 이 레스토랑, 옛날에는 맛있었는데….
B 응. 예전에 비해서 맛이 좀 떨어진 듯한 생각이 들어.

해설 2번은 ~に比べて(~에 비해서)로 사용하므로 첫 번째 공란에 들어가야 한다. 그리고 자동사인 1번 앞에는 4번이 와야 하는데 味が落ちる(맛이 떨어지다)로 관용표현으로 알아두면 좋다. 마지막으로 3번은 명사를 수식해야 하는데 문맥상 마지막 공란에 넣어주면 된다. 전체적으로 나열하면 2-4-1-3이 되므로 정답은 1번이다. **정답** 1

75 ~にしたがって ~에 따라서

접속 동사 기본형, 명사 + ~にしたがって
의미 한쪽의 정도가 변화함에 따라 다른 쪽도 변화한다는 의미이다.

発展(はってん) 발전
人口(じんこう) 인구
増(ふ)える 증가하다, 늘다
年齢(ねんれい) 연령
過(す)ごす 지내다
暗(くら)い 어둡다
なれる 익숙해지다
失敗(しっぱい) 실수
減(へ)る 줄다
生徒(せいと) 학생
立(た)てる 세우다
計画(けいかく) 계획
活動(かつどう) 활동
行(おこな)う 실행하다

町が発展するにしたがって人口も増えてきた。
마을이 발전함에 따라 인구도 증가했다.

年齢が増えるにしたがって家で過ごす時間も長くなる。
연령이 높아짐에 따라 집에서 보내는 시간도 길어진다.

暗くなるにしたがって気温もだんだん下がってきた。
어두워짐에 따라 기온도 점차 낮아졌다.

仕事に慣れるにしたがって失敗も少しずつ減っていった。
일에 익숙해짐에 따라 실수도 조금씩 줄어갔다.

生徒たちは、自分たちの立てた計画にしたがってボランティア活動を行っている。
학생들은 자신들이 세운 계획에 따라 봉사활동을 하고 있다.

강의실 생중계!

- 문장의 앞과 뒤 모두 변화를 나타내는 단어가 온다는 것과 후문에 변화를 나타내는 부사 '次第(しだい)に, だんだん'과 함께 많이 사용된다는 점이 정답을 찾는 가장 큰 특징입니다. ~にしたがい 형태로도 사용할 수 있습니다.
- 참고로 명령, 지시, 계획 등의 명사와 함께 사용되면 '그 명령, 지시, 계획에 따라서'라는 의미로도 사용될 수 있으니 참고하세요.

✔ 시나공 확인 문제

つぎの文の（　　）に入れるのに最もよいものを、1·2·3·4から一つえらびなさい。

今回の調査で、ストレスを感じる人は、30歳代で最も高く、以降は年齢が高くなる（　　）低くなることがわかった。

1 までに　　2 にしたがって　　3 ほどに　　4 のに対して

해석 이번 조사로 스트레스를 느끼는 사람은 30대에서 가장 높고 이후에는 연령이 올라갈수록 낮아지는 것을 알 수 있었다.
해설 高くなる(올라가다, 높아지다)와 低くなる(낮아지다)와 같이 공란 앞뒤에 변화를 나타내는 동사가 사용되고 있는 점이 결정적인 힌트가 되므로 A가 변화하면 B도 함께 변화하는 것을 나타낼 때 사용하는 2번이 정답이 된다. 참고로 1번은 ~(이전)까지 3번은 ~정도로, 만큼 4번은 ~한데 비해서 라는 의미로 문맥상 정답이 아니다.
정답 2

76 ~から~にかけて ~부터 ~에 걸쳐서

접속 명사 + から + 명사 + ~にかけて
의미 ~부터 ~까지의 시간, 장소, 범위를 조금 막연하게 나타낼 때 사용한다.

上旬(じょうじゅん) 상순
下旬(げじゅん) 하순
梅雨(つゆ) 장마
明(あ)ける (날이) 새다, 끝나다
植物(しょくぶつ) 식물
降(ふ)る 내리다
現在(げんざい) 현재
大雨(おおあめ) 큰비, 호우

今年は７月の上旬から下旬にかけて梅雨となる見込みだそうです。
올해는 7월 상순부터 하순에 걸쳐서 장마가 걷힐 전망입니다.

この植物は秋から冬にかけて美しい花を咲かせます。
이 식물은 가을부터 겨울에 걸쳐서 꽃을 피웁니다.

関東地方は夕方から夜にかけて雪が降るでしょう。
관동지방은 저녁부터 밤에 걸쳐서 눈이 내릴 것입니다.

現在、福岡から広島にかけて大雨が降っています。
현재 후쿠오카부터 히로시마에 걸쳐서 큰비가 내리고 있습니다.

강의실 생중계!

~から~まで와 거의 같은 표현으로 생각해도 큰 문제는 없습니다. ~から를 수반한다는 점이 특징이며 그와 동시에 앞에는 주로 시점이나 장소명사가 온다는 점이 정답을 찾는 포인트가 되는 경우가 많습니다.

☑ 시나공 확인 문제

つぎの文の（　　）に入れるのに最もよいものを、1·2·3·4から一つえらびなさい。

これは1980年から1990年（　　）流行したファッションです。

1 にわたって　　2 について　　3 にたいして　　4 にかけて

해석 이것은 1980년부터 1990년에 걸쳐서 유행한 패션입니다.
해설 이 문제에서는 공란의 앞에 있는 ~から가 결정적인 힌트가 되어 ~から~にかけて(~부터 ~에 걸쳐서)로 사용하는 4번이 정답임을 알 수 있다. 참고로 간혹 ~にわたって도 ~から를 수반하는 경우가 있으므로 만일을 위해서 앞에 있는 명사의 종류도 확인해 보는 것이 좋다.
정답 4

77 ～にわたって ～동안, ～전체에, ～에 걸쳐서

접속 명사＋～にわたって
의미 '～의 범위 전체에 그렇다'라고 말할 수 있다는 의미이다.

祭(まつ)り 축제
観光客(かんこうきゃく) 관광객
続(つづ)く 계속하다
作業(さぎょう) 작업
完全(かんぜん) 완전
くたびれる 지치다, 피로하다
会議(かいぎ) 회의

5日間にわたって行われる祭りを見に多くの観光客が来た。
5일 동안에 걸쳐 거행될 축제를 보러 많은 관광객이 왔다.

もう３日間にわたって雨が降り続いている。
벌써 3일 동안 비가 계속 내리고 있다.

８時間にわたる作業で完全にくたびれてしまった。
8시간에 걸친 작업으로 완전히 녹초가 되어버렸다.

５時間にわたる会議がやっと終わった。
5시간에 걸친 회의가 겨우 끝났다.

강의실 생중계!

- ～から～にかけて와 혼동하는 경우가 많은데 의미로 접근하기 보다는 'から'의 존재 유무를 확인하는 것이 좋으며, ～にわたって는 앞에 한 단어로 기간이나 범위를 나타내는 명사 '全域(전역)・3年間・4日間' 등이 오는 점이 가장 큰 차이이자 포인트입니다.
- 명사를 수식할 경우에는 ～にわたる(～에 걸친, ～동안의) 형태를 사용합니다.

시나공 확인 문제

つぎの文の ＿★＿ に入る最もよいものを、1・2・3・4から一つえらびなさい。

写真家の木村さんの作品が ＿＿＿ ＿＿＿ ＿★＿ ＿＿＿ という。

1 にわたって　**2** 放送　**3** 今夜から３回　**4** される

해석 사진가인 기무라 씨의 작품이 오늘 밤부터 3회에 걸쳐 방송된다고 한다.
해설 1번 ～にわたって(～동안, ～에 걸쳐서)는 앞에 주로 '시간, 기간'명사가 오지만 간혹 횟수나 범위를 나타내는 명사가 올 수도 있다. 그러므로 여기서는 3-1이 됨을 알 수 있다. 그리고 4번은 결국 する이기 때문에 2번과 짝지어 마지막 공란에 넣어 주면 된다. 전체적으로 나열하면 3-1-2-4가 되므로 정답은 2번이 된다.

정답 2

78 ～て以来 ~한 이후 쭉, ~하고 나서는

접속 동사 て형 + ～て以来(いらい)
의미 어떤 동작 후 어떤 상태가 계속 이어지고 있다는 의미로 사용한다.

結婚(けっこん)する 결혼하다
卒業(そつぎょう)する 졸업하다
売(う)り上(あ)げ 매출, 매상
伸(の)びる 늘다
遅刻(ちこく) 지각

結婚して以来、一度も旅行に行っていない。 결혼한 이후 한 번도 여행을 가지 못했다.

大学を卒業して以来、彼女に会っていない。 대학을 졸업한 이후 쭉 그녀를 만나지 못했다.

2001年以来、売り上げが伸びていません。 2001년 이후 매출이 늘지 않고 있습니다.

彼女は入学以来、一度も遅刻していない。 그녀는 입학한 이후 지각은 한 번도 하지 않았다.

강의실 생중계!

- '~한 이후 쭉'이라는 해석대로 생각해서 동사 た형에 접속된다고 착각하는 경우가 많은데 동사 て형에 접속된다는 점에 각별히 주의해야 합니다.
- 명사 + ～以来(~이래, 이후) 형태로 명사에 바로 접속될 수도 있습니다.

시나공 확인 문제

つぎの文の（　　）に入れるのに最もよいものを、1·2·3·4から一つえらびなさい。

娘は会社を（　　）以来、家でぶらぶらしている。

1 やめる　　2 やめた　　3 やめて　　4 やめない

해석 딸은 회사를 그만둔 이후부터 아무것도 하지 않고 놀고 있다.
해설 문법 문제 유형 중에서 가장 쉬운 형태라고 말할 수 있다. 왜냐하면 동사가 공란 뒤의 ～以来(~한 이후 쭉)와 접속되는 형태만 암기해 두면 바로 정답을 찾을 수 있기 때문인데 ～以来는 동사 て형에 접속되므로 정답은 3번이 된다. **정답** 3

79 ～てしかたがない・～てしょうがない ～해서 어쩔 수가 없다, 매우 ~하다

접속 동사 · い형용사 · な형용사의 て형 + ～てしかたがない・～てしょうがない
의미 '어떤 신체나 마음의 상태가 매우 강해서 억누를 수가 없다'라고 말할 때 사용한다.

眠(ねむ)い 졸리다
ゴルフ 골프
習(なら)う 배우다
楽(たの)しい 즐겁다
発表(はっぴょう) 발표
自信(じしん) 자신
不安(ふあん)だ 불안하다
恥(は)ずかしい 창피하다

授業中眠くてしかたがなかった。 수업 중에 졸려서 어쩔 수가 없었다.

今ゴルフを習っているんですけど、もう楽しくてしょうがないです。
지금 골프를 배우고 있는데 너무 즐겁습니다.

A 木村さん、いよいよ明日発表ですね。
B ええ。でも、自信がないから不安でしょうがないです。
A : 기무라 씨, 드디어 내일 발표군요. B : 예. 그렇지만 자신이 없기 때문에 너무 불안합니다.

ばかなことをした自分が恥ずかしくてしかたなかった。
바보 같은 짓을 한 자신이 창피해서 견딜 수가 없었다.

강의실 생중계!

- 일반적으로 화자의 기분을 말할 때만 사용하지만 3인칭에 사용할 경우에는 ～ようだ・～らしい 등을 뒤에 붙여야 합니다.
- 실전에서는 て형에 접속된다는 점이 매우 중요한 포인트가 되며, 주로 い형용사나 な형용사에 접속되고 동사의 경우에는 '気になる(신경 쓰이다), 疲れる(지치다), 思える(생각되다)'와 같은 정신적, 신체적 상태를 나타내는 동사로 제한됩니다.
- 참고로 が를 생략해서 '～てしかたない'라고 할 수도 있습니다.

☑ 시나공 확인 문제

次の文の ＿★＿ に入る最もよいものを、1·2·3·4から一つ選びなさい。

A「田中さん、お孫さんが生まれたそうですね。おめでとうございます。」
B「ありがとうございます。男の孫 ＿＿＿ ＿＿＿ ＿★＿ ＿＿＿ です。」

1 なんで **2** しかた **3** うれしくて **4** がない

해석 A 다나카 씨, 손자분이 태어났다면서요? 축하드립니다.
B 감사합니다. 손자여서 기뻐서 어쩔 줄을 모르겠습니다.

해설 상당히 어려워 보이지만 '～て＋しかたがない(~해서 어쩔 수가 없다)'만 알면 쉽게 3-2-4가 됨을 알 수 있다. 그리고 1번은 ～なので(~이므로, 때문에)의 회화체이기 때문에 앞에는 명사나 な형용사가 필요하기 때문에 첫 번째 공란에 넣어주면 된다. 전체적으로 나열하면 1-3-2-4가 되므로 정답은 2번이다. **정답 2**

80 ～てもおかしくない・～ても不思議ではない ~해도 이상할 것이 없다

접속 동사・い형용사의 て형+～ても / な형용사 어간, 명사+～でも+おかしくない・不思議(ふしぎ)ではない
의미 '~할 가능성이 충분하다'라고 말할 때 사용한다.

試験(しけん) 시험
落(お)ちる 떨어지다
有能(ゆうのう) 유능
人物(じんぶつ) 인물
成功(せいこう)する 성공하다
機械(きかい) 기계
壊(こわ)れる 고장 나다

毎日遊んでいるんだから試験に落ちてもおかしくない。
매일 놀고 있으니까 시험에 떨어져도 이상할 것이 없다.

雪が降ってもおかしくないくらい寒いですね。
눈이 내려도 이상할 것이 없을 정도로 춥군요.

彼はとても有能な人物だから成功しても不思議ではない。
그는 매우 유능한 인물이기 때문에 성공하고도 남는다.

この機械は50年も使っているので、いつ壊れてもおかしくありません。
이 기계는 50년이나 사용하고 있기 때문에 언제 고장나도 이상할 것이 없습니다.

강의실 생중계!

- 시험에서는 동사에 접속되는 형태로만 출제되고 있는데 빈출문법이므로 꼭 숙지하세요.
- 문형에 사용된 단어인 不思議だ(이상하다, 불가사의하다)와 おかしい(이상하다)의 의미만 알면 이해하는데 어렵지 않습니다. 즉 부정을 이용해서 '~해도 이상하지 않다' 그러므로 '~할 가능성이 충분하다, 당연히 ~할 것이다'라고 강조할 때 사용합니다.
- 주로 いつ(언제), だれ(누구), どの(어느), どちら(어느쪽) 등의 부정칭 대명사와 함께 사용되는 경우가 많으므로 익혀두면 실전에서 많은 도움이 될 것입니다.

☑ 시나공 확인 문제

つぎの文の（　　　）に入れるのに最もよいものを、1·2·3·4から一つえらびなさい。

試合はAチームの優勝で終わったが、どちらが（　　　）試合内容だった。

1 勝ったらいい　　2 勝っても不思議ではない
3 勝つはずだった　　4 勝つだろうという

해석 경기는 A팀의 우승으로 끝났지만 어느 쪽이 이겨도 이상할 게 없는 경기 내용이었다.
해설 문맥상 화자는 두 팀의 실력이 대등했다는 것을 말하고 있음을 알 수 있고 의문문이 아님에도 부정칭 대명사인 どちら(어느 쪽)가 사용된 점이 결정적 단서가 되므로 가능성이 충분함을 나타내는 ~ても不思議ではない(~해도 이상할 것이 없다)가 사용된 2번이 정답이 된다.
정답 2

81 ～に違いない ～임에 틀림없다

접속 동사 · い형용사의 보통형 / 명사, な형용사 어간 + (である) + ～に違(ちが)いない
의미 '틀림없이 ～이다, 일 것이다'라는 확신에 가까운 표현이다.

顔(かお) 얼굴
知(し)る 알다
弟(おとうと) 남동생
消(き)える 꺼지다
寝(ね)る 자다

私の話に顔色が変ったところを見ると、彼女は本当のことを知っているに違いない。 내 이야기에 안색이 변한 것을 보면, 그녀는 사실을 알고 있는 것이 틀림없다.

あそこで先生と話している男の子は彼女の弟に違いない。
저곳에서 선생님과 이야기를 하고 있는 남자아이는 그녀의 남동생임이 틀림없다.

部屋の電気が消えているところを見ると、彼はもう寝ているに違いない。
방의 불이 꺼져 있으니까 그는 이미 자고 있음에 틀림없다.

かばんに入れたはずの財布がない。どこかで落としたに違いない。
가방에 넣은 지갑이 없다. 어딘가에 떨어뜨렸음에 틀림없다.

강의실 생중계!

- 어떤 이유나 근거를 가지고 '～임에 틀림없다'라는 표현이므로 화자의 의지적 행위에는 사용할 수 없으므로 주의해야 합니다.
- 확신이나 단정을 나타내는 표현이므로 必ず(반드시), 絶対に(절대로), きっと(반드시, 꼭) 등의 부사를 수반하는 경우가 많습니다.

✔ 시나공 확인 문제

つぎの文の（　　）に入れるのに最もよいものを、1·2·3·4から一つえらびなさい。

まだ来ないところをみると、山田さんは約束を忘れてしまったに（　　　）。

1 違わない　　2 違いじゃない　　3 違う　　4 違いない

해석 아직 오지 않는 것을 보면 야마다 씨는 약속을 잊어버린 것이 틀림없다.
해설 간혹 출제되는 유형으로 문형을 암기해 두지 않고 의미로 접근하면 틀리기 쉽다. '～임에 틀림없다'라는 확신에 가까운 표현은 ～に違いない이므로 정답은 4번이 된다. '違う(다르다, 틀리다)'라는 동사로 착각해서 1번을 선택하지 않도록 특히 주의해야 한다.

정답 4

82 ~にすぎない ~에 지나지 않는다, ~에 불과하다

접속 명사 / 동사의 보통형 + ~に過(す)ぎない
의미 '~이상의 것이 아니다, 단지 그 정도의 것이다'라고 말할 때 사용한다.

最近(さいきん) 최근
携帯電話(けいたいでんわ) 휴대 전화
国民(こくみん) 국민
過(す)ぎる 지나다, 넘다
紹介(しょうかい)する 소개하다
教材(きょうざい) 교재
ゴミ 쓰레기

A 最近は小学生まで携帯電話を持ってますね。
B ええ。持ってない人は人口の５％にすぎないんだそうですよ。

A : 요즘은 초등학생까지 휴대 전화를 가지고 있군요.
B : 예. 가지고 있지 않는 사람은 인구의 5%에 불과하답니다.

これはほんの一部を紹介したにすぎません。他にもすばらしいところがたくさんあります。

이것은 단지 일부분을 소개한 것에 불과합니다. 이외에도 훌륭한 곳이 많이 있습니다.

教材も使わなければ、ただのゴミにすぎません。

교재도 사용하지 않으면 그저 쓰레기에 지나지 않습니다.

강의실 생중계!

우리말 해석과 마찬가지로 부정적 뉘앙스로 정도가 낮음을 강조하는 표현이며 이 부분이 정답을 찾는 포인트가 될 수 있습니다.

시나공 확인 문제

つぎの文の ＿★＿ に入る最もよいものを、1·2·3·4から一つえらびなさい。

コンピューターは ＿＿ ＿＿ ＿★＿ ＿＿ 自分で考えなければなりません。

1 道具に　　**2** アイデアは　　**3** すぎない　　**4** ですから

해석 컴퓨터는 도구에 불과하니까 아이디어는 스스로 생각하지 않으면 안 됩니다.
해설 過ぎる는 '동사 ます형+~すぎる(너무 ~하다)'와 '명사 + ~にすぎない(~에 불과하다)' 두 가지 용법이 있으니 주의해야 한다. 선택지를 보면 여기서는 두 번째 용법임을 알 수 있으므로 1-3이 된다. 그리고 4번이 접속될 수 있는 것은 3번뿐이며, 마지막으로 2번은 주어가 필요한 마지막 공란에 넣어서 전체적으로 나열하면 1-3-4-2가 되므로 정답은 4번이다. **정답** 4

83 ～など・～なんか・～なんて　～등, ～ 같은 것, ～ 따위 / ~하다니

접속 명사, 명사 상당어, 문장, 문절 + ～など
명사, 명사 상당어 + ～なんか
명사, 동사, 형용사, 형용사의 보통형 + ～なんか

의미 ❶ 예시(など・なんか) : ～등, ～같은 것
❷ 경시, 무시(など・なんか・なんて) : ～ 따위, ～ 같은 것
❸ 의외, 놀람, 비난(～なんて) : ～하다니, ～할 줄이야

袋(ふくろ) 봉지, 자루
調子(ちょうし) 상태
悪(わる)い 나쁘다
温(あたた)かい 따뜻하다
助(たす)け 도움, 구조
要(い)る 필요하다
汚(きたな)い 더럽다
信用(しんよう) 신용
簡単(かんたん)だ 간단하다
なさけない 한심하다

この袋の中にはリンゴやミカンなどが入っています。
이 봉지 안에는 사과랑 귤 등이 들어 있습니다.

おなかの調子が悪いときは温かいお茶なんかを飲むといいよ。
속이 불편할 때는 따뜻한 차 같은 것을 마시면 좋아.

こんな汚い部屋になんかいたくない。 이런 더러운 방 같은 곳에는 있고 싶지 않아.

あいつの言うことなんて信用できない。 저 녀석이 하는 말 따위 신용할 수 없어.

こんな簡単なこともできないなんて、なさけない。
이런 간단한 일도 못하다니 한심하다.

강의실 생중계!

- 기본적으로 예시를 나타내는 서로 유사한 표현이지만 ～などは ～などと(～등, 등의)의 형태로 인용문을 받아 대략적인 내용을 전할 때도 사용할 수 있으나 ～なんかは 사용할 수 없습니다. 참고로 ～など・～なんかは 완곡히 말할 때도 사용합니다.
- ～など・～なんかは 뒤에 조사(が, に, を, は 등)가 붙을 수 있지만 ～なんては 붙을 수 없습니다.
- ～なんて 역시 회화체에서 주로 사용하는 예시표현이지만 전반적으로 무시나, 경멸의 뉘앙스를 가지며, 뒤에 명사를 수식하거나 의외, 놀람, 비난을 나타낼 수도 있는데 이 경우에는 ～なんて만 가능합니다.

✔ 시나공 확인 문제

つぎの文の(　　)に入れるのに最もよいものを、1·2·3·4から一つえらびなさい。

A「もうちょっと明るい色のはありませんか。」
B「では、お客様、これ(　　)はいかがでしょう。」

1 なんて　　2 など　　3 なにか　　4 なんの

해석 A 좀 더 밝은 색의 것은 없습니까?
B 그럼, 손님 이 같은 것은 어떠신지요?

해설 기본적으로 など와 なんて는 예시(～등, 같은 것)를 나타낸다는 점에서는 동일하나 なんて쪽이 경시나 무시의 뉘앙스가 강하므로 손님에게는 사용하지 않는 것이 좋다. 그리고 결정적으로 なんて는 조사를 붙여서 사용할 수 없기 때문에 정답은 2번이 된다.

정답 2

84 ～はもちろん ～은 물론, ～은 당연하거니와

접속 명사 + ～はもちろん
의미 '～은 당연해서 말할 필요도 없지만'이라는 의미이다.

全国(ぜんこく) 전국
配達(はいたつ) 배달
現金(げんきん) 현금
支払(しはら)い 지급
有名(ゆうめい)だ 유명하다
観光地(かんこうち) 관광지
平日(へいじつ) 평일
愛(あい)する 사랑하다

この商品は東京はもちろん全国どこへでも配達できます。
이 상품은 동경은 물론 전국 어디에라도 배달이 가능합니다.

現金はもちろん、カードでも支払うことができます。
현금은 물론, 카드라도 지불할 수 있습니다

ここは有名な観光地で、週末はもちろん平日もにぎわっている。
이곳은 유명한 관광지라서 주말은 물론 평일에도 붐빈다.

寿司は、日本人にはもちろん世界中の人々にも愛される食べ物になった。
초밥은 일본인은 물론 전 세계 사람들에게도 사랑받는 음식이 되었다.

강의실 생중계!

조사 は가 사용된다는 점에 유의해야 하고 주로 '～はもちろん、～も・まで' 형태로 많이 사용되므로 익혀두면 실전에 많은 도움이 됩니다.

☑ 시나공 확인 문제

つぎの文の ＿★＿ 入る最もよいものを、1·2·3·4から一つえらびなさい。

プロの野球選手になる ＿＿＿ ＿＿＿ ＿★＿ ＿＿＿ なければならない。

1 もちろん　　2 体力は　　3 ためには　　4 頭もよく

해석 프로 야구선수가 되기 위해서는 체력은 물론 머리도 좋지 않으면 안 된다.

해설 3번의 자리는 접속형태로 쉽게 찾을 수 있다. ため는 형식명사이므로 첫 번째 공란밖에 들어갈 수 없다. 그리고 1번은 '명사+はもちろん(～은 물론) 형태로 사용하므로 2번과 짝이 되어야 한다. 마지막으로 4번은 마지막 공란에 들어가서 의미적으로 ～よくないが 되어야 한다. 전체적으로 나열하면 3-2-1-4가 되므로 정답은 1번이다. **정답** 1

85 ～を中心に(して) ～을 중점적으로, ～을 중심으로

접속 명사 + ～を中心(ちゅうしん)に(して)
의미 중요한 역할을 하거나 중심적인 위치에 있는 사항, 장소, 사물, 인물을 나타낼 때 사용한다.

単語(たんご) 단어
勉強(べんきょう)する 공부하다
会話(かいわ) 회화
下半身(かはんしん) 하반신
トレーニング 트레이닝
作家(さっか) 작가
活動(かつどう)する 활동하다

私は単語を中心に勉強してから会話を習います。
저는 단어를 중심으로 공부하고 나서 회화를 배웁니다.

まず下半身を中心にトレーニングを行います。
그럼, 우선 하반신을 중심으로 트레이닝을 하겠습니다.

その作家は東京を中心に活動している。 그 작가는 동경을 중심으로 활동하고 있다.

강의실 생중계!

- 우리말의 中心(중심)과 동일하게 '한가운데로, 집중적으로, 중점적으로 ～하다'라는 의미이기 때문에 쉽게 이해할 수 있습니다.
- 참고로 앞뒤의 조사만을 찾는 문제로도 많이 출제되니 유의하세요.

86 ～を通して・～を通じて ～을 통해서

접속 명사 + ～を通(とお)して・～を通(つう)じて
의미 어떤 일이 성립될 때, 혹은 할 때의 수단이나 매개가 되는 사람, 사항을 나타내거나 어떤 일정기간 계속이라는 두 가지 의미로 사용된다.

事故(じこ) 사고
テレビのニュース TV 뉴스
同(おな)じ 같음, 동일
趣味(しゅみ) 취미
紹介(しょうかい)する 소개하다
温暖(おんだん)だ 따뜻하다

その事故はテレビのニュースを通じて知りました。
그 사고는 TV뉴스를 통해서 알았습니다.

田中さんを通して同じ趣味の人を紹介してもらった。
다나카 씨를 통해서 같은 취미를 가진 사람을 소개해 받았다.

この国の気候は一年を通じて温暖です。 이 나라의 기후 일년 내내 따뜻합니다.

강의실 생중계!

- 의미로서도 충분히 알 수 있는 것처럼 앞에는 매개체, 수단, 중간자의 의미를 가질 수 있는 명사나 기간을 나타내는 명사가 온다는 점이 중요한 포인트입니다.
- 참고로 ～を通じて는 앞 명사가 어떤 일이 성립될 때의 매개, 수단이 되었었다는 의미이며, ～を通して는 앞 명사를 매개, 수단으로 사용한다는 적극적 뉘앙스가 있으나 시험에서는 두 표현을 동일하게 봐도 무방합니다.

87 ～だらけ ～투성이

접속 명사+ ～だらけ
의미 좋지 않은 것이 많이 붙어있는 모습, ～가 많이 있는 모습을 나타낸다.

間違(まちが)い 틀림, 실수
文章(ぶんしょう) 문장
直(なお)す 고치다
作業(さぎょう) 작업
終(お)える 끝내다
服(ふく) 옷
ほこり 먼지

間違いだらけの文章を先生が直してくださった。
실수투성이의 문장을 선생님이 고쳐주셨다.

作業を終えた彼の服はほこりだらけだった。 작업을 끝낸 그의 옷은 먼지투성이였다.

雨の中を走ってきたら，靴やズボンが泥だらけになってしまった。
빗속을 뛰어나왔더니 신발이랑 바지가 진흙투성이가 되어 버렸다.

강의실 생중계!

ゴミ(쓰레기), ほこり(먼지), 泥(진흙), 血(피), 間違い(잘못) 등의 좋지 않은 명사와 함께 사용되는 경우가 많으므로 이들 명사를 암기해 두면 정답을 찾기가 쉽습니다.

시나공 확인 문제

つぎの文の ＿★＿ に入る最もよいものを、1·2·3·4から一つえらびなさい。

このサイトは、スマートフォンでファッションなど女性向けの情報が見られるので、重い ＿＿ ＿＿ ＿★＿ ＿＿ 人気を集めている。

1 中心に　　2 ファッション雑誌を
3 若い女性を　　4 持ち歩きたくない

해석 이 사이트는 스마트폰으로 패션 등 여성을 대상으로 한 정보를 볼 수 있어 무거운 패션 잡지를 들고 다니기 싫은 젊은 여성들을 중심으로 인기를 모으고 있다.

해설 먼저 1번은 ～を中心に(～을 중심으로, 중점적으로)형태로 사용하므로 조사 ～を가 있는 2번과 3번이 앞에 올 수 있으나 문맥상 3번이 적절하며 2번은 타동사인 4번의 목적어가 되는 것이 좋으므로 2-4가 되어 명사인 3번을 수식하면 된다. 전체적으로 나열하면 2-4-3-1이 되어 정답은 3번이다.

정답 3

적중 예상 문제 ①

問題 1 つぎの文の(　　　)に入れるのに最もよいものを、1·2·3·4から一つえらびなさい。

01 写真立ては、思い出の写真などを入れることができるため、卒業記念品（　　　）人気が高い。

1 について　　2 によって　　3 とくらべて　　4 として

02 お申し込み（　　　）のお問い合わせは、メールまたはファックスでお願いします。

1 について　　2 にたいして　　3 において　　4 にくらべて

03 この大学では、今年から全ての留学生（　　　）日本語教育を受けることのできる機会を提供する。

1 にくらべて　　2 のことで　　3 のほかに　　4 にたいして

04 飛行機は船（　　　）料金は高いが、速いから時間が節約できる。

1 のいっぽうで　　2 にしたがって　　3 のことで　　4 にくらべて

05 X市は工場で使われている化学物質の環境への影響を２年間（　　　）調査した。

1 にかんして　　2 にわたって　　3 にかけて　　4 において

06 彼の行動は、人によっては失礼だと（　　　）のに、先輩は怒らなかった。

1 怒ってはいけない　　2 怒るはずがない
3 怒っても不思議ではない　　4 怒るのではない

07 この機械は使い方が簡単なので、男性は（　　　）女性でも使える。

1 ようやく　　2 せっかく　　3 もちろん　　4 必ずしも

08 今はインターネット（　　　）いろんな情報を得ることができる。

1 にとって　　2 として　　3 にしたがって　　4 を通して

▶ 정답과 해설 69쪽

問題 2 つぎの文の ＿★＿ に入る最もよいものを、1·2·3·4から一つえらびなさい。

01 僕は学校の ＿＿ ＿＿ ＿★＿ ＿＿ ことになった。

1 参加する　2 代表　3 水泳大会に　4 として

02 大人は ＿＿ ＿★＿ ＿＿ ＿＿ ならない。

1 自分の行動　2 なければ　3 に対して　4 責任を持た

03 いつでもインターネットやメールなど、パソコンでしか ＿＿ ＿＿ ＿★＿ ＿＿ ならない必需品だ。

1 携帯電話は私に　2できなかったことも　3 とってなくては　4 できるので

04 運動を ＿＿ ＿★＿ ＿＿ ＿＿ いない。

1 以来　2 風邪を引いて　3 一度も　4 始めて

05 大学生の君がこんな ＿＿ ＿＿ ＿★＿ ＿＿ なさけない。

1 計算も　2 できない　3 簡単な　4 なんて

06 あしたは ＿＿ ＿＿ ＿★＿ ＿＿ ので注意してください。

1 関東地方を　2 雨が降る　3 中心に強い　4 可能性がある

07 彼らは ＿＿ ＿＿ ＿★＿ ＿＿ や生活習慣を理解することができた。

1 を通して　2 国の文化　3 国際交流　4 お互いの

08 今回の調査で、アメリカ人の幸福度は ＿＿ ＿＿ ＿★＿ ＿＿ 日本人は下がっていくことがわかった。

1 にしたがって　2 対して　3 年を取る　4 上がるのに

적중 예상 문제 ②

問題1 つぎの文の（　　）に入れるのに最もよいものを、1·2·3·4から一つえらびなさい。

01 自分の子供を世話するのは親（　　）当然のことである。

1 にして　2 として　3 にまで　4 としたら

02 漢字を全然使わない国の人には、漢字の多い日本語はきっと（　　）。

1 難しいことではない　2 難しいはずがない
3 難しいに違いない　4 難しくてもしかたがない

03 企業（　　）優秀な社員を採用することはとても重要である。

1 にとって　2 にかんして　3 にくらべて　4 にたいして

04 相手と明らかな実力差があったとしても、戦う前から（　　）とあきらめるのはよくない。

1 負けてもしかたない　2 負けなきゃならない
3 負けないようにしよう　4 負けてよかった

05 グローバル社会（　　）自分の考えを英語で表現できる能力を身につけることは重要である。

1 にくらべて　2 によって　3 について　4 において

06 最近、アルコール度数の高いビールが若者（　　）中心に人気を集めているという。

1 が　2 は　3 を　4 に

07 うちの洗濯機は15年以上も使っているが、いつ（　　）状態で不安だ。

1 壊れてもおかしくない　2 壊れてはならない
3 壊してよかった　4 壊したくない

08 どこで遊んできたのか、子供の服は泥（　　）だった。

1 だけ　2 だらけ　3 ばかり　4 しか

問題2 つぎの文の ＿★＿ に入る最もよいものを、1・2・3・4から一つえらびなさい。

01 彼女は去年、留学生 ＿＿ ＿＿ ＿★＿ ＿＿ デザインを勉強している。

1 大学で　2 として　3 来て　4 日本に

02 彼女は自動車が環境に ＿＿ ＿＿ ＿★＿ ＿＿ をしている。

1 影響に　2 関する　3 与える　4 研究

03 毎日のように変化する ＿＿ ＿★＿ ＿＿ ＿＿ の原因になっている。

1 いろんな病気　2 おいては　3 ストレスが　4 現代社会に

04 A「山本さん、あの鳥、とてもかわいいですが、いつでも見られますか。」
B「いいえ、日本で見られるのは ＿＿ ＿＿ ＿★＿ ＿＿ です。」

1 から　2 11月　3 かけて　4 2月に

05 あんな高い車に乗っているんだから、彼は ＿＿ ＿＿ ＿★＿ ＿＿ 思う。

1 ないと　2 に違い　3 お金持ち　4 きっと

06 いつも ＿＿ ＿＿ ＿★＿ ＿＿ から、人に嫌われるのよ。

1 する　2 なんか　3 うそ　4 ついたり

07 A研究所は、約3000人の男女を対象に ＿＿ ＿＿ ＿★＿ ＿＿ の
インターネット調査を行った。

1 考え方に　2 に対する　3 結婚　4 ついて

08 一日でも掃除をしないと、ここは ＿＿ ＿＿ ＿★＿ ＿＿ ます。

1 になって　2 ゴミ　3 しまい　4 だらけ

적중 예상 문제 ③

問題１　つぎの文の（　　　）に入れるのに最もよいものを、1･2･3･4から一つえらびなさい。

01 僕は人間的には彼女が好きだけど、医者（　　　）は尊敬できない。

1 にまで　　2 とまで　　3 にして　　4 として

02 僕は小学6年生が記者の質問（　　　）自分の考えをしっかり述べていたことに感心させられた。

1 にたいして　　2 にしたがって　　3 にとって　　4 によって

03 長野県は他の県（　　　）外国人の割合が高くなっている。

1 のことで　　2 にくらべて　　3 のいっぽうで　　4 について

04 A「昼ご飯、何にしょうか。」

B「そうだねえ、トンカツ（　　　）どう？この前友だちにすごくおいしい店、教えてもらったから。」

1 なんか　　2 だけ　　3 なんと　　4 ばかり

05 この記事には、なぜ子供が失敗してもほめたほうが（　　　）詳しく書かれている。

1 いいのかどうかについて　　2 いいのかについて

3 いいのかによって　　4 いいのかどうかによって

06 このラーメン屋には広い駐車場があるので、車で移動する人に（　　　）は利用しやすい店だ。

1 として　　2 よれば　　3 とって　　4 たいして

07 最新技術の新しいエンジンの開発は、A大学を（　　　）にして研究が進められている。

1 あいだ　　2 前　　3 中間　　4 中心

08 初めての留学生活で不安だったが、生活に慣れる（　　　）会話の能力も少しずつ伸びて、落ち着いた生活ができるようになった。

1 にしたがって　　2 までに　　3 のにたいして　　4 たびに

問題 2 つぎの文の ___★___ に入る最もよいものを、1・2・3・4から一つえらびなさい。

01 日本は地震が多い国なので、いつ ______ ______ ★ ______ 準備が必要だ。

1 対する　2 起きても　3 地震に　4 不思議ではない

02 新しい年を迎えました。今年もみなさん ______ ______ ★ ______ ことをお祈りします。

1 一年で　2 すばらしい　3 にとって　4 ある

03 今話題のこの掃除機は ______ ______ ★ ______ ゴミやほこりもよく拾ってくれる。

1 細かい　2 今までの　3 比べて　4 ものに

04 この授業ではまず文法を勉強 ______ ______ ★ ______ 勉強します。

1 してから　2 を中心に　3 午後は　4 会話

05 この植物は30度 ______ ______ ★ ______ ないから、室内で育てたほうがいい。

1 おいてしか　2 以上の　3 花を咲かせ　4 暑い環境に

06 吉田さんは２年前から料理教室に通って ______ ______ ★ ______ ちがいない。

1 きっと　2 得意に　3 料理が　4 いるから

07 A市は観光客が ______ ______ ★ ______ バスの本数を増やしていこうと思っている。

1 しかなかった　2 一日に一本　3 にしたがって　4 増える

08 この企業に就職するためには２年 ______ ______ ★ ______ が必要だ。

1 通訳　2 としての　3 以上　4 経験

시 나 공
05 만점을 위한 문장 문법력

문장 문법력 파트는 독해와 문법을 합쳐놓은 것이라고 할 수 있습니다만 독해적 성격이 더 강하다고 말할 수 있습니다. 즉 문장을 읽고 논리의 흐름을 파악해 논리에 맞는 표현, 문법, 접속사, 부사 등을 찾아낼 수 있어야 합니다. 그렇기 때문에 평소에 독해파트를 공부할 때 단순히 정답에만 치중하지 말고 논리의 흐름 등도 분석해 보는 것이 좋습니다. 이번 장에서는 자주 출제되는 접속사와 부사에 대해서 집중적으로 알아보기로 하겠습니다.

시험에 이렇게 나온다!

問題3 つぎの文章を読んで、文章全体の内容を考えて、[1]から[5]の中に入る最もよいものを1·2·3·4から一つえらびなさい。

去年の夏休みに、友達と３人でタイへ行ってきました。海外旅行はみんな初めてだったので、少し胸が[1]しました。タイのバンコクまでは成田から飛行機で８時間ぐらいかかりました。

バンコクに着いたのは夕方で、みんな少し疲れていましたが、荷物をホテルの部屋に置いて、夕ご飯を食べに街に出てみることにしました。街はいろんな種類の食べ物を売っている屋台やたくさんの人で、にぎやかでした。私たちはおなかが減っていたので、屋台で日本のラーメンの[2]ものを食べました。日本のラーメン[3]と少し辛かったですが、とてもおいしかったです。

次の朝、私たちは世界的に有名な観光地であるノンヌックガーデン[4]ところへ行きました。ここは毎日2回、タイの伝統舞踊や象のショーなどが見られるので、短い時間でタイの文化を知るには一番いい場所だと思います。特に、テレビでしか見たことのない象のショーを実際に見るというのは、とても素晴らしい経験でした。2泊３日の短い旅行でしたが、私たちは一生[5]を作ることができました。

01　1 どきどき　2 ぐっすり　3 そろそろ　4 だんだん

02　1 らしい　2 そうな　3 ような　4 みたいな

03 1 にわたる 2 にたいする 3 にかんする 4 にくらべる

04 1 という 2 と思う 3 と考えられる 4 と見られる

05 1 忘れるかもしれない思い出 2 忘れようとした思い出
3 忘れられない思い出 4 忘れた思い出

해석 작년 여름휴가 때 친구와 셋이서 타이에 갔다 왔습니다. 해외여행은 모두 처음이었으므로 조금 가슴이 두근두근 했습니다. 타이의 방콕까지는 나리타공항에서 비행기로 8시간정도 걸렸습니다.

방콕에 도착한 것은 저녁 무렵이었고 모두 조금 피곤했습니다만, 짐을 호텔 방에 놓아두고서 저녁을 먹으러 시내에 나가보기로 했습니다. 시내에는 여러 종류의 음식을 파는 포장마차와 많은 사람들로 붐볐습니다. 우리들은 배가 고팠기 때문에 포장마차에서 일본의 라면 과 같은 것을 먹었습니다. 일본의 라면 에 비하면 조금 매웠습니다만 매우 맛있었습니다.

다음날 아침, 우리들은 세계적으로 유명한 관광지인 '농눅 가든' 이라는 곳에 갔습니다. 이곳은 매일 2번 태국의 전통춤과 코끼리 쇼 등을 볼 수 있으므로 짧은 시간에 태국의 문화를 알기에는 가장 좋은 장소라고 생각합니다. 특히 TV에서밖에 본적이 없는 코끼리 쇼를 실제로 본다는 것은 굉장한 경험이었습니다. 2박3일의 짧은 여행이었습니다만, 우리들은 평생 잊을 수 없는 추억 을 만들 수가 있었습니다.

해설 01

선택지를 보면 부사를 묻는 문제임을 알 수 있다. 이 문제에서는 '胸がどきどきする(가슴이 두근두근하다)'라는 관용표현만 알고 있으면 쉽게 정답을 찾을 수 있고, 또 해외여행이 처음이라는 내용을 통해서도 알 수 있다. 그러므로 정답은 1번이 된다. 참고로 2번은 주로 ぐっすり寝る 형태로 사용하는 '푹', 3번은 어떤 일이 일어나는 시기에 접어들 때 사용하는 '슬슬', 마지막 4번은 변화를 나타내는 '점점, 차차'이다.

정답 1

02

단순히 선택지의 의미만으로 접근하면 틀릴 수 있으므로 이러한 문제는 접속형태를 먼저 확인하는 것이 좋다. 즉 본문의 공란의 앞뒤를 보면 '명사の+(　)+명사'이기 때문에 명사에 접속될 때 조사 の가 필요한 것은 3번뿐이므로 정답은 3번이 된다. 참고로 이 문제에서 ～ようだ는 '(마치, 흡사) ~와 같다'라는 비유용법으로 사용되고 있다. 그리고 4번 ~みたいだ도 동일한 의미이나 ～みたいだ는 명사에 접속될 때 조사の가 붙지 않으므로 주의해야 한다.

정답 3

03

문맥에 맞는 문법을 찾는 문제이다. 공란 앞뒤의 내용을 보면 타이 시내에서 라면을 먹었고 그 라면을 일본의 라면과 '비교'하고 있다는 것을 알 수 있다. 그러므로 비교의 의미를 나타내는 4번 ~に比べる(~에 비교하다, 비하다)가 정답이 된다. 참고로 1번은 '~에 걸친, 동안', 2번은 '~에 대한', 3번은 '~에 관한'이다.

정답 4

04

문장력 문법파트에서는 매끄러운 해석보다는 말하고자 하는 내용을 파악하는 것이 무엇보다도 중요하다. 공란의 앞뒤를 보면 모두 명사가 나와 있고 앞 명사는 뒷 명사의 명칭이라는 것을 찾아낼 수 있어야 한다. 그러므로 '~라고 불리는, 이름의, 라는'이라는 의미를 가지는 1번이 정답이 된다.

정답 1

05

이 문제는 문맥상 맞는 표현을 고르는 문제이다. 이 글에서 필자는 첫 해외여행지인 타이에서의 관광에 매우 만족하고 있음을 알 수 있다. 그러므로 '잊을 수 없는 추억'이라는 의미의 3번이 정답이 된다. 참고로 1번은 '잊을지도 모르는 추억', 2번은 '잊으려고 한 추억', 4번은 '잊은 추억'이다.

정답 3

문장 문법력 문제 공략을 위한 접속사와 부사

핵심 01 접속사

01 순접 : 앞의 글과 뒤의 글이 의미상 순리적으로 연결되는 경우

だから・ですから	그러니까, 그래서
それで	그래서
そこで	그래서, 그런 까닭으로
すると	그러자
したがって	따라서, 그래서

02 역접 : 앞의 글에 대한 뒤의 글이 모순, 대립되는 관계로 연결되는 경우

しかし	그러나, 그렇지만
けれども・けれど	그렇지만
でも	그래도, 그렇지만
それでも	그런데도, 그럼에도 불구하고
ところが	그런데, 그러나
それなのに	그런데도, 그럼에도 불구하고

03 병렬 : 가치, 순서, 등에 차이가 없이 동렬로 나란히 연결되는 경우

そして	그리고
また	또, 게다가

04 화제 전환 : 화제를 바꾸어서 이야기를 시작하는 경우

さて	그런데, 그건 그렇고
ところで	그런데, 그건 그렇고

05 첨가 : 덧붙이는 경우

そのうえ	게다가, 또한
それに	게다가, 더욱이

しかも	게다가
それから	그리고

06 기타

なぜなら	왜냐하면
ただ 一方,	다만, 그러나
一方(いっぽう)・一方で	한편, 다른 한편
それなら	그렇다면, 그러면
それとも	그러지 않으면, 아니면
ちなみに	덧붙여서(말하면), 이와 관련해서

핵심 02 부사

01 부정을 수반하는 부사

あまり	그다지
少しも・ちっとも	조금도
一度(いちど)も・一(ひと)つも	한 번도, 하나도
全然(ぜんせん)	전혀
決(けっ)して	결코
別(べつ)に	별로, 특별히
なかなか	좀처럼
とても	도저히
二度(にど)と	두 번 다시
まったく	전혀
必(かなら)ずしも	반드시
なかなか	좀처럼

02 특정표현과 주로 호응하는 부사

たぶん(～だろう・～でしょう)	아마 (~일 것이다, ~일 것입니다)
もしかすると・もしかしたら(～かもしれない)	어쩌면 (~일지도 모른다)
きっと(～だろう・～でしょう・～はずだ)	꼭, 틀림없이 (~일 것이다, ~일 것입니다)
たしか(～と思う)	분명히, 확실히, 아마 (~라고 생각한다)
今にも(양태 そうだ)	당장이라도, 곧 (~할 것 같다)
まるで(～ようだ・みたいだ)	마치, 흡사(~같다)
なんて(～だろう)	어쩌면 이토록, 이 얼마나(~일까, ~인가)
ぜひ(～たい・～ましょう・～てください)	꼭, 부디 (~하고 싶다, ~합시다, ~해 주십시오)
つい(～てしまう)	그만, 무심코 (~해 버리다)
せっかく(～から・～ので・～のに)	모처럼 (~이니까, ~이므로, ~한데)

03 예상, 상상한 결과를 나타내는 부사

やはり・やっぱり	역시, 과연
さすが	과연, 역시

04 양보를 나타내는 부사

いくら	아무리
どんなに	아무리

05 정도부사

とても	매우, 아주
非常(ひじょう)に	대단히
大変(たいへん)	대단히
かなり	꽤
ずいぶん	몹시, 대단히
あまりに・あまりにも	너무나, 지나치게

06 기타 부사

特(とく)に	특히
主(おも)に	주로
実(じつ)は	실은, 사실은
もし	만약
例(たと)えば	예를 들면
つまり	즉, 요컨대
結局(けっきょく)	결국
やっと	겨우, 간신히, 고작
いつのまにか	어느 새인가
必(かなら)ず	반드시, 꼭
どうか	부디, 아무쪼록
どうしても	아무리 하여도, 꼭
ようやく	겨우, 간신히
絶対(ぜったい)に	도저히, 반드시, 꼭
だんだん	차차, 점점
次第(しだい)に	차츰, 점점
あと	앞으로, 아직
ずっと	쭉, 훨씬
ついに	마침내, 결국
まだ	아직, 그 외에도
いつでも	언제라도
もちろん	물론
たしかに	확실히, 틀림없이
すぐに	즉시, 곧바로
そろそろ	슬슬, 곧

적중 예상 문제 ①

▶ 정답과 해설 86쪽

問題3 つぎの文章を読んで、文章全体の内容を考えて、[1]から[5]の中に入る最もよいものを、1·2·3·4から一つえらびなさい。

僕が5歳のころのことですが、アナログ時計を見たとき、針が3のところにあったので、「あ、今3分だ」と言ったら、お母さんは笑いながら「あれは15分と読むんだよ」と言いました。僕は3なのにどうして15と読むんだろう、[1]と思いました。

小学校２年生になって、学校で時計の読み方を習ってくると、お母さんが「今日学校で時計の読み方を習ったんでしょ。お母さんが問題を出すから、よく考えてから答えてね。３時の１時間30分後は何時何分になるの?」と聞きました。僕はすぐに答えられなくて、壁に[2]時計を見ながら時間を計算をして、「[3]」と答えました。うちにアナログ時計がなかったら、たぶん答えられなかったかもしれません。

それ以来、僕は時間を計算するときは、いつもアナログ時計を見るのが習慣になってしまって、大人になってもアナログ時計しか使わなくなりました。

[4]、デジタル時計の方がアナログ時計より時間が読みやすいですが、アナログ時計に慣れてしまった僕は、これからもずっとアナログ時計だけを[5]。

01	1 遅いな	2 なるほど	3 変だな	4 合ったのか
02	1 かけていた	2 かかっていた	3 かいている	4 かいてある
03	1 ３時15分	2 ３時30分	3 ４時15分	4 ４時30分
04	1 必ずしも	2 たとえ	3 もちろん	4 あまりにも
05	1 使うつもりです	2 使ってみます	3 使いました	4 使ったらいいです

적중 예상 문제 ②

▶ 정답과 해설 88쪽

問題3 つぎの文章を読んで、文章全体の内容を考えて、[1]から[5]の中に入る最もよいものを、1·2·3·4から一つえらびなさい。

子供ならだれでも同じだろうと思いますが、僕も子供の頃はにんじんやたまねぎ[1]野菜が大嫌いでした。[2-a]、あまりおいしくないし、かんだときの音が[2-b]。

だから、料理の中に野菜が入っていると、いつも食べないで残したので、母に[3]ことも何回かありました。こんな僕のために母はいろんな工夫をして、甘くしたり、かまなくても食べられる[4]、細かく切ってくれたりしました。それでも、食べたくないと泣いたりして、母を困らせました。今思えば本当に悪い子供でした。

ところで、実はこれらの野菜は、私たちの体になくてはならない成分がたくさん入っている、とてもいい食品です。それに、どんなにたくさん食べても太る心配もありません。ですから、できるだけ毎日野菜を食べたほうがいいです。

私も野菜が健康にとてもいいとわかってからは、少しずつ野菜を食べはじめました。それで、大人になった今は、野菜が一番好きな食べ物に[5]。

01 1 という　2 といった　3 といえば　4 というより

02
1 a なぜなら　b いやだったからです
2 a たとえば　b いやだったでしょう
3 a ちなみに　b いやだったようです
4 a しかし　b いやになってください

03 1 怒った　2 怒らせられた　3 怒らせた　4 怒られた

04 1 ために　2 くせに　3 ように　4 らしく

05
1 なりました　2 なりたかったです
3 ならなかったはずです　4 なりませんでした

적 중 예상 문제 ③

▶ 정답과 해설 90쪽

問題3 つぎの文章を読んで、文章全体の内容を考えて、[1]から[5]の中に入る最もよいものを、1・2・3・4から一つえらびなさい。

子供たちはペットがほしいと言っていました。私もほしいとは思っていたのですが、昼間はだれも家にいないので、なかなか犬や猫を飼うのは難しいと思っていました。

[1]日、娘が金魚がほしいと言い出し、金魚なら飼えそうだと思ったので、近くのペットショップへ金魚を買いに行きました。

小さな水槽の中に何十匹も小さなオレンジ色の金魚が泳いでいるのを見て、娘はとても喜びました。「どれにしようか。」と眺めていると、店員さんが、「この金魚はまだ入ったばかりだから、売れませんよ。」と言いました。消毒などいろいろな準備があるそうです。

[2]している娘を見て店員さんは、「２匹だけならいますよ。餌にするために取っておいた金魚でよければ、お売りしましょうか。」と言いました。何のことかよくわからなくて店員さんについていったら、そこには南米からやってきた大型の熱帯魚が泳いでいて、同じ水槽の中に小さな金魚が２匹[3]。

熱帯魚のほうは、おなかが空いていないらしく、金魚はまだ無事でした。[4]その金魚２匹を購入しました。売れ残ったものらしく、色もきれいではありませんでした。でも、自分が助けたと思うと愛着もわいてきます。

うちのかわいい金魚たちは、家族みんなにかわいがられて少し太った[5]が、今日も元気に水槽で泳いでいます。

01 1 いる 2 あんな 3 ある 4 どんな

02 1 がっかり 2 うっかり 3 ぐっすり 4 はっきり

03 1 入らせてやりました 2 入ってほしかったです 3 入れようとしていました 4 入れられていました

04 1 餌にされてしまった 2 餌にされるところだった 3 餌にならなくてもいい 4 餌になったほうがいい

05 1 感じがしたようです 2 感じがします 3 感じがしたでしょう 4 感じがするそうです

적중 예상 문제 ④

▶ 정답과 해설 92쪽

問題3 つぎの文章を読んで、文章全体の内容を考えて、[1]から[5]の中に入る最もよいものを、1·2·3·4から一つえらびなさい。

私は今留学生のための日本語クラスのサポーターをしています。日本語サポーターとして留学生と一緒に日本語を学ぶのは、非常に楽しく充実したものでした。

実際に活動を始める前は、英語を話せる[1]不安もありましたが、留学生自身がどんどん日本語を使おうと努力をしているので、私は日本語を使って積極的に留学生たちと会話をすることができました。[2]、授業のたびにクラスのみんなと仲良くなれた気がします。

私の通っている大学に来ている留学生の多くは、もっと日本人の友達を作って、もっと日本語の練習をしたいと話しています。クラスの留学生も[3]私に話していました。ですから、もし少しでも日本語サポーターに興味を持っている人が[4]、週に一度だけでもいいから留学生と一緒に日本語の勉強をしてみてほしいと思います。日本語をともに学ぶことを通して築いた関係はより深いものになると私は信じています。皆さんも留学生との交流を深めるきっかけに日本語サポーターとしての活動を[5]。

01
1 ようになるか　　2 かどうかといった
3 はずがないか　　4 ことになっていた

02
1 そのため　　2 そのうえ　　3 つまり　　4 けれども

03
1 こういう　　2 どう　　3 どういう　　4 そう

04
1 いたとしても　　2 いたとしたら
3 いないように　　4 いないことから

05
1 してみてもよろしいでしょうか　　2 してみてはいかがでしょうか
3 させていただけますか　　4 させてくださいませんか

적중 예상 문제 ⑤

▶ 정답과 해설 94쪽

問題3 つぎの文章を読んで、文章全体の内容を考えて、[1]から[5]の中に入る最もよいものを、1·2·3·4から一つえらびなさい。

日本のコンビニにはまんがやいろいろな種類の雑誌がたくさん[1]いますが、コンビニに行くと、いつもそれを立ち読みしている人たちをよく見かけます。私の国ではコンビニで立ち読みする人はほとんどいませんから、はじめて見たときは立ち読みは悪いことではないだろうかと、とても気になりました。

[2]友だちに聞いてみました。友だちの話では店は立ち読みされると、本が汚れたり整理しなおしたりしなければならない[3]よくない点もあるが、立ち読みする人たちは、帰るときその店で他の商品を買って帰るので、店にとっては必ずしもよくないことではない[4]。

最近は私もよくコンビニで立ち読みして、気に入った雑誌を買ったり、他の商品も一緒に買ったりしています。なぜならコンビニの立ち読みは日本の文化の一つだと[5]からです。

01 1 並べられて　2 並べてあげて　3 並べさせられて　4 並べさせてくれて

02 1 すると　2 一方　3 ところが　4 そこで

03 1 まで　2 から　3 ほかに　4 より

04 1 だけです　2 そうです　3 ためです　4 せいです

05 1 思わないだろう　2 思うことになっている
3 思うようになった　4 思わなくてもいいだろ

실전 모의고사

:: 2회분 ::

실전 모의고사 1 회

問題 1 つぎの文の（　　　）に入れるのに最もよいものを、1・2・3・4から一つえらびなさい。

01 もう三日（　　　）降り続いている雨のせいで、子供たちは外遊びができなくて残念がっている。

1 も　　2 など　　3 くらい　　4 に

02 危ないから暗くならない（　　　）山を下りたほうがいい。

1 うちに　　2 ために　　3 あいだ　　4 あとで

03 この曲をきく（　　　）、いつも昔見た映画を思い出す。

1 までに　　2 くせに　　3 たびに　　4 うちに

04 早く起きられる（　　　）目覚ましをかけて寝た。

1 せいで　　2 ように　　3 ために　　4 うえに

05 A「田中さん、何を勉強しているんですか。」
B「韓国語です。韓国人の友達ができたので。でも、韓国語（　　　）難しいですね。」

1 って　　2 だって　　3 なら　　4 だったら

06 この運動は体の健康（　　　）、心の健康にも効果があるという。

1 しかなく　　2 ばかりで　　3 だけでなく　　4 よりも

07 病院に運ばれてきた男性の足は、骨が見える（　　　）ひどいけがをしていた。

1 つもりの　　2 おかげで　　3 途中の　　4 ほど

08 到着時刻を教えていただければ、空港までお迎えに（　　　）。

1 いらっしゃいます　2 まいります　3 なさいます　4 ございます

09 A「うちの子がかいたウサギの絵、かわいいでしょ。」
B「ええ。でも、ウサギ（　　　）くまみたいですね。」

1 というより　2 といえば　3 といった　4 という

10 A「この授業はどんなことを勉強するんですか。」
B「授業の内容は教える先生（　　　）違いますから、直接先生に聞いてみてください。」

1 にとって　2 に対して　3 によって　4 に比べて

11 店内に入ると、ちょうど（　　　）、客は私たちだけだった。

1 開店したばかりなのに　2 開店したばかりなのか
3 閉店したところなのに　4 閉店したところなのか

12 このマンションは、駅前とは思えないくらい静かで緑も多くて本当に（　　　）ので買うことにした。

1 住みにくくてもいい　2 住みすぎている
3 住んだままな　4 住みやすそうな

13 ピアノは子供どものうちから習い始めることが多いが、大人に（　　　）始められるというので、体験レッスンから受けてみた。

1 なる前でも　2 なる前は　3 なってからでも　4 なってからは

問題2　つぎの文の＿★＿に入る最もよいものを1·2·3·4から一つえらびなさい。

14 僕はいつもお客様の要望を ＿＿ ＿＿ ＿★＿ ＿＿ 仕事をしている。

1 実現できるか　　2 考えながら
3 どうすれば　　4 ということを

15 子供の悪い習慣は ＿＿ ＿★＿ ＿＿ ＿＿ ほうがいいと思います。

1 できるだけ　　2 直して　　3 早く　　4 やった

16 A「それ、新しい携帯電話ですね。いつ買ったんですか。」
B「きのうです。＿＿ ＿＿ ＿★＿ ＿＿ ほしくなってつい買ってしまいました。」

1 買うつもり　　2 見たら　　3 んですが　　4 はなかった

17 きのうから急に腰が痛くなったが、＿＿ ＿＿ ＿★＿ ＿＿ 困っている。

1 行けば　　2 一番早く治るのか
3 どこに　　4 わからなくて

18 日本の食べ物の中で ＿＿ ＿＿ ＿★＿ ＿＿ のは、やはりすしである。

1 もの　　2 代表的な　　3 あげられる　　4 として

▶ 정답과 해설 99쪽

問題３　つぎの文章を読んで、文章全体の内容を考えて、［19］から［23］の中に入る最もよいものを、1·2·3·4から一つえらびなさい。

私たちが日常生活のなかで、一番よく使う言葉は「忙しい」［19］。しかし、なんとなく使っているこの言葉の意味をはっきりわかっている人はあまりいないだろうと思います。

私たちはよく「最近メールをくれないのは忙しいからですか。」と聞いたりするんですが、「忙しい」という言葉の意味を考えてしまうと、［20］。

なぜなら、「忙しい」という言葉は「あなたのために使う時間がない。自分にはそれより大事なことがある。」という意味ではないでしょうか。これは［21］、あなたは自分にとってそれほど大事な人ではないという意味にもなるからです。

私も大事な人に向かって「忙しい」という言葉を使ってしまって、後で意味を考えて失敗だったと後悔することがあります。仕事で忙しい。それは、「私はあなたより、［22］のほうが大事ですよ。」という意味にもなるからです。

本当にそうなら、そう言ってもいいでしょう。でも、そうでないなら、「忙しい」という言葉は［23］。

19　1 ではないでしょう　2 ではないでしょうか
　　3 ではないです　4 でしょうか

20　1 使いたくなるはずです　2 使いやすくなるかもしれません
　　3 使うかもしれません　4 使いにくくなるはずです

21　1 つまり　2 一方　3 それで　4 ところで

22　1 自分　2 仕事　3 忙しい　4 人

23　1 使ったほうがよさそうです　2 使ってみたほうがいいです
　　3 使わないほうがよさそうです　4 いつも使ったほうがいいです

실전 모의고사 2 회

問題1　つぎの文の（　　）に入れるのに最もよいものを、1·2·3·4から一つえらびなさい。

01 週末はのんびりコーヒを飲みながら読書をして時間（　　）過ごした。

1 が　　2 で　　3 に　　4 を

02 京都は古くから観光地（　　）人気があるところだ。

1にたいして　　2 として　　3 とくらべて　　4 において

03 毎日忙しく仕事をしていたら、（　　）季節が変わって夏になっていた。

1 いつのまにか　　2 いつでも　　3 いつか　　4 いつも

04 ここは日本の伝統料理が食べられるから、外国のお客さんに（　　）かもしれない。

1 喜ぶ　　2 喜ばれる　　3 喜ばせる　　4 喜へない

05 子供たちには興味を持っていることをどんどん（　　）ほうがいい。

1 やってやらせた　　2 やられてやった　　3 やってやられた　　4 やらせてやった

06 予定では、私が明日の午後4時までに20個の製品をお客様に（　　）。

1 送らせるつもりだ　　2 送ってくれたことだ
3 送ることになっている　　4 送ってあげたばかりだ

07（店内のアナウンス）
店内は涼しくしておりますが、暑かったら遠慮なくいつでも（　　）ください。

1 申し上げて　　2 おっしゃって　　3 なさって　　4 お聞きして

▶ 정답과 해설 107쪽

08 学生「先生、風邪みたいで具合がよくないんですが、(　　　)。」
先生「はい、わかりました。お大事に。」

1 早退させていただけますか　　2 早退してはいけませんよ
3 早退ではどうでしょうか　　4 早退してしまいしょうか

09 毎日している運動の(　　　)なのか、体重を測ってみたら5キロも減っていて嬉しかった。

1 せい　　2 から　　3 ところ　　4 おかげ

10 このまんがは(　　　)、アメリカの歴史についても学ぶことができます。

1 おもしろかったために　　2 おもしろいだけでなく
3 おもしろいのかどうか　　4 おもしろいのだから

11 A 「入るとき、靴を脱がなければなりませんか。」
B 「いいえ、(　　　)大丈夫です。」

1 そのままで　　2 あのままは　　3 それだけで　　4 あれだけは

12 まだ中国に来た(　　　)、もう国の家族や友だちが恋しくなる。

1 そうだから　　2 らしいなのに　　3 ばかりなのに　　4 ころだから

13 この道は交通量が多いのに狭いしカーブも多いから、いつ事故が(　　　)。

1 起きてよかった　　2 起きたくなった
3 起きてもおかしくない　　4 起きなければよかった

問題2　つぎの文の＿★＿に入る最もよいものを1・2・3・4から一つえらびなさい。

14 今までなかった新しい技術が ＿＿ ＿＿ ＿★＿ ＿＿ そうだ。

1 教授　2 開発された　3 によって　4 A大学の

15 知って ＿＿ ＿＿ ＿★＿ ＿＿ 誰にでもあるだろうと思う。

1 思い出せない　2 いるのに　3 という経験は　4 どうしても

16 明日は午前8時から早朝会議が ＿＿ ＿＿ ＿★＿ ＿＿ ならない。

1 寝過ぎて　2 ようにしなければ
3 あるから　4 遅刻しない

17 おもちゃ屋さんにあるのは、どれもこれも ＿＿ ＿＿ ＿★＿ ＿＿ ものばかりだった。

1 ほしがり　2 そうな　3 孫が　4 すばらしい

18 僕にとって部屋が片付いて ＿＿ ＿＿ ＿★＿ ＿＿ ことはない。

1 ストレスの　2 ことほど　3 たまる　4 いない

▶ 정답과 해설 107쪽

問題３　つぎの文章を読んで、文章全体の内容を考えて、［19］から［23］の中に入る最もよいものを、1･2･3･4から一つえらびなさい。

甘いものが大好きな私は、日本へ来てからいろいろなお菓子を［19］。日本の伝統のお菓子を和菓子と言いますが、私が一番好きなのは「タエコ」という和菓子です。「タエコ」は有名な日本の小説の主人公の名前だそうです。色や形がとても美しいほかの和菓子と違って、「タエコ」の見た目はそんなにきれいではありません。［20］ギョウザみたいな感じもします。皮はお米から作ったもので中身はつぶあん［21］できています。見た目は普通だけど、お茶と一緒に食べると、すごく幸せな気分になります。

［22］日本の有名なお寺の近くには、だいていお茶の飲めるお店があります。お茶を飲むとき、ピンクや水色などのかわいい和菓子も一緒に出てくることが多いですが、ほどよい甘さでとてもおいしいです。でも、私は和菓子の中で一番すばらしいお菓子はやっぱり「タエコ」だと思いますので、帰国するとき家族に「タエコ」をお土産に［23］と思っています。

19　1 食べてみました　　2 食べなかったです
　　3 食べないようにします　　4 食べたためです

20　1 もし　　2 まるで　　3 たぶん　　4 あまり

21　1 ほどで　　2 ほどが　　3 だけで　　4 だけが

22　1 しかし　　2 たとえば　　3 そのうえ　　4 ちなみに

23　1 買ってあげるはずだ　　2 買ってあげたい
　　3 買ってもらいたい　　4 買ってくれるんだ

N3 문법 일람표

- 이 책에 실린 N3 문법 항목을 오십음도 순으로 정리했습니다. 색인이나 총정리용으로 활용하세요.

あ행

か행

さ행

た행

な행

は행

ま행

や행

ら행

わ행

기타

완벽 해설

혼 자 서 도
찰 떡 같 이
이 해 한 다

시험에 잘 나오는 N3 핵심 문법만 모아, 현장 강의를 그대로 옮긴 듯 꼼꼼한 해설로 풀어냈다!

성중경 지음

정답 & 해설

시험에 나오는 것만 공부한다!

시나공 일본어능력시험 JLPT N3 문법

시험에 나오는 것만 공부한다!

시나공

일본어능력시험

JLPT

N3

문법

정답&해설

성중경 지음

적중 예상 문제
정답과 해설

:: 시나공 문법 ::

정답 한눈에 보기

첫째마당 | 기초 다지기편

시나공 01 기초 확인 문법 적중 예상 문제 ①

문제 1	01 3	02 2	03 1	04 3	05 1	06 3	07 1	08 3
문제 2	01 4	02 4	03 1	04 1	05 4	06 3	07 1	08 2

시나공 01 기초 확인 문법 적중 예상 문제 ②

문제 1	01 2	02 4	03 1	04 4	05 1	06 2	07 2	08 3
문제 2	01 4	02 3	03 2	04 4	05 2	06 1	07 3	08 1

시나공 01 기초 확인 문법 적중 예상 문제 ③

문제 1	01 4	02 2	03 4	04 1	05 3	06 1	07 2	08 3
문제 2	01 4	02 1	03 3	04 4	05 1	06 4	07 2	08 2

시나공 01 기초 확인 문법 적중 예상 문제 ④

문제 1	01 2	02 1	03 3	04 4	05 1	06 2	07 1	08 3
문제 2	01 1	02 4	03 3	04 3	05 1	06 4	07 2	08 3

둘째마당 | 내공 쌓기편

시나공 02 시험에 꼭 나오는 필수 문법 적중 예상 문제 ①

문제 1	01 2	02 2	03 4	04 1	05 3	06 2
문제 2	01 4	02 4	03 3	04 1	05 2	06 4

시나공 02 시험에 꼭 나오는 필수 문법 적중 예상 문제 ②

문제 1	01 4	02 1	03 2	04 3	05 1	06 3
문제 2	01 1	02 3	03 2	04 2	05 3	06 2

시나공 02 시험에 꼭 나오는 필수 문법 적중 예상 문제 ③

문제 1	01 2	02 4	03 4	04 4	05 2	06 1
문제 2	01 1	02 3	03 2	04 1	05 3	06 1

시나공 03 합격을 위한 핵심 문법 적중 예상 문제 ①

문제 1	01 3	02 4	03 3	04 2	05 1	06 2	07 2	08 3
문제 2	01 1	02 2	03 4	04 3	05 4	06 1	07 4	08 2

시나공 03 합격을 위한 핵심 문법 적중 예상 문제 ②

문제 1	01 1	02 2	03 3	04 2	05 3	06 3	07 3	08 4
문제 2	01 4	02 2	03 3	04 1	05 1	06 3	07 4	08 2

시나공 03 합격을 위한 핵심 문법 적중 예상 문제 ③

문제 1	01 3	02 1	03 4	04 2	05 3	06 3	07 4	08 3
문제 2	01 3	02 2	03 1	04 2	05 4	06 3	07 1	08 3

시나공 03 합격을 위한 핵심 문법 적중 예상 문제 ④

문제 1	01 1	02 2	03 4	04 4	05 3	06 2	07 1	08 2
문제 2	01 4	02 2	03 1	04 3	05 2	06 3	07 4	08 1

시나공 03 합격을 위한 핵심 문법 적중 예상 문제 ⑤

문제 1	01 3	02 4	03 1	04 2	05 3	06 2	07 1	08 2
문제 2	01 4	02 1	03 2	04 3	05 3	06 2	07 2	08 1

셋째마당 | 만점 마무리편

시나공 04 고득점을 위한 심화 문법 적중 예상 문제 ①

문제 1	01 4	02 1	03 4	04 4	05 2	06 3	07 3	08 4
문제 2	01 3	02 3	03 1	04 1	05 2	06 2	07 4	08 4

시나공 04 고득점을 위한 심화 문법 적중 예상 문제 ②

문제 1	01 2	02 3	03 1	04 1	05 4	06 3	07 1	08 2
문제 2	01 3	02 2	03 2	04 4	05 2	06 4	07 1	08 1

시나공 04 고득점을 위한 심화 문법 적중 예상 문제 ③

문제 1	01 4	02 1	03 2	04 1	05 2	06 3	07 4	08 1
문제 2	01 3	02 1	03 3	04 4	05 1	06 3	07 2	08 2

시나공 05 만점을 위한 문장 문법력 적중 예상 문제 ①

문제 3	01 3	02 2	03 4	04 3	05 1

시나공 05 만점을 위한 문장 문법력 적중 예상 문제 ②

문제 3	01 2	02 1	03 4	04 3	05 1

시나공 05 만점을 위한 문장 문법력 적중 예상 문제 ③

문제 3	01 3	02 1	03 4	04 2	05 2

시나공 05 만점을 위한 문장 문법력 적중 예상 문제 ④

문제 3	01 2	02 1	03 4	04 2	05 2

시나공 05 만점을 위한 문장 문법력 적중 예상 문제 ⑤

문제 3	01 1	02 4	03 2	04 2	05 3

정답과 해설

첫째마당 | 기초 다지기편

시나공 01 기초 확인 문법 | 적중 예상 문제 ①

문제 1 다음 문장의 (　　　)에 들어갈 가장 알맞은 말을 1・2・3・4 중에서 하나를 고르세요.

01 山田さんには何というか男（　　　）が足りないような気がする。

1 らしい　　2 らしく
3 らしさ　　4 らしければ

적절한 기능어 찾기 ★★

해석 야마다 씨에게는 뭐랄까 남자**(다움)**이 부족한 듯한 생각이 든다.

정답 찾기 명사+らしい는 추량의 용법 이외에도 '~답다'라는 접미어적 용법으로도 사용할 수 있으며 이 경우에 い형용사로 활용하면 되는데 공란 뒤에 있는 주격조사 ~が 앞에는 명사만 올 수 있기 때문에 정답은 3번이 된다.

오답분석 い형용사는 어미를 さ로 바꿔서 명사화 하므로 1, 2, 4번은 모두 주격조사 앞에 사용할 수 없는 형태이기 때문에 정답이 될 수 없다.

복습 꼭! 명사+らしい(~인 것 같다, ~인 듯하다) / 명사+らしい(~답다)

어휘 足(た)りる 충분하다 | 気(き)がする 생각, 느낌이 들다

정답 3

---

02 嘘かもしれないが、一応彼の話を信じて（　　　）ことにした。

1 しまう　　2 みる
3 ある　　4 くる

적절한 기능어 찾기 ★★

해석 거짓말일지도 모르지만 일단 그의 이야기를 믿어 **(보)**기로 했다.

정답 찾기 공란 앞과 선택지를 보면 보조동사 문제임을 알 수 있다. 이 문제에서는 一応(우선, 일단)와 ~ことにする(~하기로 하다)를 통해 시도를 나타내는 표현이 필요하다는 것을 알 수 있으므로 정답은 2번이 된다.

오답분석 1번 ~てしまう(~해 버리다)는 완료를, 3번 ~てある(~해져 있다)는 상태를, 4번 ~てくる(~해 오다)는 접근이나 변화의 개시 등을 나타내므로 정답이 될 수 없다.

복습 꼭! ~てみる(~해 보다)

어휘 嘘(うそ) 거짓말 | 一応(いちおう) 우선, 일단 | 信(しん)じる 믿다

정답 2

---

03 駅から遠くても（　　　）、安い部屋はいくらでもある。

1 いいのであれば
2 いいであれば
3 よくないのであって
4 よくないであって

의미적 호응관계 파악하기 ★★★

해석 역에서 멀어도 **(된다면)** 싼 방은 얼마든지 있다.

정답 찾기 선택지에서 공통적으로 사용되고 있는 ~である(~이다)는 명사나 な형용사어간에 접속되므로 형식명사 ~の가 있는 1번과 3번이 정답이 될 수 있는데 공란 앞의 ~ても로 ~てもいい임을 알 수 있으므로 정답은 1번이 된다.

오답분석 ~である는 조동사 ~だ(~이다)와 의미와 활용이 동일하기 때문에 명사나 な형용사가 아닌 다른 품사에 접속될 때는 형식명사 ~の 등이 필요하므로 2번과 4번은 정답이 될 수 없고 3번은 의미적으로 맞지 않다.

복습 꼭! ~てもいい(~해도 좋다, ~해도 된다)

어휘 遠(とお)い 멀다 | 部屋(へや) 방

정답 1

04 彼女がこの知らせを聞いたら、とても喜ぶ（　　　）と思います。

1 でしょう　　2 かどうか
3 だろう　　4 かもしれません

적절한 기능어 찾기 ★★★

해석 그녀가 이 소식을 들으면 매우 기뻐**(할 것이라)**고 생각합니다.

정답 찾기 공란 뒤에 있는 동작, 작용, 상태의 내용을 나타내는 인용의 ～と(~라고) 앞에는 보통형이 필요하므로 2번과 3번이 올 수 있지만 내용상 추량이나 완곡한 주장, 판단을 나타내는 3번이 정답이 된다.

오답분석 인용의 ～と 앞에는 정중형이 올 수 없으므로 1번과 4번은 제외되어야 하고 2번 ～かどうか(~인지 어떤지, ~할지 어떨지)는 의미적으로 맞지 않다.

복습 꼭! ～だろう(~것이다)

어휘 知(し)らせ 알림, 소식 | 喜(よろこ)ぶ 기뻐하다

정답 3

05 姉は日曜日なのに、どこへも（　　　）一日中家にいる。

1 行かずに　　2 行かずで
3 行かなくて　　4 行かないに

의미적 호응관계 파악하기 ★★

해석 누나는 일요일인데도 어디에도 **(가지 않고)** 하루 종일 집에 있다.

정답 찾기 선택지 중에서 바른 형태는 1번과 3번뿐인데 문맥상 어디에도 가지 않고 집에 있다는 의미이므로 ～ないで(~하지 않은 상태로, ~하지 않고서)의 문어체인 1번이 정답이 된다.

오답분석 2번과 4번은 조사가 잘못 사용되어 바른 형태가 아니므로 정답이 될 수 없으며 3번은 해석은 비슷하지만 ～なくて는 '~않아서'라는 이유를 나타내므로 논리상 정답이 아니다.

복습 꼭! ～ずに(~않고서)

어휘 姉(あね) 누나, 언니 | 一日中(いちにちじゅう) 하루 종일

정답 1

06 私が作ったクッキーなんだ。食べて（　　　）、おいしいよ。

1 みたい　　2 みないで
3 みな　　4 みるな

의미적 호응관계 파악하기 ★

해석 내가 만든 쿠키야. 먹어**(봐)**. 맛있어.

정답 찾기 공란 앞과 선택지를 통해 ～てみる(~해 보다)의 바른 활용 형태를 찾는 문제임을 알 수 있는데 문맥상 자신이 만든 쿠키를 상대에게 먹어볼 것을 권하고 있으므로 동사 ます형+な(~해, 해라)인 3번이 정답이 된다.

오답분석 1번(~하고 싶다)은 희망, 2번과 4번은 '~하지 마'라는 금지의 의미이므로 정답이 될 수 없다.

복습 꼭! ～てみる(~해 보다) / 동사 기본형+な(~해, 해라)

어휘 作(つく)る 만들다

정답 3

07 あの店はいつも混雑しているから、ほかの店に（　　　）ほうがいい。

접속형태 파악하기 ★

해석 저 가게는 항상 혼잡하니까 다른 가게에 **(가는)** 편이 좋아.

1 行った　　2 行かない
3 行こう　　4 行けば

정답 찾기 선택지에 동일한 동사가 사용되고 있으므로 접속형태를 묻는 문제라는 것을 알 수 있다. 이 문제에서는 공란 뒤의 ～ほうがいい(～편이 좋다)가 결정적인 힌트로 동사의 ～た형이나 ～ない에 접속되므로 1번과 2번이 정답이 될 수 있지만 혼잡한 것을 이유로 들고 있기 때문에 논리상 1번이 정답이 되어야 한다.

오답분석 청유형인 3번과 가정형인 4번은 명사(ほう)를 수식할 수 없으므로 정답이 될 수 없고 2번은 논리적으로 맞지 않다.

복습 꼭! ～ほうがいい(～하는 편이 좋다)

어휘 混雑(こんざつ) 혼잡

정답 1

---

08 A「木村さん、この機械ちょっと(　　　)。」
B「そうですか、でも慣れればとても便利ですよ。」

1 使ってみたいですね
2 使いやすいですね
3 使いにくいですね
4 使ったことがあります

적절한 기능어 찾기 ★★★

해석 A：기무라 씨, 이 기계 좀 **(사용하기 불편하군요)**.
B：그렇습니까, 그렇지만 익숙해지면 매우 편리합니다.

정답 찾기 대화형식의 문제에서는 질문이나 대답을 근거로 내용을 추정해야 한다. 여기서는 B의 그렇지만 익숙해지면 편리하다를 통해서 A가 불편하다고 말했다는 것을 알 수 있기 때문에 정답은 3번이 된다.

오답분석 1번은 ～たい(～하고 싶다)는 희망, 2번 ～やすい는 ～하기 쉽다, 4번 ～ことがある(～한 적이 있다)는 경험을 나타내므로 문맥상 정답이 될 수 없다.

복습 꼭! 동사 ます형+にくい(～하기 어렵다) / 동사 ます형+やすい(～하기 쉽다)

어휘 機械(きかい) 기계 | 慣(な)れる 익숙해지다 | 便利(べんり)だ 편리하다

정답 3

문제 2 다음 문장의 ＿★＿에 들어갈 가장 알맞은 말을 1・2・3・4 중에서 하나를 고르세요.

01 危ないから、＿＿ ＿＿ ＿★＿ ＿＿ でね。

1 音楽を聞き　　2 しない
3 ながら　　4 道を歩いたり

단어 바르게 배열하기 ★★★

문장배열 危ないから 音楽を聞き(1) ながら(3) 道を歩いたり(4) しない(2) でね。

해석 위험하니까 음악을 들으면서 길을 걷거나 하지 마.

정답 찾기 먼저 동사 ます형에 접속되는 3번 ～ながら(～하면서)를 기준으로 나열하면 1-3이 된다. 4번 ～たり는 ～たり する(～하거나 하다) 형태로 사용할 수 있으므로 4-2가 되어 마지막 칸에 들어가 금지를 나타내는 ～ないで(～하지 마)가 되어야 한다. 전체적으로 나열하면 1-3-4-2가 되므로 정답은 4번이다.

복습 꼭! ～ながら(～하면서) / ～たり する(～하거나 하다) / ～ないで(～하지 마)

어휘 危(あぶ)ない 위험하다 | 音楽(おんがく) 음악 | 歩(ある)く 걷다

정답 4

02 しっかりと ____ ____ ★ ____ 盗まれてしまった。

1 かけて　　2 自転車を
3 かぎが　　4 あった

단어 바르게 배열하기 ★

문장배열 しっかりと かぎが(3) かけて(1) あった(4) 自転車を(2) 盗まれてしまった。

해석 견고히 자물쇠가 채워져 있던 자전거를 도둑맞아 버렸다.

정답 찾기 선택지의 1번과 4번을 통해 보조동사의 상태표현을 묻는 문제라는 것을 알 수 있는데 타동사가 상태를 나타낼 때는 주로 ～が＋타동사て＋ある가 되므로 3-1-4가 되어야 하고 2번은 마지막 칸에 넣어 盗む(훔치다)의 목적어 역할을 하게 하여 전체적으로 나열하면 3-1-4-2가 되므로 정답은 4번이다.

복습 꼭! ～が＋타동사て＋ある(～해져 있다)

어휘 自転車(じてんしゃ) 자전거 | 盗(ぬす)む 훔치다

정답 4

---

03 夕べはとても疲れていて、____ ★ ____ ____ しまった。

1 つけた　　2 眠って
3 テレビを　　4 まま

단어 바르게 배열하기 ★★

문장배열 夕べはとても疲れていて、テレビを(3) つけた(1) まま(4) 眠って(2) しまった。

해석 어젯밤은 너무 피곤해서 TV를 켜둔 채로 잠들어 버렸다.

정답 찾기 선택지 중 4번 ～まま(～한 채)는 동사의 た형에 접속되므로 1번과 짝이 되어야 하고 타동사인 1번 つける는 여러 가지 의미가 있으나 '켜다, 점화하다'는 의미로도 사용되기 때문에 3번을 목적어로 취해야 한다. 마지막으로 2번은 ～てしまう(～해 버리다)가 되도록 마지막 칸에 넣어 전체적으로 나열하면 3-1-4-2가 되므로 정답은 1번이다.

복습 꼭! ～まま(～한 채) / ～てしまう(～해 버리다)

어휘 夕(ゆう)べ 어젯밤 | 疲(つか)れる 지치다 | 眠(ねむ)る 자다

정답 1

---

04 子供は４歳になると、友だちがして ____ ____ ★ ____ 、自分のしたい遊びに友だちを誘ったりする。

1 やってみよう　　2 いることに
3 としたり　　4 興味を持って

단어 바르게 배열하기 ★★★

문장배열 子供は４歳になると、友だちがして いることに(2) 興味を持って(4) やってみよう(1) としたり(3)、自分のしたい遊びに友だちを誘ったりする。

해석 아이는 4살이 되면 친구가 하는 일에 흥미를 가지고 해보려고 하거나 자기가 하고 싶은 놀이를 친구에게 권하기도 한다.

정답 찾기 1번을 단서로 ～(よ)うとする(～하려고 하다)임을 알 수 있으므로 1-3이 되어야 한다. 그리고 4번은 흥미를 가지기 위해서는 대상이 필요하므로 조사 ～に(～에, 에게)가 있는 2번과 짝이 되어 ～ている(～하고 있다)가 되도록 첫 번째 칸에 넣어서 전체적으로 나열하면 2-4-1-3이 되므로 정답은 1번이다.

복습 꼭! ～(よ)うとする(～하려고 하다) / ～ている(～하고 있다)

어휘 興味(きょうみ) 흥미 | 誘(さそ)う 권하다, 유혹하다

정답 1

05 この方法で ＿＿ ＿＿ ★ ＿＿ が、一度やってみよう。

1 いくか　2 うまく
3 わからない　4 どうか

단어 바르게 배열하기 ★★

문장배열 この方法で うまく(2) いくか(1) どうか(4) わからない(3) が、一度やってみよう。

해석 이 방법으로 잘 될지 어떨지 모르겠지만 한번 해 보자.

정답 찾기 끊어져 있는 형태이지만 4번을 통해서 ～かどうか(~할지 어떨지)임을 알 수 있으므로 1–4가 되어 2번 뒤에 들어가 관용표현인 うまくいく를 완성시키면 된다. 마지막으로 3번을 문맥상 마지막 칸에 넣어 전체적으로 나열하면 2–1–4–3이 되므로 정답은 4번이다.

복습 꼭! ～かどうか(~할지 어떨지)

어휘 方法(ほうほう) 방법 | うまくいく 잘 되다

정답 4

06 A「このガラスの製品は ＿＿ ＿＿ ★ ＿＿ 運んでね。」
B「うん、わかった。」

1 注意して　2 壊れ
3 んだから　4 やすい

단어 바르게 배열하기 ★

문장배열 このガラスの製品は 壊れ(2) やすい(4) んだから(3) 注意して(1) 運んでね。

해석 A : 이 유리제품은 깨지기 쉬우니까 주의해서 옮겨줘.
B : 응, 알았어.

정답 찾기 4번 やすい는 이 문제에서는 い형용사(싸다)로는 역할이 없기 때문에 동사 ます형+やすい(~하기 쉽다) 형태라는 것을 알 수 있다. 그러므로 2–4가 되어 형식명사가 있는 3번을 수식하게 하면 된다. 마지막으로 1번은 의미상 마지막 칸에 들어가는 것이 적절하므로 전체적으로 나열하면 2–4–3–1이 되어 정답은 3번이다.

복습 꼭! 동사 ます형+やすい(~하기 쉽다)

어휘 製品(せいひん) 제품 | 壊(こわ)れる 깨지다, 부서지다 | 注意(ちゅうい)する 주의하다 | 運(はこ)ぶ 운반하다, 옮기다

정답 3

07 近所に ＿＿ ＿＿ ★ ＿＿ とても便利になった。

1 から　2 スーパーが
3 買い物が　4 できた

단어 바르게 배열하기 ★

문장배열 近所に スーパーが(2) できた(4) から(1) 買い物が(3) とても便利になった。

해석 집 근처에 슈퍼가 생겼기 때문에 장보기가 매우 편리해졌다.

정답 찾기 동사인 4번을 기준으로 배열해 보면 できる는 가능하다는 의미 외에도 '생기다, 완성되다' 등의 의미도 있으므로 의미상 2번과 짝이 되어 1번 ～から(~ 때문에) 앞에 들어가 이유를 나타내면 된다. 마지막으로 3번은 문맥상 마지막 칸이 적절하므로 전체적으로 나열하면 2–4–1–3이 되어 정답은 1번이다.

복습 꼭! できる(가능하다/생기다, 완성되다) / ～から(~ 때문에)

어휘 近所(きんじょ) 근처, 근방 | 便利(べんり)だ 편리하다

정답 1

08 二度も同じ失敗をした僕に先輩が＿＿ ＿★＿ ＿＿ ＿＿、ちょっと心が楽になった。

1 言って　　2 なと
3 くれて　　4 気にする

단어 바르게 배열하기 ★★

문장배열　二度も同じ失敗をした僕に先輩が 気にする(4) なと(2) 言って(1) くれて(3) ちょっと

해석 두 번이나 같은 실수를 한 나에게 선배님이 걱정하지 마라고 말해 주어서 좀 마음이 편안해졌다.

정답 찾기 수수동사인 3번은 '상대가 자신에게 ~해 주다'는 '~て+くれる'로도 사용할 수 있으므로 1-3이 되어 인용의 ~と가 있는 2번 뒤에 들어가 ~と言う(~라고 말하다) 형태를 만들어 주면 된다. 마지막으로 4번은 문맥상 2번 앞에 들어가 동사 기본형+な(~하지 마) 형태로 금지를 나타내어야 한다. 전체적으로 나열하면 4-2-1-3이 되므로 정답은 2번이다.

복습 꼭! ~て+くれる(상대가 자신에게 ~해 주다) / ~と言う(~라고 말하다) / 동사 기본형+な(~하지 마)

어휘 二度(にど) 두 번 | 失敗(しっぱい) 실패, 실수 | 先輩(せんぱい) 선배 | 気(き)にする 걱정하다, 신경 쓰다 | 楽(らく)だ 편안하다

정답 2

시나공 01 기초 확인 문법 | 적중 예상 문제 ②

문제 1　다음 문장의 (　　　)에 들어갈 가장 알맞은 말을 1・2・3・4 중에서 하나를 고르세요.

01 彼は僕に何か（　　　）そうな顔をしていたが、結局何も言わなかった。

1 言った　　2 言いた
3 言わない　　4 言う

접속형태 찾기 ★★

해석 그는 나에게 뭔가 **(말하고 싶은)** 듯한 얼굴을 하고 있었지만 결국 아무 말도 하지 않았다.

정답 찾기 공란 뒤를 보면 ~そうな 형태로 명사를 수식하고 있으므로 ~そうだ의 양태용법을 묻고 있다는 것을 알 수 있는데 言う의 ~たい형인 言いたい의 경우 어간에 접속되어야 하므로 2번이 정답이 된다.

오답분석 1, 3, 4번과 같이 보통형에 접속되면 전문(~라고 한다)을 나타내게 되므로 문맥상 정답이 될 수 없다.

복습 꼭! ~そうだ(~한 것 같다)의 양태용법/ ~そうだ(~라고 한다)의 전문용법 / ~たい(~하고 싶다)

어휘 顔(かお) 얼굴 | 結局(けっきょく) 결국

정답 2

02 A「鈴木さん、ドアを閉めましょうか。」
B「いいえ、遅れてくる人もいるだろうから、開けて（　　　）ください。」

1 きて　　2 いて
3 みて　　4 おいて

적절한 기능어 찾기 ★★

해석 A: 스즈키 씨, 문을 닫을까요?
B: 아니요, 늦게 오는 사람도 있을 테니까 열어 **(두)**세요.

정답 찾기 공란 앞의 ~て형과 선택지를 통해 보조동사를 찾는 문제임을 알 수 있는데 대화의 내용을 보면 늦게 오는 사람을 위해서 문을 닫지 말고 열린 상태를 유지하라는 의미이기 때문에 '어떤 목적을 위해서 미리 ~해 둔다'는 의미를 나타내는 4번이 정답이 된다.

오답분석 1번 ～てくる는 ~해 오다, ~하고 오다, 2번 ～ている는 ~하고 있다, 3번 ～てみる는 ~해 보다는 의미로 논리상 정답이 될 수 없다.

어휘 閉(し)める 닫다 | 遅(おく)れる 늦다, 더디다

복습 꼭! ～ておく(~해 두다)

정답 4

---

03 いつか(　　)と思うと、なかなかものが捨てられなくて片付けが進まない。

1 使うかもしれない

2 使ったかもしれない

3 使わないほうがいい

4 使ったほうがいい

적절한 기능어 찾기 ★★★

해석 언젠가 **(사용할지도 모른다)**고 생각하니 좀처럼 물건을 버릴 수가 없어 정리가 되지 않는다.

정답 찾기 공란 뒤의 '물건을 버릴 수가 없다'를 통해 가능성을 나타내는 ～かもしれない가 필요함을 알 수 있는데 부사 いつか(언젠가)는 미래를 나타내므로 현재형이 사용된 1번이 정답이 된다.

오답분석 3번과 4번에 사용된 ～ほうがいい(~하는 편이 좋다)는 충고, 제안 2번은 과거형이 사용되어 과거의 사실을 나타내므로 문맥상 정답이 될 수 없다.

복습 꼭! ～かもしれない(~일지도 모른다)

어휘 使(つか)う 사용하다 | 捨(す)てる 버리다 | 片付(かたづ)け 정리, 정돈 | 進(すす)む 나아가다, 진행되다

정답 1

---

04 田中さん、砂糖をどのくらい入れれば(　　)よくわからないんですけど教えてもらえますか。

1 いいかどうか　　2 いいと

3 いいのが　　4 いいか

적절한 기능어 찾기 ★★

해석 다나까 씨, 설탕을 어느 정도 넣으면 **(되는지)** 잘 모르겠습니다만 가르쳐 주세요.

정답 찾기 화자가 설탕의 양을 몰라 질문하고 있고 どのくらい(어느 정도)가 있으므로 정답은 불확실함을 나타내는 ～か(~인가, 인지)가 사용된 4번이 된다.

오답분석 일반적으로 판단을 할 수 없거나 의문을 나타낼 때는 1번의 ～かどうか(~인지 어떤지, ~할지 어떨지)를 사용하면 되지만 이 문제처럼 의문사가 있을 경우에는 ～かどうか는 사용할 수 없고 4번과 같이 ～か만 사용하므로 주의해야 한다.

복습 꼭! ～かどうか(~인지 어떤지, ~할지 어떨지)

어휘 砂糖(さとう) 설탕 | 教(おし)える 가르치다

정답 4

---

05 広告には駅まで徒歩10分と書いて(　　)、実際に行ってみたら20分以上かかった。

1 あったのに　　2 おいたのに

3 みたから　　4 いたから

적절한 기능어 찾기 ★★★

해석 광고에는 역까지 도보 10분이라고 적혀 **(있었는데)** 실제로 가보니 20분 이상 걸렸다.

정답 찾기 문제를 보면 광고의 내용을 말하면서 실제와는 달랐다고 하므로 역접의 의미인 ～のに와 타동사て+ある(~해져 있다) 형태로 상태를 나타내는 보조동사 ある가 합쳐진 1번이 정답이다.

오답분석 2번 ～ておく는 ~해 두다, 3번 ～てみる는 ~해 보다, 3번 ～ている는 ~하고 있다는 의미로 결과적으로 모두 화자가 직접 적었다는 의미가 되므로 논리상 정답이 될 수 없다.

복습 꼭! ～のに(~한데, 인데)의 역접용법

어휘 広告(こうこく) 광고 | 徒歩(とほ) 도보 | ～って~라고 | 実際(じっさい)실제 | 以上(いじょう) 이상 | かかる 걸리다

정답 1

---

06 (　　　)いいから、はやく英語が話せるようになりたい。

1 上手じゃないでも　2 上手でなくても

3 上手でも　4 上手なくても

문법적 호응관계 파악하기 ★★

해석 **(잘하지 못해도)** 좋으니까 빨리 영어를 말할 수 있게 되고 싶다.

정답 찾기 허가, 양보, 타협 등을 나타내는 ～てもいい・～なくてもいい(~해도 되다, ~하지 않아도 되다)를 묻는 문제로 上手는 な형용사이기 때문에 정답은 2번과 3번이 될 수 있으나 후문의 빨리 영어를 말할 수 있게 되고 싶다와 논리적으로 어울리는 2번이 정답이 된다.

오답분석 1번과 4번은 잘못 활용되어 있으므로 정답이 될 수 없고 3번은 논리적으로 맞지 않다.

복습 꼭! ～てもいい・～なくてもいい(~해도 되다, ~하지 않아도 되다) / ～ようになる(~하게 되다)

어휘 上手(じょうず)だ 능숙하다 | 英語(えいご) 영어

정답 2

---

07 危険ですから、必ず準備運動を(　　　)泳いでください。

1 したから　2 してから

3 するまえに　4 すれば

적절한 기능어 찾기 ★★

해석 위험하니까 반드시 준비운동을 **(하고 나서)** 수영하세요.

정답 찾기 내용상 준비운동을 하고 그 다음에 수영을 하라는 의미이므로 시간의 전후관계를 나타내는 2번 ～てから(~하고 나서)가 정답이 된다.

오답분석 1번은 ~했기 때문에, 3번은 ~하기 전에, 4번은 ~한다면 이라는 의미이므로 문맥상 정답이 될 수 없다.

복습 꼭 ～から 용법

어휘 危険(きけん)だ 위험하다 | 準備運動(じゅんびうんどう) 준비운동 | 泳(およ)ぐ 수영하다

정답 2

---

08 子供は母親が帰ってくる(　　　)じっと待っていた。

1 ことを　2 ものを

3 のを　4 ところを

적절한 기능어 찾기 ★★

해석 아이는 엄마가 돌아오**(기를)** 가만히 기다리고 있었다.

정답 찾기 공란 앞의 절을 명사화 하는 문제로 후문에 사용된 동사 待つ(기다리다)와 같이 그 자리에서 동작이 행해지는 경우에는 형식명사 ～の만 사용할 수 있으므로 3번이 정답이 된다.

오답분석 1번 こと는 행위, 말, 사건 등을, 2번 もの는 사물이나 사물처럼 인식하는 명확한 사항을, 4번 ところ는 장소나 상황, 시점 등을 나타낼 때 사용하므로 정답이 될 수 없다.

복습 꼭! 형식명사 ～の의 용법

어휘 母親(ははおや) 모친 | じっと 가만히, 꼭

정답 3

문제 2 다음 문장의 ＿★＿에 들어갈 가장 알맞은 말을 1・2・3・4 중에서 하나를 고르세요.

01 店長、まだ何も ＿＿ ＿＿ ＿★＿ ＿＿ 許してやりましょう。

1 ことだし　2 子供の
3 わからない　4 やった

단어 바르게 배열하기 ★

문장배열 店長、まだ何も わからない(3) 子供の(2) やった(4) ことだし(1) 許してやりましょう。

해석 점장님, 아직 아무것도 모르는 아이가 한 일이니 용서해 줍시다.

정답 찾기 먼저 부사 何も(아무 것도)는 부정의 말을 수반하므로 첫 번째 칸에는 3번이 들어가야 한다. 그리고 명사+の+용언의 형태일 경우 ～の는 주격조사 ～が(～이, ～가)의 역할을 할 수 있으므로 2-4가 되어 명사인 1번을 수식하게 하면 된다. 전체적으로 나열하면 3-2-4-1이 되므로 정답은 4번이다.

복습 꼭! 부사 何も(아무 것도) / 명사+の+용언

어휘 店長(てんちょう) 점장 | 許(ゆる)す 허가하다, 용서하다

정답 4

02 今回の調査では ＿＿ ＿＿ ＿★＿ ＿＿ 人が30%に上った。

1 子供がいなくても　2 と答えた
3 かまわない　4 結婚して

단어 바르게 배열하기 ★★★

문장배열 今回の調査では 結婚して(4) 子供がいなくても(1) かまわない(3) と答えた(2) 人が30%に上った。

해석 이번 조사에서는 결혼해 자녀가 없어도 상관없다는 사람이 30%에 달했다.

정답 찾기 선택지의 3번은 ～なくてもかまわない(～하지 않아도 상관없다)의 일부분이므로 1-3이 된다. 이 1-3은 인용의 ～と(라고)가 있어 보통형이 필요한 2번 앞에 들어가 1-3-2가 되어야 한다. 마지막으로 논리상 결혼하다인 4번이 먼저 나와야 하므로 전체적으로 나열하면 4-1-3-2가 되어 정답은 3번이다.

복습 꼭! ～なくてもかまわない(～하지 않아도 상관없다) / 인용의 ～と(라고) 용법

어휘 調査(ちょうさ) 조사 | 答(こた)える 대답하다 | 上(のぼ)る 올라가다, 달하다

정답 3

03 スープを作るとき、塩の量を ＿＿ ＿★＿ ＿＿ ＿＿ 食べられなかった。

1 すぎて　2 のか味が
3 濃くなり　4 間違えた

단어 바르게 배열하기 ★★

문장배열 スープを作るとき、塩の量を 間違えた(4) のか味が(2) 濃くなり(3) すぎて(1) 食べられなかった。

해석 스프를 만들 때 소금의 양을 잘못 넣었는지 너무 짜져서 먹을 수가 없었다.

정답 찾기 먼저 1번 すぎる는 동사 ます형+すぎる(너무 ～하다) 형태로 사용할 수 있으므로 3-1이 되어 먹을 수 없는 이유를 나타내기 위해 마지막 칸에 넣어야 한다. 그리고 4번은 형식명사 ～の가 있는 2번을 수식하면서 타동사가 필요한 첫 번째 칸에 들어가면 되므로 전체적으로 나열하면 4-2-3-1이 되어 정답은 2번이다.

복습 꼭! 동사 ます형+すぎる(너무 ～하다) / 형식명사 ～の 용법

어휘 塩(しお) 소금 | 量(りょう) 양 | 濃(こ)い 진하다 | 間違(まちが)える 틀리다

정답 2

---

04 修学旅行では一生 ____ ★ ____ ____ ____ です。

1 ほしい　　2 忘れられない
3 作って　　4 思い出を

단어 바르게 배열하기 ★★

문장배열 修学旅行では一生 忘れられない(2) 思い出を(4) 作って(3) ほしい(1) です。

해석 수학여행에서는 평생 잊을 수 없는 추억을 만들길 바랍니다.

정답 찾기 선택지에 동사 て형과 ほしい가 있으므로 ～て+ほしい(~해 주었으면 좋겠다)가 되어야 함을 알 수 있고 타동사인 3번은 목적어로 4번을 취해야 하므로 4-3-1이 되어 마지막 칸에 들어가야 한다. 마지막 남은 첫 번째 칸에 2번을 넣어 전체적으로 나열하면 2-4-3-1이 되므로 정답은 4번이다.

복습 꼭! 동사 ます형+すぎる(너무 ~하다) / 형식명사 ～の 용법

어휘 修学旅行(しゅうがくりょこう) 수학여행 | 一生(いっしょう) 평생 | 忘(わす)れる 잊다 | 思(おも)い出(で) 추억

정답 4

---

05 ____ ____ ★ ____ 公園は花見客でいっぱいだった。

1 天気なのに　　2 そうな
3 雨が降り　　4 今にも

단어 바르게 배열하기 ★★

문장배열 今にも(4) 雨が降り(3) そうな(2) 天気なのに(1) 公園は花見客でいっぱいだった。

해석 당장이라도 비가 올 것 같은 날씨인데도 공원에는 상춘객들로 가득했다.

정답 찾기 특정 문법과 함께 사용되는 부사는 같이 암기해 두면 쉽게 문제를 풀 수 있는 경우가 많다. 이 문제에서도 4번 今にも(당장이라도, 금방)는 양태 ～そうだ(~할 것 같다)와 함께 사용하는 경우가 대부분이므로 4-3-2가 되어 명사인 1번을 수식하게 하면 된다. 전체적으로 나열하면 4-3-2-1이 되어 정답은 2번이다.

복습 꼭! 今にも～そうだ(당장이라도 ~할 것 같다)

어휘 天気(てんき) 날씨 | 公園(こうえん) 공원 | 花見客(はなみきゃく) 벚꽃놀이꾼, 상춘객

정답 2

---

06 週末は ____ ★ ____ ____ 朝早く出発したほうがいい。

1 かも　　2 しれない
3 道がこむ　　4 から

단어 바르게 배열하기 ★★

문장배열 週末は 道がこむ(3) かも(1) しれない(2) から(4)、朝早く出発したほうがいい。

해석 주말에는 길이 복잡할지도 모르니까 아침 일찍 출발하는 편이 좋다.

정답 찾기 1번 かも를 단서로 ～かもしれない(~일지도 모른다) 형태가 됨을 알 수 있으므로 1-2가 되어 동사인 3번 뒤에 들어가면 된다. 마지막으로 이유를 나타내는 4번 ～から를 붙여 전체적으로 나열하면 3-1-2-4가 되므로 정답은 1번이다.

어휘 道(みち)がこむ 길이 붐비다 | 出発(しゅっぱつ) 출발

정답 1

07 広告には ＿＿ ＿＿ ★ ＿＿ 簡単にダイエットができると書いてあった。

1 無理な　　2 楽しく
3 せずに　　4 運動を

단어 바르게 배열하기 ★★

문장배열 広告には 無理な(1) 運動を(4) せずに(3) 楽しく(2) 簡単にダイエットができると書いてあった。

해석 광고에는 무리한 운동을 하지 않고 즐겁고 간단하게 다이어트를 할 수 있다고 적혀 있었다.

정답 찾기 3번 ～せずに(~하지 않고)의 원형은 する이기 때문에 4번과 짝이 되어야 하며 な형용사인 1번은 뒤에 명사가 필요하므로 1-4-3이 된다. 마지막으로 2번은 의미상 마지막 칸에 들어갈 수밖에 없다. 전체적으로 나열하면 1-4-3-2가 되므로 정답은 3번이다.

복습 꼭! ～せずに(~하지 않고)

어휘 広告(こうこく) 광고 | 無理(むり)だ 무리다 | 簡単(かんたん)だ 간단하다

정답 3

08 こっちは僕が ＿＿ ＿＿ ★ ＿＿。

1 あっちを　　2 やる
3 やりな　　4 から君は

단어 바르게 배열하기 ★★

문장배열 こっちは僕が やる(2) から君は(4) あっちを(1) やりな(3)。

해석 이쪽은 내가 할 테니까 너는 저쪽을 해.

정답 찾기 단순해 보이지만 자칫하면 틀릴 수 있으니 주의해야 한다. 우선 명령을 나타내는 동사 ます형+な(~해, ~해라)를 알고 있으면 대략적인 윤곽이 보일 것이다. 즉 こっち와 あっち를 통해서 이쪽은 자신이, 저쪽은 상대가 해 주길 원한다는 것을 알 수 있으므로 내용에 맞게 전체적으로 나열하면 2-4-1-3이 되어 정답은 1번이다.

복습 꼭! 동사 ます형+な(~해, ~해라)

어휘 やる 주다, 하다 | 君(きみ) 자네, 너

정답 1

시나공 01 기초 확인 문법 | 적중 예상 문제 ③

문제 1 다음 문장의 (　　　)에 들어갈 가장 알맞은 말을 1·2·3·4 중에서 하나를 고르세요.

01 いつものあなたらしくないですね。こんな失敗は二度と(　　　)ください。

1 させて　　2 して
3 しなくて　　4 しないで

적절한 기능어 찾기 ★

해석 평소의 당신답지 않군요. 이런 실수는 두 번 다시 **(하지 마)**세요.

정답 찾기 부사도 중요한 힌트가 되는 경우가 많다. 이 문제에서도 공란 앞의 二度と(두번 다시)는 부정이나 금지어를 동반하기 때문에 금지를 나타낼 때 사용하는 4번이 정답이다.

오답분석 부정형이 필요하므로 사역형인 1번과 본동사인 2번은 정답에서 제외되며 ～てください(~해 주세요)의 부정형은 ～なく

てくださいが 아니라 ～ないでください(～하지 마세요)이므로 3번도 정답이 될 수 없다.

복습 꼭! ～ないでください(～하지 마세요)

어휘 失敗(しっぱい) 실패

정답 4

---

02 テレビを(　　　)寝る人がたまにいるが、テレビをつけていると睡眠が乱れるのでよくないそうだ。

1 ついたまま　　2 つけたまま

3 つけている間　　4 ついている間

문법적 호응관계 파악하기 ★★★

해석 TV를 **(켠 채로)** 자는 사람이 가끔 있는데 TV를 켜두면 수면이 안정적이지 못해 좋지 않다고 한다.

정답 찾기 공란 앞에 목적격 조사 ～を가 있으므로 타동사가 필요하며 내용상 TV를 켜둔 채로 잔다는 의미가 되어야 하므로 어떤 상태가 유지된 상태를 나타내는 ～まま가 합쳐진 2번이 정답이다.

오답분석 1번과 4번에 사용된 동사 つく(켜지다, 붙다)는 자동사이므로 목적격 조사 뒤에 사용할 수 없고 3번 ～間(あいだ)는 '～하는 동안'이라는 의미로 문맥상 정답이 될 수 없다.

복습 꼭! 동사 た형+まま(～한 채, ～한 상태로)

어휘 たまに 가끔 | 睡眠(すいみん) 수면 | 乱(みだ)れる 흐트러지다, 혼란해지다

정답 2

---

03 約束の時間は3時だから、絶対(　　　)よ。

1 忘れて　　2 忘れな

3 忘れよう　　4 忘れるな

접속형태 파악하기 ★★

해석 약속 시간은 3시이니까 절대로 **(잊지 마)**.

정답 찾기 화자가 약속 시간을 강조하고 있으므로 논리상 잊지 말 것을 당부하고 있다는 것을 알 수 있기 때문에 금지를 나타내는 4번이 정답이다.

오답분석 1번은 잊어, 2번도 동사ます형+な(～해, 해라) 형태이므로 잊어, 3번은 잊자, 잊어야지 라는 의미가 되므로 정답이 될 수 없다.

복습 꼭! 동사 기본형+な(～하지 마)

어휘 約束(やくそく) 약속 | 絶対(ぜったい) 절대, 절대로

정답 4

---

04 彼はとても真面目で責任感があるので、(　　　)信頼されている。

1 だれからでも　　2 だれかでも

3 だれかは　　4 だれからは

적절한 기능어 찾기 ★★

해석 그는 매우 성실하고 책임감이 있어 **(누구에게나)** 신뢰받고 있다.

정답 찾기 내용상 모두가 그를 신뢰하고 있다고 말하고 있는데 해석보다는 문법적으로 접근하는 것이 좋다. 우선 공란 뒤에 수동동사가 있으므로 '행위의 주체를 나타내는 ～から(～에게서, ～한테서)'와 '부정칭에 접속되어 전면 긍정이나 부정을 나타내는 ～でも'가 합쳐진 1번 だれからでも(누구에게라도, 누구에게나)가 정답이 된다.

오답분석 2번은 누군가라도, 3번은 누군가는, 누구인지는, 4번은 누구로부터는 이라는 의미이므로 정답이 될 수 없다.

복습 꼭! 부정칭+でも(～이라도, ～든지)

어휘 真面目(まじめ)だ 성실하다 | 責任感(せきにんかん) 책임감 | 信頼(しんらい)する 신뢰하다

정답 1

---

05 お父さんはいつも新聞を読み（　　　）朝ご飯を食べます。

1 やすく　　2 でから
3 ながら　　4 あとで

적절한 기능어 찾기 ★★

해석 아빠는 항상 신문을 읽으**(면서)** 아침밥을 먹습니다.

정답 찾기 내용상 신문을 보는 것과 밥 먹는 행위를 동시에 한다는 의미이므로 한 번에 두 가지의 행위를 할 때 사용하는 3번이 정답이 된다.

오답분석 1번(~하기 쉽다)은 의미상 맞지 않으며, ~て형에 접속되는 2번(~하고 나서)과 ~た형에 접속되는 4번(~한 후에)은 접속 형태가 맞지 않으므로 정답이 아니다.

복습 꼭! 동사 ます형+ながら(~하면서)

어휘 新聞(しんぶん) 신문 | 読(よ)む 읽다

정답 3

---

06 ちょうど家を（　　　）としたときに電話がかかってきた。

1 出よう　　2 出た
3 出る　　4 出ない

접속형태 파악하기 ★★

해석 마침 집을 **(나서려고)** 했을 때 전화가 걸려 왔다.

정답 찾기 선택지를 보면 동사 出る가 다양한 형태로 활용되어 있기 때문에 접속형태를 묻는 문제라는 것을 알 수 있다. 즉 공란 뒤의 ~とする에 접속되어 어떤 동작, 행위를 하기 직전이라는 의미를 나타내기 위해서는 청유형이 되어야 하므로 정답은 1번이다.

오답분석 2번은 과거형, 3번은 현재형, 4번은 부정형으로 정답이 아니다.

복습 꼭! 동사 청유형+とする(~하려고 하다)

어휘 ちょうど 마침 | 出(で)る 나가다 | 電話(でんわ) 전화

정답 1

---

07 忙しくて直接会うのがだめなら、せめて電話（　　　）したほうがいい。

1 までで　　2 だけでも
3 までには　　4 だけに

적절한 기능어 찾기 ★★

해석 바빠서 직접 만날 수 없다면 적어도 전화**(만이라도)** 하는 편이 좋다.

정답 찾기 부사 せめて(적어도, 최소한)는 최소한의 조건을 나타내는 ~だけでも(~만이라도)와 함께 사용하는 경우가 많으므로 정답은 2번이 된다.

오답분석 1번과 3번은 ~まで(~까지)가 사용되어 의미상 맞지 않으며 4번은 だけに(~만으로, ~에게만)이라는 의미가 되어 역시 문맥상 정답이 될 수 없다.

복습 꼭! ~だけでも(~만이라도)

어휘 忙(いそが)しい 바쁘다 | 直接(ちょくせつ) 직접

정답 2

08 帰りにデパートに寄って、靴下とかシャツ
（　　）いろいろ買ってきた。

1 と　　2 や
3 とか　　4 を

적절한 기능어 찾기 ★★

해석 집에 오는 길에 백화점에 들러서 양말이라든가 셔츠**(라든가)** 여러 가지를 사 왔다.

정답 찾기 선택지를 보면 사온 여러 가지 물건 중에서 일부가 예로서 나열되고 또 앞에 ～とか가 사용되고 있으므로 ～とか～とか 형태로 병렬, 나열을 나타내는 3번이 정답이 된다.

오답분석 1번은 ～와, 과, 2번은 ～랑, 4번은 ～을, 를 라는 의미이므로 정답이 아니다.

복습 꼭! ～とか(～든지, ～라든가) / ～とか～とか(～라든가 ～라든가)

어휘 帰(かえ)り 귀가길, 돌아옴 | 靴下(くつした) 양말

정답 3

문제 2 다음 문장의 ＿★＿에 들어갈 가장 알맞은 말을 1・2・3・4 중에서 하나를 고르세요.

01 もう７時だが、明日の発表の＿＿ ＿＿ ＿★＿ ＿＿ので、まだ帰れない。

1 準備を　　2 ための
3 ならない　　4 しなければ

단어 바르게 배열하기 ★★★

문장배열 もう７時だが、明日の発表の ための(2) 準備を(1) しなければ(4) ならない(3) ので、まだ帰れない。

해석 벌써 7시이지만 발표를 위한 준비를 하지 않으면 안 되므로 아직 돌아갈 수 없다.

정답 찾기 먼저 ～なければならない(～하지 않으면 안 된다)가 끊어진 형태임을 알 수 있으므로 4-3이 되어 보통형이 필요한 마지막 칸에 들어가야 한다. 그리고 타동사가 필요한 1번을 4번 앞에 넣고 명사가 필요한 첫 번째 칸에 2번을 넣어 전체적으로 나열하면 2-1-4-3가 되므로 정답은 4번이다.

복습 꼭! ～なければならない(～하지 않으면 안 된다)

어휘 発表(はっぴょう) 발표 | ～ため ～위함 | 準備(じゅんび) 준비

정답 4

02 僕は一度＿＿ ＿＿ ＿★＿ ＿＿と思っている。

1 彼に会って　　2 だけでも
3 謝りたい　　4 いいから

단어 바르게 배열하기 ★★

문장배열 僕は一度 だけでも(2) いいから(4) 彼に会って(1) 謝りたい(3) と思っている。

해석 나는 한번만이라도 좋으니까 그를 만나서 용서를 빌고 싶다고 생각하고 있다.

정답 찾기 2번 ～だけでも(～만이라도)는 최소한의 희망을 나타내는 표현으로 주로 명사에 접속되므로 첫 번째 칸에 넣고 4번은 2번 뒤에 들어가 ～でもいい(～이라도 된다, 좋다)가 되어야 한다. 그리고 인용의 ～と가 있는 마지막 칸에는 보통형인 3번이 들어갈 수밖에 없다. 마지막 남은 칸에 1번을 넣어 전체적으로 나열하면 2-4-1-3이 되므로 정답은 1번이다.

복습 꼭! ～だけでも(～만이라도) / ～でもいい(～이라도 된다, 좋다) / 인용의 ～と(～라고) 용법

어휘 謝(あやま)る 사과하다, 사죄하다

정답 1

03 旅行の記念に ＿＿ ＿＿ ★ ＿＿ しまった。

1 買って　2 弟が割って
3 かびんを　4 きた

단어 바르게 배열하기 ★★

문장배열 旅行の記念に 買って(1) きた(4) かびんを(3) 弟が割って(2) しまった。

해석 여행 기념으로 사온 꽃병을 남동생이 깨뜨려 버렸다.

정답 찾기 우선 1번과 2번은 ～て형이기 때문에 모두 뒤에 4번을 취할 수 있지만 의미상 1번이 적절하므로 1–4가 되어야 하고 2번은 마지막 칸에 들어가 ～てしまう(~해 버리다)를 형성하는 것이 좋다. 마지막으로 3번은 의미상 타동사인 2번 割る의 목적어가 되어야 한다. 전체적으로 나열하면 1–4–3–2가 되므로 정답은 3번이다.

복습 꼭! ～てしまう(~해 버리다)

어휘 旅行記念(りょこうきねん) 여행기념 | かびん 꽃병 | 割(わ)る 나누다, 깨뜨리다

정답 3

04 失敗は ＿＿ ＿＿ ★ ＿＿ することなんだから、そんなに落ち込まなくていいよ。

1 なら　2 でも
3 人間　4 だれ

단어 바르게 배열하기 ★★

문장배열 失敗は 人間(3) なら(1) だれ(4) でも(2) することだから、そんなに落ち込まなくていい。

해석 실패는 인간이라면 누구라도 하는 일이니까 그렇게 침울해 하지 않아도 돼.

정답 찾기 간단해 보이지만 문맥과 논리에 맞게 잘 나열해야 한다. 우선 선택지 중에서 2번 ～でも가 붙을 수 있는 것은 명사인 3번과 4번이지만 논리상 4번에 접속되어야 하므로 나머지는 간단히 3–1이 되어야 함을 알 수 있다. 다만 ～なら(~라면)는 조건을 나타내므로 3–1이 4–2보다는 앞에 나와야 한다. 전체적으로 나열하면 3–1–4–2가 되므로 정답은 4번이다.

복습 꼭! ～でも(~라도) / ～なら(~라면)

어휘 失敗(しっぱい) 실패 | 人間(にんげん) 인간 | 落(お)ち込(こ)む 침울해지다, 빠지다

정답 4

05 アパートはたしかに便利ですが、＿＿ ＿＿ ★ ＿＿ かもしれません。

1 住み　2 お年寄りに
3 とっては　4 にくい

단어 바르게 배열하기 ★★

문장배열 アパートはたしかに便利ですが、お年寄りに(2) とっては(3) 住み(1) にくい(4) かもしれません。

해석 아파트는 분명 편리하지만 노인들에게는 살기 불편할지도 모릅니다.

정답 찾기 4번은 동사 ます형+にくい(~하기 어렵다, ~하기 불편하다)가 되어야 하므로 1–4가 되어 보통형이 필요한 마지막 칸에 들어가야 한다는 것을 쉽게 알 수 있다. 나머지는 명사+にとって(~에 있어서) 형태의 입장, 처지를 나타내는 문법으로 아직 배우지는 않았지만 예습한다는 기분으로 익혀두자. 전체적으로 나열하면 2–3–1–4가 되므로 정답은 1번이다.

복습 꼭! 동사 ます형+にくい(~하기 어렵다, ~하기 불편하다)/ 명사+にとって(~에 있어서)

어휘 便利(べんり)だ 편리하다 | お年寄(としよ)り 노인 | 住(す)む 살다

정답 1

---

06 教室の ＿＿ ＿＿ ★ ＿＿ ドアが閉まっていて入れなかった。

1 入ろう　　2 けれども
3 中に　　4 とした

단어 바르게 배열하기 ★★

문장배열 教室の 中に(3) 入ろう(1) とした(4) けれども(2) ドアが閉まっていて入れなかった。

해석 교실 안에 들어가려고 했지만 문이 잠겨 있어서 들어 갈 수가 없었다.

정답 찾기 일부를 통해서 전체의 문법을 연상할 수 있어야 한다. 이 문제에서도 청유형인 1번은 동사 청유형+とする(~하려고 하다) 형태로 사용할 수 있기 때문에 1–4가 되어 접속조사인 2번을 취하고, 마지막으로 3번을 명사가 필요한 첫 번째 칸에 넣어 전체적으로 나열하면 3–1–4–2가 되므로 정답은 4번이다.

복습 꼭! 동사 청유형+とする(~하려고 하다)

어휘 教室(きょうしつ) 교실 | 閉(し)まる 닫히다

정답 4

---

07 もし ＿＿ ＿＿ ★ ＿＿ メールでもかまわない。

1 のが　　2 面倒
3 訪問する　　4 であれば

단어 바르게 배열하기 ★★

문장배열 もし 訪問する(3) のが(1) 面倒(2) であれば(4) メールでもかまわない。

해석 만약 방문하는 것이 번거로우면 메일이라도 상관없어.

정답 찾기 4번은 ~だ의 문어체인 ~である(~이다)의 가정형이므로 な형용사인 2번에 접속될 수 밖에 없으며 동사인 3번은 형식명사인 1번을 수식해야 한다. 그리고 주체를 나타내는 ~が가 있는 3–1은 당연히 2–4 보다는 앞에 나와야 하므로 전체적으로 나열하면 3–1–2–4가 되어 정답은 2번이다.

복습 꼭! ~だ(~이다) / ~である(~이다)

어휘 訪問(ほうもん) 방문 | 面倒(めんどう)だ 귀찮다, 번잡하다

정답 2

---

08 展示されているものは自由に ＿＿ ＿＿ ★ ＿＿ 書いてあった。

1 いいが　　2 持ち帰っては
3 使ってみても　　4 いけないと

단어 바르게 배열하기 ★★★

문장배열 展示されているものは自由に 使ってみても(3) いいが(1) 持ち帰っては(2) いけないと(4) 書いてあった。

해석 전시되어 있는 물건은 자유롭게 사용해 봐도 되지만 가져가서는 안 된다고 적혀 있었다.

정답 찾기 선택지를 보면 허가의 ~てもいい(~해도 된다)와 금지의 ~てはいけない(~해서는 안 된다)가 사용되고 있으므로 각각 3–1과 2–4가 연결됨을 쉽게 알 수 있는데 ~と書いてある(~라고

적혀 있다)가 되어야 하기 때문에 2–4가 마지막 칸에 들어가야 한다. 전체적으로 나열하면 3–1–2–4이므로 정답은 2번이다.

복습 꼭! ～てもいい(～해도 된다) / ～てはいけない(～해서는 안 된다)

어휘 展示(てんじ) 전시 | 自由(じゆう)だ 자유롭다 | 持(も)ち帰(かえ)る 가지고 돌아가다

정답 2

시나공 01 기초 확인 문법 | 적중 예상 문제 ④

문제 1 다음 문장의 (　　　)에 들어갈 가장 알맞은 말을 1・2・3・4 중에서 하나를 고르세요.

01 山下君、明日の会議のあと、食事会をしたいから予定をあけて(　　　)か。

1 おいただろう　　2 おいてくれない
3 あればいい　　4 あるといけない

의미적 호응관계 파악하기 ★★

해석 야마시타 군, 내일 회의가 끝난 후에 식사모임을 가지고 싶으니까 예정을 비워(**둬 줄**)래?

정답 찾기 あける는 열다는 의미 외에도 시간을 내다, 비우다는 의미로도 사용되므로 식사모임을 위해서 (미리) ～해 두다는 의미인 ～ておく와 상대에게 요청하는 ～てくれないか가 결합된 2번이 정답이 된다.

오답분석 1번 ～だろう(～것이다)는 추측, 3번과 4번은 ～てある(～해져 있다)가 되어 상태를 나타낼 때 사용하므로 정답이 될 수 없다.

복습 꼭! ～ておく(～해 두다)

어휘 会議(かいぎ) 회의 | 食事会(しょくじかい) 식사모임 | 予定(よてい) 예정

정답 2

02 森さんは怖そうな人だと思っていたが、(　　　)思ったより優しくて親切な人だった。

1 話してみると　　2 話したかどうか
3 話す前に　　4 話したとしても

적절한 기능어 찾기 ★★

해석 모리 씨는 무서울 것 같은 사람이라고 생각했지만 **(이야기해 보니까)** 생각보다 상냥하고 친절한 사람이었다.

정답 찾기 내용상 막연한 선입관을 가지고 있었지만 실제로 이야기를 한 결과 좋은 사람이라는 논리이므로 실제로 실행하는 의미인 ～てみる(～해 보다)와 결과를 나타낼 때 사용하는 ～と(～하니까, ～하자)가 합쳐진 1번이 정답이 된다.

오답분석 2번 ～かどうか는 ～인지 어떤지, 3번 ～前に는 ～하기 전에, 4번 ～としても는 ～라고 하더라도, ～라고 해도 라는 의미이므로 문맥상 정답이 아니다.

복습 꼭! 조건 가정의 ～と(～하니까, ～하자)

어휘 怖(こわ)い 무섭다 | 優(やさ)しい 상냥하다 | 親切(しんせつ)だ 친절하다

정답 1

03 息子「お父さん今日は遅いなあ。お腹ぺこぺこなのに。」
母「お父さんは残業で帰りが遅くなるっていってたから、悪いけど先に（　　）。」

1 食べちゃっていた
2 食べちゃったか
3 食べちゃおうか
4 食べちゃうだろう

의미적 호응관계 파악하기 ★★★

해석 아들: 아빠, 오늘은 늦으시는구나. 배 너무 고픈데.
엄마: 아빠는 잔업으로 귀가가 늦어질 거라고 했으니까 미안하지만 먼저 **(먹어 버릴까)**?

정답 찾기 선택지에는 동작의 완료를 나타내는 ～ちゃう(~해 버리다)가 공통으로 사용되고 있는데 내용상 아직 저녁은 먹지 않고 있는 상태에서의 대화인 것을 파악할 수 있어야 한다. 그리고 엄마가 아들에게 의향을 물어보고 있으므로 ～(よ)う＋か(~할까?)가 합쳐진 3번이 정답이 된다.

오답분석 1번은 먹어 버렸다, 2번은 먹어 버렸는가?, 4번은 먹어 버릴 것이다 라는 의미가 되므로 논리상 정답이 될 수 없다.

복습 꼭! ～(よ)う＋か(~할까?)

어휘 ぺこぺこだ 배가 고프다 | 残業(ざんぎょう) 잔업 | 悪(わる)い 나쁘다, 미안하다

정답 3

04 車の鍵をどこに置いたか（　　）としたが、いくら考えても思い出せなかった。

1 思い出した　　2 思い出せる
3 思い出して　　4 思い出そう

접속형태 파악하기 ★★

해석 차 열쇠를 어디에 두었는지 **(생각해 내려)**고 했지만 아무리 생각해도 생각해 낼 수가 없었다.

정답 찾기 공란 뒤의 とする를 통해서 정형화된 문법 문제임을 알 수 있어야 한다. 즉 어떤 것을 실현시키기 위해 노력할 때 사용하는 ～(よ)う＋とする(~하려고 하다)를 묻는 문제이므로 정답은 4번이다.

오답분석 정답이 되는 思い出す(생각해 내다, 상기하다)의 청유형은 思い出そう이므로 나머지는 정답이 될 수 없다.

복습 꼭! ～(よ)う＋とする(~하려고 하다)

어휘 鍵(かぎ) 열쇠 | いくら 얼마, 아무리 | 思(おも)い出(だ)す 생각해 내다, 회상하다

정답 4

05 東京のような大都会ではたくさんの情報が（　　）、こんな田舎では難しい。

1 入るだろうが　　2 入らないだろうが
3 入らないようだが　　4 入りたかったようだが

적절한 기능어 찾기 ★★★

해석 동경 같은 대도시는 많은 정보가 **(들어올 테지만)** 이런 시골에서는 어렵다.

정답 찾기 모든 선택지에 주로 역접에 사용하는 접속조사 ～が(~이지만, ~인데)가 사용되고 있는데 이것이 포인트다. 즉 공란에는 정보가 들어오기 어렵다는 후문의 내용과는 논리적으로 상반되는 내용이 되어야 하므로 완곡한 주장이나 추량을 나타내는 ～だろう가 사용된 1번이 정답이다.

오답분석 2번은 들어오지 않을 테지만, 3번은 들어오지 않을 것 같지만 이라는 의미로 문맥상 정답이 될 수 없고 4번의 ～たい(~하고 싶다)는 주어가 생물이 아니면 사용할 수 없다.

복습 꼭! ～だろう(~일 것이다)

어휘 大都会(だいとかい) 대도시 | 情報(じょうほう) 정보 | 田舎(いなか) 시골

정답 1

06 すみませんけど、辞書を持ってくるのを忘れたので、ちょっと（　　　）。

1 貸したいんですけど
2 貸してほしいんですけど
3 借りていただけますか
4 借りてもらいますか

의미적 호응관계 파악하기 ★★★

해석 미안합니다만 사전을 가져오는 것을 잊어버려서 좀 **(빌려줬으면 좋겠습니다만).**

정답 찾기 선택지에 수수동사나 ほしい 등이 보이면 동작의 방향을 파악하는 것이 중요하다. 여기서는 사전이 기무라에게서 화자 쪽으로 이동되어야 하므로 貸す와 상대가 그 행위를 해주길 바랄 때 사용하는 ～てほしい가 합쳐진 2번이 정답이다.

오답분석 3번과 4번에는 借りる가 사용되어 기무라 씨가 사전을 빌리는 결과가 되므로 정답에서 제외해야 하고 1번의 ～たい(~하고 싶다)를 사용하면 화자가 빌려주는 결과가 되므로 정답이 될 수 없다.

복습 꼭! ～てほしい(~해 줬으면 좋겠다, ~해 주길 바란다)

어휘 辞書(じしょ) 사전 | 忘(わす)れる 잊다 | 貸(か)す 빌려주다 | 借(か)りる 빌리다

정답 2

07 仕事に必要だから真面目に英語の勉強を（　　　）本も買ったが、なかなか時間が取れない。

1 しようと思って　2 しようと思えば
3 することになれば　4 することになるより

의미적 호응관계 파악하기 ★★★

해석 업무에 필요하기 때문에 본격적으로 영어 공부를 **(하려고 생각해서)** 책도 샀는데 좀처럼 시간을 낼 수가 없다.

정답 찾기 논리상 자신의 의지로 필요해서 책을 샀다는 의미이므로 화자의 결심, 계획 등을 말할 때 사용하는 1번이 정답이 된다.

오답분석 2번 가정형은 문맥과 맞지 않고 3, 4번의 ～ことになる(~하게 되다)는 자신의 의지와는 무관한 결과에 사용하므로 문맥상 정답이 될 수 없다.

복습 꼭! ～ようと思う(~하려고 생각하다)

어휘 必要(ひつよう)だ 필요하다 | 真面目(まじめ)だ 진심이다, 성실하다 | なかなか 상당히, 좀처럼

정답 1

08 誰かが私の家の前に何度もゴミを捨てるから、「ここにゴミを（　　　）!」という看板を立てた。

1 捨ててね　2 捨てろ
3 捨てるな　4 捨てるんだ

적절한 기능어 찾기 ★★

해석 누군가가 우리집 앞에 자꾸 쓰레기를 버려서 '여기에 쓰레기를 **(버리지 마)**!'라는 간판을 세웠다.

정답 찾기 논리상 쓰레기를 버리지 말라는 금지를 나타낼 수 있는 말이 와야 하므로 동사 기본형에 붙어 금지를 나타내는 ～な가 사용된 3번이 정답이 된다.

오답분석 ～て형인 1번과 명령형인 2번은 버려라 라는 의미가 되고 4번은 버리는 것이다 라는 의미로 문맥상 정답이 될 수 없다.

복습 꼭! 동사 기본형+な(~하지 마)

어휘 何度(なんど)も 몇 번이나 | 捨(す)てる 버리다 | 看板(かんばん) 간판 | 立(た)てる 세우다

정답 3

문제 2 다음 문장의 ＿★＿ 에 들어갈 가장 알맞은 말을 1・2・3・4 중에서 하나를 고르세요.

01 商品を ＿＿ ＿＿ ＿★＿ ＿＿ ください。

1 しまったので　2 キャンセルさせて
3 注文して　4 間違えて

단어 바르게 배열하기 ★★

문장배열 商品を 間違えて(4) 注文して(3) しまったので(1) キャンセルさせて(2) ください。

해석 상품을 잘못 주문해 버렸으니 취소해 주세요.

정답 찾기 해석하기에 앞서 먼저 선택지를 통해 ～てしまう(~해 버리다)와 ～てください(~해 주세요)를 떠 올릴 수 있으면 쉽게 해결할 수 있는 문제이다. 즉 문맥에 맞게 각각 나열하면 3-1이 되어야 하고 2번은 마지막 칸에 들어가 ～てくださいが 되어야 한다. 마지막으로 4번은 논리상 3번 앞에 들어가야 하므로 전체적으로 나열하면 4-3-1-2가 되어 정답은 1번이다.

복습 꼭! ～てしまう(~해 버리다) / ～てください(~해 주세요)

어휘 商品(しょうひん) 상품 | 間違(まちが)える 잘못하다, 틀리다 | 注文(ちゅうもん) 주문

정답 1

02 今日70歳の誕生日を迎えた ＿＿ ＿★＿ ＿＿ ＿＿ と心から願っている。

1 元気でいて　2 母親には
3 ほしい　4 いつまでも

단어 바르게 배열하기 ★★

문장배열 今日70歳の誕生日を迎えた 母親には(2) いつまでも(4) 元気でいて(1) ほしい(3) と心から願っている。

해석 오늘 70세 생일을 맞이하신 엄마가 항상 건강하시면 좋겠다고 진심으로 바라고 있다.

정답 찾기 선택지의 3번 ほしい를 기준으로 먼저 1-3으로 ～てほしい 형태를 만들 수 있고 이때 동작의 주체에는 ～に가 붙으므로 2-1-3이 되어야 한다. 마지막으로 부사인 4번 いつまでも(언제까지나, 영원히)가 내용상 な형용사인 1번을 수식하게 하여 전체적으로 나열하면 2-4-1-3이 되므로 정답은 4번이다.

복습 꼭! ～てほしい(~하기를 바라다)

어휘 誕生日(たんじょうび) 생일 | 迎(むか)える 맞이하다 | 願(ねが)う 바라다

정답 4

03 立ったままでも ＿★＿ ＿＿ ＿＿ ＿＿ に ゆっくり腰を伸ばしてください。

1 ままでも　2 後ろの方
3 床に座った　4 かまいませんので

단어 바르게 배열하기 ★★★

문장배열 立ったままでも 床に座った(3) ままでも(1) かまいませんので(4) 後ろの方(2) にゆっくり腰を伸ばしてください。

해석 선 채라도 바닥에 앉은 채라도 상관없으므로 등을 돌려 천천히 허리를 뻗어 주세요.

정답 찾기 해석보다는 가능하면 정형화된 문법을 먼저 찾는 것이 좋은데 선택지를 보면 ～たまま(~한 채, ~한 상태)와 ～ても(でも)かまわない(~해도 상관없다, ~이라도 상관없다)가 결합된 문제임을 알 수 있다. 그러므로 3-1-4가 되어야 하고 마지막으로 명사인 2번이 들어갈 곳은 조사 ～に가 있는 마지막 칸뿐이므로 전체적으로 나열하면 3-1-4-2가 되어 정답은 3번이다.

복습 꼭! たまま(~한 채, ~한 상태) / ~ても(でも)かまわない(~해도 상관없다, ~이라도 상관없다)

어휘 床(ゆか) 바닥, 마루 | 伸(の)ばす 펴다, 늘리다

정답 3

04 あまり親しくもないから、彼には結婚式の____ ____ ★ ____と思った。

1 頼まない　　2 司会を

3 ほうが　　4 よさそうだ

단어 바르게 배열하기 ★★

문장배열 あまり親しくもないから、彼には結婚式の司会を(2) 頼まない(1) ほうが(3) よさそうだ(4)と思った。

해석 그다지 친하지 않으니까 그에게는 결혼식 사회를 부탁하지 않는 편이 좋을 것 같다고 생각했다.

정답 찾기 3번 ~ほう를 통해 ~たほうがいい・~ないほうがいい(~하는 편이 좋다 · ~하지 않는 편이 좋다)라는 문법을 떠 올릴 수 있고 いい는 양태 そうだ에 접속될 경우 よさそうだ가 되므로 1-3-4가 됨을 쉽게 알 수 있다. 그리고 목적어인 2번을 타동사인 1번 앞에 놓아 전체적으로 나열하면 2-1-3-4가 되기 때문에 정답은 3번이다.

복습 꼭! ~たほうがいい(~하는 편이 좋다) / ~ないほうがいい(~하지 않는 편이 좋다)

어휘 親(した)しい 친하다 | 結婚式(けっこんしき) 결혼식 | 司会(しかい) 사회 | 頼(たの)む 부탁하다

정답 3

05 妹は____ ____ ★ ____あるので、毎日とても忙しい。

1 いけない　　2 卒業論文が

3 書かないと　　4 締め切りまでに

단어 바르게 배열하기 ★★

문장배열 妹は 締め切りまでに(4) 書かないと(3) いけない(1) 卒業論文が(2) あるので、毎日とても忙しい。

해석 여동생은 마감일까지 쓰지 않으면 안 되는 졸업논문이 있어서 매일 매우 바쁘다.

정답 찾기 선택지에서 ~ないといけない(~하지 않으면 안 된다)는 쉽게 찾을 수 있으므로 3-1이 되어야 하고 2번은 주격조사 が(~이, ~가) 때문에 타동사인 3번 앞에는 올 수 없고 ある가 있는 마지막 칸에 들어갈 수밖에 없다. 마지막으로 4번은 기한을 한정하기 위해 3-1 앞에 들어가야 하므로 전체적으로 나열하면 4-3-1-2가 되어 정답은 1번이다.

복습 꼭! ~ないといけない(~하지 않으면 안 된다)

어휘 妹(いもうと) 여동생 | 締(し)め切(き)り 마감 | 卒業論文(そつぎょうろんぶん) 졸업논문 | 忙(いそが)しい 바쁘다

정답 1

06 壊れた店の看板が____ ____ ★ ____注意が必要だ。

단어 바르게 배열하기 ★★

문장배열 壊れた店の看板が 今にも(2) 落ちてきて(1) しまい(4) そうだから(3) 注意が必要だ。

1 落ちてきて　　2 今にも

3 そうだから　　4 しまい

해석 부서진 가게 간판이 당장이라도 떨어져 버릴 것 같으니까 주의가 필요하다.

정답 찾기 먼저 3번 양태 ～そうだ(～할 것 같다)는 동사 ます형이 필요하므로 4-3이 됨과 동시에 1번에 접속되어 ～てしまう(～해 버리다)가 되어야 한다. 마지막으로 부사인 2번 今にも(당장이라도, 이제 곧)는 문맥상 가장 앞에 들어가야 하므로 전체적으로 나열하면 2-1-4-3이 되어 정답은 4번이다.

복습 꼭! ～そうだ(～할 것 같다)의 양태용법 / ～てしまう(～해 버리다)

어휘 壊(こわ)れる 부서지다 | 看板(かんばん) 간판 | 落(お)ちる 떨어지다 | 注意(ちゅうい) 주의 | 必要(ひつよう)だ 필요하다

정답 4

---

07 僕は ＿＿ ＿＿ ★ ＿＿ 試験が人生の全てではないとよく言います。

1 若者に　　2 心配している

3 かもしれないと　　4 試験に合格できない

단어 바르게 배열하기 ★★

문장배열 僕は 試験に合格できない(4) かもしれないと(3) 心配している(2) 若者に(1) 試験が 人生の全てではないとよく言います。

해석 나는 시험에 합격 못할지도 모른다고 걱정하는 젊은이들에게 시험이 인생의 전부는 아니라고 자주 말합니다.

정답 찾기 먼저 3번 ～かもしれない(～일지도 모른다)는 접속형태로는 2번과 4번 모두에 접속될 수 있으나 의미적으로 4-3이 적절하며 2번은 명사인 1번을 수식하게 하고 4-3의 뒤에 넣어 조언을 하는 대상이 되도록 하면 된다. 전체적으로 나열하면 4-3-2-1이 되므로 정답은 2번이다.

복습 꼭! ～かもしれない(～일지도 모른다)

어휘 合格(ごうかく) 합격 | 心配(しんぱい)する 걱정하다 | 若者(わかもの) 젊은이 | 全(すべ)て 전체, 모두

정답 2

---

08 面接のときに遅刻してはいけませんが ＿＿ ★ ＿＿ ＿＿ きちんと時間を守りましょう。

1 ので　　2 よくない

3 のも　　4 早すぎる

단어 바르게 배열하기 ★★

문장배열 面接のときに遅刻してはいけませんが 早すぎる(4) のも(3) よくない(2) ので(1) きちんと時間を守りましょう。

해석 면접 때 지각해서는 안 되지만 너무 이른 것도 좋지 않으므로 정확히 시간을 지킵시다.

정답 찾기 형식명사 ～の가 있는 1번과 3번은 독립적으로 사용할 수 없고 명사 수식형 뒤에 접속되어야 하므로 각각 2번이나 4번 뒤에 접속되어야 하는데 문맥상으로 3번은 4번 뒤에 1번은 2번 뒤에 들어가는 것이 적절하므로 전체적으로 나열하면 4-3-2-1가 되어 정답은 3번이다.

복습 꼭! 형식명사 ～の의 용법

어휘 面接(めんせつ) 면접 | 遅刻(ちこく) 지각 | 守(まも)る 지키다

정답 3

문제 1 다음 문장의 (　　　)에 들어갈 가장 알맞은 말을 1・2・3・4 중에서 하나를 고르세요.

01 朝起きて窓を（　　　）、雪が降っていた。

1 開ければ　　2 開けると

3 開けてから　　4 開けるなら

적절한 기능어 찾기 ★★

해석 아침에 일어나 창문을 **(열었더니)** 눈이 내리고 있었다.

정답 찾기 선택지를 보면 조건가정 문제임을 알 수 있는데 창문을 연 것과 눈이 내린 것은 전혀 인과관계가 없고 단지 창문을 열었을 때 눈이 오고 있었던 것을 발견한 것이므로 과거시제의 문장에서 발견을 나타내는 2번 ～と(~하자, ~하니까)가 정답이 된다.

오답분석 1번 ～ば와 4번 ～なら는 기본적으로 과거문에는 사용할 수 없으므로 정답이 될 수 없고 창문을 여는 것과 눈이 내리는 것은 순차적으로 발생한 일이 아니므로 3번 ～てから(~하고 나서)도 정답이 아니다.

복습 꼭! 조건가정 ～と의 결과용법

어휘 起(お)きる 일어나다, 기상하다 | 降(ふ)る (눈, 비가) 내리다

정답 2

02 このごろ風邪が流行していて、病院は予約制ではあるが、いつも混んでいて２時間も（　　　）こともある。

1 待たれる　　2 待たされる

3 待てる　　4 待とう

적절한 기능어 찾기 ★★

해석 요즘 감기가 유행해서 병원은 예약제이긴 하지만 항상 붐벼서 2시간이나 **(기다려야)** 하는 경우도 있다.

정답 찾기 내용상 화자가 병원에서 사람들이 많아 어쩔 수 없이 기다렸다는 말이므로 상대에 의해서 혹은 상황상 어쩔 수 없이 ~를 하다는 의미를 나타낼 때 사용하는 사역수동형인 2번이 정답이 된다. 참고로 待つ의 사역수동형은 待たせられる 또는 줄여서 待たされる 라고도 하니 주의해야 한다.

오답분석 1번은 수동형 3번은 가능형 4번은 청유형으로 문맥상 정답이 아니다.

복습 꼭! 사역수동 표현

어휘 風邪(かぜ) 감기 | 流行(りゅうこう)する 유행하다 | 予約制(よやくせい) 예약제 | 混(こ)む 붐비다

정답 2

03 A「これを全部一人で作ったんですか。」
B「いいえ。友達に手伝って（　　　）んです。」

1 あげた　　2 やった

3 くださった　　4 もらった

적절한 기능어 찾기 ★★

해석 A: 이것을 전부 혼자서 만들었습니까?
B: 아니요. 친구가 거들어**(줬)**어요.

정답 찾기 선택지를 보면 수수동사 문제라는 것을 알 수 있다. 수수동사 문제는 행위의 주체와 대상을 파악하는 것이 제일 중요하다. B의 대답을 보면 혼자 한 것이 아니라 도움을 받았다고 말하고 있는데 도와준 주체인 친구 뒤에 조사 ～に가 있으므로 남으로부터 ~해 받을 때 사용하는 4번 ～てもらう(~해 받다)가 정답이다.

오답분석 1, 2번은 자신이 상대에게 어떤 행위를 해줄 때 3번은 문장의 주어가 자신일 때는 사용할 수 없으므로 정답이 아니다.

복습 꼭! 수수표현

어휘 全部(ぜんぶ) 전부 手伝(てつだ)う 거들다, 돕다

정답 4

04 当店はわかりにくい場所に（　　　）ので、こちらの地図を参考にしてください。

1 ございます　2 いただきます
3 いらっしゃいます　4 さしあげます

적절한 경어동사 찾기 ★★★

해석 저희 가게는 찾기 어려운 장소에 **(있기)** 때문에 이 지도를 참고해 주세요.

정답 찾기 선택지를 보면 경어동사 문제임을 알 수 있는데 공란에는 내용상 ある(있다)가 필요하므로 ある의 정중어인 1번 ござる가 정답이 된다.

오답분석 2번은 もらう(받다)의 겸양어 3번은 いる(있다)의 존경어 4번은 やる(주다)의 겸양어이므로 문맥상 정답이 될 수 없다.

복습 꼭! 경어표현

어휘 当店(とうてん) 당점 | 場所(ばしょ) 장소 | 地図(ちず) 지도 | 参考(さんこう) 참고

정답 1

05 いつも当店をご利用（　　　）、まことにありがとうございます。

1 いたしまして　2 さしあげまして
3 いただきまして　4 うかがいまして

적절한 경어공식 찾기 ★★★

해석 항상 저희 가게를 이용**(해 주셔서)** 대단히 감사합니다.

정답 찾기 공란 앞의 ご利用(ご+명사)를 통해 경어공식의 일부분임을 알 수 있는데 문제에서는 명확하게 제시되어 있지는 않지만 손님이 화자의 가게를 이용하는 것에 감사를 표하는 것임을 충분히 알 수 있으므로 상대로부터 ~해 받다 즉 상대가 ~해 주는 경우 ご+명사+いただく를 사용하므로 3번이 정답이다.

오답분석 1번 いたす는 겸양공식으로 자신의 행위일 때 사용하며 2번과 4번은 경어공식으로 사용하지 않으므로 정답이 아니다.

복습 꼭! お・ご~いただく(~해 받다, ~해 주시다)

어휘 当店(とうてん) 당점, 우리 가게 | 利用(りよう) 이용

정답 3

06 田中さん、一番近い動物園はどこにあるか（　　　）。

1 教えるでしょうか
2 教えていただけますか
3 教えたらいかがですか
4 教えるのではないでしょうか

적절한 경어표현 찾기 ★★★

해석 다나카 씨, 가장 가까운 동물원은 어디에 있는지 **(가르쳐 주실 수 있겠습니까)**?

정답 찾기 상당히 난해한 문제처럼 보일 수도 있으나 핵심만 알면 의외로 간단히 해결할 수 있다. 화자가 상대에게 가르쳐줄 것을 부탁하고 있으므로 매우 정중하게 의뢰할 때 사용할 수 있는 ~ていただく의 가능형인 2번이 정답이다.

오답분석 1번 가르칠까요?, 3번 가르치는 것이 어떻겠습니까?, 가르치는 것은 아닐까요? 라는 의미이므로 문맥상 정답이 될 수 없다.

복습 꼭! ~ていただけますか(~해 받을 수 있겠습니까? = ~해 주실 수 있겠습니까?, ~해 주세요)

어휘 動物園(どうぶつえん) 동물원 | 教(おし)える 가르치다

정답 2

문제 2 다음 문장의 ___★___에 들어갈 가장 알맞은 말을 1・2・3・4 중에서 하나를 고르세요.

01 この工場で＿＿＿ ＿＿＿ ＿★＿ ＿＿＿が少し違います。

1 いる車は　　2 部品
3 作られて　　4 輸出用で

단어 바르게 배열하기 ★★

문장배열 この工場で 作られて(3) いる車は(1) 輸出用で(4) 部品(2) が少し違います。

해석 이 공장에서 만들어지는 자동차는 수출용으로 부품이 조금 다릅니다.

정답 찾기 1번의 いる는 보조동사로 사용되어야 하므로 동사인 3번 뒤에 들어가 3–1이 됨과 동시에 주어가 되어 술어로 4번을 취해야 한다. 그리고 명사가 필요한 마지막 칸에 2번을 넣어 전체적으로 나열하면 3–1–4–2가 되므로 정답은 4번이다.

복습 꼭! 보조동사 いる

어휘 工場(こうじょう) 공장 | 輸出用(ゆしゅつよう) 수출용 | 部品(ぶひん) 부품 | 違(ちが)う 다르다

정답 4

02 小学生の娘はいつも自分の夢は世界中の＿＿＿ ＿＿＿ ＿★＿ ＿＿＿と言っている。

1 愛される　　2 ことだ
3 誰からも　　4 歌手になる

단어 바르게 배열하기 ★★

문장배열 小学生の娘はいつも自分の夢は世界中の 誰からも(3) 愛される(1) 歌手になる(4) ことだ(2) と言っている。

해석 초등학생인 딸은 항상 자신의 꿈은 전 세계 누구에게라도 사랑받는 가수가 되는 것이다고 말하고 있다.

정답 찾기 수동문의 행위의 주체에는 ～に또는 ～から가 사용되므로 수동동사인 1번은 3번과 짝을 이루어 3–1이 되어야 하고 문맥상 전 세계의 모든 사람이 되는 것이 적절하므로 첫 번째 칸에 들어가야 한다. 마지막으로 동사인 4번이 명사인 2번을 수식하게 해서 나열하면 3–1–4–2가 되므로 정답은 4번이다.

어휘 小学生(しょうがくせい) 초등학생 | 夢(ゆめ) 꿈 | 愛(あい)する 사랑하다 | 歌手(かしゅ) 가수

정답 4

03 卒業論文の内容について＿＿＿ ＿★＿ ＿＿＿ ＿＿＿が、よろしいでしょうか。

1 ことが　　2 先輩にいくつか
3 伺いたい　　4 あります

단어 바르게 배열하기 ★★★

문장배열 卒業論文の内容について 先輩にいくつか(2) 伺いたい(3) ことが(1) あります(4) が、よろしいでしょうか。

해석 졸업논문의 내용에 관해서 선배님에게 몇 가지 여쭤보고 싶은 것이 있습니다만 괜찮으시겠습니까?

정답 찾기 3번 伺(うかが)う는 여기서는 묻다(聞く)의 겸양어이므로 묻는 대상인 2번과 짝이 되어 2–3 형태로 명사인 1번을 수식하면 된다. 마지막으로 동사인 4번은 술어가 되도록 가장 뒤에 넣어 전체적으로 나열하면 2–3–1–4가 되므로 정답은 3번이다.

복습 꼭! 伺う(聞く의 겸양어)

어휘 卒業論文(そつぎょうろんぶん) 졸업논문 | 内容(ないよう) 내용 | ～について ～에 관해서 | 先輩(せんぱい) 선배

정답 3

04 日本の文化を体験 ＿＿ ＿＿ ★ ＿＿ ください。

1 までに　　2 方は20日
3 お申し込み　　4 したい

단어 바르게 배열하기 ★★★

문장배열 日本の文化を体験 したい(4) 方は20日(2) までに(1) お申し込み(3) ください。

해석 일본 문화를 체험하고 싶으신 분은 20일까지 신청해 주십시오.

정답 찾기 3번은 경어공식 お+동사 ます형(+ください)의 일부분이므로 마지막 칸에 들어가야 하고 시간명사와 함께 한정을 나타내는 1번 ～までに(~까지)는 2번과 짝이 되어 명사가 필요한 4번 뒤에 들어가야 한다. 전체적으로 나열하면 4-2-1-3이 되므로 정답은 1번이다.

복습 꼭! 경어공식 お+동사 ます형(+ください) / ～までに(~까지)

어휘 文化(ぶんか) 문화 | 体験(たいけん) 체험 | 方(かた) 분 | 申(もう)し込(こ)む 신청하다

정답 1

---

05 もしよろしければ、＿＿ ＿＿ ★ ＿＿ んですが。

1 ご意見を　　2 聞かせて
3 皆様の　　4 いただきたい

단어 바르게 배열하기 ★★★

문장배열 もしよろしければ、 皆様の(3) ご意見を(1) 聞かせて(2) いただきたい(4) んですが。

해석 혹시 괜찮으시다면 여러분의 의견을 듣고 싶습니다만.

정답 찾기 자신의 행위를 상대의 허가를 얻어 행하는 것을 정중하게 나타낼 때는 사역동사て+いただく를 사용하므로 2-4가 되어야 하고 명사가 필요한 3번은 1번과 짝이 되어 2번의 목적어가 되어야 한다. 전체적으로 나열하면 3-1-2-4가 되어 정답은 2번이다.

복습 꼭! 사역동사て+いただく(자신의 행위를 상대의 허가를 얻어 행하는 것을 정중하게 나타내는 표현)

어휘 意見(いけん) 의견 | 皆様(みなさま) 여러분

정답 2

---

06 木村さん、大事な話がありますが、もしご迷惑で ＿＿ ＿＿ ★ ＿＿ でしょうか。

1 お宅へ　　2 よろしい
3 なければ　　4 うかがっても

단어 바르게 배열하기 ★★★

문장배열 木村さん、大事な話がありますが、もしご迷惑で なければ(3) お宅へ(1) うかがっても(4) よろしい(2) でしょうか。

해석 기무라 씨, 중요한 이야기가 있습니다만, 혹시 폐가 되지 않으시면 댁으로 방문해도 되겠습니까?

정답 찾기 2번 よろしい는 いい의 정중어이므로 4번과 함께 ～てもいい(~해도 되다)가 되어 마지막 칸에 들어가야 한다. 3번은 첫 번째 칸에 들어가 부정형 ～でない(~이 아니다)를 완성하고 나머지 빈칸에 1번을 넣어 전체적으로 나열하면 3-1-4-2가 되므로 정답은 4번이다.

복습 꼭! ～てもいい(~해도 되다) / ～でない(~이 아니다) / うかがう 묻다, 듣다, 방문하다의 겸양어

어휘 大事(だいじ)だ 중요하다 | 迷惑(めいわく) 폐, 귀찮음 | お宅(たく) 댁 | うかがう 묻다, 듣다, 방문하다의 겸양어

정답 4

시나공 02 시험에 꼭 나오는 필수 문법 | 적중 예상 문제 ②

문제 1 다음 문장의 (　　　)에 들어갈 가장 알맞은 말을 1・2・3・4 중에서 하나를 고르세요.

01 最近、泥棒に(　　　)家が多いから、気をつけてください。

1 いれられる　　2 いれさせる
3 はいる　　4 はいられる

의미적 호응관계 파악하기 ★★

해석 최근에 도둑**(맞는)** 집이 많으니 조심해 주세요.

정답 찾기 내용상 도둑과 관련되어 있으므로 동사는 はいる(들어가다, 들어오다)가 되어야 하며 행위의 주체가 ～に 앞에 있으므로 수동동사인 4번이 정답이 된다.

오답분석 1, 2번의 동사 いれる(넣다)는 의미가 맞지 않으며 3번을 사용하면 도둑에게 들어가다가 되므로 논리적으로 맞지 않다.

복습 꼭! 수동표현

어휘 最近(さいきん) 최근 | 泥棒(どろぼう) 도둑

정답 4

02 昨日はいつものバスが遅れて30分も(　　　)大変でした。

1 待たされて　　2 待てて
3 待たれて　　4 待たれさせて

의미적 호응관계 파악하기 ★★

해석 어제는 늘 타던 버스가 늦어서 30분이나 **(기다려야 해서)** 힘들었습니다.

정답 찾기 선택지를 보면 사역, 수동 등과 관련된 문제임을 알 수 있는데 버스가 늦어 화자의 의지가 아니라 어쩔 수 없이 기다렸다는 내용이므로 待つ의 사역수동 동사인 1번이 정답이다.

오답분석 2번은 가능동사, 2번은 수동동사, 4번은 잘못된 활용이므로 정답이 될 수 없다. 참고로 待つ의 사역수동은 待たせられる이지만 축약으로 待たされる가 될 수 있으므로 주의해야 한다.

복습 꼭! 사역수동 표현

어휘 遅(おく)れる 늦다 | 大変(たいへん)だ 큰일이다, 곤란하다

정답 1

03 木村さんの(　　　)ことはよくわかりました。もう一度考えてみます。

1 言わせる　　2 言われる
3 言わせられる　　4 お言いになる

적절한 경어 찾기 ★

해석 기무라 씨가 **(하시는)** 말씀은 잘 알겠습니다. 다시 한번 생각해 보겠습니다.

정답 찾기 논리상 言う가 필요한데 선택지 중에는 없으므로 문맥에 따라서는 존경의 의미를 나타낼 수 있는 2번 수동동사가 정답이 된다.

오답분석 1번의 사역동사, 3번의 사역수동 동사는 문맥상 사용할 수 없으며 言う의 존경어는 공식을 사용하지 않고 おっしゃる를 사용하므로 4번은 잘못된 형태이다.

복습 꼭! 수동표현

어휘 考(かんが)える 생각하다

정답 2

04 A「忙しそうですね、何かお手伝い（　　　）。」
B「はい、お願いします。では、この書類を年度別に分けていただけますか。」

1 になりましょうか　2 あげましょうか
3 しましょうか　4 くださいましょうか

적절한 경어 찾기 ★★

해석 A: 바쁘신 것 같군요. 뭔가 도와**(드릴까요)**?
B: 예, 부탁합니다. 그러면 이 서류를 연도별로 나누어 주시겠어요?

정답 찾기 경어문제는 의미 보다는 행위의 주체를 먼저 파악하는 것이 좋다. 이 문제에서 手伝う의 주체는 화자 자신이므로 겸양공식인 お+동사 ます형+する가 되어야 하기 때문에 정답은 3번이다.

오답분석 1번 ～になる는 존경공식이 되고 2번 あげる는 동사 て형에 접속되어야 하므로 정답이 될 수 없다. 4번 ～くださる는 상대가 자신에게 어떤 행위를 할 때 사용하므로 정답이 아니다.

복습 꼭! 겸양어 공식

어휘 忙(いそが)しい 바쁘다 | 手伝(てつだ)う 거들다 | 書類(しょるい) 서류 | 年度別(ねんどべつ) 연도별 | 分(わ)ける 나누다

정답 3

05 20%割引して、料金は往復で3万円（　　　）。

1 でございます　2 くださいます
3 おります　4 ございます

적절한 경어동사 찾기 ★★★

해석 20% 할인해서 요금은 왕복으로 3만 엔**(입니다)**.

정답 찾기 공란 앞에 명사가 있으므로 ～です가 필요하다는 것을 알 수만 있으면 간단히 해결되는 문제이다. 즉 ～です의 정중표현이 ～でござる이므로 정답은 1번이 된다.

오답분석 2번 くださる(주시다), 3번 おる(사람이 있다), 4번 ござる(사물이 있다)는 의미적으로 맞지 않아 정답이 아니다.

복습 꼭! ～でござる(~이다)

어휘 割引(わりびき) 할인 | 料金(りょうきん) 요금 | 往復(おうふく) 왕복

정답 1

06 僕も海外旅行に行きたいが、新しい車を買ったばかりだから（　　　）時間もない。

1 お金がなかったら　2 お金がないと
3 お金もなければ　4 お金もなかったなら

적절한 기능어 찾기 ★★★

해석 나도 해외여행을 가고 싶지만 새 차를 산 지 얼마 되지 않기 때문에 **(돈도 없고)** 시간도 없다.

정답 찾기 선택지를 보면 조건가정과 관련된 문제임을 알 수 있는데 출제 의도를 잘 파악해야 한다. 단순히 해석만으로는 정답이 없어 보이지만 3번 ～ば는 조건가정 이외에도 ～も～ば～も(~도 ~하고 ~도) 형태로 나열을 나타낼 수도 있으므로 정답은 3번이다.

오답분석 1, 2, 4번 모두 나열의 의미로 사용할 수 없으므로 정답이 될 수 없다.

복습 꼭! 조건가정 표현

어휘 海外旅行(かいがいりょこう) 해외여행 | 新(あたら)しい 새롭다 | ～たばかり 막 ~했다, ~한 지 얼마 되지 않았다

정답 3

문제 2 다음 문장의 ＿★＿에 들어갈 가장 알맞은 말을 1・2・3・4 중에서 하나를 고르세요.

01 A「ラグビーを始めたのは何歳のときですか。」
B「中学１年生のときです。父に相談したら、
＿＿ ＿＿ ＿★＿ ＿＿ 始めました。」

1 かって　　2 挑戦してみたら
3 言ってくれて　　4 いいんじゃない

단어 바르게 배열하기 ★★★

문장배열 中学１年生のときです。父に相談したら、挑戦してみたら(2) いいんじゃない(4) かって(1) 言ってくれて(3) 始めました。

해석 A: 럭비를 시작한 것은 몇 살 때입니까?
B: 중학교 1학년 때입니다. 아버지에게 상담했더니 도전해 보면 좋지 않을까 라고 말해주셔서 시작했습니다.

정답 찾기 선택지에서 먼저 정형화된 ～たらいい(~하면 좋다)를 찾을 수 있으므로 2-4가 되어야 하고 1번은 ～か와 ～って(=～と)가 합쳐진 형태이므로 1-3이 되어 4번 뒤에 들어가야 한다. 전체적으로 나열하면 2-4-1-3이므로 정답은 1번이다.

복습 꼭! ～たらいい(~하면 좋다) / ～って(~라고)

어휘 相談(そうだん) 상담 | 挑戦(ちょうせん) 도전

정답 1

02 一年に一度しか見られない景色なので、
みんな期待と＿＿ ＿★＿ ＿＿ ＿＿向かった。

1 目的地に　　2 させながら
3 胸をどきどき　　4 不安に

단어 바르게 배열하기 ★★

문장배열 一年に一度しか見られない景色なので、みんな期待と 不安に(4) 胸をどきどき(3) させながら(2) 目的地に(1) 向かった。

해석 1년에 한 번밖에 볼 수 없는 경치이기 때문에 모두 기대와 불안감으로 마음을 졸이면서 목적지로 향했다.

정답 찾기 向かう(향해 가다) 앞에는 주로 장소명사가 나오므로 마지막 칸에는 1번이 들어가야 하고 2번은 する의 사역형이므로 3번과 짝이 되어 どきどきする(두근두근하다) 형태를 만들어 주면 된다. 마지막으로 첫 번째 칸에는 의미적으로 같은 심적 상태를 나타내는 4번이 들어가야 하므로 전체적으로 나열하면 4-3-2-1이 되어 정답은 3번이다.

복습 꼭! ～ながら(~하면서)

어휘 景色(けしき) 경치 | 期待(きたい) 기대 | 不安(ふあん) 불안 | 目的地(もくてきち) 목적지

정답 3

03 部長、＿＿ ＿＿ ＿★＿ ＿＿てもよろしいでしょうか。

1 いただいた　　2 資料はあした
3 貸して　　4 お返しし

단어 바르게 배열하기 ★★★

문장배열 部長、貸して(3) いただいた(1) 資料はあした(2) お返しし(4) てもよろしいでしょうか。

해석 부장님, 빌려주신 자료는 내일 돌려드려도 괜찮겠습니까?

정답 찾기 의외로 간단한 형태이지만 전체적인 내용을 잘 파악하지 못하면 어려울 수도 있다. 우선 4번은 겸양어 공식인 お+동사 ます형+する 형태이므로 앞에 ～て형이 필요한 마지막 칸에 들어가야 ～てもいい가 되어야 하고 수수동사인 1번은 3번 뒤에 들어가 ～ていただく(~해 받다, ~해 주다)가 되어 명사인 2번을 수식해야 한다. 전체적으로 나열하면 3-1-2-4가 되므로 정답은 2번이다.

복습 꼭! お+동사 ます형+する(겸양어 공식) / ～てもいい(～해도 된다, ～해도 괜찮다) / ～ていただく(～해 받다, ～해 주다)

어휘 貸(か)す 빌려주다 | 資料(しりょう) 자료 | 返(かえ)す 돌려주다

정답 2

---

04 今回の調査結果を ＿＿ ＿＿ ★ ＿＿ こちらをご覧ください。

1 ご報告　　2 前に
3 する　　4 まず

단어 바르게 배열하기 ★★★

문장배열 今回の調査結果を ご報告(1) する(3) 前に(2) まず(4) こちらをご覧ください。

해석 이번 조사결과를 보고 드리기 전에 먼저 이쪽을 봐 주십시오.

정답 찾기 선택지의 1번과 3번을 통해 겸양어 공식을 묻는 문제임을 알 수 있다. 겸양어 공식은 お+동사 ます형+する이므로 1-3이 되어 명사인 2번을 수식하면 된다. 마지막으로 부사인 4번(우선, 먼저)은 문맥상 마지막 칸에 들어가야 한다. 전체적으로 나열하면 1-3-2-4가 되므로 정답은 2번이다.

복습 꼭! お+동사 ます형+する(겸양어 공식)

어휘 調査(ちょうさ) 조사 | 結果(けっか) 결과 | 報告(ほうこく) 보고 | ご覧(らん) 보다의 존경어

정답 2

---

05 お客様には ＿＿ ＿＿ ★ ＿＿ の受付は終了いたしました。

1 お申し込み　　2 たいへん
3 ございませんが　　4 申し訳

단어 바르게 배열하기 ★★

문장배열 お客様には たいへん(2) 申し訳(4) ございませんが(3) お申し込み(1) の受付は終了いたしました。

해석 고객님께는 대단히 죄송합니다만, 신청접수는 종료되었습니다.

정답 찾기 もうしわけない(죄송합니다)보다 더 정중한 표현이 もうしわけございません이므로 4-3이 되어 부사인 2번의 수식을 받으면 된다. 그리고 명사형이 필요한 마지막 칸에 1번을 넣어 전체적으로 나열하면 2-4-3-1이므로 정답은 3번이다.

복습 꼭! もうしわけない, もうしわけございません(죄송합니다)

어휘 お客様(きゃくさま) 손님 | 申(もう)し込(こ)み 신청 | 受付(うけつけ) 접수 | 終了(しゅうりょう) 종료

정답 3

---

06 皆さんとご一緒できなくなって、＿＿ ＿＿ ★ ＿＿ ございます。

1 としても　　2 非常に
3 私　　4 残念で

단어 바르게 배열하기 ★★

문장배열 皆さんとご一緒できなくなって、私(3) としても(1) 非常に(2) 残念で(4) ございます。

해석 여러분들과 함께 할 수 없어서 저로서도 대단히 아쉽습니다.

정답 찾기 부사인 2번은 な형용사인 4번을 수식해야 하므로 2-4가 되어 마지막 칸에 들어가 ～でござる(～이다)가 되어야 한다. 그리고 1번은 명사+として(～으로서)에 も가 붙은 형태이므로 3번과 짝이 되어야 한다. 전체적으로 나열하면 3-1-2-4이므로 정답은 2번이다.

복습 꼭! ～でござる(～이다) / 명사+として(～으로서)

어휘 一緒(いっしょ) 함께 함 | 非常(ひじょう)に 매우 | 残念(ざんねん)だ 유감이다, 아쉽다

정답 2

시나공 02 시험에 꼭 나오는 필수 문법 | 적중 예상 문제 ③

문제 1 다음 문장의 (　　　)에 들어갈 가장 알맞은 말을 1·2·3·4 중에서 하나를 고르세요.

01 どんなに大変なときでも僕のことをよく理解してくれる彼女（　　　）結婚してもいいと思った。

1 へなら　　2 となら
3 となど　　4 へなど

적절한 기능어 찾기 ★★

해석 아무리 힘들 때라도 나를 잘 이해해주는 그녀**(와라면)** 결혼해도 좋다고 생각했다.

정답 찾기 공란 뒤에 結婚する가 있으므로 결혼할 대상을 나타내는 ～と(～와, 과)와 조건가정을 나타내는 ～なら(～라면)가 합쳐진 2번이 정답이 된다. 참고로 ～なら는 앞에 조사가 들어와 ～となら(～와 라면), ～になら(～에게 라면) 등으로 사용할 수도 있다.

오답분석 조사 ～へ(～쪽으로, ～에, ～에게)는 동작의 방향이나 장소, 목표를 나타내며 ～など(～등, ～따위)는 예시나 비하를 나타낼 때 사용하므로 정답이 될 수 없다.

복습 꼭! 조건가정 ～なら(～라면)

어휘 大変(たいへん)だ 큰일이다 | 理解(りかい) 이해 | 結婚(けっこん) 결혼

정답 2

02 やらなければならないことが多すぎて、何から始めたら（　　　）わからなくて困っている。

1 いいと　　2 よくても
3 よくて　　4 いいのか

의미적 호응관계 파악하기 ★★

해석 하지 않으면 안 되는 일이 너무 많아서 무엇부터 시작하면 **(좋을지)** 몰라서 난처하다.

정답 찾기 선택지에 공통적으로 いい가 사용되고 있으니 ～たらいい(～하면 좋다, 된다)를 어떻게 사용해야 하는지를 묻는 문제인데 공란 뒤의 '몰라서 난처하다'가 결정적인 단서가 되므로 불확실함을 나타내는 조사 ～か(～인가, 인지)가 사용된 4번이 정답이 된다.

오답분석 1번은 좋다면, 2번은 좋더라도, 3번은 좋아서 라는 의미가 되므로 문맥상 정답이 될 수 없다.

복습 꼭! ～たらいい(～하면 좋다, 된다) / ～か(～인가, 인지)

어휘 ～すぎる 너무 ～하다 | 困(こま)る 곤란하다

정답 4

03 A「前田さん、会議の資料、ちょっと
（　　　）ですか。」
B「ええ、どうぞ。」

1 見せてくれたらいい
2 見せてやったらいい
3 見せてあげていい
4 見せてもらっていい

문법적 호응관계 파악하기 ★★★

해석 A: 마에다 씨 회의자료 잠깐 **(보여 주시겠)**습니까?
B: 예, 여기 있습니다.

정답 찾기 수수동사 문제에서는 동사의 주체를 파악하는 것이 포인트인데 이 문제에서 見せる(보여주다)의 주체는 문맥상 상대(마에다)이므로 ～てもらう(～해 받다)와 상대에게 허가를 구할 때 사용하는 ～て(も)いいですか(～해도 좋습니까?)가 사용된 4번이 정답이 된다.

오답분석 2, 3번은 행위의 주체가 화자가 되므로 정답이 될 수 없고 상대가 행위의 주체가 되는 ～くれる, ～くださる 등은 ～たらいいですか(～하면 좋습니까?) 문형에 사용할 수 없으므로 1번도 정답이 아니다.

복습 꼭! 수수동사 표현

어휘 会議(かいぎ) 회의 | 資料(しりょう) 자료

정답 4

---

04 （レストランで）
客「12時に予約した森です。」
店員「森様ですね。それではお席に
（　　　）。」

1 お案内します
2 お案内ください
3 ご案内くださいます
4 ご案内いたします

적절한 경어표현 찾기 ★★★

해석 (레스토랑에서)
손님: 12시에 예약한 모리입니다.
점원: 모리 님이시군요. 그럼 자리로 **(안내해 드리겠습니다)**.

정답 찾기 경어공식 문제도 경어동사 문제와 마찬가지로 동사의 주체를 파악하는 것이 중요한데 이 문제에서도 화자인 자신(점원)이 안내하는 것이기 때문에 자신의 행위에 사용하는 겸양어 공식 ご+명사+する・いたす가 사용된 4번이 정답이다.

오답분석 경어공식에서 명사의 경우에는 기본적으로 접두어 ご～를 사용하므로 1, 2번은 제외해야 하고 3번은 상대의 행위를 높여서 표현할 때 사용하므로 정답이 아니다.

복습 꼭! 겸양어 공식 ご+명사+する・いたす

어휘 予約(よやく) 예약 | 席(せき) 자리 | 案内(あんない) 안내

정답 4

---

05 （メールで）
子供の教育で悩むことの多かった私には、
今回の学習会はとても役に立ちました。
来月もぜひ（　　　）。

1 参加されております
2 参加させていただきます
3 参加してくださいます
4 参加していらっしゃいます

적절한 기능어 찾기 ★★★

해석 (메일에서)
자녀의 교육 때문에 고민하는 일이 많았던 저에게 이번 학습회는 매우 도움이 되었습니다. 다음 달에도 꼭 **(참석하겠습니다)**.

정답 찾기 수수동사, 경어, 사역, 수동 등은 대부분 동사의 주체가 화자인지 상대인지 파악하면 쉽게 해결된다. 여기서도 참가하는 주체는 화자이기 때문에 정답은 2번이 되는데 사역동사て+いただく・もらう는 어떤 동작을 ～하게 해서 받다 이므로 결국 자신이 그 동작을 한다고 이해하면 된다.

오답분석 1, 3, 4번은 결과적으로 참가하는 주체가 모두 상대가 되므로 정답이 될 수 없다.

복습 꼭! 사역동사て+いただく(～하다, ～하게 해서 받다)

어휘 教育(きょういく) 교육 | 悩(なや)む 고민하다 | 学習会(がくしゅうかい) 학습회 | 役(やく)に立(た)つ 도움이 되다 | 参加(さんか) 참가

정답 2

06 店長にあした急な用事があるのでアルバイトを（　　　）と頼んでみたが、断られた。

1 休ませていただけませんか
2 休ませるでしょうか
3 休むのではないですか
4 休んだらいかがですか

적절한 기능어 찾기 ★★★

해석 점장님에게 내일 급한 일이 있어서 아르바이트를 **(쉬게 해 주세요)** 라고 부탁해 봤지만 거절당했다.

정답 찾기 공란 뒤의 동사 たのむ를 통해 공란에는 부탁, 허가, 의뢰, 요청 등의 표현이 필요하다는 것을 알 수 있으므로 상대에게 매우 정중하게 허가를 구할 때 사용하는 사역동사て+いただけますか・いただけませんか가 사용된 1번이 정답이 된다.

오답분석 2번은 쉬게 할까요?, 3번은 쉬는 것이 아닙니까?, 4번은 쉬는 것이 어떻겠습니까? 라는 의미가 되어 문맥상 정답이 될 수 없다.

복습 꼭! 사역동사て+いただけませんか(~해 주세요, ~하게 해 받을 수 없겠습니까?)

어휘 店長(てんちょう) 점장 | 急(きゅう)だ 급하다 | 用事(ようじ) 용건 | 頼(たの)む 부탁하다 | 断(ことわ)る 거절하다

정답 1

문제 2 다음 문장의 ＿★＿에 들어갈 가장 알맞은 말을 1・2・3・4 중에서 하나를 고르세요.

01 街の風景を ＿＿ ＿＿ ＿★＿ ＿＿ その様子が写ってしまった。

1 交通事故が
2 撮っていたら
3 たまたま近くで
4 起きて

단어 바르게 배열하기 ★★

문장배열 街の風景を 撮っていたら(2) たまたま近くで(3) 交通事故が(1) 起きて(4) その様子が写ってしまった。

해석 거리 풍경을 찍고 있다가 우연히 근처에서 교통사고가 나서 그 모습이 찍혀버렸다.

정답 찾기 첫 번째 칸에는 목적격 조사 ~を를 취할 수 있는 타동사인 2번이 들어가야 하고 자동사인 4번은 1번과 짝이 되어야 한다. 마지막으로 내용상 장소를 나타내는 3번은 1번 앞이 적절하므로 전체적으로 나열하면 2-3-1-4이 되어 정답은 1번이다.

복습 꼭! 목적격 조사 ~を+타동사

어휘 風景(ふうけい) 풍경 | 撮(と)る 찍다 | たまたま 우연히 | 交通事故(こうつうじこ) 교통사고 | 様子(ようす) 상황, 모습 | 写(うつ)る 찍히다

정답 1

02 いろいろと心配だが、いい経験にもなるので息子を ＿＿ ＿＿ ＿★＿ ＿＿ 思っている。

1 留学に　　2 ようと
3 あげ　　4 行かせて

단어 바르게 배열하기 ★★

문장배열 いろいろと心配だが、いい経験にもなるので息子を 留学に(1) 行かせて(4) あげ(3) ようと(2) 思っている。

해석 여러 가지로 걱정되지만 좋은 경험도 될 수 있으니까 아들을 유학 보내주려고 생각하고 있다.

정답 찾기 이 문제는 접속형태만 알고 있으면 쉽게 해결할 수 있다. 즉 ~てあげる(~해 주다)와 ~(よ)うと思う(~하려고 생각하다)가 사용되고 있기 때문에 4-3-2가 되어 마지막 칸에 들어가야 한다. 나머지 1번을 남은 첫 번째 칸에 넣어 전체적으로 나열하면 1-4-3-2가 되므로 정답은 3번이다.

복습 꼭! ~てあげる(~해 주다) / ~(よ)うと思う(~하려고 생각하다)

어휘 心配(しんぱい)だ 걱정되다 | 経験(けいけん) 경험 | 息子(むすこ) 아들 | 留学(りゅうがく) 유학

정답 3

---

03 絵本を借りに図書館に行ったが、絵本の種類が多すぎて ＿＿ ＿＿ ★ ＿＿ わからなかった。

1 いいのか　　2 したら
3 何を　　4 お借り

단어 바르게 배열하기 ★★★

문장배열 絵本を借りに図書館に行ったが、絵本の種類が多すぎて 何を(3) お借り(4) したら(2) いいのか(1) わからなかった。

해석 그림책을 빌리러 도서관에 갔지만 종류가 너무 많아서 무엇을 빌려야 할지 알 수가 없었다.

정답 찾기 4번을 통해서 겸양어 공식 お+동사 ます형+する와 ~たらいい(~하면 좋다, ~하면 된다)를 떠올릴 수만 있으면 쉽게 4-2-1이 됨을 알 수 있다. 이처럼 정형화된 문형을 통해서 나열하면 시간을 많이 절약할 수 있다. 마지막으로 3번을 4번의 목적어로 놓고 전체적으로 나열하면 3-4-2-1이 되므로 정답은 2번이다.

복습 꼭! 겸양어 공식 お+동사 ます형+する / ~たらいい(~하면 좋다, ~하면 된다)

어휘 絵本(えほん) 그림책 | 借(か)りる 빌리다 | 図書館(としょかん) 도서관 | 種類(しゅるい) 종류

정답 2

---

04 お使いになった机や椅子 ＿＿ ＿＿ ★ ＿＿ もとにお戻しください。

1 になる　　2 お帰り
3 前に　　4 などは

단어 바르게 배열하기 ★★★

문장배열 お使いになった机や椅子 などは(4) お帰り(2) になる(1) 前に(3) もとにお戻しください。

해석 사용한 책상과 의자 등은 돌아가시기 전에 원래대로 돌려놓아 주세요.

정답 찾기 선택지를 보면 존경어 공식 お+동사 ます형+になる가 사용되고 있으므로 2-1이 되어 명사인 3번을 수식하게 하고 마지막으로 ~など가 있는 4번은 ~や~など(~랑 ~등)가 되도록 첫 번째 칸에 넣어 전체적으로 나열하면 4-2-1-3이 되므로 정답은 1번이다.

복습 꼭! 존경어 공식 お+동사 ます형+になる / ~や~など(~랑~등)

어휘 机(つくえ) 책상 | 椅子(いす) 의자 | 戻(もど)す 되돌리다

정답 1

05 クイズの正解を当てた方には全員 ＿＿ ＿＿ ＿★＿ ＿＿ ご応募ください。

1 ぜひ　2 素敵な
3 さしあげますので　4 プレゼントを

단어 바르게 배열하기 ★★★

문장배열 クイズの正解を当てた方には全員 素敵な(2) プレゼントを(4) さしあげますので(3) ぜひ(1) ご応募ください。

해석 퀴즈 정답을 맞히신 분에게는 모두 멋진 선물을 드리오니 꼭 응모해 주십시오.

정답 찾기 명사가 필요한 2번 な형용사는 4번과 짝이 되어야 하고 3번 さしあげる(드리다)는 결국 주다(やる・あげる)는 의미이므로 4-3이 되어야 한다. 마지막으로 간곡히 부탁할 때 사용하는 부사 1번은 내용상 마지만 칸에 들어가야 하므로 전체적으로 나열하면 2-4-3-1이 되어 정답은 3번이다.

복습 꼭! やる・あげる(주다) / さしあげる(드리다)

어휘 正解(せいかい) 정답 | 当(あ)てる 맞히다 | 全員(ぜんいん) 전원 | 素敵(すてき)だ 멋지다 | 応募(おうぼ) 응모

정답 3

06 田中さん、来週京都へ行くんですが、＿＿ ＿＿ ＿★＿ ＿＿いただけますか。

1 観光地があったら　2 おすすめの
3 もし　4 教えて

단어 바르게 배열하기 ★★★

문장배열 田中さん、来週京都へ行くんですが、もし(3) おすすめの(2) 観光地があったら(1) 教えて(4) いただけますか。

해석 다나카 씨, 다음 주 교토에 갑니다만 만약 추천하실 관광지가 있으면 가르쳐 주실 수 있겠습니까?

정답 찾기 먼저 명사가 필요한 2번은 1번과 짝이 될 수밖에 없고 3번은 もし~たら(만약 ~하면) 형태로 많이 사용되므로 3-2-1이 됨을 쉽게 알 수 있다. 마지막으로 4번은 ~ていただけますか(~주실 수 있습니까?)가 되도록 마지막 칸에 넣어 전체적으로 나열하면 3-2-1-4가 되므로 정답은 1번이다.

복습 꼭! もし~たら(만약 ~하면) / ~ていただけますか(~주실 수 있습니까?)

어휘 すすめる 권하다, 추천하다 | 観光地(かんこうち) 관광지 | 教(おし)える 가르치다

정답 1

시나공 03 합격을 위한 핵심 문법 | 적중 예상 문제 ①

문제 1 다음 문장의 (　　　)에 들어갈 가장 알맞은 말을 1・2・3・4 중에서 하나를 고르세요.

01 落ち葉を燃やす煙の(　　　)だんだん呼吸がしにくくなった。

1 おかげで　2 ことで
3 せいで　4 もので

적절한 기능어 찾기 ★★

해석 낙엽을 태우는 연기 **(때문에)** 점점 호흡하기 힘들어졌다.

정답 찾기 내용상 연기로 인해 호흡이 어렵다는 뜻이므로 나쁜 결과의 원인을 나타내는 3번 ~せいで가 정답이 된다.

오답분석 1번 おかげで(~덕분으로)는 좋은 결과의 원인일 경우에 사용하며 2번은 ~에 관해서, ~일로, 4번은 ~ 때문에 라는 의미로 정답이 아니다.

복습 꼭! ~せいで(~때문에, ~탓으로)

어휘 落(お)ち葉(ば) 낙엽 | 燃(も)やす 태우다 | 煙(けむり) 연기 | 呼吸(こきゅう) 호흡 | ~にくい ~하기 어렵다

정답 3

---

02 A「交通事故を防ぐ（　　　）どうしたらいいでしょうか。」
B「みんなが交通ルールをきちんと守るのが一番です。」

1 では　　2 でも
3 とは　　4 には

적절한 기능어 찾기 ★★

해석 A: 교통사고를 방지(**하기 위해서는**) 어떻게 하면 좋겠습니까?
B: 모두가 교통규칙을 정확히 지키는 것이 가장 좋습니다.

정답 찾기 사고를 방지하기 위한 방법을 묻고 있으므로 동사의 기본형에 접속되어 목적을 나타내는 4번 ~には가 정답이 된다.

오답분석 동사 기본형에 ~で가 바로 접속될 수 없으므로 1번과 2번은 제외해야 하고 3번 ~とは(~하다니, ~라고는)는 동사에 접속될 경우 놀람이나 의외의 뜻을 나타낼 때 사용하므로 정답이 아니다.

복습 꼭! 동사 기본형+には(~하기에는, ~하기 위해서는)

어휘 交通事故(こうつうじこ) 교통사고 | 防(ふせ)ぐ 방지하다 | 守(まも)る 지키다

정답 4

---

03 この家は南（　　　）日当たりがいい。

1 向けで　　2 向きに
3 向きで　　4 向けに

적절한 기능어 찾기 ★★★

해석 이 집은 남(**향이어서**) 볕이 잘 든다.

정답 찾기 공란 앞의 南(남)가 힌트이므로 방향을 나타내는 명사에 붙어서 방향을 나타내는 ~向(む)き와 이유를 나타내는 조사 ~で가 합쳐진 3번이 정답이 된다.

오답분석 1번과 4번의 向(む)け(~용)는 방향을 나타내는 명사에는 사용할 수 없고 2번은 조사 ~に(~에)가 사용되어 문맥상 정답이 아니다.

복습 꼭! 명사 + 向(む)き(~향, ~ 방향)

어휘 南(みなみ) 남 | 日当(ひあ)たり 볕이 듦

정답 3

---

04 母親が掃除をしている（　　　）、子供はおとなしく本を読んでいた。

1 あいだに　　2 あいだ
3 あいだを　　4 あいだと

의미적 호응관계 파악하기 ★★★

해석 엄마가 청소를 하고 있을 (**동안**) 아이는 얌전히 책을 읽고 있었다.

정답 찾기 문맥상 청소하고 있는 동안 아이는 계속 책을 읽고 있었다는 것이므로 어떤 동작이 계속되고 있는 동안 '계속 ~하다'는 의미를 나타내는 2번이 정답이다.

오답분석 1번은 일정한 시간 내에 행위가 종료될 때 사용하며 3번과 4번은 문법에서는 다루지 않는 형태로 사물과 사물의 간격, 사이를 나타내므로 정답이 아니다.

복습 꼭! ~あいだ(~동안 계속)

어휘 母親(ははおや) 어머니 | 掃除(そうじ) 청소 | おとなしい 얌전하다

정답 2

05 これはパンの味が（　　　）不思議な果物です。

1 する　　2 なる
3 でる　　4 くる

적절한 기능어 찾기 ★

해석 이것은 빵맛이 **(나는)** 신기한 과일입니다.

정답 찾기 する는 타동사이지만 지각을 나타낼 때는 ～がする 형태로 조사 ～が가 사용될 수 있으므로 정답은 1번이 된다.

오답분석 2, 3, 4번 모두 의미적으로 맞지 않아 정답이 될 수 없다.

복습 꼭! ～がする(～이 나다, 느껴지다)

어휘 味(あじ) 맛 | 不思議(ふしぎ)だ 이상하다, 신기하다 | 果物(くだもの) 과일

정답 1

---

06 始発の電車に乗れる（　　　）いつもより少し早く家を出た。

1 ために　　2 ように
3 ところに　　4 くせに

적절한 기능어 찾기 ★★★

해석 첫 전철을 탈 수 **(있도록)** 평소보다 조금 일찍 집을 나왔다.

정답 찾기 내용상 첫 전철을 타기 위해서 일찍 나왔으므로 가능동사와 함께 목적의 의미를 나타내는 2번 ～ように가 정답이 된다.

오답분석 1번 ～ために(～위해서)는 해석상으로는 답이 될 수 있을 것 같지만 가능동사, 무의지 동사, 전문과 후문의 주체가 다를 경우에는 사용할 수 없으므로 특히 주의해야 한다. 3번은 ～곳에, ～상황에, 4번은 ～주제에, ～이면서도 라는 의미로 정답이 아니다.

복습 꼭! ～ように(～하도록)

어휘 始発(しはつ) 첫 출발 | 乗(の)る 타다

정답 2

---

07 人数が多くて、一つ（　　　）食べていないのにお菓子がなくなってしまった。

1 ずつと　　2 ずつしか
3 ぐらい　　4 ぐらいから

적절한 기능어 찾기 ★★★

해석 인원수가 많아서 한 개**(씩밖에)** 먹지 않았는데 과자가 없어져 버렸다.

정답 찾기 내용상 각자 한 개만 먹었다는 뜻이므로 수량을 할당하거나 할 때 사용하는 ～ずつ(～씩)와 부정문을 수반하여 한정하는 ～しか(～밖에)가 합쳐진 2번이 정답이다.

오답분석 1번은 ～씩과, 3번은 ～정도, 쯤, 4번은 ～정도부터 라는 의미가 되므로 문맥상 정답이 아니다.

복습 꼭! ～ずつ(～씩) / ～しか(～밖에)

어휘 人数(にんずう) 인원수 | 菓子(かし) 과자 | なくなる 없어지다

정답 2

---

08 A「ずいぶん遅かったですね。どうしたんですか。」
B「タクシーに忘れ物をした（　　　）、遅れてしまいました。すみません。」

1 くらいで　　2 ほどで
3 もので　　4 だけで

적절한 기능어 찾기 ★★

해석 A: 꽤 늦었네요, 어떻게 된 일입니까?
B: 택시에 물건을 놓고 내**(려서)** 늦어버렸습니다. 죄송합니다.

정답 찾기 공란의 앞뒤의 관계를 파악할 수 있어야 하는데 택시에 물건을 놓고 내려서 찾아오는 바람에 늦었다는 의미이므로 이유, 원인을 나타내는 3번 ～もので가 정답이다.

오답분석 1번은 ～정도로, 2번은 ～정도로, ～할 만큼, 4번은 ～만으로 라는 의미가 되므로 정답이 아니다.

복습 꼭! ～もので・～ものだから(～때문에)

어휘 遅(おそ)い 늦다 | 忘(わす)れ物(もの) 물건을 깜박 잊음, 또 그 잊은 물건 | 遅(おく)れる 늦어지다

정답 3

문제 2 다음 문장의 ＿★＿에 들어갈 가장 알맞은 말을 1・2・3・4 중에서 하나를 고르세요.

01 気分が暗いと病気になったり ＿＿ ＿＿ ＿★＿ ＿＿ 大事だと思う。

1 ためには　　2 しやすいので
3 心の状態が何より　　4 健康でいる

단어 바르게 배열하기 ★★★

문장배열 気分が暗いと病気になったり しやすいので(2) 健康でいる(4) ためには(1) 心の状態が何より(3) 大事だと思う。

해석 기분이 우울하면 병에 걸리기 쉽기도 하므로 건강하게 지내기 위해서는 마음 상태가 무엇보다 중요하다고 생각한다.

정답 찾기 선택지 중에서 1번 ～ためには(～위해서는)가 접속될 수 있는 것은 동사인 4번뿐이므로 4–1이 되어야 하고 2번은 첫 번째 칸에 들어가 ～たりする(～하기도 하다)가 되어야 한다. 마지막으로 주격조사 ～が가 있는 3번은 내용상 마지막 칸에 들어가야 하므로 전체적으로 나열하면 2–4–1–3이 되어 정답은 1번이다.

복습 꼭! ～ためには(～위해서는) / ～たりする(～하기도 하다)

어휘 暗(くら)い 어둡다, 우울하다 | 健康(けんこう) 건강 | 状態(じょうたい) 상태 | 何(なに)より 무엇보다 | 大事(だいじ)だ 중요하다

정답 1

02 ホテルグローバルは ＿＿ ＿＿ ＿★＿ ＿＿ ができました。

1 おかげで　　2 開業10周年を
3 皆様の　　4 迎えること

단어 바르게 배열하기 ★★

문장배열 ホテルグローバルは 皆様の(3) おかげで(1) 開業10周年を(2) 迎えること(4) ができました。

해석 글로벌 호텔은 여러분의 덕분으로 개업 10주년을 맞이할 수가 있었습니다.

정답 찾기 이유, 원인을 나타내는 1번 ～おかげで(～덕분으로)는 3번에 접속될 수밖에 없으므로 3–1이 되고 타동사인 4번은 조사 ～を가 있는 2번을 목적어로 취해 마지막 칸에 들어가 가능표현인 ～ことができる(～할 수 있다)와 연결되어야 한다. 전체적으로 나열하면 3–1–2–4가 되므로 정답은 2번이다.

복습 꼭! ～おかげで(～덕분으로) / ～ことができる(～할 수 있다)

어휘 皆様(みなさま) 여러분 | 開業(かいぎょう) 개업 | 周年(しゅうねん) 주년 | 迎(むか)える 맞이하다

정답 2

03 彼女がいない僕は、友達の ____ ____ _★_ ____ なります。

1 見る　　2 結婚写真を
3 うらやましく　　4 たびに

단어 바르게 배열하기 ★★

문장배열 彼女がいない僕は、友達の 結婚写真を(2) 見る(1) たびに(4) うらやましく(3) なります。

해석 여자친구가 없는 나는 친구의 결혼사진을 볼 때마다 부러워집니다.

정답 찾기 4번 ～たびに(～할 때마다)는 동사의 기본형에 접속될 수 있으므로 1-4가 되어야 한다. 그리고 타동사인 1번은 목적어로 2번을 취해야 하고 마지막으로 い형용사의 부사형인 3번은 마지막 칸에 들어가 동사 なる를 수식해야 한다. 전체적으로 나열하면 2-1-4-3이 되므로 정답은 4번이다.

복습 꼭! ～たびに(～할 때마다)

어휘 彼女(かのじょ) 그녀, 여자 친구 | 結婚写真(けっこんしゃしん) 결혼사진 | うらやましい 부럽다

정답 4

---

04 こっちが軽くて使い方も ____ ____ _★_ ____ カメラだと思います。

1 向きの　　2 簡単
3 初心者　　4 なので

단어 바르게 배열하기 ★★★

문장배열 こっちが軽くて使い方も 簡単(2) なので(4) 初心者(3) 向きの(1) カメラだと思います。

해석 이쪽이 가볍고 사용법도 간단하므로 초심자에게 적합한 카메라이라고 생각합니다.

정답 찾기 먼저 1번 ～向(む)きの(～에 적합한)는 명사에 접속되므로 3-1이 됨과 동시에 뒤에 명사가 필요하므로 문맥상 마지막 칸에 들어가 カメラ를 수식하는 것이 적절하다. 그리고 な형용사인 2번은 4번과 짝이 될 수밖에 없으므로 전체적으로 나열하면 2-4-3-1이 되어 정답은 3번이다.

복습 꼭! ～向きの(～에 적합한)

어휘 軽(かる)い 가볍다 | 簡単(かんたん)だ 간단하다 | 初心者(しょしんしゃ) 초보자

정답 3

---

05 朝起きたとき ____ _★_ ____ ____ がしていた。

1 気の　　2 変なにおい
3 台所から　　4 せいか

단어 바르게 배열하기 ★★★

문장배열 朝起きたとき 気の(1) せいか(4) 台所から(3) 変なにおい(2) がしていた。

해석 아침에 일어났을 때 기분 탓인지 부엌에서 이상한 냄새가 났다.

정답 찾기 4번 ～せいか(～탓인지, 때문인지)의 せい는 명사이므로 선택지 중에서는 1번 뒤에 들어가 1-4가 될 수밖에 없고 지각표현은 ～がする(～가 나다, ～가 들다)형태를 사용하므로 2번은 마지막 칸에 들어가야 한다. 마지막으로 3번은 냄새가 나는 장소를 나타내어야 하기 때문에 2번 앞에 넣어 전체적으로 나열하면 1-4-3-2가 되므로 정답은 4번이다.

복습 꼭! ～せいか(～탓인지, 때문인지) / ～がする(～가 나다, ～가 들다)

어휘 起(お)きる 일어나다 | 台所(だいどころ) 부엌 | 変(へん)だ 이상하다 | におい 냄새

정답 4

06 気持ちはわかりますが、＿＿ ＿＿ ★ ＿＿ は言わないでください。

1 そんな　2 冗談でも
3 こと　4 たとえ

단어 바르게 배열하기 ★★★

문장배열 気持ちはわかりますが、たとえ(4) 冗談でも(2) そんな(1) こと(3) は言わないでください。

해석 기분은 이해합니다만 설령 농담일지라도 그런 말은 하지 마세요.

정답 찾기 특정 문법과 함께 사용되는 부사는 하나의 공식처럼 익혀두자. 이 문제에서도 たとえ는 ～でも,～ても와 같이 사용되므로 4–2가 됨을 알 수 있고 1번은 뒤에 명사가 필요한데 문맥상 2번보다는 3번이 적합하므로 1–3이 되어 마지막 칸에 들어가야 한다. 전체적으로 나열하면 4–2–1–3이 되므로 정답은 1번이다.

복습 꼭! たとえ ～ても·でも(설령 ～일지라도)

어휘 気持(きも)ち 기분, 마음 | たとえ 설령, 설사 | 冗談(じょうだん) 농담

정답 1

07 いま聞いた話はだれにも ＿＿ ＿＿ ★ ＿＿ ないでください。

1 つもりは　2 心配し
3 話す　4 ありませんから

단어 바르게 배열하기 ★★★

문장배열 いま聞いた話はだれにも 話す(3) つもりは(1) ありませんから(4) 心配し(2) ないでください。

해석 지금 들은 이야기는 누구에게도 말할 생각은 없으니까 걱정 마세요.

정답 찾기 선택지를 보면 つもり 용법을 묻는 문제임을 알 수 있는데 부정형은 ～ないつもりだ 혹은 ～つもりはない를 사용하므로 1–4가 되어 동사 기본형인 3번 뒤에 접속되어야 한다. 나머지 2번은 마지막 칸에 들어가 ～しないで가 되어야 한다. 전체적으로 나열하면 3–1–4–2가 되므로 정답은 4번이다.

복습 꼭! ～するつもりだ(～할 생각이다) / ～しないつもりだ, ～するつもりはない(～할 생각은 없다)

어휘 心配(しんぱい) 걱정, 염려

정답 4

08 あの歌手は、日本では ＿＿ ＿＿ ★ ＿＿ 有名だ。

1 ほど　2 いない
3 人が　4 知らない

단어 바르게 배열하기 ★★

문장배열 あの歌手は、日本では 知らない(4) 人が(3) いない(2) ほど(1) 有名だ。

해석 저 가수는 일본에서는 모르는 사람이 없을 만큼 유명하다.

정답 찾기 1번을 통해 ～ほど(～만큼) 용법 문제임을 알 수 있는데 ～ほど와 접속될 수 있는 것은 2번과 4번이지만 어느 정도 유명한지를 나타내어야 하므로 문맥상 2번과 짝이 되어 마지막 칸에 들어가야 한다. 그리고 4번은 명사인 3번을 수식하면서 주어가 되어야 하므로 전체적으로 나열하면 4–3–2–1이 되므로 정답은 2번이다.

복습 꼭! ～ほど(~만큼)

어휘 歌手(かしゅ) 가수 | 有名(ゆうめい)だ 유명하다

정답 2

시나공 03 합격을 위한 핵심 문법 | 적중 예상 문제 ②

문제 1 다음 문장의 ( )에 들어갈 가장 알맞은 말을 1・2・3・4 중에서 하나를 고르세요.

01 天気がよかった( )、思ったより作業を早く終わらせることができた。

1 おかげで　2 せいで
3 ように　4 くせに

적절한 기능어 찾기 ★★★

해석 날씨가 좋았던 **(덕분에)** 생각보다 작업을 일찍 끝낼 수 있었다.

정답 찾기 문맥상 날씨가 좋았기 때문에 작업을 일찍 끝낼 수가 있었다가 되어야 하므로 좋은 결과의 원인, 이유를 나타내는 1번 ～おかげで(~덕분으로, ~때문에)가 정답이 된다.

오답분석 2번 ～せいで(~탓에, 때문에)는 나쁜 이유, 원인에 사용되고 3번은 ~처럼, ~같이, 4번은 ~주제에, ~이면서도 라는 의미이므로 문맥상 정답이 아니다.

복습 꼭! ～おかげで(~덕분으로, ~때문에)

어휘 天気(てんき) 날씨 | ～より ~보다 | 作業(さぎょう) 작업 | 終(お)わる 끝나다

정답 1

02 才能( )自分の力を信じることであるとよく言われる。

1 では　2 とは
3 には　4 でも

적절한 기능어 찾기 ★★

해석 재능**(이라는 것은)** 자신의 힘을 믿는 것이라고 흔히들 말한다.

정답 찾기 이 문제는 공란 앞의 명사 才能(さいのう)가 문장의 주어이며 재능이 무엇인가에 대한 설명이 후문에 따르고 있다는 점을 파악할 수 있어야 하는데 주로 ～とは～ことだ(~라고 하는 것은 ~말한다) 형태로 정의, 명제, 주제를 나타내는 2번이 정답이다.

오답분석 1번은 ~으로는, ~에서는, 3번은 ~에는, ~에게는, 4번은 ~에서도, ~라도 라는 의미가 되므로 정답이 될 수 없다.

복습 꼭! ～とは(~은, 는, ~라고 하는 것은, ~란)

어휘 才能(さいのう) 재능 | 力(ちから) 힘 | 信(しん)じる 믿다 | ～である ~이다

정답 2

03 教育によくないので、大人( )映画を子供に見せてはいけない。

1 向けた　2 向いた
3 向けの　4 向きか

적절한 기능어 찾기 ★★★

해석 교육에 좋지 않으므로 성인**(용)** 영화를 아이에게 보여줘서는 안 된다.

정답 찾기 공란 앞뒤의 명사의 관계를 보면 어른을 대상으로 만든 영화라는 의미가 되어야 하므로 정답은 3번이 된다.

오답분석 1번과 2번처럼 동사로 사용될 경우 명사에 바로 접속될 수 없으므로 정답에서 제외하여야 하며 4번은 조사 ～か(~인가, ~인지)가 사용되어 의미적으로 맞지 않아 정답이 아니다.

복습 꼭! ～向(む)けの (～용, ～대상의)

어휘 教育(きょういく) 교육 | 大人(おとな) 어른 | 見(み)せる 보여주다

정답 3

04 少子化（　　　）言葉は、1990年代に入ってから生まれた言葉である。

1 といえば　　2 という
3 というと　　4 というより

적절한 기능어 찾기 ★★

해석 소자화**(라는)** 말은 1990년대에 들어서부터 생겨난 말이다.

정답 찾기 이런 종류의 문제는 문법적으로 접근하는 것이 좋다. 즉 공란 앞뒤에 나오는 명사를 이어줄 수 있는 것은 ～という뿐이므로 정답은 2번이 된다.

오답분석 1번과 3번은 ～라고 하면 이라는 의미로 ～로부터 연상되는 것을 말할 때 사용하고 4번은 ～라고 하기보다이므로 의미상 부적절하다.

복습 꼭! ～という+명사(～라는, ～라고 하는)

어휘 少子化(しょうしか) 소자화, 저출산 | 言葉(ことば) 말 | 年代(ねんだい) 연대 | 生(う)まれる 태어나다

정답 2

05 この文章は専門用語が多すぎて、いくら（　　　）意味がよくわからない。

1 読もうとして　　2 読んでいれば
3 読んでも　　4 読んでから

적절한 기능어 찾기 ★★

해석 이 문장은 전문용어가 너무 많아서 아무리 **(읽어도)** 의미를 잘 모르겠다.

정답 찾기 공란 앞의 いくら는 명사(얼마) 이외에도 부사(아무리)로 사용할 수 있으므로 주의해야 한다. いくら, どんな(아무리)는 주로 ～ても・～でも와 함께 사용되므로 정답은 3번이 된다.

오답분석 1번은 읽으려고 해서, 2번은 읽고 있으면, 4번은 읽고 나서 이므로 문맥상 정답이 될 수 없다.

복습 꼭! いくら～ても, どんなに～ても(아무리 ～해도)

어휘 文章(ぶんしょう) 문장 | 専門用語(せんもんようご) 전문용어 | ～すぎる 너무 ～하다 | 意味(いみ) 의미

정답 3

06 以前は薬をお茶で（　　　）と言われていたが、近年それは大丈夫なことが明らかになった。

1 飲んでいませんが　　2 飲まなかったのに
3 飲まないように　　4 飲みませんでしたか

의미적 호응관계 찾기 ★★★

해석 예전에는 약을 차로 **(먹지 말라고)** 말했지만 최근 그것이 괜찮다는 것이 명백해졌다.

정답 찾기 역접의 접속조사 ～が(～만)가 있으므로 앞뒤의 문장은 서로 상반되는 내용이 나와야 한다. 즉 후문에 괜찮다는 말은 먹어도 된다는 의미이므로 앞 문장에서는 먹어서는 안 된다가 되어야 하므로 지시나 충고 등을 나타내는 3번 ～ように(～하도록)가 정답이 된다.

오답분석 1번은 먹고 있지 않습니다만, 2번은 먹지 않았는데, 4번은 먹지 않았습니까 라는 의미로 문맥상 정답이 될 수 없다.

복습 꼭! ～ように(～하도록)

어휘 以前(いぜん) 이전, 예전 | 近年(きんねん) 근래 | 大丈夫(だいじょうぶ)だ 괜찮다

정답 3

07 レポートは今週の金曜日（　　　）出してください。

1 にまで　　　2 までで

3 までに　　　4 でまで

적절한 기능어 찾기 ★★★

해석 리포트는 이번 주 금요일**(까지)** 제출하세요.

정답 찾기 명사의 종류와 조사의 위치에 따라 전혀 다른 의미가 될 수도 있으니 주의해야 한다. 이 문제에서는 공란 앞의 시간명사와 뒤에 出してください(제출하세요)를 통해서 ~이전까지의 동작의 완료를 나타내어야 하므로 3번이 정답이 된다.

오답분석 1번은 ~에게까지, 2번은 ~까지여서, ~까지이고, 4번은 ~에서까지 라는 의미로 문맥상 정답이 아니다.

복습 꼭! ~までに(~까지, ~이전까지)

어휘 今週(こんしゅう) 이번 주 | 出(だ)す 내다, 제출하다 | 遅(おく)れる 늦어지다

정답 3

08 この寺院は入るとき必ず靴を脱ぐ（　　　）。

1 ようになります。　2 ことにしています

3 ようにしています　4 ことになっています

적절한 기능어 찾기 ★★★

해석 이 사원은 들어갈 때 반드시 신발을 벗**(게 되어 있습니다)**.

정답 찾기 해석보다는 각각의 문법이 어떤 경우에 사용하는지만 알면 쉽게 해결할 수 있는데 문맥상 사원에 들어갈 때는 반드시 신발을 벗어야 한다는 것이므로 규정, 관습, 관례를 나타낼 때 사용하는 4번이 정답이 된다.

오답분석 1번 ~ようになる(~하게 되다)는 변화, 2번 ~ことにする(~하기로 하다)는 결정, 결심, 3번 ~ようにする(~하도록 하다)는 결의나 노력의 목표를 나타낼 때 사용하므로 정답이 아니다.

복습 꼭! ~ことになっている(~하게 되어 있다)

어휘 寺院(じいん) 사원 | 必(かなら)ず 반드시 | 脱(ぬ)ぐ 벗다

정답 4

문제 2 다음 문장의 ___★___ 에 들어갈 가장 알맞은 말을 1・2・3・4 중에서 하나를 고르세요.

01 さっき飲んだ ＿＿ ＿＿ ＿★＿ ＿＿ なってきた。

1 眠く　　　2 せいか

3 風邪薬の　　　4 だんだん

단어 바르게 배열하기 ★★★

문장배열 さっき飲んだ 風邪薬の(3) せいか(2) だんだん(4) 眠く(1) なってきた。

해석 조금 전에 먹은 감기약 때문인지 차츰 졸렸다.

정답 찾기 먼저 친숙한 2번 ~せいか(~탓인지)를 기준으로 나열하면 3번 뒤나 첫 번째 칸에 들어갈 수 있으나 문맥상 3번과 짝이 되어 명사가 필요한 첫 번째 칸에 들어가는 것이 적절하다. い형용사의 부사형인 1번을 마지막 칸에 넣어 동사를 수식하게 하고 부사인 4번을 남은 칸에 넣어 전체적으로 나열하면 3-2-4-1이 되어 정답은 4번이다.

복습 꼭! ～せいか(~탓인지)

어휘 風邪薬(かぜぐすり) 감기약 | だんだん 점차 | 眠(ねむ)い 졸리다

정답 4

02 甘味と酸味を合わせ持っているパッションフルーツは ＿＿ ＿＿ ★ ＿＿ 「南国果実の王様」とも呼ばれている。

1 豊富な栄養が　2 ある
3 ビタミンなど　4 ことから

단어 바르게 배열하기 ★★★

문장배열 甘味と酸味を合わせ持っているパッションフルーツは ビタミンなど(3) 豊富な栄養が(1) ある(2) ことから(4)「南国果実の王様」とも呼ばれている。

해석 단맛과 신맛을 가진 패션 프루트는 비타민 등 풍부한 영양이 있기 때문에 남국과일의 왕이라고도 불리고 있다.

정답 찾기 먼저 문맥상 동사인 2번은 1번을 주어로 삼고 이유, 근거를 나타내는 4번 ～ことから(~ 때문에, ~로 인해)를 수식하는 것이 적절하므로 1-2-4가 되어야 한다. 그리고 비타민을 예시로 나타내고 있는 3번은 여러 영양소 중 하나이므로 1번 앞에 두어야 한다. 전체적으로 나열하면 3-1-2-4가 되어 정답은 2번이다.

복습 꼭! ～ことから(~ 때문에, ~로 인해)

어휘 甘味(あまみ) 단맛 | 酸味(さんみ) 신맛 | 南国(なんこく) 남국, 남쪽 나라 | 果実(かじつ) 과일 | 王様(おうさま) 왕

정답 2

03 学生時代の写真を ＿＿ ＿＿ ★ ＿＿ なった。

1 会いたく　2 見ている
3 昔の友達に　4 うちに

단어 바르게 배열하기 ★★

문장배열 学生時代の写真を 見ている(2) うちに(4) 昔の友達に(3) 会いたく(1) なった。

해석 학창시절의 사진을 보고 있으니 옛날 친구가 보고 싶어졌다.

정답 찾기 우선 4번 ～うちに(~동안에, ~사이에) 앞에 올 수 있는 형태는 선택지 중에서 2번뿐이므로 2-4가 되어야 하고 동시에 타동사인 2번은 첫 번째 칸에 들어가 写真を를 목적어로 취하면 된다. 마지막으로 ~를 만나다는 ～に会う이므로 3-1이 된다. 전체적으로 나열하면 2-4-3-1이 되어 정답은 3번이다.

복습 꼭! ～うちに(~동안에, ~사이에)

어휘 学生時代(がくせいじだい) 학창시절 | 写真(しゃしん) 사진 | 昔(むかし) 옛날

정답 3

04 心配しないでください。＿＿ ＿＿ ★ ＿＿ ですから。

1 軽い　2 といっても
3 風邪　4 病気

단어 바르게 배열하기 ★★

문장배열 心配しないでください。病気(4) といっても(2) 軽い(1) 風邪(3) ですから。

해석 걱정하지 마세요. 병이라고 해도 가벼운 감기이니까요.

정답 찾기 2번 ～といっても(~라고 해도)는 '~로부터 기대되는 것과는 다르게' 라는 의미로 3번과 4번 뒤에 모두 들어갈 수 있으나

논리상 4번에 접속되어야 한다. 그리고 い형용사인 1번이 명사인 3번과 짝이 되어 마지막 칸에 들어가면 된다. 전체적으로 나열하면 4-2-1-3이 되므로 정답은 1번이다.

복습 꼭! ～といっても(~라고 해도)

어휘 心配(しんぱい) 걱정 | 病気(びょうき) 병 | 軽(かる)い 가볍다 | 風邪(かぜ) 감기

정답 1

---

05 人は自分の ＿＿ ＿＿ ★ ＿＿ 人のことも考えなければならない。

1 ではなく　2 こと
3 ほかの　4 ばかり

단어 바르게 배열하기 ★★

문장배열 人は自分の こと(2) ばかり(4) ではなく(1) ほかの(3) 人のことも考えなければならない。

해석 사람은 자신뿐만 아니라 다른 사람도 생각하지 않으면 안 된다.

정답 찾기 일부의 단서만으로도 어떤 문법을 요구하는지 즉시 알 수 있어야 하는데 1번과 4번을 통해 ～ばかりではない(~뿐 아니다)임을 알 수 있으므로 4-1이 되어 명사인 2번에 접속되어야 한다. 명사가 필요한 3번은 논리상 마지막 칸에 들어가야 하므로 전체적으로 나열하면 2-4-1-3이 되어 정답은 1번이다.

어휘 自分(じぶん) 자신 | 考(かんが)える 생각하다

정답 1

---

06 説明書に ＿＿ ＿＿ ★ ＿＿ みたが、うまくいかなかった。

1 やって　2 書いて
3 とおりに　4 ある

단어 바르게 배열하기 ★★

문장배열 説明書に 書いて(2) ある(4) とおりに(3) やって(1) みたが、うまくいかなかった。

해석 설명서에 적혀있는 대로 해 봤지만 잘 안 되었다.

정답 찾기 먼저 선택지 중에서 3번 ～とおりに(~대로)가 접속될 수 있는 것은 동사 기본형인 4번뿐이므로 4-3임을 알 수 있고 보조동사로 사용할 수 있는 4번은 1번과 2번에 접속될 수 있지만 문맥상 2번에 접속되어야 한다. 마지막 남은 1번은 자연히 마지막 칸에 들어가 ～てみる(~해 보다)가 되면 된다. 전체적으로 나열하면 2-4-3-1 이므로 정답은 3번이다.

복습 꼭! ～とおりに(~대로) / ～てみる(~해 보다)

어휘 説明書(せつめいしょ) 설명서 | うまくいく 잘 되다

정답 3

---

07 いつもうそを ＿＿ ＿＿ ★ ＿＿ ことにした。

1 彼の言う　2 つくから
3 信じない　4 ことは

단어 바르게 배열하기 ★★

문장배열 いつもうそを つくから(2) 彼の言う(1) ことは(4) 信じない(3) ことにした。

해석 항상 거짓말을 하기 때문에 그가 하는 말은 믿지 않기로 했다.

정답 찾기 먼저 2번은 첫 번째 칸에 들어가 관용표현 うそをつく(거짓말을 하다)가 되어야 한다. 그리고 문미의 ～ことにする(~하기로 하다)는 자신의 결심, 결의를 나타낼 때 사용하므로 앞에는 3번이 들어가야 한다. 마지막으로 동사인 1번이 명사인 4번을 수식하게 하여 전체적으로 나열하면 2-1-4-3이 되어 정답은 4번이다.

복습 꼭! 관용표현 うそをつく(거짓말을 하다) / ~ことにする(~하기로 하다)

어휘 うそ 거짓말 | 信(しん)じる 믿다

정답 4

08 小学生にこんな難しい問題が ____ ____ _★_ ____ ですか。

1 わけが　　2 ない
3 解ける　　4 じゃない

단어 바르게 배열하기 ★★★

문장배열 小学生にこんな難しい問題が 解ける(3) わけが(1) ない(2) じゃない(4) ですか。

해석 초등학생이 이런 어려운 문제를 풀 수 있을 리가 없지 않습니까?

정답 찾기 1번 わけが를 통해 ~わけがない(~할 리가 없다)임을 알 수 있으므로 1-2가 되며 선택지 중에서는 동사인 3번에 접속되어야 한다. 그리고 4번은 상대에게 동의를 구할 때 사용하는 ~じゃないか・~ではないか(~이지 않느냐?)가 되도록 마지막 칸에 넣어주면 된다. 전체적으로 나열하면 3-1-2-4가 되므로 정답은 2번이다.

복습 꼭! ~わけがない(~할 리가 없다) / ~じゃないか・~ではないか(~이지 않느냐?)

어휘 小学生(しょうがくせい) 초등학생 | 難(むずか)しい 어렵다 | 問題(もんだい) 문제 | 解(と)く 풀다

정답 2

시나공 03 합격을 위한 핵심 문법 | 적중 예상 문제 ③

문제 1 다음 문장의 (　　)에 들어갈 가장 알맞은 말을 1・2・3・4 중에서 하나를 고르세요.

01 うちの子は男の(　　　)ピンクの服ばかり着たがるので、本当に困る。

1 おかげに　　2 せいに
3 くせに　　4 ために

적절한 기능어 찾기 ★★★

해석 우리집 아이는 남자**(인데)** 핑크색 옷만 입고 싶어 해서 정말로 곤란하다.

정답 찾기 내용상 남자 아이로서 어울리지 않는 취향으로 고민하는 내용이므로 부정적인 부분을 비난하거나 불만을 표출할 때 사용하는 3번이 정답이 된다.

오답분석 기본적으로 1번(~덕분에)과 2번(~때문에)은 ~に 형태가 아닌 ~で 형태로 사용하며 4번은 ~위해서, ~때문에 라는 의미가 되므로 정답이 아니다.

복습 꼭! ~くせに(~주제에, ~인데)

어휘 服(ふく) 옷 | ~ばかり ~만, ~뿐 | 着(き)る 입다 | 困(こま)る 곤란하다

정답 3

02 このカメラは使い方が簡単な(　　　)軽いので、女性に人気がある。

적절한 기능어 찾기 ★★★

해석 이 카메라는 사용법이 간단**(한데다가)** 가벼우므로 여성에게 인기가 있다.

1 うえに　2 向きに
3 うちに　4 ために

정답 찾기 문장의 논리를 잘 파악할 수 있어야 한다. 문제를 보면 공란 앞뒤에 나오는 '간단하다'와 '가볍다'의 관계를 살펴보면 두 사항 모두 동일한 하나의 카메라에 해당하는 장점이기 때문에 첨가, 부가의 의미인 1번이 정답이다.

오답분석 2번(~에 적합하게)은 명사에 접속되므로 제외되어야 하고, 3번은 ~동안에, 사이에, 4번은 ~때문에 라는 의미가 되므로 문맥상 정답이 될 수 없다.

복습 꼭! ~うえに(~한데다가)

어휘 使(つか)い方(かた) 사용법 | 簡単(かんたん)だ 간단하다 | 軽(かる)い 가볍다 | 女性(じょせい) 여성 | 人気(にんき) 인기

정답 1

---

03 夕べ(　　)最中に地震が起きて、びっくりした。

1 寝る　2 寝ない
3 寝た　4 寝ている

적절한 접속형태 찾기 ★★★

해석 어젯밤 **(자고 있)**는 중에 지진이 일어나서 깜짝 놀랐다.

정답 찾기 선택지를 보면 寝る(자다)가 공통적으로 사용되고 있으므로 올바른 접속형태를 고르는 문제임을 알 수 있는데 공란 뒤의 最中(さいちゅう)には 동사의 경우 ~ている형(진행형)에 접속되므로 정답은 4번이 된다.

오답분석 ~最中には 동사 ている형이나 명사 の에 접속되므로 1, 2, 3번은 정답이 될 수 없다.

복습 꼭! ~最中(さいちゅう)に (~하는 중에)

어휘 夕(ゆう)べ 어제 저녁, 어젯밤 | 地震(じしん) 지진 | 起(お)きる 일어나다 | びっくりする 깜짝 놀라다

정답 4

---

04 A「へえ、林さん、フランス料理が作れるんですか。」
B「フランス料理(　　)、だれでも作れる簡単なものです。」

1 というと　2 といっても
3 といえば　4 といったら

의미적 호응관계 찾기 ★★★

해석 A: 와, 하야시 씨 프랑스 요리를 만들 수 있습니까?
B: 프랑스 요리**(라고 해도)** 누구라도 만들 수 있는 간단한 것입니다.

정답 찾기 공란 앞의 '프랑스 요리'라고 하면 누구나 복잡하고 어려운 요리를 연상하게 된다는 점이 포인트다. 즉 B의 대사의 후문을 보면 일반적으로 연상하는 복잡한 요리가 아닌 간단한 요리라고 말하고 있으므로 정답은 2번이 된다.

오답분석 1, 3, 4번은 각각 다른 용법도 있지만 유사한 표현으로 기본적으로 '~라고 하면'이라는 의미로 주제나 화제를 나타낼 때 사용하므로 문맥상 정답이 아니다.

복습 꼭! ~といっても(~라고 해도)

어휘 料理(りょうり) 요리 | 作(つく)る 만들다 | 簡単(かんたん)だ 간단하다

정답 2

---

05 A「わたし試験大嫌い。」
B「僕(　　)、試験は嫌いだよ。でも、しかたないよ。」

적절한 기능어 찾기 ★★

해석 A: 나 시험이 정말 싫어.
B: 나 **(역시)** 시험은 싫어. 그렇지만 어쩔 수 없잖아.

1 って　　2 なので
3 だって　　4 なのに

정답 찾기 무엇보다도 대화 내용을 통해서 핵심을 찾을 수 있어야 한다. 이 문제에서는 A가 시험이 싫다고 푸념하자 B가 동조하고 있으므로 명사에 접속되어 동류를 나타내는 3번이 정답이 된다.

오답분석 1번은 ~이라는 것은, ~는 2번은 ~이므로, ~ 때문에, 4번은 ~한데, ~인데 라는 의미이므로 문맥상 정답이 될 수 없다.

복습 꼭! ~だって(~도 역시)

어휘 試験(しけん) 시험 | 大嫌(だいきら)いだ 몹시 싫다 | しかたがない 어쩔 수 없다

정답 3

---

06 昼寝をしようとしていた（　　）電話がかかってきた。

1 うちに　　2 だけに
3 ところに　　4 ばかりに

적절한 기능어 찾기 ★★★

해석 낮잠을 자려던 **(참에)** 전화가 걸려왔다.

정답 찾기 공란 앞뒤의 내용을 보면 막 잠을 자려는 상황에 전화가 걸려 왔다는 의미이므로 시점을 나타내는 3번이 정답이 된다.

오답분석 동사 과거형에 접속되는 2번 ~だけに와 4번 ~ばかりに는 N3에서는 다루지 않는 문법이며 1번 ~うちに(~동안에, 사이에)는 동사 과거형에 접속될 수 없으므로 정답이 아니다.

복습 꼭! ~ところに(~참에, 시점에)

어휘 昼寝(ひるね) 낮잠

정답 3

---

07 科学技術が進歩した（　　）、数年前まではできなかった多くのことが可能になった。

1 ほうで　　2 ことで
3 くせに　　4 おかげで

적절한 기능어 찾기 ★★★

해석 과학기술이 진보한 **(덕분에)** 몇 년 전까지만 해도 할 수 없었던 많은 일들이 가능해졌다.

정답 찾기 선택지를 보면 모두 명사の에 접속될 수 있으므로 문맥을 통해 해결해야 하는데 공란 앞의 과학 기술의 진보가 후문의 결과의 원인임을 알 수 있으므로 좋은 결과의 원인을 나타낼 때 사용하는 4번이 정답이 된다.

오답분석 1번은 ~편이므로 2번은 ~에 관해서 3번은 ~주제에, ~한데 라는 의미이므로 문맥상 정답이 될 수 없다.

복습 꼭! ~おかげで(~덕분으로)

어휘 科学(かがく) 과학 | 技術(ぎじゅつ) 기술 | 進歩(しんぽ) 진보 | 数年(すうねん) 수년 | 可能(かのう) 가능

정답 4

---

08 (雑誌で) 今回は、クレジットカードをむだに使いすぎて（　　）ための方法を教えてあげましょう。

1 しまおうと思う
2 しまわなきゃならない
3 しまわないようにする
4 しまおうと思わない

의미적 호응관계 파악하기 ★★★

해석 (잡지에서) 이번에는 신용 카드를 불필요하게 너무 많이 사용해 **(버리지 않도록 하기)** 위한 방법을 가르쳐 드리겠습니다.

정답 찾기 문맥상 신용카드의 올바른 사용법을 말하려 함을 알 수 있는데 그것은 결국 과소비하지 않도록 하는 것이므로 ~てしまう(~해 버리다)의 부정과 결의나 노력의 목표를 나타낼 때 사용하는 ~ようにする가 합쳐진 3번이 정답이 된다.

오답분석 1번은 ~해 버리려고 생각하다 2번은 ~しまわなければならない의 축약형태로 ~해 버리지 않으면 안 된다 4번은 ~해 버리려고 생각하지 않는다는 의미가 되므로 문맥상 정답이 아니다.

복습 꼭! ～ようにする(～하도록 하다)

어휘 むだ 쓸데없음, 헛됨 | 方法(ほうほう) 방법 | 教(おし)える 가르치다

정답 3

문제 2 다음 문장의 ＿★＿에 들어갈 가장 알맞은 말을 1・2・3・4 중에서 하나를 고르세요.

01 リサイクルとは＿＿ ＿＿ ＿★＿ ＿＿再利用することです。

1 のではなく　2 要らなく
3 捨てる　4 なったものを

단어 바르게 배열하기 ★★

문장배열 リサイクルとは 要らなく(2) なったものを(4) 捨てる(3) のではなく(1) 再利用することです。

해석 리사이클이라고 하는 것은 필요 없게 된 물건을 버리는 것이 아니고 재이용하는 것을 말합니다.

정답 찾기 정의나 주제를 나타내는 ～とは(~라고 하는 것은, ~이란)가 있으므로 리사이클에 대한 설명을 하고 있는데 먼저 2-4가 되어 ～くなる(~하게 되다)가 되도록 한다. 그리고 타동사인 3번은 조사 ～を가 있는 2-4를 목적어로 취하면서 형식명사 ～の가 있는 1번을 수식하게 해 전체적으로 나열하면 2-4-3-1이 되어 정답은 3번이다.

복습 꼭! ～とは(~라고 하는 것은, ~이란) / ～くなる(~하게 되다)

어휘 要(い)る 필요하다 | 捨(す)てる 버리다 | 再利用(さいりよう) 재이용

정답 3

02 ここのハンバーガーはとても＿＿ ＿＿ ＿★＿ ＿＿から、よく来ます。

1 うえに　2 ほかの店
3 おいしい　4 より安い

단어 바르게 배열하기 ★★★

문장배열 ここのハンバーガーはとても おいしい(3) うえに(1) ほかの店(2) より安い(4) からよく来ます。

해석 이곳 햄버거는 매우 맛있는데다가 다른 가게 보다 싸니까 자주 옵니다.

정답 찾기 1번 ～うえに(~한데다가)는 3번에도 4번에도 접속될 수 있지만 문맥상 い형용사인 3번과 짝이 되어 첫 번째 칸에 들어가 부사 とても의 수식을 받는 것이 적절하고, 비교를 나타내는 4번 ～より(~보다)는 명사인 2번에 접속되어야 한다. 전체적으로 나열하면 3-1-2-4가 되므로 정답은 2번이다.

복습 꼭! ～うえに(~한데다가) / ～より(~보다)

어휘 おいしい 맛있다 | 安(やす)い 싸다

정답 2

03 A「田中さんは日記をつけていますか。」
B「ええ。でも、＿＿ ＿＿ ＿★＿ ＿＿なものですけどね。」

단어 바르게 배열하기 ★★★

문장배열 ええ。でも、日記と(4) いうより(2) メモ(1) みたい(3) なものですけどね。

1 メモ　　2 いうより
3 みたい　　4 日記と

해석 A: 다나카 씨는 일기를 쓰고 있습니까?
B: 예. 그렇지만 일기라고 하기보다 메모 같은 것입니다만.

정답 찾기 의미적으로 나열하려면 어려울 수 있지만 2번을 통해서 ～というより(～라고 하기보다)인 것을 알 수 있으므로 4-2가 된다. 그리고 3번은 비유의 ～みたいだ(～같다)이므로 명사인 1번과 짝이 되어 마지막 칸에 들어가야 한다. 전체적으로 나열하면 4-2-1-3이 되어 정답은 1번이다.

복습 꼭! ～というより(～라고 하기보다) / ～みたいだ(～같다)

어휘 日記(にっき) 일기

정답 1

04 兄に ＿＿ ＿＿ ★ ＿＿ ケータイをなくしてしまった。

1 ばかりの
2 買ってもらった
3 絶対なくすなって
4 言われたのに

단어 바르게 배열하기 ★★★

문장배열 兄に 絶対なくすなって(3) 言われたのに(4) 買ってもらった(2) ばかりの(1) ケータイをなくしてしまった。

해석 형이 절대 잃어버리지 말라고 했는데 사준 지 얼마 안 된 휴대전화를 잃어버렸다.

정답 찾기 선택지 3번만 잘 분석하면 쉽게 해결할 수 있다. 3번은 부정명령을 나타내는 동사+な(～하지 마)에 인용의 ～と(～라고)인 ～って가 합쳐진 형태이므로 3-4가 되어야 한다. 그리고 동사た형+ばかり(막 ～했다, ～한지 얼마 되지 않았다)가 되어야 하므로 2-1이 됨과 동시에 수식할 명사가 필요하기 때문에 마지막 칸에 들어가야 한다. 전체적으로 나열하면 3-4-2-1이 되어 정답은 2번이다.

복습 꼭! ～な(～하지 마) / ～って(～라고) / ～たばかりだ(막 ～했다, ～한지 얼마 되지 않았다)

어휘 兄(あに) 형 | 絶対(ぜったい) 절대 | なくす 잃다 | 言(い)う 말하다

정답 2

05 これははじめて日本語を習う ＿＿ ＿＿ ★ ＿＿ です。

1 日本語教材　　2 向けに
3 外国人　　4 書かれた

단어 바르게 배열하기 ★★★

문장배열 これははじめて日本語を習う 外国人(3) 向けに(2) 書かれた(4) 日本語教材(1) です。

해석 이것은 처음 일본어를 배우는 외국인을 대상으로 쓰여진 일본어 교재입니다.

정답 찾기 명사에 접속되는 2번 ～むけに(～대상으로, ～용으로)는 3번이나 1번에 접속될 수 있으나 논리적으로 당연히 3번과 짝을 이루어야 한다. 그리고 ～むけに 뒤에는 동사가 필요하기 때문에 4번과 짝이 되어 명사인 1번을 수식하게 하면 된다. 전체적으로 나열하면 3-2-4-1이 되므로 정답은 4번이다.

복습 꼭! ～むけに(～대상으로, ～용으로)

어휘 習(なら)う 배우다 | 外国人(がいこくじん) 외국인 | 日本語教材(にほんごきょうざい) 일본어 교재

정답 4

06 キャラクターショップの中にいると、＿＿ ＿＿ ★ ＿＿ 気分になる。

1 まるで　2 ような
3 世界に入った　4 アニメの

단어 바르게 배열하기 ★★★

문장배열 キャラクターショップの中にいると、まるで(1) アニメの(4) 世界に入った(3) ような(2) 気分になる。

해석 캐릭터숍 안에 있으면 마치 애니메이션의 세계에 들어온 것 같은 기분이 든다.

정답 찾기 먼저 명사가 필요한 4번 뒤에는 2번, 3번이 모두 올 수 있으나 의미적으로 3번이 적절하므로 4-3이 되어 2번을 수식하게 하는 것이 좋다. 부사인 1번은 주로 まるで~ようだ(마치, 흡사 ~같다)로 사용하므로 제일 앞에 넣어 전체적으로 나열하면 1-4-3-2가 되므로 정답은 3번이다.

복습 꽉! まるで~ようだ(마치, 흡사 ~같다)

어휘 世界(せかい) 세계 | 気分(きぶん) 기분

정답 3

07 A「今日も暑いですね。」
B「そうですね。でも、曇っている ＿＿ ＿＿ ★ ＿＿ ですね。」

1 暑く　2 からか
3 はない　4 昨日ほど

단어 바르게 배열하기 ★★★

문장배열 そうですね。でも、曇っている からか(2) 昨日ほど(4) 暑く(1) はない(3) ですね。

해석 A: 오늘도 덥군요.
B: 그렇군요. 그렇지만 흐려서인지 어제만큼은 덥지 않군요.

정답 찾기 선택지에서 ~ほど~ない(~만큼 ~하지 않다)를 찾아낼 수만 있으면 해결된 것이나 마찬가지다. 즉 어제와 오늘을 비교해서 어제가 더 더웠다는 의미이므로 4-1-3이 되어야 한다. 마지막으로 2번은 이유를 나타내어야 하므로 동사의 뒤인 첫 번째 칸에 넣어 전체적으로 나열하면 2-4-1-3이 되므로 정답은 1번이다.

복습 꽉! ~ほど~ない(~만큼 ~하지 않다)

어휘 暑(あつ)い 덥다 | 曇(くも)る 흐리다

정답 1

08 札幌は ＿＿ ＿＿ ★ ＿＿ ので、季節ごとに行ってみるのもよい。

1 よって　2 楽しめる
3 違う景色が　4 季節に

단어 바르게 배열하기 ★★★

문장배열 札幌は 季節に(4) よって(1) 違う景色が(3) 楽しめる(2) ので、季節ごとに行ってみるのもよい。

해석 삿포로는 계절에 따라 다른 경치를 즐길 수 있으므로 계절마다 가보는 것도 좋다.

정답 찾기 1번을 통해 ~가 변하면 후문의 사항도 변한다는 의미인 ~によって(~에 따라서)임을 알 수 있으므로 4-1이 되어야 하고 3번은 가능동사인 2번의 대상이 되어 접속조사 ~ので의 앞인 마지막 칸에 들어가면 된다. 전체적으로 나열하면 4-1-3-2가 되므로 정답은 3번이다.

복습 꽉! ~によって(~에 따라서)

어휘 札幌(さっぽろ) 삿포로 | 季節(きせつ) 계절 | 違(ちが)う 다르다 | 景色(けしき) 경치 | 楽(たの)しむ 즐기다 | ~ごとに ~마다

정답 3

시나공 03 합격을 위한 핵심 문법 | 적중 예상 문제 ④

문제 1 다음 문장의 (　　　)에 들어갈 가장 알맞은 말을 1・2・3・4 중에서 하나를 고르세요.

01 駅前の喫茶店は最近できた（　　　）店内はとてもきれいで雰囲気もよかった。

1 ばかりだから　　2 ばかりなのに
3 あとなのに　　4 あとだから

의미적 호응관계 파악하기 ★★

해석 역 앞의 찻집은 최근에 **(막 생겼기 때문에)** 가게 안은 매우 깨끗하고 분위기도 좋았다.

정답 찾기 후문의 '매우 깨끗하다'를 통해 새로 생긴 찻집이라는 사실을 알 수 있으므로 '~한지 얼마 안 되었다'는 의미인 ~ばかり와 이유를 나타내는 ~から가 합쳐진 1번이 정답이다.

오답분석 2번은 역접의 의미인 ~のに(~한데, 인데)가 사용되어 논리적으로 맞지 않으며 3, 4번의 ~あと(~한 후)는 시간적 전후관계를 중시하는 표현으로 후문이 전문 이후에 일어났음을 나타내므로 논리적으로 정답이 될 수 없다.

복습 꼭! 동사 た형+ばかり(~한지 얼마 안 되었다, 막 ~했다)

어휘 駅前(えきまえ) 역 앞 | 喫茶店(きっさてん) 찻집 | 店内(てんない) 가게 안 | 雰囲気(ふんいき) 분위기

정답 1

02 病気の田中さんの（　　　）僕が出張に行くことになった。

1 とおりに　　2 かわりに
3 つもりに　　4 ほかに

적절한 기능어 찾기 ★★★

해석 아픈 다나카 씨 **(대신에)** 내가 출장을 가게 되었다.

정답 찾기 내용을 잘 파악할 수 있어야 하는데 문제에 두 명이 등장하는데 원래는 다나카 씨가 출장을 가야했는데 아파서 화자가 대신 가게 되었다는 의미이므로 정답은 대신을 의미하는 2번이 된다.

오답분석 1번은 ~대로, 3번 ~つもり(~할 생각, 작정은)는 일반적으로 ~に 형태로 사용하지 않으며 4번 ~ほかには ~외에, ~이외에 라는 의미로 문맥상 정답이 아니다.

복습 꼭! ~かわりに(~대신에)

어휘 病気(びょうき) 병 | 出張(しゅっちょう) 출장

정답 2

03 リエンさんの作文は、内容はとてもよかったが、漢字（　　　）文法にも間違いが多かった。

1 ほどではなく　　2 かどうか
3 なのだから　　4 だけでなく

적절한 기능어 찾기 ★★★

해석 리엔 씨의 작문은 내용은 매우 좋았지만 한자**(뿐만 아니라)** 문법도 틀린 곳이 많았다.

정답 찾기 문맥상 한자와 문법이 모두 틀린 곳이 많다는 의미이므로 후문에 주로 조사 ~も(~도)를 수반하여 추가나 첨가의 의미를 나타낼 때 사용하는 4번이 정답이다.

오답분석 1번은 ~만큼, 정도는 아니고, 2번은 ~인지 어떤지, 3번은 ~이기 때문에 라는 의미가 되므로 문맥상 정답이 아니다.

복습 꼭! ~だけでなく(~뿐만 아니라)

어휘 作文(さくぶん) 작문 | 内容(ないよう) 내용 | 漢字(かんじ) 한자 | 文法的(ぶんぽうてき) 문법적 | 間違(まちが)い 틀림, 잘못

정답 4

04 教師の教え方（　　　）学生の成績に大きな差が出ることもある。

1 について　　2 にとって
3 にくらべて　　4 によって

적절한 기능어 찾기 ★★★

해석 교사의 가르치는 방법**(에 따라서)** 학생들의 성적에 큰 차이가 나는 경우도 있다.

정답 찾기 공란 앞뒤의 논리를 살펴보면 교수법에 따라 학생들의 성적이 변한다는 것이므로 '~가 바뀌면 후문의 사항도 바뀐다'고 할 때 사용하는 4번이 정답이 된다.

오답분석 1번(~에 관해서)은 의미적으로 맞지 않으며 2번(~에 있어서)은 입장이나 처지를 나타낼 때, 3번(~에 비해서, 비교해서)은 비교할 때 사용하므로 문맥상 정답이 아니다.

복습 꼭! ~によって(~에 따라서)

어휘 教師(きょうし) 교사 | 教(おし)える 가르치다 | ~方(かた) ~하는 방법 | 成績(せいせき) 성적 | 差(さ) 차이

정답 4

---

05 彼が作ってくれたカレーはびっくりする（　　　）おいしかった。

1 ばかり　　2 ところ
3 ほど　　4 ころ

적절한 기능어 찾기 ★★

해석 그가 만들어 준 카레는 놀랄 **(만큼)** 맛있었다.

정답 찾기 공란 앞뒤의 びっくりする(깜짝 놀라다)와 おいしい(맛있다)의 관계를 잘 생각해 보면 쉽게 알 수 있다. 즉 어느 정도 맛있는지를 말하는 것이므로 동작이나 상태의 정도를 나타내는 3번이 정답이 된다.

오답분석 1번은 ~뿐, 만, 2번은 ~장소, 막 ~하려는 때, 4번은 ~경, 쯤을 나타내므로 문맥상 정답이 아니다.

복습 꼭! ~ほど(~만큼, 정도)

어휘 作(つく)る 만들다

정답 3

---

06 彼はそれほど英語が（　　　）が、英語より大事な行動力があったため海外で成功することができたと言える。

1 上手であるに違いない
2 上手なわけではない
3 上手でないといけない
4 上手かもしれない

의미적 호응관계 파악하기 ★★★

해석 그는 그렇게 영어를 **(잘하는 것은 아니)**지만 영어보다 중요한 행동력이 있었기 때문에 해외에서 성공할 수 있었다고 말할 수 있다.

정답 찾기 전체적인 문맥을 통해서도 알 수 있지만 공란 앞의 부사 それほど(그렇게, 그다지)는 주로 부정문을 수반하므로 부분부정이나 완곡한 부정을 나타낼 때 사용하는 2번이 정답이다.

오답분석 1번은 틀림없이 능숙하다, 3번은 능숙하지 않으면 안 된다, 4번은 능숙할 지도 모른다 라는 의미가 되므로 문맥상 정답이 될 수 없다.

복습 꼭! ~わけではない(~하는 것은 아니다)

어휘 大事(だいじ)だ 중요하다 | 行動力(こうどうりょく) 행동력 | 海外(かいがい) 해외 | 成功(せいこう) 성공 | ~に違(ちが)いない ~임에 틀림없다 | ~なにといけない ~하지 않으면 안 된다

정답 2

---

07 ゴルフがうまくなるためには練習が必要だが、何も考えないでただ練習（　　　）意味がないと思う。

적절한 기능어 찾기 ★★★

해석 골프가 능숙해 지기 위해서는 연습이 필요하지만 아무 생각 없이 그저 연습**(만 하고 있어도)** 의미가 없다고 생각한다.

1 ばかりしていても　2 ばかりしていれば
3 よりしていても　4 よりしていれば

정답 찾기 문맥을 잘 파악할 수 있어야 하는데 화자는 무턱대고 연습만 해서는 안 된다고 말하고 있음을 알 수 있으므로 한정의 ～ばかり와 역접을 나타내는 ～ても(~해도, 하더라도)가 합쳐진 1번이 정답이 된다.

오답분석 2번은 ~만 하고 있으면 3번은 ~보다 하고 있어도 4번은 ~보다 하고 있으면 이라는 의미가 되므로 문맥상 정답이 아니다.

복습 꼭! ～ばかり(~뿐, 만)

어휘 練習(れんしゅう) 연습 | 必要(ひつよう)だ 필요하다 | 意味(いみ) 의미

정답 1

08 僕はお酒に弱いので、乾杯の一口（　　　）大丈夫だけれど、それ以上は飲めない。

1 だけでも　2 だけなら
3 とでも　4 となら

적절한 기능어 찾기 ★★★

해석 나는 술이 약해서 건배 한 모금(**만이라면**) 괜찮지만 그 이상은 마실 수 없다.

정답 찾기 화자는 술이 약하다고 했지만 공란 앞뒤의 一口(한 모금)와 大丈夫(괜찮다)를 통해 문맥상 한 모금 정도는 괜찮다가 되어야 함을 알 수 있으므로 한정을 나타내는 ～だけ와 조건, 가정을 나타내는 ～なら(~라면)가 합쳐진 2번이 정답이 된다.

오답분석 1번은 ~만이라도 3번 ~와 라도 4번은 ~와 라면 이라는 의미가 되므로 문맥상 정답이 될 수 없다.

복습 꼭! ～だけ(~뿐, ~만)

어휘 弱(よわ)い 약하다 | 乾杯(かんぱい) 건배 | 一口(ひとくち) 한 모금, 한 입 | 以上(いじょう) 이상

정답 2

문제 2 다음 문장의 ＿★＿에 들어갈 가장 알맞은 말을 1・2・3・4 중에서 하나를 고르세요.

01 理由もなく ＿＿ ＿＿ ＿★＿ ＿＿ をよく確認してから借りたほうがいい。

1 必ずその理由　2 ないから
3 安いはずが　4 安い部屋は

단어 바르게 배열하기 ★★★

문장배열 理由もなく 安いはずが(3) ないから(2) 安い部屋は(4) 必ずその理由(1) をよく確認してから借りたほうがいい。

해석 이유도 없이 쌀 리가 없기 때문에 싼 방은 반드시 그 이유를 잘 확인하고 빌리는 편이 좋다.

정답 찾기 끊어진 형태이지만 3번을 통해 ～はずがない(~할 리가 없다)임을 알 수 있으므로 3-2가 되어 문맥상 첫 번째 칸에 들어가야 한다. 나머지는 4-1이 되어 명사가 필요한 마지막 칸에 들어가 목적어 역할을 하게 하면 된다. 전체적으로 나열하면 3-2-4-1이 되므로 정답은 4번이다.

복습 꼭! ～はずがない(~할 리가 없다)

어휘 理由(りゆう) 이유 | 必(かなら)ず 반드시 | 確認(かくにん) 확인 | 借(か)りる 빌리다

정답 4

02 A「田中さん、具合が悪いみたいですけど風邪ですか。」

B「＿＿ ＿★＿ ＿＿ ＿＿が、よくわかりません。」

1 せきは　　2 だけで

3 出ません　　4 熱がある

단어 바르게 배열하기 ★★

문장배열 熱がある(4) だけで(2) せきは(1) 出ません(3) が、よくわかりません。

해석 A: 다나카 씨 몸 상태가 안 좋아 보이는데 감기입니까?
B: 열이 날뿐 기침은 나지 않습니다만, 잘 모르겠습니다.

정답 찾기 먼저 선택지 중에서 한정을 나타내는 2번 ～だけ(～뿐)가 접속될 수 있는 것은 4번뿐이므로 4-2가 되어야 하고 주격조사 ～は가 있는 1번은 동사인 3번과 짝이 되어 접속조사 ～が(～이지만, ～인데)가 있는 마지막 칸에 들어가면 된다. 전체적으로 나열하면 4-2-1-3이므로 정답은 2번이다.

복습 꼭! ～だけ(～뿐) / ～が(～이지만, ～인데)

어휘 具合(ぐあい) 형편, 상태 | 風邪(かぜ) 감기 | 熱(ねつ) 열 | せき 기침

정답 2

03 電話での診察は＿＿ ＿＿ ＿★＿ ＿＿ある。

1 わかりにくい　　2 患者の状態が

3 便利である一方で　　4 という欠点が

단어 바르게 배열하기 ★★★

문장배열 電話での診察は 便利である一方で(3) 患者の状態が(2) わかりにくい(1) という欠点が(4) ある。

해석 전화 진료는 편리한 반면 환자의 상태를 알기 어렵다는 결점이 있다.

정답 찾기 동사 보통형이 필요한 4번 ～という(～라는, ～라고 하는) 앞에는 1번이 들어가야 하고 1번 わかる는 ～がわかる(～을 알다, ～가 이해되다) 형태로 많이 사용하므로 2-1되어야 한다. 마지막으로 3번 ～一方で(～하는 한편, ～하는 반면)는 주로 앞뒤에 서로 상반되는 사항을 나타낼 때 사용하므로 논리적으로 결점을 나타내는 2-1-4 앞에 들어가야 한다. 전체적으로 나열하면 3-2-1-4가 되어 정답은 1번이다.

복습 꼭! ～という(～라는, ～라고 하는) / ～一方で(～하는 한편, ～하는 반면)

어휘 診療(しんりょう) 진료 | 便利(べんり)だ 편리하다 | 患者(かんじゃ) 환자 | 状態(じょうたい) 상태 | 欠点(けってん) 결점

정답 1

04 彼は最近、髪型やファッション＿＿ ＿＿ ＿★＿ ＿＿ほめられている。

1 周りの人に　　2 など見た目が

3 変わったことで　　4 がらりと

단어 바르게 배열하기 ★★★

문장배열 彼は最近、髪型やファッション など見た目が(2) がらりと(4) 変わったことで(3) 周りの人に(1) ほめられている。

해석 그는 최근에 헤어스타일이나 패션 등 외형이 확 달라져 주위 사람에게 칭찬을 받고 있다.

정답 찾기 먼저 갑자기 변화는 모양을 나타내는 부사인 4번 がらりと(싹, 확)는 동사인 3번을 수식해야 하며 2번은 첫 번째 칸에 들어가 ～や～など(～랑～등)가 되어야 한다. 마지막으로 조사 ～に가 있는 1번을 마지막 칸에 넣어 수동동사 ほめられる의 행위의 주체로 만들어 전체적으로 나열하면 2-4-3-1이 되므로 정답은 3번이다.

복습 꼭! ～や～など(~랑~등)

어휘 最近(さいきん) 최근 | 髪型(かみがた) 헤어스타일 | 見(み)た目(め) 겉보기 | がらりと (갑자기 변하는 모양) 싹, 확 | 変(か)わる 변하다 | 周(まわ)り 주위 | ほめる 칭찬하다

정답 3

05 授業で新しいことを習えば ＿＿ ＿＿ ★ ＿＿ がたくさん必要になる。

1 それを定着　2 させるために
3 習うほど　4 復習する時間

단어 바르게 배열하기 ★★★

문장배열 授業で新しいことを習えば 習うほど(3) それを定着(1) させるために(2) 復習する時間(4) がたくさん必要になる。

해석 수업에서 새로운 것을 배우면 배울수록 그것을 정착시키기 위해 복습하는 시간이 많이 필요하다.

정답 찾기 먼저 3번은 ～ば～ほど(~하면 ~할수록)의 일부분이므로 첫 번째 칸에 들어가야 하고 명사인 4번을 마지막 칸에 넣어 주어가 되게 한다. 마지막으로 1번은 동사 定着する가 되도록 2번 앞에 넣어 전체적으로 나열하면 3-1-2-4가 되므로 정답은 2번이다.

복습 꼭! ～ば～ほど(~하면 ~할수록)

어휘 授業(じゅぎょう) 수업 | 新(あたら)しい 새롭다 | 習(なら)う 배우다 | 定着(ていちゃく) 정착 | 復習(ふくしゅう) 복습

정답 2

06 ニュースによると、九州は ＿＿ ＿＿ ★ ＿＿ を受けたそうだ。

1 被害　2 によって
3 大きな　4 前日の台風

단어 바르게 배열하기 ★★

문장배열 ニュースによると、九州は 前日の台風(4) によって(2) 大きな(3) 被害(1) を受けたそうだ。

해석 뉴스에 의하면 규슈지방은 전날 태풍으로 인해 큰 피해를 입었다고 한다.

정답 찾기 2번 ～によって(~에 의해서, 인해서)는 이유, 원인이 될 수 있는 명사인 4번과 짝이 되어야 하고 뒤에 명사가 필요한 3번은 의미상 1번과 짝이 되어 마지막 칸에 들어가 被害を受ける(피해를 입다)가 되는 것이 적절하다. 전체적으로 나열하면 4-2-3-1이 되므로 정답은 3번이다.

복습 꼭! ～によって(~에 의해서, 인해서)

어휘 ～によると ~에 의하면 | 前日(ぜんじつ) 전날 | 台風(たいふう) 태풍 | 被害(ひがい) 피해 | 受(う)ける 받다, 입다

정답 3

07 関西地方で ＿＿ ＿＿ ★ ＿＿ かもしれない。

1 この町　2 ところはない
3 ほど　4 美しい

단어 바르게 배열하기 ★★★

문장배열 関西地方で この町(1) ほど(3) 美しい(4) ところはない(2) かもしれない。

해석 관서지방에서 이 마을만큼 아름다운 곳은 없을 지도 모른다.

정답 찾기 선택지를 통해 ～ほど～はない(~만큼~한 것은 없다)를 묻는 문제임을 알 수 있으므로 3번은 명사인 1번에 붙어 1-3이

되어야 한다. 그리고 い형용사인 4번은 문맥상 2번을 수식하는 것이 적절하므로 4-2가 되어 1-3 뒤에 들어가면 된다. 전체적으로 나열하면 1-3-4-2가 되므로 정답은 4번이다.

복습 꼭! ～ほど～はない(～만큼 ～한 것은 없다)

어휘 関西地方(かんさいちほう) 관서지방 | 美(うつく)しい 아름답다

정답 4

---

08 子供がしたいと思っていることを、大人が決めた時間で終わらせるのではなく ＿＿ ＿＿ ＿★＿ ＿＿ ほうがいい。

1 ことができるまで　2 満足感を味わう
3 やらせた　4 子供自身が

단어 바르게 배열하기 ★★★

문장배열 子供がしたいと思っていることを、大人が決めた時間で終わらせるのではなく 子供自身が(4) 満足感を味わう(2) ことができるまで(1) やらせた(3) ほうがいい。

해석 아이가 하고 싶다고 생각하는 것을 어른들이 정해놓은 시간에 끝내는 것이 아니라 아이 자신이 만족감을 맛볼 수 있을 때까지 시키는 편이 좋다.

정답 찾기 먼저 가능을 나타내는 1번 ～ことができる(～할 수 있다)는 동사 기본형에 접속되므로 2-1이 되어야 하고 동시에 주어로 4번을 취하면 된다. 그리고 3번은 ～たほうがいい(～하는 편이 좋다)가 되어야 하므로 마지막 칸에 들어가야 한다. 전체적으로 나열하면 4-2-1-3이 되어 정답은 1번이다.

복습 꼭! ～ことができる(～할 수 있다) / ～たほうがいい(～하는 편이 좋다)

어휘 大人(おとな) 어른 | 決(き)める 정하다 | 満足感(まんぞくかん) 만족감 | 味(あじ)わう 맛보다

정답 1

시나공 03 합격을 위한 핵심 문법 | 적중 예상 문제 ⑤

문제 1 다음 문장의 (　　)에 들어갈 가장 알맞은 말을 1・2・3・4 중에서 하나를 고르세요.

01 (雑誌で) 外国での暮らしは言葉の壁、文化の違いなどストレスを感じやすくなります。そこで海外生活に慣れる(　　)いい方法をご紹介します。

1 ことに　2 みたいに
3 ための　4 らしい

적절한 기능어 찾기 ★★★

해석 (잡지에서) 외국에서의 생활은 언어의 장벽, 문화의 차이 등 스트레스를 느끼기 쉽습니다. 그래서 해외생활에 적응하기 **(위한)** 좋은 방법을 소개해 드리겠습니다.

정답 찾기 공란 뒤의 방법은 공란 앞의 생활에 적응하기 위한 방법이므로 목적을 나타내는 ～ために(～위해서)의 명사 수식형인 3번 ～ための+명사(～위한)가 정답이 된다.

오답분석 1번(～하는 것에)과 2번(～처럼, ～같이)은 의미적으로 맞지 않으며 추량을 나타내는 4번은 문중에 사용할 수 없으므로 정답이 아니다.

복습 꼭! ～ためだ・～ために・～ための(～위해서다, ～위해서, ～위한)

어휘 雑誌(ざっし) 잡지 | 暮(く)らす 살다 | 言葉(ことば) 언어 | 壁(かべ) 벽 | 文化(ぶんか) 문화 | 違(ちが)う 다르다 | 海外(かいがい) 해외 | なれる 익숙해지다

정답 3

02 三日間ずっと雨が降った（　　　）、楽しみにしていた家族旅行が中止になってしまった。

1 一方で　　2 場合

3 はずで　　4 せいで

적절한 기능어 찾기 ★★

해석 3일간 계속 비가 내렸기 **(때문에)** 기대하고 있었던 가족여행이 취소되어 버렸다.

정답 찾기 문맥상 비 때문에 여행이 취소되었기 때문에 나쁜 결과의 원인을 나타내는 4번 ～せいで(～탓에, ～때문에)가 정답이 된다.

오답분석 1번(～하는 한편)은 대비나, 병렬을 나타내며, 2번은 ～ 경우, 3번은 N3에서는 다루지 않는 형태로 ～할 것이며, ～할 테고 라는 의미로 문맥상 정답이 아니다.

복습 꼭! ～せいで(～탓에, ～때문에)

어휘 ずっと 계속, 쭉 | 楽(たの)しみにする 기대하다 | 家族旅行(かぞくりょこう) 가족여행 | 中止(ちゅうし) 중지

정답 4

03 A「５時間はかかると思っていたが、思ったより作業が早く終わったね。」
B「ありがとう。君が手伝ってくれた（　　　）。」

1 おかげだ　　2 せいだ

3 ようだ　　4 ほうだ

적절한 기능어 찾기 ★★★

해석 A : 5시간은 걸릴 거라고 생각하고 있었는데 생각보다 작업이 일찍 끝났군.
B : 고마워. 네가 거들어 준 **(덕분이야)**.

정답 찾기 대화 형식으로 되어있지만 요점은 친구의 도움으로 빨리 끝났다는 뜻이므로 좋은 결과의 원인을 나타낼 때 사용하는 1번이 정답이다.

오답분석 2번(～ 때문이다)도 해석상 문제가 없어 보일 수 있지만 나쁜 결과의 원인을 나타내므로 정답이 아니고 추량을 나타내는 3번(～같다)과 4번(～편이다)은 의미상 정답이 될 수 없다.

복습 꼭! ～おかげだ(～덕분이다, ～때문이다)

어휘 作業(さぎょう) 작업 | 終(お)わる 끝나다 | 手伝(てつだ)う 거들다, 돕다

정답 1

04 このサイトは、無料なのはありがたいけど、写真や動画を見る（　　　）広告が表示されるので面倒だ。

1 はじめに　　2 たびに

3 なかに　　4 うちに

적절한 기능어 찾기 ★★★

해석 이 사이트는 무료인 것은 고맙지만 사진이나 영상을 볼 **(때마다)** 광고가 표시되어 성가시다.

정답 찾기 문맥상 사진 등을 볼 때마다 광고가 나온다는 의미이므로 ～하면 항상, 언제나 후문의 결과가 일어날 때 사용하는 2번이 정답이다.

오답분석 1번(우선, 먼저)은 독립적인 부사로 사용하며, 3번은 일반 명사로 내부나 중간을 의미, 4번은 동사의 경우 상태동사나 ～ている형에 접속되므로 정답이 아니다.

복습 꼭! 동사 기본형/명사の＋たびに(～때마다, ～때면 언제나)

어휘 無料(むりょう) 무료 | ありがたい 고맙다 | 写真(しゃしん) 사진 | 動画(どうが) 동영상 | 広告(こうこく) 광고 | 表示(ひょうじ) 표시 | 面倒(めんどう)だ 귀찮다

정답 2

---

05 健康的に（　　　）食事方法や運動などの正しい知識を身につけることが大切だ。

1 やせることは　　2 やせるよりは
3 やせるには　　4 やせるかどうか

의미적 호응관계 파악하기 ★★★

해석 건강하게 **(살을 빼기 위해서는)** 식사방법과 운동 등 올바른 지식을 습득하는 것이 중요하다.

정답 찾기 내용상 다이어트를 위한 조언을 하고 있음을 알 수 있으므로 동사 기본형에 접속되어 목적을 나타내는 3번 ～には가 정답이 된다.

오답분석 1번은 살을 빼는 것은, 2번은 살을 빼기 보다는, 4번은 살을 뺄지 어떨지 라는 의미가 되므로 문맥상 정답이 될 수 없다.

복습 꼭! ～には(～하기에는, ～하기 위해서는)

어휘 健康的(けんこうてき)だ 건강하다 | 方法(ほうほう) 방법 | 正(ただ)しい 바르다 | 知識(ちしき) 지식 | 身(み)につける 지니다, 습득하다

정답 3

---

06 傘がないから、雨が強くならない（　　　）帰ったほうがよさそうだ。

1 ために　　2 うちに
3 たびに　　4 ように

적절한 기능어 찾기 ★★

해석 우산이 없으니까 비가 세차지기 **(전에)** 돌아가는 편이 좋을 것 같다.

정답 찾기 먼저 공란 앞의 ～ない에 접속될 수 있어야 하며 내용상 지금 약한 비가 내리고 있을 때 즉 더 강해지기 전에 돌아가야 한다는 뜻이므로 어떤 상태가 지속되고 있는 사이를 나타내는 2번이 정답이 된다. ～ないうちに(～하기 전에) 형태로 익혀두면 좋다.

오답분석 1번(～위해서, ～때문에)은 목적이나 이유를 나타내며 3번(～때마다)은 ～ない에 접속될 수 없으며 4번(～처럼, ～같이)은 비유나, 예시를 나타내므로 정답이 아니다.

복습 꼭! ～うちに(～사이에, ～동안에)

어휘 傘(かさ) 우산 | 強(つよ)い 강하다

정답 2

---

07 この薬を健康にいい（　　　）理由で飲んでいる人が多いが、実際にどのような効果があるのかわからないので、注意する必要がある。

1 という　　2 の
3 をいう　　4 のことの

적절한 기능어 찾기 ★★

해석 이 약을 건강에 좋다**(는)** 이유로 먹고 있는 사람이 많은데 실제로 어떤 효과가 있는지 모르기 때문에 주의가 필요하다.

정답 찾기 문법적으로 접근할 필요가 있는 문제인데 공란 앞뒤의 문맥을 파악해 보면 공란 앞의 절이 공란 뒤의 명사(理由)의 구체적인 내용임을 알 수 있으므로 절을 명사와 연결하여 명사의 속성 등을 나타낼 때 사용하는 1번이 정답이 된다.

오답분석 기초적인 문법으로 접근해도 い형용사와 명사 사이에 조사 ～の 또는 ～を가 올 수 없으므로 2, 3, 4번은 정답이 될 수 없다.

복습 꼭! ～という+명사(～라는, ～라고 하는)

어휘 健康(けんこう) 건강 | 理由(りゆう) 이유 | 実際(じっさい)に 실제로 | 効果(こうか) 효과 | 注意(ちゅうい) 주의

정답 1

08 僕は、夜中に食べるラーメン（　　　）おいしいものはないと思う。

1 だけ　　　2 ほど
3 しか　　　4 まで

적절한 기능어 찾기 ★★★

해석 나는 한밤중에 먹는 라면**(만큼)** 맛있는 것은 없다고 생각한다.

정답 찾기 선택지를 보면 모두 명사에 접속될 수 있기때문에 접속형태로는 정답을 찾을 수 없으므로 문맥을 잘 파악해야 하는데 후문의 ~はない를 통해 가장 ~하다고 말할 때 사용하는 ~ほど~はない(~만큼 ~한 것은 없다)를 묻는 문제임을 알 수 있으므로 정답은 2번이다.

오답분석 1번은 ~뿐, ~만 3번은 ~밖에 4번은 ~까지 라는 의미이므로 문맥상 정답이 될 수 없다.

복습 꼭! ~ほど~はない(~만큼 ~한 것은 없다)

어휘 夜中(よなか) 한밤중 | おいしい 맛있다

정답 2

문제 2 다음 문장의 ＿★＿에 들어갈 가장 알맞은 말을 1・2・3・4 중에서 하나를 고르세요.

01 疲れているのか ＿＿ ＿＿ ＿★＿ ＿＿ 食べないでずっと寝ていた。

1 彼女は何も　　　2 乗って
3 飛行機に　　　4 いるあいだ

단어 바르게 배열하기 ★★

문장배열 疲れているのか 飛行機に(3) 乗って(2) いるあいだ(4) 彼女は何も(1) 食べないでずっと寝ていた。

해석 피곤한지 비행기에 타고 있는 동안 그녀는 아무것도 먹지 않고 계속 자고 있었다.

정답 찾기 먼저 ~に乗る(~을 타다)로 사용하므로 3-2가 됨과 동시에 4번과 함께 ~ている(~하고 있다)가 되도록 만들어 주면 된다. 그리고 何も(아무것도) 뒤에는 부정어가 필요하므로 1번을 마지막 칸에 넣어 전체적으로 나열하면 3-2-4-1이 되므로 정답은 4번이다.

복습 꼭! ~あいだ(~동안)/~ている(~하고 있다)

어휘 疲(つか)れる 지치다 | 飛行機(ひこうき) 비행기 | 乗(の)る 타다

정답 4

02 息子に手帳を ＿＿ ＿＿ ＿★＿ ＿＿ 頼まれて買いに来たんだけど、こんなに種類が多いとは思いませんでした。

1 くれ　　　2 きて
3 って　　　4 買って

단어 바르게 배열하기 ★★★

문장배열 息子に手帳を 買って(4) きて(2) くれ(1) って(3) 頼まれて買いに来たんだけど、こんなに種類が多いとは思いませんでした。

해석 아들에게 수첩을 사 와 달라고 부탁받고 사러 왔는데 이렇게 종류가 많으리라고는 생각하지 못했습니다.

정답 찾기 이 문제는 두 가지 정도의 문법지식이 필요하다. 우선 くれる의 명령형이 くれ이며 또 한 가지는 뒤에 동사가 올 경우

～と(～라고)의 의미를 가지는 ～って를 알고 있어야 해결할 수 있다. 즉 내용상 '수첩을 사서 와서 주다'가 되어야 하므로 4-2-1이 되고 마지막으로 3번을 붙여 전체적으로 나열하면 4-2-1-3이 되어 정답은 1번이다.

복습 꼭! ～って(～라고)

어휘 息子(むすこ) 아들 | 手帳(てちょう) 수첩 | 頼(たの)む 부탁하다 | 種類(しゅるい) 종류

정답 1

---

03 中古の自転車だが、＿＿ ＿＿ ★ ＿＿ 古くなった部品をすべて新品に交換した。

1 つもりで　　2 ようにする
3 できるだけ長く　　4 使える

단어 바르게 배열하기 ★★★

문장배열 中古の自転車だが、できるだけ長く(3) 使える(4) ようにする(2) つもりで(1) 古くなった部品をすべて新品に交換した。

해석 중고 자전거이지만 가능한 한 오래 사용할 수 있게 할 생각으로 낡은 부품을 전부 신품으로 교환했다.

정답 찾기 결의, 노력 등을 나타내는 동사 기본형+ようにする(～하도록 하다)와 의지를 나타내는 ～つもりだ(～생각, 작정이다)를 결합시킨 형태로 응용된 문제이므로 4-2-1이 되고 い형용사의 부사형인 3번은 동사인 4번을 수식하게 하면 된다. 전체적으로 나열하면 3-4-2-1이 되어 정답은 2번이다.

복습 꼭! 동사 기본형+ようにする(～하도록 하다) / ～つもりだ(～생각, 작정이다)

어휘 中古(ちゅうこ) 중고 | 自転車(じてんしゃ) 자전거 | できるだけ 가능한 한 | 部品(ぶひん) 부품 | 新品(しんぴん) 신품 | 交換(こうかん) 교환

정답 2

---

04 毎日休まないで ＿＿ ＿＿ ★ ＿＿ 数学が面白くなった。

1 複雑な問題が　　2 なってから
3 解けるように　　4 勉強して

단어 바르게 배열하기 ★★

문장배열 毎日休まないで 勉強して(4) 複雑な問題が(1) 解けるように(3) なってから(2) 数学が面白くなった。

해석 매일 쉬지 않고 공부해서 복잡한 문제를 풀 수 있게 되고 나서 수학이 재미있어졌다.

정답 찾기 먼저 변화의 결과를 나타내는 ～ようになる(～하게 되다)만 알고 있으면 쉽게 3-2가 됨을 알 수 있고 1번은 가능동사인 解ける(풀 수 있다)의 대상이 되어야 하므로 3번 앞으로 온다. 마지막으로 4번은 내용상 첫 번째 칸에 오는 것이 적절하므로 전체적으로 나열하면 4-1-3-2가 되어 정답은 3번이다.

복습 꼭! ～ようになる(～하게 되다)

어휘 休(やす)む 쉬다 | 複雑(ふくざつ)だ 복잡하다 | 解(と)く 풀다 | 数学(すうがく) 수학 | 面白(おもしろ)い 재미있다

정답 3

05 この新商品は今までの半分の値段 ＿＿ ＿＿ ＿★＿ ＿＿ でしょう。

1 ない　　2 だから
3 はずが　　4 売れない

단어 바르게 배열하기 ★★★

문장배열 この新商品は今までの半分の値段 だから(2) 売れない(4) はずが(3) ない(1) でしょう。

해석 이 신상품은 기존의 반 가격이기 때문에 팔리지 않을 리가 없다.

정답 찾기 먼저 선택지에서 각 품사의 명사 수식형에 접속되어 가능성을 부정하는 의미를 가진 ～はずがない(～일 리가 없다)만 생각해 낼 수 있으면 쉽게 4-3-1로 나열할 수 있다. 마지막으로 명사가 필요한 2번을 첫 번째 칸에 넣고 전체적으로 나열하면 2-4-3-1이 되므로 정답은 3번이다.

복습 꼭! ～はずがない(～일 리가 없다)

어휘 新商品(しんしょうひん) 신상품 | 半分(はんぶん) 반 | 値段(ねだん) 가격 | 売(う)れる 팔리다

정답 3

---

06 2週間の ＿＿ ＿＿ ＿★＿ ＿＿ 食べたくてしかたなかった。

1 海外旅行から　　2 ところだから
3 帰ってきた　　4 和食が

단어 바르게 배열하기 ★★★

문장배열 2週間の 海外旅行から(1) 帰ってきた(3) ところだから(2) 和食が(4) 食べたくてしかたなかった。

해석 2주일 동안의 해외여행에서 막 돌아왔기 때문에 일본음식이 먹고 싶어 어쩔 수가 없다.

정답 찾기 2번은 완료 직후를 나타내는 ～た＋ところだ(막 ～하다)임을 알 수 있으므로 3-2가 되어야 한다. 그리고 명사가 필요한 첫 번째 칸에는 1번을, 대상이 필요한 마지막 칸에는 4번을 넣어 전체적으로 나열하면 1-3-2-4가 되므로 정답은 2번이다.

복습 꼭! ～たところだ(막 ～하다)

어휘 ～週間(しゅうかん) ~주일 | 海外旅行(かいがいりょこう) 해외여행 | 和食(わしょく) 일식 | ～てしかた(が)ない ~해서 어쩔 수가 없다, 매우 ~하다

정답 2

---

07 この町は遠くから ＿＿ ＿＿ ＿★＿ ＿＿ 「ハナチョウ」とも呼ばれている。

1 ことから　　2 形に見える
3 花のような　　4 見ると

단어 바르게 배열하기 ★★★

문장배열 この町は遠くから 見ると(4) 花のような(3) 形に見える(2) ことから(1) 「ハナチョウ」とも呼ばれている。

해석 이 마을은 멀리서 보면 꽃과 같은 형태로 보이기 때문에 '하나쵸'라고도 불리고 있다.

정답 찾기 먼저 이유나 근거를 나타내는 1번 ～ことから(~ 때문에) 앞에 올 수 있는 선택지는 동사인 2번뿐이므로 2-1이 되어야 한다. 그리고 뒤에 명사가 필요한 3번은 2번 앞에 놓여야 하며 마지막으로 4번은 의미상 첫 번째 칸에 와야 하므로 전체적으로 나열하면 4-3-2-1이 되어 정답은 2번이다.

복습 꼭! ～ことから(~ 때문에)

어휘 遠(とお)い 멀다 | 形(かたち) 모양 | 呼(よ)ぶ 부르다

정답 2

08 ここは重要な情報を扱っている場所なので、
____ ____ _★_ ____ になっているらしい。

1 入れない　　2 関係者
3 こと　　4 しか

단어 바르게 배열하기 ★★★

문장배열 ここは重要な情報を扱っている場所なので、
関係者(2) しか(4) 入れない(1) こと(3) になっているらしい。

해석 이곳은 중요한 정보를 다루고 있는 곳이므로 관계자밖에 들어갈 수 없게 되어 있는 것 같다.

정답 찾기 부정문을 수반하여 한정을 나타내는 ～しか(~밖에)와 규정, 규칙을 나타내는 ～ことになっている(~하게 되어 있다)를 적용해야 하는 문제이다. 즉 2-4-1이 되어야 하고 3번은 마지막 칸에 넣어 전체적으로 나열하면 2-4-1-3이 되므로 정답은 1번이다.

복습 꼭! ～ことになっている(~하게 되어 있다)

어휘 重要(じゅうよう)だ 중요하다 | 情報(じょうほう) 정보 | 扱(あつか)う 다루다 | 場所(ばしょ) 장소 | 関係者(かんけいしゃ) 관계자

정답 1

셋째마당 | 만점 마무리편

시나공 04 고득점을 위한 심화 문법 | 적중 예상 문제 ①

문제 1 다음 문장의 (　　　)에 들어갈 가장 알맞은 말을 1・2・3・4 중에서 하나를 고르세요.

01 写真立ては、思い出の写真などを入れることができるため、卒業記念品（　　　）人気が高い。

1 について　　2 によって
3 とくらべて　　4 として

적절한 기능어 찾기 ★★

해석 액자는 추억의 사진 등을 넣을 수 있어 졸업 기념품**(으로)** 인기가 높다.

정답 찾기 문맥상 액자가 졸업 기념품으로서 인기가 있다는 뜻이므로 자격이나 입장 등을 나타내는 4번이 정답이 된다.

오답분석 1번은 ~에 관해서, 2번 ~에 인해서, 의해서, 3번은 ~와 비교해서 라는 의미이므로 문맥상 정답이 될 수 없다.

복습 꼭! 명사+として(~로서, ~의 자격으로)

어휘 写真立(しゃしんた)て 액자 | 思(おも)い出(で) 추억 | 記念品(きねんひん) 기념품 | 人気(にんき) 인기

정답 4

---

02 お申し込み（　　　）のお問い合わせは、メールまたはファックスでお願いします。

1 について　　2 にたいして
3 において　　4 にくらべて

적절한 기능어 찾기 ★★★

해석 신청**(에 관한)** 문의는 메일 또는 팩스로 부탁드립니다.

정답 찾기 공란 뒤의 문의(お問い合わせ)는 결국 묻다, 질문하다는 의미이므로 언어나 사고 등의 대상을 나타낼 때 사용하는 1번 ~について(~에 관해서)가 정답이다.

오답분석 2번(~에 대해서)은 특히 주의가 필요하다. 해석상 정답이 될 것 같지만 직접 동작이나 감정이 행해지는 대상, 상대를 나타내므로 정답이 될 수 없다. 3번 ~において(~에 있어서, ~에서)는 상황, 장소 명사를 취하므로 정답이 아니며, 4번 ~にくらべて(~에 비해서, 비교해서)은 비교할 때 사용하므로 정답이 아니다.

복습 꼭! ~について(~에 관해서) / ~についての+명사(~에 관한)

어휘 申(もう)し込(こ)み 신청 | 問(と)い合(あ)わせ 문의 | 願(ねが)う 바라다

정답 1

---

03 この大学では、今年から全ての留学生（　　　）日本語教育を受けることのできる機会を提供する。

1 にくらべて　　2 のことで
3 のほかに　　4 にたいして

적절한 기능어 찾기 ★★★

해석 이 대학에서는 올해부터 모든 유학생**(에게)** 일본어 교육을 받을 수 있는 기회를 제공한다.

정답 찾기 내용상 유학생에게 교육의 기회를 제공한다는 말이므로 동작이나 감정이 행해지는 대상을 나타낼 때 사용하는 4번이 정답이다.

오답분석 1번은 ~에 비해서, 2번은 ~일로, ~에 관해서, 3번은 ~외에 라는 의미이므로 문맥상 정답이 될 수 없다.

복습 꼭! ~に対(たい)して(~에 대해, ~에게, ~을 대상으로)

어휘 全(すべ)て 모두 | 留学生(りゅうがくせい) 유학생 | 教育(きょういく) 교육 | 機会(きかい) 기회 | 提供(ていきょう) 제공

정답 4

04 飛行機は船（　　）料金は高いが、速いから時間が節約できる。

1 のいっぽうで　2 にしたがって
3 のことで　4 にくらべて

적절한 기능어 찾기 ★★★

해석 비행기는 배**(에 비해서)** 요금은 비싸지만 빠르기 때문에 시간을 절약할 수 있다.

정답 찾기 문맥상 비행기와 배를 서로 비교하고 있다는 것은 알 수 있으므로 두 사항을 서로 비교할 때 사용하는 4번 ～にくらべて(～에 비교해서, ～에 비해서)가 정답이 된다.

오답분석 1번 ～のいっぽうで(～하는 한편, 반면)는 대비나 병렬 2번 ～にしたがって(～에 따라서)는 변화를 나타낼 때 사용하며 3번은 ～のことでは ～일로, ～에 관해서 라는 의미이므로 정답이 아니다.

복습 꼭! ～にくらべて(～에 비교해서, ～에 비해서)

어휘 飛行機(ひこうき) 비행기 | 船(ふね) 배 | 料金(りょうきん) 요금 | 速(はや)い 빠르다 | 節約(せつやく) 절약

정답 4

05 X市は工場で使われている化学物質の環境への影響を２年間（　　）調査した。

1 にかんして　2 にわたって
3 にかけて　4 において

적절한 기능어 찾기 ★

해석 X시는 공장에서 사용되고 있는 화학물질의 환경에의 영향을 2년 동안**(에 걸쳐서)** 조사했다.

정답 찾기 공란 앞에 있는 시간, 기간을 나타내는 명사인 2年間(2년간, 2년 동안)이 결정적인 힌트가 되므로 어떤 행위나 상태가 그 범위 전체에 미칠 때 사용하는 2번이 정답이 된다.

오답분석 1번 ～にかんして(～에 관해서)는 취급하는 대상을, 3번 ～にかけて(～에 걸쳐서)는 주로 ～から～にかけて 형태로 사용하며 4번 ～において(～에 있어서, ～에서)는 상황, 장소 명사에 접속되므로 정답이 아니다.

복습 꼭! 시간, 기간, 횟수 명사+にわたって(～에 걸쳐서)

어휘 工場(こうじょう) 공장 | 化学物質(かがくぶっしつ) 화학물질 | 環境(かんきょう) 환경 | 影響(えいきょう) 영향 | 調査(ちょうさ) 조사

정답 2

06 彼の行動は、人によっては失礼だと（　　）のに、先輩は怒らなかった。

1 怒ってはいけない
2 怒るはずがない
3 怒っても不思議ではない
4 怒るのではない

의미적 호응관계 파악하기 ★★★

해석 그의 행동은 사람에 따라서는 무례하다고 **(화내도 이상하지 않은)**데 선배는 화내지 않았다.

정답 찾기 후문의 화내지 않았다와 역접의 ～のに(～한데, 인데)를 통해 논리적으로 공란에는 화를 낸다는 의미의 표현이 필요하므로 ～ても不思議ではない(～해도 이상할 것이 없다)가 사용된 3번이 정답이다.

오답분석 1번은 화를 내서는 안 된다, 2번은 화를 낼 리가 없다, 4번은 화를 내는 것이 아니다 라는 의미이므로 문맥상 정답이 될 수 없다.

복습 꼭! ～ても不思議(ふしぎ)ではない(～해도 이상할 것이 없다)

어휘 行動(こうどう) 행동 | ～によっては ～에 따라서는 | 失礼(しつれい)だ 실례다, 무례하다 | 先輩(せんぱい) 선배 | 怒(おこ)る 화내다

정답 3

07 この機械は使い方が簡単なので、男性は（　　）女性でも使える。

1 ようやく　　2 せっかく
3 もちろん　　4 必ずしも

적절한 기능어 찾기 ★★

해석 이 기계는 사용법이 간단해서 남성은 **(물론)** 여성이라도 사용할 수 있다.

정답 찾기 일반적으로 기계는 남자들이 사용하는데 여자라도 사용할 수 있을 정도로 간단하다는 말이므로 당연한 사항을 대표적으로 들어 말할 때는 ~はもちろん(~은 물론, ~은 당연하거니와)을 사용하므로 3번이 정답이 된다.

오답분석 정답 이외에는 모두 독립적인 부사로만 사용되므로 정답이 될 수 없다. 참고로 1번은 겨우, 간신히, 2번은 모처럼, 4번은 부정문을 수반해서 반드시 라는 의미이다.

복습 꼭! ~はもちろん(~은 물론, ~은 당연하거니와)

어휘 機械(きかい) 기계 | ~方(かた) ~하는 법 | 簡単(かんたん)だ 간단하다 | 男性(だんせい) 남성 | 女性(じょせい) 여성

정답 3

---

08 今はインターネット（　　）いろんな情報を得ることができる。

1 にとって　　2 として
3 にしたがって　　4 を通して

적절한 기능어 찾기 ★

해석 지금은 인터넷**(을 통해서)** 여러 가지 정보를 얻을 수 있다.

정답 찾기 인터넷으로 정보를 얻는 것이므로 수단이나 매개체가 되는 사람이나 사항을 나타낼 때 사용하는 4번 ~を通(とお)して(~을 통해서)가 정답이 된다.

오답분석 1번 ~にとって(~에 있어서)는 주로 사람이나 단체 명사와 함께 입장을 나타내며 2번 ~として(~로서)는 자격, 입장을 나타낼 때 사용하므로 정답이 아니며 3번은 ~にしたがって는 ~에 따라서 라는 의미로 문맥상 맞지 않다.

복습 꼭! ~を通(とお)して(~을 통해서)

어휘 情報(じょうほう) 정보 | 得(え)る 얻다

정답 4

문제 2 다음 문장의 ___★___에 들어갈 가장 알맞은 말을 1・2・3・4 중에서 하나를 고르세요.

01 僕は学校の ____ ____ _★_ ____ ことになった。

1 参加する　　2 代表
3 水泳大会に　　4 として

단어 바르게 배열하기 ★★★

문장배열 僕は学校の 代表(2) として(4) 水泳大会に(3) 参加する(1) ことになった。

해석 나는 학교대표로서 수영대회에 참가하게 되었다.

정답 찾기 선택지를 보면 먼저 4번은 명사+として(~로서)로 사용하므로 2-4가 되어야 한다. 그리고 의미적으로 大会に参加する(대회에 참가하다)가 되어야 하므로 3-1이 되어 동사 기본형이 필요한 마지막 칸에 들어가야 한다. 전체적으로 나열하면 2-4-3-1이 되므로 정답은 3번이다.

복습 꼭! ~として(~로서)

어휘 代表(だいひょう) 대표 | 水泳大会(すいえいたいかい) 수영대회 | 参加(さんか) 참가 | ~ことになる ~하게 되다

정답 3

02 大人は ＿＿ ＿★＿ ＿＿ ＿＿ ならない。

1 自分の行動　　2 なければ
3 に対して　　4 責任を持た

단어 바르게 배열하기 ★★★

문장배열 大人は 自分の行動(1) に対して(3) 責任を持た(4) なければ(2) ならない。

해석 어른은 자신의 행동에 대해서 책임을 지지 않으면 안 된다.

정답 찾기 3번 ～にたいして(~에 대해서)는 이 문제에서는 내용상 대상을 나타내므로 명사인 1번에 접속되어 1-3이 되어야 한다. 나머지는 4-2가 되어 마지막 칸에 들어가 ～なければならない(~하지 않으면 안 된다)가 되도록 하면 된다. 전체적으로 나열하면 1-3-4-2가 되므로 정답은 3번이다.

복습 꼭! ～にたいして(~에 대해서) / ～なければならない(~하지 않으면 안 된다)

어휘 大人(おとな) 어른 | 行動(こうどう) 행동 | 責任(せきにん) 책임

정답 3

---

03 いつでもインターネットやメールなど、パソコンでしか ＿＿ ＿＿ ＿★＿ ＿＿ ならない必需品だ。

1 携帯電話は私に　　2 できなかったことも
3 とってなくては　　4 できるので

단어 바르게 배열하기 ★★★

문장배열 いつでもインターネットやメールなど、パソコンでしか できなかったことも(2) できるので(4) 携帯電話は私に(1) とってなくては(3) ならない必需品だ。

해석 언제라도 인터넷이나 메일 등 컴퓨터에서밖에 할 수 없었던 일도 할 수 있기 때문에 휴대 전화는 나에게 있어서 없어서는 안 되는 필수품이다.

정답 찾기 여러 단서가 있으나 먼저 3번은 ～にとって(~에 있어서)로 사용하므로 1-3으로 만들어 마지막 칸에 넣어 なくてはならない(없어서는 안 된다)가 되도록 한다. 그리고 나머지는 가능표현 ～ことができる(~할 수 있다)가 되도록 2-4로 만들어 전체적으로 나열하면 2-4-1-3이 되어 정답은 1번이다.

복습 꼭! ～にとって(~에 있어서) / ～なくてはならない(~없어서는 안 된다)/ ～ことができる(~할 수 있다)

어휘 ～しか ~밖에 | 携帯電話(けいたいでんわ) 휴대 전화 | 必需品(ひつじゅひん) 필수품

정답 1

---

04 運動を ＿＿ ＿★＿ ＿＿ ＿＿ いない。

1 以来　　2 風邪を引いて
3 一度も　　4 始めて

단어 바르게 배열하기 ★★

문장배열 運動を 始めて(4) 以来(1) 一度も(3) 風邪を引いて(2) いない。

해석 운동을 시작한 이후부터 한 번도 감기에 걸리지 않았다.

정답 찾기 1번은 동사 て형에 접속되므로 2번과 4번 모두 접속될 수 있으나 문맥상 감기에 걸리지 않게 된 것은 운동을 한 후가 되어야 하므로 4번이 적절하며 동시에 4번은 타동사가 필요한 첫 번째 칸에 들어가야 한다. 마지막으로 부정문을 수반하는 부사 一度も(한 번도)와 2번을 짝지어 마지막 칸에 넣어주면 된다. 전체적으로 나열하면 4-1-3-2가 되므로 정답은 1번이다.

복습 꼭! 一度も～ない(한 번도 ~하지 않다)

어휘 運動(うんどう) 운동 | 風邪(かぜ)を引(ひ)く 감기 걸리다

정답 1

---

05 大学生の君がこんな ___ ___ ★ ___ なさけない。

1 計算も　　2 できない
3 簡単な　　4 なんて

단어 바르게 배열하기 ★★

문장배열 大学生の君がこんな 簡単な(3) 計算も(1) できない(2) なんて(4) なさけない。

해석 대학생인 자네가 이런 간단한 계산도 할 수 없다니 한심하다.

정답 찾기 4번 ~なんて(~하다니, ~할 줄이야)는 문맥상 여기서는 비난, 의외를 나타내는데 보통형인 2번에 접속되어야 한다. 그리고 뒤에 명사가 필요한 3번은 1번과 짝이 되어 2-4 앞에 들어가면 된다. 전체적으로 나열하면 3-1-2-4가 되므로 정답은 2번이다.

복습 꼭! ~なんて(~하다니, ~할 줄이야)

어휘 君(きみ) 자네, 너 | 簡単(かんたん)だ 간단하다 | 計算(けいさん) 계산 | なさけない 한심하다

정답 2

---

06 あしたは ___ ___ ★ ___ ので注意してください。

1 関東地方を　　2 雨が降る
3 中心に強い　　4 可能性がある

단어 바르게 배열하기 ★★★

문장배열 あしたは 関東地方を(1) 中心に強い(3) 雨が降る(2) 可能性がある(4) ので注意してください。

해석 내일은 관동지방을 중심으로 강한 비가 내릴 가능성이 있으므로 주의하세요.

정답 찾기 3번은 ~を中心に(~을 중심으로, ~을 중점적으로) 형태로 사용하므로 1번과 짝이 되어야 하고 い형용사인 3번 뒤에는 2번과 4번이 모두 올 수 있지만 문맥상 2번이 적절하다. 마지막으로 4번을 마지막 칸에 넣어 전체적으로 나열하면 1-3-2-4가 되므로 정답은 2번이다.

복습 꼭! ~を中心に(~을 중심으로, ~을 중점적으로)

어휘 関東地方(かんとうちほう) 관동지방 | 強(つよ)い 강하다 | 可能性(かのうせい) 가능성 | 注意(ちゅうい) 주의

정답 2

---

07 彼らは ___ ___ ★ ___ や生活習慣を理解することができた。

1 を通して　　2 国の文化
3 国際交流　　4 お互いの

단어 바르게 배열하기 ★★

문장배열 彼らは 国際交流(3) を通して(1) お互いの(4) 国の文化(2) や生活習慣を理解することができた。

해석 그들은 국제교류를 통해서 서로의 나라의 문화와 생활습관을 이해 할 수 있었다.

정답 찾기 1번은 명사+を通して(~을 통해서)로 사용하므로 2번과 3번에 접속될 수 있지만 문맥상 생활습관을 이해할 수 있는 매개체, 수단이 될 수 있는 것은 3번이 적절하다. 그리고 뒤에 명사가 필요한 4번은 2번과 짝이 되어 ~や(~랑)가 있는 마지막 칸에 들어가야

하므로 전체적으로 나열하면 3-1-4-2가 되어 정답은 4번이다.

복습 꼭! ~を通して(~을 통해서)

어휘 国際交流(こくさいこうりゅう) 국제교류 | お互(たが)い 서로 | 文化(ぶんか) 문화 | 習慣(しゅうかん) 습관 | 理解(りかい) 이해

정답 4

---

08 今回の調査で、アメリカ人の幸福度は ＿＿ ＿＿ ★ ＿＿ 日本人は下がっていくことがわかった。

1 にしたがって　　2 対して
3 年を取る　　4 上がるのに

단어 바르게 배열하기 ★★★

문장배열 今回の調査で、アメリカ人の幸福度は 年を取る(3) にしたがって(1) 上がるのに(4) 対して(2) 日本人は下がっていくことがわかった。

해석 이번 조사로 미국인의 행복도는 나이가 들어감에 따라 높아지는 반면 일본인은 낮아진다는 사실을 알았다.

정답 찾기 1번 ~にしたがって(~에 따라서)는 주로 앞뒤에 변화를 나타내는 단어와 함께 사용하므로 3번에 접속되어 3-1이 되어 4번을 취하면 된다. 마지막으로 여기서는 대비를 나타내는 2번은 ~に対して(~한데 비해서, ~와는 반대로) 형태로 사용하므로 4번 뒤에 넣어 전체적으로 나열하면 3-1-4-2가 되어 정답은 4번이다.

복습 꼭! ~にしたがって(~에 따라서) / ~に対して(~한데 비해서, ~와는 반대로)

어휘 今回(こんかい) 이번 | 調査(ちょうさ) 조사 | 幸福度(こうふくど) 행복도 | 年(とし)を取(と)る 나이를 먹다 | 上(あ)がる 오르다 | 下(さ)がる 내려가다

정답 4

시나공 04 고득점을 위한 심화 문법 | 적중 예상 문제 ②

문제 1 다음 문장의 (　　)에 들어갈 가장 알맞은 말을 1・2・3・4 중에서 하나를 고르세요.

01 自分の子供を世話するのは親（　　）当然のことである。

1 にして　　2 として
3 にまで　　4 としたら

적절한 기능어 찾기 ★★★

해석 자신의 아이를 돌보는 것은 부모**(로서)** 당연한 일이다.

정답 찾기 선택지를 하나하나 해석해서 대입해도 정답을 찾을 수는 있으나 공란 앞뒤의 단어의 관계를 파악하면 쉽게 해결할 수 있다. 즉 자식을 돌보는 것이 당연하다는 것은 부모의 자격, 입장에서 말하는 것이므로 정답은 2번 ~として가 된다.

오답분석 1번은 ~으로 해서, 3번은 ~에게까지, 4번은 ~라고 한다면 이라는 의미이므로 문맥상 정답이 될 수 없다.

복습 꼭! 명사+として(~로서)

어휘 世話(せわ) 보살핌 | 親(おや) 부모 | 当然(とうぜん) 당연

정답 2

02 漢字を全然使わない国の人には、漢字の多い日本語はきっと（　　　）。

1 難しいことではない
2 難しいはずがない
3 難しいに違いない
4 難しくてもしかたがない

의미적 호응관계 파악하기 ★★★

해석 한자를 전혀 사용하지 않는 나라의 사람에게는 한자가 많은 일본어는 분명 **(어려울 것임에 틀림없다)**.

정답 찾기 비한자권 국가의 사람들에게는 당연히 한자는 어려울 것이기 때문에 어떤 이유나 근거를 통해 화자가 확신할 때 사용하는 3번 ～に違(ちが)いない(～임에 틀림없다)가 정답이 된다.

오답분석 1번 어려운 일이 아니다, 2번 어려울 리가 없다, 4번 어려워도 어쩔 수가 없다는 의미이므로 논리상 정답이 될 수 없다.

복습 꼭! ～に違(ちが)いない(～임에 틀림없다)

어휘 漢字(かんじ) 한자 | 全然(ぜんぜん) 전혀 | きっと 분명히, 꼭 | 難(むずか)しい 어렵다

정답 3

03 企業（　　　）優秀な社員を採用することはとても重要である。

1 にとって　　2 にかんして
3 にくらべて　　4 にたいして

적절한 기능어 찾기 ★★★

해석 기업**(에 있어서)** 우수한 직원을 채용하는 것은 매우 중요하다.

정답 찾기 우수한 사원 채용은 누구에게나 중요한 것이 아니라 기업에 있어서 중요한 문제이므로 어떤 입장, 처지, 시점에서의 판단, 감상, 평가를 나타낼 때 사용하는 1번이 정답이다.

오답분석 2번은 ～에 관해서, 3번은 ～에 비해서, 비교해서, 4번은 ～에 대해서 라는 의미로 문맥상 정답이 될 수 없다.

복습 꼭! 명사+にとって(～에 있어서, ～의 입장에서 생각하면)

어휘 企業(きぎょう) 기업 | 優秀(ゆうしゅう)だ 우수하다 | 採用(さいよう) 채용 | 重要(じゅうよう)だ 중요하다

정답 1

04 相手と明らかな実力差があったとしても、戦う前から（　　　）とあきらめるのはよくない。

1 負けてもしかたない
2 負けなきゃならない
3 負けないようにしよう
4 負けてよかった

적절한 접속형태 찾기 ★★

해석 상대와 현격한 실력차가 있다고 하더라도 싸우기 전부터 **(져도 어쩔 수 없다)**고 포기하는 것은 좋지 않다.

정답 찾기 어려워 보이지만 의외로 간단히 정답을 찾을 수 있는데 공란 뒤를 보면 포기하는 것은 좋지 않다고 적혀 있으므로 공란에는 포기와 관련된 표현이 정답임을 알 수 있으므로 ～해도 어쩔 수 없다, 소용없다는 의미인 ～てもしかたない가 사용된 1번이 정답이 된다.

오답분석 2번 ～なきゃならない는 ～なければならない의 축약으로 ～하지 않으면 안 된다, 3번 ～ようにする는 ～하도록 하다, 4번 ～てよかった는 ～해서 다행이다, ～하길 잘 했다는 의미이므로 문맥상 정답이 될 수 없다.

복습 꼭! ～てもしかたない(～해도 어쩔 수 없다, ～해도 소용없다)

어휘 明(あき)らか 분명함, 뚜렷함 | 実力差(じつりょくさ) 실력차 | ～としても ～라고 해도, ～라고 하더라도 | 戦(たたか)う 싸우다 | 負(ま)ける 지다 | あきらめる 체념하다, 포기하다

정답 1

05 グローバル社会（　　　）自分の考えを英語で表現できる能力を身につけることは重要である。

1 にくらべて　　2 によって
3 について　　4 において

적절한 기능어 찾기 ★★★

해석 글로벌사회**(에 있어서)** 자신의 생각을 영어로 표현할 수 있는 능력을 키우는 것은 중요하다.

정답 찾기 명사+に~て형태의 문법은 명사의 종류가 중요한 단서가 되는 경우가 많다. 이 문제에서도 글로벌사회라는 명사를 통해 어떤 일이 행해지는 장소, 상황, 방면을 나타낼 때 사용하는 4번이 정답이 됨을 알 수 있다.

오답분석 1번 ~에 비해서, 비교해서, 2번 ~에 따라서, 의해서, 인해서, 3번 ~에 관해서 라는 의미이므로 문맥상 정답이 아니다.

복습 꼭! 명사+において(~에 있어서, ~에서)

어휘 社会(しゃかい) 사회 | 表現(ひょうげん) 표현 | 能力(のうりょく) 능력 | 身(み)につける 습득하다, 익히다 | 重要(じゅうよう)だ 중요하다

정답 4

---

06 最近、アルコール度数の高いビールが若者（　　　）中心に人気を集めているという。

1 が　　2 は
3 を　　4 に

문법적 호응관계 파악하기 ★★★

해석 최근 알콜도수가 높은 맥주가 젊은층**(을)** 중심으로 인기를 모으고 있다고 한다.

정답 찾기 해석에만 의존하기 보다는 항상 먼저 공란의 앞뒤를 보며 단서를 찾는 것이 좋다. 이 문제는 공란 뒤의 中心に를 통해 ~を中心に를 묻는 문제임을 알 수 있으므로 정답은 3번이다.

오답분석 각각의 조사는 1번 ~이, 가, 2번 ~은, 는, 3번 ~에게 라는 의미로 문맥상 정답이 될 수 없다.

복습 꼭! 명사+中心(ちゅうしん)に(~을 중심으로, ~을 중점적으로)

어휘 最近(さいきん) 최근 | 度数(どすう) 도수 | 若者(わかもの) 젊은이 | 人気(にんき) 인기 | 集(あつ)める 모으다

정답 3

---

07 うちの洗濯機は15年以上も使っているが、いつ（　　　）状態で不安だ。

1 壊れてもおかしくない
2 壊れてはならない
3 壊してよかった
4 壊したくない

적절한 기능어 찾기 ★★★

해석 우리집 세탁기는 15년 이상 쓰고 있는데 언제 **(고장나도 이상하지 않을)** 상태여서 불안하다.

정답 찾기 논리상 세탁기가 오래되어 고장날 가능성이 매우 높다는 의미이므로 타동사인 壊す(부수다)는 사용할 수 없고 주로 부정칭의 대명사와 함께 가능성이 충분함을 나타낼 때 사용하는 1번이 정답이 된다.

오답분석 정답인 1번 이외에는 부정칭의 대명사 いつ와 함께 쓸 수 없으므로 정답이 아니지만 참고로 의미를 살펴보면 2번 고장나서는 안 된다, 3번 고장 내길 잘했다, 4번 고장 내고 싶지 않다가 된다.

복습 꼭! ~てもおかしくない(~해도 이상할 것이 없다)

어휘 洗濯機(せんたくき) 세탁기 | 以上(いじょう) 이상 | 壊(こわ)れる 부서지다, 망가지다 | 状態(じょうたい) 상태 | 不安(ふあん)だ 불안하다

정답 1

08 どこで遊んできたのか、子供の服は泥（　　　）だった。

1 だけ　　2 だらけ
3 ばかり　　4 しか

적절한 기능어 찾기 ★★

해석 어디에서 놀다 왔는지 아이의 옷은 진흙(**투성이**)였다.

정답 찾기 단순히 해석에만 의존하면 틀리기 쉬운 문제이다. 이 문제에서는 옷에 진흙이 여기저기 많이 묻어 있다는 의미이므로 좋지 않은 것이 많이 붙어 있음을 나타내는 2번이 정답이다.

오답분석 ～뿐, 만의 의미인 1번과 3번은 한정을 나타내기 때문에 옷이 흙이 되는 결과가 되므로 정답이 될 수 없고, 4번(～밖에)은 부정어를 수반하여 사용하기 때문에 문미에 사용할 수 없다.

복습 꼭! 명사+だらけ(～투성이)

어휘 遊(あそ)ぶ 놀다 | 服(ふく) 옷 | 泥(どろ) 흙, 진흙

정답 2

문제 2 다음 문장의 ＿★＿에 들어갈 가장 알맞은 말을 1・2・3・4 중에서 하나를 고르세요.

01 彼女は去年、留学生 ＿＿ ＿＿ ＿★＿ ＿＿ デザインを勉強している。

1 大学で　　2 として
3 来て　　4 日本に

단어 바르게 배열하기 ★★★

문장배열 彼女は去年 留学生 として(2) 日本に(4) 来て(3) 大学で(1) デザインを勉強している。

해석 그녀는 작년에 유학생으로서 일본에 와서 대학에서 디자인을 공부하고 있다.

정답 찾기 선택지 중에서 자격, 입장, 명목을 나타내는 2번 ～として는 명사에 접속되므로 첫 번째 칸에 들어가야 하고 4번은 이동성 동사인 3번과 함께 4-3이 됨을 쉽게 알 수 있다. 마지막으로 어떤 행위가 이루어지는 장소를 한정하는 조사 ～で(～에서)가 있는 1번을 마지막 칸에 넣어 전체적으로 나열하면 2-4-3-1이 되므로 정답은 3번이다.

복습 꼭! ～として(～로서)

어휘 去年(きょねん) 작년 | 留学生(りゅうがくせい) 유학생 | 勉強(べんきょう) 공부

정답 3

02 彼女は自動車が環境に ＿＿ ＿＿ ＿★＿ ＿＿ をしている。

1 影響に　　2 関する
3 与える　　4 研究

단어 바르게 배열하기 ★★

문장배열 彼女は自動車が環境に 与える(3) 影響に(1) 関する(2) 研究(4) をしている。

해석 그녀는 자동차가 환경에 미치는 영향에 관한 연구를 하고 있다.

정답 찾기 간단해 보이지만 내용에 맞게 잘 나열해야 한다. 우선 목적격 조사 ～を가 있는 마지막 칸에는 명사가 필요하므로 4번이 들어가야 한다. 문제는 ～に関(かん)する＋명사(～에 관한)로 사용하는 2번의 위치인데 첫 번째 칸에도 1번 뒤에도 들어갈 수 있지만 의미적으로는 1번에 접속되어 4번을 수식하는 것이 자연스럽다. 마지막으로 3번을 첫 번째 칸에 넣어 전체적으로 나열하면 3-1-2-4가 되므로 정답은 2번이다.

복습 꼭! ～に関する(～에 관한)

어휘 自動車(じどうしゃ) 자동차 | 環境(かんきょう) 환경 | 与(あた)える 주다 | 影響(えいきょう) 영향 | 研究(けんきゅう) 연구

정답 2

03 毎日のように変化する ＿＿ ＿★＿ ＿＿ ＿＿ の原因になっている。

1 いろんな病気　　2 おいては
3 ストレスが　　4 現代社会に

단어 바르게 배열하기 ★★★

문장배열 毎日のように変化する 現代社会に(4) おいては(2) ストレスが(3) いろんな病気(1) の原因になってい

해석 매일 같이 변화하는 현대사회에 있어서는 스트레스가 여러 병의 원인이 되고 있다.

정답 찾기 먼저 2번은 명사(장소, 상황)+において(~에 있어서, ~에서)로 사용되므로 4-2가 된다. 그리고 명사가 필요한 마지막 칸에는 1번이 들어가야 하며 첫 번째 칸에는 3번과 4번이 모두 들어갈 수 있으나 문맥상 4번이 적절하다. 3번을 마지막으로 남은 세 번째 칸에 넣어 전체적으로 나열하면 4-2-3-1이 되므로 정답은 2번이다.

복습 꼭! ~において(~에 있어서, ~에서)

어휘 変化(へんか) 변화 | 現代社会(げんだいしゃかい) 현대사회 | 原因(げんいん) 원인

정답 2

04 A「山本さん。あの鳥、とてもかわいいですが、いつでも見られますか。」
B「いいえ。日本で見られるのは ＿＿ ＿＿ ＿★＿ ＿＿ です。」

1 から　　2 11月
3 かけて　　4 2月に

단어 바르게 배열하기 ★★

문장배열 いいえ。日本で見られるのは 11月(2) から(1) 2月に(4) かけて(3) です。

해석 A: 야마모토 씨. 저 새 매우 예쁩니다만, 언제라도 볼 수 있습니까?
B: 아니요. 일본에서 볼 수 있는 것은 11월부터 2월에 걸쳐서입니다.

정답 찾기 어려운 문법일수록 먼저 외형적인 특징을 우선적으로 암기해 두면 실전에 많은 도움이 된다. 이 문제에서도 3번 かけて를 통해 ~から~にかけて(~부터 ~에 걸쳐서)를 묻는 문제임을 간파할 수만 있다면 너무나 쉽게 정답을 찾을 수 있으므로 전체적으로 나열하면 2-1-4-3이 되므로 정답은 4번이다.

복습 꼭! ~から~にかけて(~부터 ~에 걸쳐서)

어휘 鳥(とり) 새 | かわいい 귀엽다

정답 4

05 あんな高い車に乗っているんだから、彼は ＿＿ ＿＿ ＿★＿ ＿＿ 思う。

1 ないと　　2 に違い
3 お金持ち　　4 きっと

단어 바르게 배열하기 ★★★

문장배열 あんな高い車に乗っているんだから、彼は きっと(4) お金持ち(3) に違い(2) ないと(1) 思う。

해석 저런 비싼 차를 타고 있으니까 그는 분명 부자임이 틀림없다고 생각한다.

정답 찾기 2번을 통해서 화자의 확신을 나타내는 ~に違(ちが)いない(~임에 틀림없다)를 묻는 문제임을 알 수 있으므로 3-2-1이 되어야 한다. 마지막으로 부사인 4번을 제일 앞에 넣어 전체적으로 나열하면 4-3-2-1이 되므로 정답은 2번이다.

복습 꼭! ～に違(ちが)いない(～임에 틀림없다)

어휘 高(たか)い 비싸다 | 乗(の)る 타다 | お金持(かねも)ち 부자

정답 2

---

06 いつも ＿＿ ＿＿ ★ ＿＿ から、人に嫌われるのよ。

1 する　　2 なんか

3 うそ　　4 ついたり

단어 바르게 배열하기 ★★

문장배열 いつも うそ(3) なんか(2) ついたり(4) する(1) から、人に嫌われるのよ。

해석 항상 거짓말 같은 것을 하니까 남들이 싫어하는 거야.

정답 찾기 선택지 중에서 2번 ～なんか는 예시(～등, 같은 것)나 경시(～따위)를 나타내므로 문맥상 3번과 짝이 되어야 한다. 나머지는 ～たりする(～하거나, ～하기도 하다)가 되어야 하므로 4-1이 된다. 그리고 거짓말을 하다는 관용표현은 うそをつく이므로 4-1을 3-2 뒤에 넣어 전체적으로 나열하면 3-2-4-1이 되어 정답은 4번이다.

복습 꼭! 예시의 なんか(～등, 같은 것) / 경시의 なんか(～따위)

어휘 嫌(きら)う 싫어하다

정답 4

---

07 A研究所は、約3000人の男女を対象に ＿＿ ＿＿ ★ ＿＿ のインターネット調査を行った。

1 考え方に　　2 に対する

3 結婚　　4 ついて

단어 바르게 배열하기 ★★★

문장배열 A研究所は、約3000人の男女を対象に 結婚(3) に対する(2) 考え方に(1) ついて(4) のインターネット調査を行った。

해석 A연구소는 약 3천명의 남녀를 대상으로 결혼에 대한 생각에 관한 인터넷 조사를 했다.

정답 찾기 먼저 4번은 ～について(～에 관해서)로 사용하므로 1-4가 되어야 하고 동작이나 감정의 대상을 나타내는 ～に対(たい)して(～에 대해서)는 명사를 수식할 경우 ～に対する를 사용하므로 3-2가 되어 명사인 1번을 수식하면 된다. 전체적으로 나열하면 3-2-1-4가 되므로 정답은 1번이다.

복습 꼭! ～について(～에 관해서) / ～に対して(～에 대해서)

어휘 研究所(けんきゅうじょ) 연구소 | 約(やく) 약 | 男女(だんじょ) 남녀 | 対象(たいしょう) 대상 | 調査(ちょうさ) 조사 | 行(おこな)う 행하다

정답 1

---

08 一日でも掃除をしないと、ここは ＿＿ ＿＿ ★ ＿＿ ます。

1 になって　　2 ゴミ

3 しまい　　4 だらけ

단어 바르게 배열하기 ★★

문장배열 一日でも掃除をしないと、ここは ゴミ(2) だらけ(4) になって(1) しまい(3) ます。

해석 하루라도 청소를 하지 않으면 이곳은 쓰레기투성이가 되어버립니다.

정답 찾기 4번 ～だらけ(투성이)는 명사에 접속되므로 2번과 짝이 되어야 하고 1번은 명사+になる(～이 되다) 형태이므로 2-4 뒤에

접속되어야 함을 알 수 있다. 마지막으로 보조동사로 사용할 수 있는 3번은 ～てしまう(～해 버리다)가 되도록 1번 뒤에 넣어주면 된다. 전체적으로 나열하면 2-4-1-3이 되므로 정답은 1번이다.

복습 꼭! ～だらけ(투성이) / ～てしまう(～해 버리다)

어휘 掃除(そうじ) 청소

정답 1

시나공 04 고득점을 위한 심화 문법 | 적중 예상 문제 ③

문제 1 다음 문장의 (　　　)에 들어갈 가장 알맞은 말을 1·2·3·4 중에서 하나를 고르세요.

01 僕は人間的には彼女が好きだけど、医者(　　　)は尊敬できない。

1 にまで　　2 とまで
3 にして　　4 として

적절한 기능어 찾기 ★★★

해석 나는 인간적으로는 그녀를 좋아하지만 의사**(로서는)** 존경할 수 없다.

정답 찾기 유사한 형태로 오답을 유도하는 경우가 많으니 주의해야 한다. 내용상 그녀가 의사인데 인간적으로는 좋아하지만 의사로서는 별로라는 의미이므로 자격이나 입장을 나타낼 때 사용하는 4번이 정답이 된다.

오답분석 1번은 ～에게 까지, 2번은 ～라고 까지, 3번은 ～으로 해서 라는 의미이므로 문맥상 정답이 될 수 없다.

복습 꼭! ～として(～로서, ～자격으로), ～としては(～로서는, ～자격으로는)

어휘 人間的(にんげんてき) 인간적 | 医者(いしゃ) 의사 | 尊敬(そんけい) 존경

정답 4

02 僕は小学6年生が記者の質問(　　　)自分の考えをしっかり述べていたことに感心させられた。

1 にたいして　　2 にしたがって
3 にとって　　4 によって

적절한 기능어 찾기 ★★

해석 나는 초등학교 6학년이 기자의 질문**(에 대해서)** 자신의 생각을 확실히 말하고 있던 것에 감탄했다.

정답 찾기 공란 뒤의 자신의 생각을 말했다는 것은 결국 대답했다는 의미이므로 질문에 대해 대답하다 즉 대상을 나타낼 때 사용하는 1번이 정답이 된다.

오답분석 2번 ～にしたがって(～에 따라서)는 변화를, 3번 ～にとって(～에 있어서)는 입장을, 4번 ～によって(～에 의해서, 인해서)는 의존, 방법, 이유 등을 나타낼 때 사용하므로 문맥상 정답이 아니다.

복습 꼭! ～に対(たい)して(～에게, ～에 대해)

어휘 小学(しょうがく) 초등학교 | 年生(ねんせい) 학년 | 記者(きしゃ) 기자 | 質問(しつもん) 질문 | 述(の)べる 말하다 | 感心(かんしん) 감탄

정답 1

03 長野県は他の県（　　　）外国人の割合が高くなっている。

1 のことで　　2 にくらべて
3 のいっぽうで　　4 について

적절한 기능어 찾기 ★★★

해석 나가노현은 다른 현**(에 비해서)** 외국인의 비율이 높아지고 있다.

정답 찾기 내용을 보면 나가노현의 외국인 비율을 다른 현과 비교하고 있다는 것을 알 수 있으므로 선택지 중에서 서로 비교할 때 사용하는 2번 ~に比(くら)べて(~에 비해서, ~와 비교해서)가 정답이다.

오답분석 1번은 ~일로, ~에 관해서, 3번은 ~한편, ~반면, 4번은 ~에 관해서 라는 의미로 문맥상 정답이 될 수 없다.

복습 꼭! ~に比(くら)べて(~에 비해서, ~와 비교해서)

어휘 長野県(ながのけん) 나가노현 | 外国人(がいこくじん) 외국인 | 割合(わりあい) 비율

정답 2

---

04 A「昼ご飯、何にしょうか。」
B「そうだねえ、トンカツ（　　　）どう？この前、友だちにすごくおいしい店、教えてもらったから。」

1 なんか　　2 だけ
3 なんと　　4 ばかり

적절한 기능어 찾기 ★★★

해석 A: 점심, 뭐로 하지.
B: 글쎄. 돈까스 **(같은 건)** 어때? 일전에 친구가 아주 맛있는 가게 가르쳐줬거든.

정답 찾기 점심 메뉴에 대한 이야기 중에 화자가 여러 메뉴 중에서 돈까스를 예를 들어 묻고 있으므로 명사에 접속되어 예시를 나타낼 때 사용하는 1번이 정답이 된다.

오답분석 2번과 4번은 ~뿐, ~만 이라는 의미로 기본적으로 한정할 때 사용하며 3번은 명사에 접속될 수 없으므로 정답이 아니다.

복습 꼭! ~なんか(~같은 것, ~따위)

어휘 この前(まえ) 일전 | 教(おし)える 가르치다

정답 1

---

05 この記事には、なぜ子供が失敗してもほめたほうが（　　　）詳しく書かれている。

1 いいのかどうかについて
2 いいのかについて
3 いいのかによって
4 いいのかどうかによって

문법적 호응관계 파악하기 ★★★

해석 이 기사에는 아이가 실수하더라도 왜 칭찬하는 편이 **(좋은지에 관해서)** 상세하게 적혀 있다.

정답 찾기 어떤 내용에 관련된 기사가 적혀 있는지를 말하고 있으므로 취급의 대상을 나타내는 ~について(~에 관해서, 대해서)와 의문사와 함께 원인이나 이유에 대한 의문을 나타내는 ~のか(~인지, ~인가)가 합쳐진 2번이 정답이 된다.

오답분석 1번과 4번에 사용된 ~かどうか(~인지 어떤지, ~할지 어떨지)는 의문사와 함께 사용할 수 없으며 3번과 4번에 사용된 ~によって(~에 의해서, 인해서)는 문맥상 정답이 될 수 없다.

복습 꼭! ~について(~에 관해서, 대해서)

어휘 記事(きじ) 기사 | 失敗(しっぱい) 실패, 실수 | ほめる 칭찬하다 | 詳(くわ)しい 상세하다

정답 2

---

06 このラーメン屋には広い駐車場があるので、車で移動する人に（　　　）は利用しやすい店だ。

적절한 기능어 찾기 ★★★

해석 이 라면집에는 넓은 주차장이 있어서 차로 이동하는 사람들에게 **(있어서는)** 이용하기 편리한 가게이다.

1 として　　2 よれば
3 とって　　4 たいして

정답 찾기 문형을 끊어서 출제하는 경우도 있으니 주의해야 한다. 이 문제에서도 가게가 모든 사람들에게 편리한 것이 아니라 자동차로 이동하는 사람들 입장에서 보면 편리하다는 의미이므로 조사 ～に에 접속되어 입장, 처지, 시점 등을 나타낼 때 사용하는 3번 ～にとって(～에 있어서, 입장에서)가 정답이다.

오답분석 1번(～로서, 으로서)은 조사 ～に에 접속될 수 없고, 2번 ～によれば(～에 의하면)는 정보원을 나타낼 때, 4번 ～に対(たい)しては 대상이나 대비를 나타낼 때 사용하므로 문맥상 정답이 아니다.

복습 꼭! ～にとって(～에 있어서, 입장에서)

어휘 広(ひろ)い 넓다 | 駐車場(ちゅうしゃじょう) 주차장 | 移動(いどう) 이동 | 利用(りよう) 이용 | ～やすい ～하기 쉽다

정답 3

07 最新技術の新しいエンジンの開発は、A大学を（　　）にして研究が進められている。

1 あいだ　　2 前
3 中間　　4 中心

적절한 기능어 찾기 ★★★

해석 최신기술의 새 엔진 개발은 A대학을 **(중심)**으로 해서 연구가 진행되고 있다.

정답 찾기 항상 선택지와 공란의 앞뒤를 보고 정형화된 문법을 묻는 문제인지 확인하는 습관을 가지면 시간을 많이 절약할 수 있다. 이 문제는 결국 ～を中心に를 묻는 문제임을 알 수 있으므로 정답은 4번이 된다.

오답분석 2번은 ～を前(まえ)にして(～을 앞두고, ～을 앞에 두고) 형태로 사용할 수 있으나 문맥상 맞지 않으며 나머지 선택지 중 조사 ～を를 취하는 문법은 없다.

복습 꼭! ～を中心に(～을 중심으로, ～을 중점적으로)

어휘 最新技術(さいしんぎじゅつ) 최신기술 | 新(あたら)しい 새롭다 | 開発(かいはつ) 개발 | 研究(けんきゅう) 연구 | 進(すす)める 진행하다

정답 4

08 初めての留学生活で不安だったが、生活に慣れる（　　）会話の能力も少しずつ伸びて、落ち着いた生活ができるようになった。

1 にしたがって　　2 までに
3 のにたいして　　4 たびに

적절한 기능어 찾기 ★★★

해석 첫 유학생활이어서 불안했지만 생활에 적응함**(에 따라서)** 회화능력도 조금씩 늘어 안정된 생활을 할 수 있게 되었다.

정답 찾기 공란 앞의 동사 なれる(익숙해지다)와 공란 뒤의 少しずつ(조금씩)를 통해 일회성 동작이나 결과가 아닌 전문이 변화하면 그것에 따라 후문도 함께 변한다는 의미임을 알 수 있으므로 변화를 나타낼 때 사용하는 1번이 정답이 된다.

오답분석 2번은 ～까지, ～이전 까지, 3번은 ～한데 비해서, ～와는 반대로, 4번은 ～할 때 마다라는 의미가 되므로 문맥상 정답이 될 수 없다.

복습 꼭! ～にしたがって(～에 따라서)

어휘 留学生活(りゅうがくせいかつ) 유학생활 | 不安(ふあん)だ 불안하다 | なれる 익숙해지다 | 会話(かいわ) 회화 | 能力(のうりょく) 능력 | 伸(の)びる 신장하다 | 落(お)ち着(つ)く 안정되다, 자리잡다

정답 1

문제 2 다음 문장의 ___★___ 에 들어갈 가장 알맞은 말을 1 · 2 · 3 · 4 중에서 하나를 고르세요.

01 日本は地震が多い国なので、いつ ＿＿ ＿＿ ＿★＿ ＿＿ 準備が必要だ。

1 対する　　2 起きても
3 地震に　　4 不思議ではない

단어 바르게 배열하기 ★★★

문장배열 日本は地震が多い国なので、いつ 起きても(2) 不思議ではない(4) 地震に(3) 対する(1) 準備が必要だ。

해석 일본은 지진이 많은 나라이므로 언제 일어나도 이상할 것이 없는 지진에 대해서 준비가 필요하다.

정답 찾기 단어만 보아도 관련된 문법이 떠오를 정도로 학습해 두는 것이 가장 이상적이다. 이 문제에서는 크게 ～ても不思議(ふしぎ)ではない(~해도 이상할 것이 없다)와 ～に対(たい)する(~에 대한) 두 개의 문법이 사용되고 있으므로 2–4와 3–1이 됨을 쉽게 알 수 있는데 문맥상 2–4가 먼저 나와야 하므로 전체적으로 나열하면 2–4–3–1이 되어 정답은 3번이다.

복습 꼭! ～ても不思議(ふしぎ)ではない(~해도 이상할 것이 없다) / ～に対(たい)する(~에 대한)

어휘 地震(じしん) 지진 | 起(お)きる 일어나다 | 不思議(ふしぎ)だ 이상하다 | 準備(じゅんび) 준비 | 必要(ひつよう)だ 필요하다

정답 3

---

02 新しい年を迎えました。今年もみなさん ＿＿ ＿＿ ＿★＿ ＿＿ ことをお祈りします。

1 一年で　　2 すばらしい
3 にとって　　4 ある

단어 바르게 배열하기 ★★★

문장배열 新しい年を迎えました。今年もみなさん にとって(3) すばらしい(2) 一年で(1) ある(4) ことをお祈りします。

해석 새해를 맞이했습니다. 올해도 여러분들에게 있어 멋진 한해가 되길 기원합니다.

정답 찾기 입장, 처지를 나타내는 ～にとって(~에 있어서)는 주로 사람, 집단 등의 명사와 함께 쓰이므로 첫 번째 칸에 들어가야 하고 명사인 1번은 い형용사인 2번의 수식을 받음과 동시에 4번과 짝이 되어 ～である(~이다)가 되어야 한다. 전체적으로 나열하면 3–2–1–4가 되므로 정답은 1번이다.

복습 꼭! ～にとって(~에 있어서) / ～である(~이다)

어휘 新(あたら)しい 새롭다 | 迎(むか)える 맞이하다 | 今年(ことし) 올해 | 素晴(すば)らしい 훌륭하다 | 祈(いの)る 기원하다

정답 1

---

03 今話題のこの掃除機は ＿＿ ＿＿ ＿★＿ ＿＿ ゴミやほこりもよく拾ってくれる。

1 細かい　　2 今までの
3 比べて　　4 ものに

단어 바르게 배열하기 ★★★

문장배열 今話題のこの掃除機は 今までの(2) ものに(4) 比べて(3) 細かい(1) ゴミやほこりもよく拾ってくれる。

해석 지금 화제인 이 청소기는 지금까지의 것과 비교해서 작은 티끌과 먼지도 잘 청소해 준다.

정답 찾기 선택지 중에서 3번을 단서로 ～に比(くら)べて(~에 비해, 비교해서) 형태임을 알 수 있으므로 4–3이 되어야 하고 명사가 필요한 2번은 비교의 대상이 되어야 하므로 4번과 짝이 되는 것이 적절하다. 마지막으로 い형용사인 1번은 마지막 칸에 넣어 명사를 수식하게 해서 전체적으로 나열하면 2–4–3–1이 되므로 정답은 3번이다.

복습 꼭! ～に比べて(～에 비해, 비교해서)

어휘 話題(わだい) 화제 | 掃除機(そうじき) 청소기 | 細(こま)かい 잘다 | ほこり 먼지 | 拾(ひろ)う 줍다

정답 3

---

04 この授業ではまず文法を勉強 ＿＿ ＿＿ ＿★＿ ＿＿ 勉強します。

1 してから　　2 を中心に

3 午後は　　4 会話

단어 바르게 배열하기 ★★★

문장배열 この授業ではまず文法を勉強 してから(1) 午後は(3) 会話(4) を中心に(2) 勉強します。

해석 이 수업에서는 우선 문법을 공부하고 나서 오후에는 회화를 중점적으로 공부합니다.

정답 찾기 먼저 2번 ～を中心(ちゅうしん)に(～을 중심으로, ～을 중점적으로)는 명사에 접속되므로 첫 번째 칸이나 4번과 짝이 될 수 있지만 문맥상 4번과 짝이 되는 것이 적절하고 첫 번째 칸에는 1번을 넣어 勉強(べんきょう)する가 되도록 하는 것이 좋다. 마지막으로 때를 나타내는 3번은 4번 앞에 들어가야 하므로 전체적으로 나열하면 1-3-4-2가 되어 정답은 4번이다.

복습 꼭! ～を中心に(～을 중심으로, ～을 중점적으로)

어휘 授業(じゅぎょう) 수업 | 文法(ぶんぽう) 문법 | 勉強(べんきょう) 공부 | 午後(ごご) 오후 | 会話(かいわ) 회화

정답 4

---

05 この植物は30度 ＿＿ ＿＿ ＿★＿ ＿＿ ないから、室内で育てたほうがいい。

1 おいてしか　　2 以上の

3 花を咲かせ　　4 暑い環境に

단어 바르게 배열하기 ★★★

문장배열 この植物は30度 以上の(2) 暑い環境に(4) おいてしか(1) 花を咲かせ(3) ないから、室内で育てたほうがいい。

해석 이 식물은 30도 이상의 더운 환경에서밖에 꽃을 피우지 않기 때문에 실내에서 키우는 편이 좋다.

정답 찾기 1번을 단서로 상황, 장소 명사+において(~에서, ~에 있어서)임을 알 수 있으면 4-1이 되어야 한다. 2번은 수량과 많이 쓰이므로 첫 번째 칸이 적절하고 마지막으로 ～ない 형인 3번을 마지막 칸에 넣어 전체적으로 나열하면 2-4-1-3이 되므로 정답은 1번이다.

복습 꼭! ～において(～에서, ～에 있어서)

어휘 植物(しょくぶつ) 식물 | 以上(いじょう) 이상 | 環境(かんきょう) 환경 | ～しか ~밖에 | 咲(さ)く 피다 | 室内(しつない) 실내 | 育(そだ)てる 키우다

정답 1

---

06 吉田さんは２年前から料理教室に通って ＿＿ ＿＿ ＿★＿ ＿＿ ちがいない。

1 きっと　　2 得意に

3 料理が　　4 いるから

단어 바르게 배열하기 ★★★

문장배열 吉田さんは２年前から料理教室に通って いるから(4) きっと(1) 料理が(3) 得意に(2) ちがいない。

해석 요시다 씨는 2년 전부터 요리학원에 다니고 있으니까 분명 요리가 자신 있음에 틀림없다.

정답 찾기 문미를 통해 ~に違(ちが)いない(~임에 틀림없다)를 묻는 문제임을 알 수 있으므로 2번은 得意(とくい)だ(잘한다, 장기이다)의 대상인 3번과 짝이 되어 마지막 칸에 들어가야 하고 보조동사로 사용할 수 있는 4번은 첫 번째 칸에 들어가 ~ている가 되면 된다. 그리고 부사 1번을 마지막 남은 빈칸에 넣어 전체적으로 나열하면 4-1-3-2가 되므로 정답은 3번이다.

복습 꼭! ~に違いない(~임에 틀림없다)

어휘 料理教室(りょうりきょうしつ) 요리교실 | 通(かよ)う 다니다

정답 3

---

07 A市は観光客が ＿＿ ＿＿ ＿★＿ ＿＿ バスの本数を増やしていこうと思っている。

1 しかなかった　2 一日に一本
3 にしたがって　4 増える

단어 바르게 배열하기 ★★

문장배열 A市は観光客が 増える(4) にしたがって(3) 一日に一本(2) しかなかった(1) バスの本数を増やしていこうと思っている。

해석 A시는 관광객이 증가함에 따라서 하루에 한 대밖에 없던 버스 편수를 늘려 나가려고 생각하고 있다.

정답 찾기 3번 ~にしたがって(~에 따라서, ~에 따라)는 변화를 나타내는 단어에 접속되므로 4번과 짝이 되어야 한다. 그리고 명사가 필요한 1번 ~しか(~밖에)는 2번과 짝이 되어 마지막 칸에 들어가 명사인 バス를 수식하게 하면 된다. 전체적으로 나열하면 4-3-2-1이 되므로 정답은 2번이다.

복습 꼭! ~にしたがって(~에 따라서, ~에 따라)/~しか(~밖에)

어휘 市(し) 시 | 観光客(かんこうきゃく) 관광객 | 増(ふ)える 증가하다 | 本数(ほんすう) 편수 | 増(ふ)やす 늘리다

정답 2

---

08 この企業に就職するためには２年 ＿＿ ＿＿ ＿★＿ ＿＿ が必要だ。

1 通訳　2 としての
3 以上　4 経験

단어 바르게 배열하기 ★★★

문장배열 この企業に就職するためには２年 以上(3) 通訳(1) としての(2) 経験(4) が必要だ。

해석 이 기업에 취직하기 위해서는 2년 이상 통역으로서의 경험이 필요하다.

정답 찾기 먼저 3번은 주로 수량의 명사와 사용되므로 첫 번째 칸에 넣고 자격, 입장을 나타내는 2번 ~としての(~로서의)의 앞뒤에는 명사가 필요한데 의미상 1번이 앞에 4번이 뒤에 들어가는 것이 적절하다. 전체적으로 나열하면 3-1-2-4가 되므로 정답은 2번이다.

복습 꼭! ~としての(~로서의)

어휘 企業(きぎょう) 기업 | 就職(しゅうしょく) 취직 | 以上(いじょう) 이상 | 通訳(つうやく) 통역 | 経験(けいけん) 경험

정답 2

시나공 05 만점을 위한 문장 문법력 | 적중 예상 문제 ①

문제 3 다음 문장을 읽고 문장 전체의 내용을 생각하여 [1]에서 [5] 안에 들어갈 가장 좋은 것을 1·2·3·4 중에서 하나 고르세요.

僕が5歳のころのことですが、アナログ時計を見たとき、針が3のところにあったので、「あ、今3分だ」と言ったら、お母さんは笑いながら「あれは15分と読むんだよ」と言いました。僕は３なのにどうして15と読むんだろう、[1]と思いました。

小学校２年生になって、学校で時計の読み方を習ってくると、お母さんが「今日学校で時計の読み方を習ったんでしょ。お母さんが問題を出すから、よく考えてから答えてね。３時の１時間30分後は何時何分になるの？」と聞きました。僕はすぐに答えられなくて、壁に[2]時計を見ながら時間を計算をして、「[3]」と答えました。うちにアナログ時計がなかったら、たぶん答えられなかったかもしれません。

それ以来、僕は時間を計算するときは、いつもアナログ時計を見るのが習慣になってしまって、大人になってもアナログ時計しか使わなくなりました。

[4]、デジタル時計の方がアナログ時計より時間が読みやすいですが、アナログ時計に慣れてしまった僕は、これからもずっとアナログ時計だけを[5]。

해석 내가 5살 때 일입니다만, 아날로그시계를 봤을 때 바늘이 3의 곳에 있었기 때문에 '아 지금 3분이다'라고 말하자 엄마는 웃으면서 '저것은 15분이라고 읽는 거야'라고 말했습니다. 나는 3인데 어째서 15분이라고 읽는 것일까, [1 이상한데]라고 생각했습니다.

초등학교 2학년이 되어 학교에서 시계 읽는 법을 배워 오자 엄마가 '오늘 학교에서 시계 읽는 법을 배웠지? 엄마가 문제를 낼 테니까 잘 생각해 보고 답해. 3시의 1시간 30분 후는 몇 시 몇 분이 돼지?'라고 물었습니다. 나는 즉시 답하지 못해서 벽에 [2 걸려있던] 시계를 보면서 시간을 계산해서 '[3 4시 30분]'이라고 답했습니다. 우리 집에 아날로그시계가 없었더라면 아마 답하지 못했을 지도 모릅니다.

그 후 나는 시간을 계산할 때는 항상 아날로그시계를 보는 것이 습관이 되어버려서 성인이 되어서도 아날로그시계밖에 사용하지 않게 되었습니다.

[4 물론] 디지털기계가 아날로그시계보다 시간을 읽기 편합니다만 아날로그시계에 익숙해져버린 나는 앞으로도 계속 아날로그시계만을 [5 사용할 생각입니다].

어휘 ～歳(さい) ~살 | アナログ時計(とけい) 아날로그시계 | 針(はり) 바늘 | 笑(わら)う 웃다 | 問題(もんだい) 문제 | 出(だ)す (문제를) 내다 | 答(こた)える 답하다 | 壁(かべ) 벽 | 計算(けいさん) 계산 | 習慣(しゅうかん) 습관 | デジタル時計(とけい) 디지털시계

01

1 遅いな　　2 なるほど
3 変だな　　4 合ったのか

알맞은 표현 찾기 ★★

정답 찾기 앞의 내용을 보면 아직 어린 필자가 시계 보는 법을 잘 몰라 엄마가 15분이라고 가르쳐 주었을 때 どうして～のだろう(왜 ~것일까) 라고 의아하게 생각하고 있으므로 정답은 3번 変だな(이상한데)가 된다.

오답분석 1번 늦구나, 2번 정말, 과연, 4번 맞았던가 라는 의미가 되므로 문맥상 정답이 아니다.

정답 3

02

1 かけていた　　2 かかっていた
3 かいている　　4 かいてある

알맞은 표현 찾기 ★★

정답 찾기 공란 뒤를 보면 동사가 수식하고 있는 명사가 時計이므로 시계와 관련된 동사가 필요하며 이 시계는 이미 걸려 있던 것이므로 상태를 나타낼 때 사용하는 자동사て+いる(~해져 있다) 형태인 2번 かかっていた(걸려 있던)가 정답이 된다.

오답분석 시계와 관련된 동사가 필요하므로 かく(쓰다, 그리다)가 사용된 3, 4번은 제외해야 하고 1번 타동사て+いる(~하고 있다) 형태는 진행을 나타내므로 문맥상 사용할 수 없다.

정답 2

03

1 3時15分　　2 3時30分
3 4時15分　　4 4時30分

알맞은 표현 찾기 ★★

정답 찾기 시간 계산은 누구나 할 수 있는 단순한 문제이지만 여기서는 내용을 이해하고 있어야만 정답을 찾을 수 있다. 필자의 엄마가 낸 문제는 3시의 1시간 30분 후를 물었으므로 정답은 4번이 된다.

오답분석 1, 2, 3번은 엄마의 질문에 맞지 않는 시간이므로 정답이 아니다.

정답 4

04

1 必ずしも　　2 たとえ
3 もちろん　　4 あまりにも

알맞은 부사 찾기 ★★★

정답 찾기 선택지를 통해 부사 문제임을 알 수 있는데 공란 뒤를 보면 아날로그시계를 애용하는 필자 역시 디지털시계의 편리성을 인정하고 있으므로 정답은 논할 필요도 없을 만큼 명확하다는 의미를 나타낼 때 사용하는 3번 もちろん(물론)이 된다.

오답분석 1번은 뒤에 부정어를 수반해서 반드시, 꼭, 2번은 설령, 설사, 4번은 너무나도 라는 의미로 문맥상 정답이 아니다.

정답 3

05

1 使うつもりです　　2 使ってみます
3 使いました　　4 使ったらいいです

알맞은 기능어 찾기 ★★★

선택지 해석 1 사용할 생각입니다　　2 사용해 보겠습니다
3 사용했습니다　　4 사용하면 됩니다

정답 찾기 앞 문장의 なれてしまった僕は(익숙해져버린 나는)와 これからもずっと(앞으로도 계속)를 단서로 화자의 의도, 생각, 작정을 나타낼 때 사용하는 1번이 정답임을 알 수 있다.

오답분석 미래를 나타내는 これからも(앞으로도)에는 과거 시제를 사용할 수 없으므로 3번은 제외해야 하고 2번 ~てみる는 ~해 보다, 4번 ~たらいい는 ~하면 된다, 좋다는 의미로 문맥상 정답이 아니다.

복습 꼭! ~つもり(~할 생각, 작정이다)

정답 1

시나공 05 만점을 위한 문장 문법력 | 적중 예상 문제 ②

문제 3 다음 문장을 읽고 문장 전체의 내용을 생각하여 [1]에서 [5] 안에 들어갈 가장 좋은 것을 1・2・3・4 중에서 하나 고르세요.

子供ならだれでも同じだろうと思いますが、僕も子供の頃はにんじんやたまねぎ[1]野菜が大嫌いでした。[2-a]、あまりおいしくないし、かんだときの音が[2-b]。

だから、料理の中に野菜が入っていると、いつも食べないで残したので、母に[3]ことも何回かありました。こんな僕のために母はいろんな工夫をして、甘くしたり、かまなくても食べられる[4]、細かく切ってくれたりしました。それでも、食べたくないと泣いたりして、母を困らせました。今思えば本当に悪い子供でした。

ところで、実はこれらの野菜は、私たちの体になくてはならない成分がたくさん入っている、とてもいい食品です。それに、どんなにたくさん食べても太る心配もありません。ですから、できるだけ毎日野菜を食べたほうがいいです。

私も野菜が健康にとてもいいとわかってからは、少しずつ野菜を食べはじめました。それで、大人になった今は、野菜が一番好きな食べ物に[5]。

해석 누구라도 같을 거라면 생각합니다만, 저도 어릴 때는 당근이나 양파 [1 같은] 야채를 매우 싫어했습니다. [2-a 왜냐하면] 별로 맛이 없고 씹었을 때의 소리가 [2-b 싫었기 때문입니다].

그렇기 때문에 요리 안에 야채가 들어 있으면 항상 먹지 않고 남겼기 때문에 어머니에게 [3 혼난] 적도 몇 번인가 있었습니다. 이런 나를 위해서 어머니는 여러 궁리를 해서 달게 한다든지 씹지 않아도 먹을 수 [4 있도록] 잘게 잘라 주거나 했습니다. 그런데도 먹기 싫다고 울거나 해서 어머니를 난처하게 했습니다. 지금 생각하면 정말 나쁜 아이였습니다.

그런데 사실은 이 야채는 우리들의 몸에 없어서는 안 되는 성분이 많이 들어있는 매우 좋은 식품입니다. 게다가 아무리 많이 먹어도 살찔 염려도 없습니다. 그렇기 때문에 가능하면 매일 야채를 먹는 편이 좋습니다.

저도 야채가 건강에 좋다고 알고 나서는 조금씩 야채를 먹기 시작했습니다. 그래서 어른이 된 지금은 야채가 가장 좋아하는 음식이 [5 되었습니다].

어휘 子供(こども) 아이, 어린이 | にんじん 당근 | たまねぎ 양파 | 野菜(やさい) 야채 | 大嫌(だいきら)いだ 아주 싫다 | 噛(か)む 씹다, 깨물다 | 残(のこ)す 남기다 | 工夫(くふう)をする 궁리를 하다 | 甘(あま)い 달다 | 細(こま)かい 잘다 | 切(き)る 자르다 | 泣(な)く 울다 | 困(こま)る 곤란하다 | 体(からだ) 몸 | 成分(せいぶん) 성분 | 食品(しょくひん) 식품 | 太(ふと)る 살찌다 | 心配(しんぱい) 걱정 | 健康(けんこう) 건강 | 大人(おとな) 어른 | 食(た)べ物(もの) 먹을 것

01

1 という　　2 といった
3 といえば　　4 というより

알맞은 기능어 찾기 ★★★

정답 찾기 단순히 해석만으로 접근하면 틀리기 쉬운 문제이므로 주의해야 한다. 이 문제에서 공란 앞에 있는 당근, 양파 등은 뒤에 나오는 야채의 한 종류이므로 예시를 나타낼 때 사용할 수 있는 2번 ~といった(~같은)가 정답이 된다.

오답분석 1번은 ~라는, 3번은 ~라고 하면, 4번은 ~라기 보다 라는 의미로 문맥상 정답이 아니다.

복습 꼭! ～といった(~같은, ~등의)

정답 2

02

1 a なぜなら / b いやだったからです
2 a たとえば / b いやだったでしょう
3 a ちなみに / b いやだったようです
4 a しかし / b いやになってください

알맞은 접속사, 부사 찾기 ★★★

선택지 해석
1 왜냐하면 / 싫었기 때문입니다
2 예를 들면 / 싫었을 것입니다
3 덧붙여서 / 싫었던 모양입니다
4 그러나 / 싫어지세요

정답 찾기 선택지를 보면 상당히 복잡하고 어려운 문제처럼 보이지만 문맥의 흐름에 맞는 접속사나 부사만 찾으면 간단히 해결된다.

이 문제에서는 앞 문장에서 필자가 야채를 싫어했기 때문에 문맥상 야채를 싫어하는 이유가 되는 것이 적절하므로 이유를 나타낼 때 사용하는 なぜなら～からだ(왜냐하면 ~때문이다)가 사용된 1번이 정답이다.

오답분석 1번 たとえば는 예를 들 때, 3번 ちなみに는 덧붙일 때, 4번 しかし는 상반되는 사항을 말할 때 사용하므로 정답이 아니다.

복습 꼭! 접속사 なぜなら(왜냐하면)

정답 1

03

1 怒った　2 怒らせられた
3 怒らせた　4 怒られた

알맞은 활용형태 찾기 ★★

정답 찾기 선택지를 보면 동사 怒る(화내다)가 다양한 형태로 활용되어 있으므로 문맥을 파악해서 가장 적절한 활용형태를 찾아야 한다. 본문의 내용을 보면 필자가 야채를 먹지 않았기 때문에 어머니가 화를 냈다가 되어야 하는데 화를 낸 주체에 조사 ～に가 사용되었으므로 수동형인 4번이 정답이 된다.

오답분석 본동사인 1번은 어머니에게 화를 냈다, 사역수동형인 2번은 자신이 억지로 화를 냈다, 사역형인 3번은 어머니에게 화를 내게 했다는 의미가 되므로 정답이 아니다.

복습 꼭! 수동표현

정답 4

04

1 ために　2 くせに
3 ように　4 らしく

알맞은 기능어 찾기 ★★★

정답 찾기 공란 앞뒤의 관계를 잘 살펴봐야 한다. 필자의 어머니가 야채를 잘게 잘라 준 것은 필자가 잘 먹을 수 있게 하기 위해서이며 공란 앞에 가능동사가 있으므로 무의지동사나 가능동사와 함께 목적을 나타낼 때 사용하는 3번 ～ように(~하도록)가 정답이다.

오답분석 1번 ～ために(~위해서, 때문에)도 목적의 용법이 있으나 목적을 나타내기 위해서는 동사의 기본형이나 전, 후문의 행위의 주체가 동일해야 하는데 여기서는 먹는 주체는 화자이며 자르는 주체는 어머니이므로 정답이 될 수 없다. 2번은 ~주제에, ~인데, 4번은 ~같아 라는 의미로 문맥상 정답이 아니다.

복습 꼭! ～ように(~하도록)

정답 3

05

1 なりました
2 なりたかったです
3 ならなかったはずです
4 なりませんでした

알맞은 표현 찾기 ★★

선택지 해석
1 되었습니다　2 되고 싶었습니다
3 되지 않았을 것입니다　4 되지 않았습니다

정답 찾기 앞 문장의 사항을 받아 그것을 이유로 다음 사항을 이끌 때 사용하는 순접의 접속사인 それで(그래서)로 문장이 시작되고 있으므로 조금씩 야채를 먹기 시작해서 결국 좋아하게 되었다는 논리가 되어야 하기 때문에 정답은 1번이다.

오답분석 2번 ～たい는 희망을, 3번 ～はず는 확신을 나타낼 때 사용하므로 문맥상 정답이 아니다.

정답 1

시나공 05 만점을 위한 문장 문법력 | 적중 예상 문제 ③

문제 3 다음 문장을 읽고 문장 전체의 내용을 생각하여 [1]에서 [5] 안에 들어갈 가장 좋은 것을 1·2·3·4 중에서 하나 고르세요.

子供たちはペットがほしいと言っていました。私もほしいとは思っていたのですが、昼間はだれも家にいないので、なかなか犬や猫を飼うのは難しいと思っていました。

[1]日、娘が金魚がほしいと言い出し、金魚なら飼えそうだと思ったので、近くのペットショップへ金魚を買いに行きました。

小さな水槽の中に何十匹も小さなオレンジ色の金魚が泳いでいるのを見て、娘はとても喜びました。「どれにしようか。」と眺めていると、店員さんが、「この金魚はまだ入ったばかりだから、売れませんよ。」と言いました。消毒などいろいろな準備があるそうです。

[2]している娘を見て店員さんは、「2匹だけならいますよ。餌にするために取っておいた金魚でよければ、お売りしましょうか。」と言いました。何のことかよくわからなくて店員さんについていったら、そこには南米からやってきた大型の熱帯魚が泳いでいて、同じ水槽の中に小さな金魚が2匹[3]。

熱帯魚のほうは、おなかが空いていないらしく、金魚はまだ無事でした。[4]その金魚2匹を購入しました。売れ残ったものらしく、色もきれいではありませんでした。でも、自分が助けたと思うと愛着もわいてきます。

うちのかわいい金魚たちは、家族みんなにかわいがられて少し太った[5]が、今日も元気に水槽で泳いでいます。

해석 아이들이 애완동물을 갖고 싶다고 했습니다. 나도 갖고 싶다고는 생각합니다만 낮에는 아무도 집에 없기 때문에 좀처럼 개나 고양이를 기르는 것은 어렵다고 생각했습니다.

[1 어느] 날 딸이 금붕어를 갖고 싶다고 말을 꺼내서 금붕어라면 기를 수 있을 것 같아 근처의 애완동물 가게에 금붕어를 사러 갔습니다.

작은 수조 안에서 수십 마리의 작은 오렌지색 금붕어가 헤엄치고 있는 것을 보고 딸은 매우 기뻐했습니다. "어느 것으로 하지?" 하고 보고 있으니 점원이 "이 금붕어는 이제 막 들어와 팔 수 없어요." 라고 말했습니다. 소독이라든가 여러 가지 준비가 있다고 합니다.

[2 실망]하고 있는 딸을 보고 점원은 "두 마리라면 있어요. 먹이로 주기 위해 보관해 둔 금붕어라도 괜찮다면 드릴까요?" 라고 말했습니다. 무슨 말인지 잘 몰라서 점원을 따라갔더니 그곳에는 남미에서 온 대형 열대어가 헤엄치고 있었고 같은 수조 안에 작은 금붕어가 두 마리 [3 들어 있었습니다].

열대어는 배가 고프지 않은 것 같아 금붕어는 아직 무사했습니다. [4 먹이가 될 뻔했던] 그 금붕어 두 마리를 구입했습니다. 팔다 남은 물건인 듯 색깔도 예쁘지 않았습니다. 그렇지만 자신이 구해줬다고 생각하니 애착도 갑니다.

우리 집의 귀여운 금붕어들은 가족 모두에게 귀여움을 받고 조금 살이 찐 [5 느낌이 듭니다]만 오늘도 건강하게 수조에서 수영하고 있습니다.

어휘 昼間(ひるま) 낮 | 猫(ねこ) 고양이 | 飼(か)う 기르다 | 難(むずか)しい 어렵다 | 金魚(きんぎょ) 금붕어 | 言(い)い出(だ)す 말을 꺼내다, 말하기 시작하다 | 水槽(すいそう) 수조 | ~匹(ひき) ~마리 | 泳(およ)ぐ 헤엄치다 | 喜(よろこ)ぶ 기뻐하다 | 眺(なが)める 바라보다 | 消毒(しょうどく) 소독 | 準備(じゅんび) 준비 | 餌(えさ) 먹이 | 南米(なんべい) 남미 | 大型(おおがた) 대형 | 熱帯魚(ねったいぎょ) 열대어 | おなかが空(す)く 배가 고프다 | 無事(ぶじ)だ 무사하다 | 購入(こうにゅう) 구입 | 売(う)れ残(のこ)る 팔리지 않아 남다 | 愛着(あいちゃく)がわく 애착이 가다 | かわいい 귀엽다 | 太(ふと)る 살찌다

01

1 いる　　2 あんな

3 ある　　4 どんな

알맞은 표현 찾기 ★★

정답 찾기 선택지만 보면 정답이 없는 것 같지만 ある는 존재를 나타내는 동사(있다)외에도 명사를 수식하는 연체사(어느, 어떤)로도 사용할 수 있으므로 공란 뒤의 日(날)를 단서로 3번이 정답이 됨을 알 수 있는데 ある日(어느 날)는 하나의 관용표현으로 암기해 두는 편이 좋다.

오답분석 1번 있다, 2번 저런, 3번 어떤 이라는 의미이므로 문맥상 정답이 아니다.

정답 3

02

1 がっかり　2 うっかり
3 ぐっすり　4 はっきり

알맞은 부사 찾기 ★★

정답 찾기 앞 단락의 내용을 보면 딸이 금붕어를 보고 매우 기뻐하며 고르려고 할 때 점원이 팔지 않는다고 했으므로 문맥상 실망과 관련된 표현이 필요하므로 정답은 1번 がっかり(실망하다, 낙담하다)가 되어야 한다.

오답분석 2번은 깜빡하다, 3번은 푹 자다, 4번은 확실하다는 의미가 되므로 문맥상 정답이 아니다.

정답 1

03

1 入らせてやりました
2 入ってほしかったです
3 入れようとしていました
4 入れられていました

알맞은 기능어 찾기 ★★★

선택지 해석
1 들어가게 해 주었습니다　2 들어가길 원했습니다
3 넣으려고 하고 있었습니다 4 넣어져 있었습니다

정답 찾기 앞 문장에서 점원이 먹이용으로 보관해 두었다는 말과 공란 앞의 金魚が(금붕어가)를 통해 현재 금붕어가 수조에 들어 있어야 하므로 入れる(넣다)의 수동형이 사용된 4번이 정답이 된다.

오답분석 공란 앞의 金魚が로 인해서 1번(사역형), 2번(희망), 3번(타동사) 형태를 사용하면 금붕어가 한 행위가 되므로 정답이 아니다.

복습 꼭! 수동표현

정답 4

04

1 餌にされてしまった
2 餌にされるところだった
3 餌にならなくてもいい
4 餌になったほうがいい

알맞은 기능어 찾기 ★★★

선택지 해석
1 먹이가 되어 버린　2 먹이가 될 뻔했던
3 먹이가 되지 않아도 되는　4 먹이가 되는 편이 좋은

정답 찾기 앞 문장에 금붕어가 열대어와 같은 수조에 있었지만 아직 무사했다고 적혀 있기 때문에 먹이가 되기 바로 직전에 구출했다는 의미가 되어야 하므로 직전을 나타내는 ～ところ가 사용된 2번이 정답이다.

오답분석 완료를 나타내는 1번과 허가를 나타내는 3번, 충고나 제안을 나타내는 4번은 문맥상 정답이 될 수 없다.

복습 꼭! 동사 기본형+ところ(~하려는 참이다, ~하기 직전이다)

정답 2

05

1 感じがしたようです
2 感じがします
3 感じがしたでしょう
4 感じがするそうです

알맞은 기능어 찾기 ★★

선택지 해석
1 느낌이 들었던 것 같습니다　2 느낌이 듭니다
3 느낌이 들었을 것입니다　4 느낌이 든다고 합니다

정답 찾기 내용상 필자가 금붕어가 살이 찐 것 같다고 현재 자신의 느낌을 말하고 있으므로 2번이 정답이 되어야 한다.

오답분석 추량을 나타내는 1번과 전문을 나타내는 4번은 자신의 일에는 사용할 수 없고 3번은 문맥상 정답이 아니다.

정답 2

시나공 05 만점을 위한 문장 문법력 | 적중 예상 문제 ④

문제 3 다음 문장을 읽고 문장 전체의 내용을 생각하여 [1] 에서 [5] 안에 들어갈 가장 좋은 것을 1・2・3・4 중에서 하나 고르세요.

私は今留学生のための日本語クラスのサポーターをしています。日本語サポーターとして留学生と一緒に日本語を学ぶのは、非常に楽しく充実したものでした。

実際に活動を始める前は、英語を話せる[1]不安もありましたが、留学生自身がどんどん日本語を使おうと努力をしているので、私は日本語を使って積極的に留学生たちと会話をすることができました。[2]、授業のたびにクラスのみんなと仲良くなれた気がします。

私の通っている大学に来ている留学生の多くは、もっと日本人の友達を作って、もっと日本語の練習をしたいと話しています。クラスの留学生も[3]私に話していました。ですから、もし少しでも日本語サポーターに興味を持っている人が[4]、週に一度だけでもいいから留学生と一緒に日本語の勉強をしてみてほしいと思います。日本語をともに学ぶことを通して築いた関係はより深いものになると私は信じています。皆さんも留学生との交流を深めるきっかけに日本語サポーターとしての活動を[5]。

해석 저는 지금 유학생들을 위한 일본어 클래스의 서포터를 하고 있습니다. 일본어 서포터로서 유학생과 함께 일본어를 배우는 것은 매우 즐겁고 알찬 일이었습니다.

실제로 활동을 시작하기 전에는 영어를 말할 수 [1 있을지 어떨지 하는] 불안감도 있었습니다만 유학생 스스로가 계속 일본어를 사용하려고 노력을 하고 있기 때문에 저는 일본어를 사용해 적극적으로 유학생들과 대화를 할 수 있었습니다. [2 그 때문에] 수업 때마다 클래스의 모두와 친해진 것 같습니다.

제가 다니고 있는 대학에 와 있는 유학생의 대부분은 더 많은 일본인 친구를 만들어 더욱더 일본어 연습을 하고 싶다고 말합니다. 클래스의 유학생들도 [3 그렇게] 나에게 말했습니다. 그래서 만약 조금이라도 일본어 서포터에 관심을 갖고 있는 사람이 [4 있다면] 일주일에 한 번만이라도 좋으니까 유학생과 함께 일본어 공부를 해 봤으면 좋겠다고 생각합니다. 일본어를 함께 배우는 것을 통해서 쌓은 관계는 보다 깊어질 것이라고 저는 믿고 있습니다. 여러분도 유학생과의 교류를 깊게 하는 계기로 일본어 서포터로서의 활동을 [5 해 보는 것이 어떻겠습니까]?

어휘 留学生(りゅうがくせい) 유학생 | 学(まな)ぶ 배우다, 익히다 | 非常(ひじょう)に 매우 | 楽(たの)しい 즐겁다 | 充実(じゅうじつ) 충실 | 実際(じっさい) 실제 | 活動(かつどう) 활동 | 不安(ふあん) 불안 | 自身(じしん) 자신 | どんどん 자꾸, 계속 | 努力(どりょく) 노력 | 積極的(せっきょくてき) 적극적 | 会話(かいわ) 회화 | 授業(じゅぎょう) 수업 | 仲良(なかよ)く 사이좋게 | 通(かよ)う 다니다 | 練習(れんしゅう) 연습 | 興味(きょうみ) 흥미 | ともに 함께, 같이 | ~を通(とお)して ~을 통해서 | 築(きず)く 쌓다 | 関係(かんけい) 관계 | 深(ふか)い 깊다 | 信(しん)じる 믿다 | 交流(こうりゅう) 교류 | 深(ふか)める 깊게하다 | きっかけ 계기, 동기 | 活動(かつどう) 활동

01

1 ようになるか

2 かどうかといった

3 はずがないか

4 ことになっていた

알맞은 기능어 찾기 ★★

선택지 해석
1 (말할 수) 있게 될 지 2 (말할 수) 있을지 어떨지 하는
3 (말할 수) 있을 리가 없는지 4 (말할 수) 있게 되어 있었던

정답 찾기 필자가 외국인 유학생을 접하기 전에 가졌던 심경을 묘사하고 있는데 공란 앞의 영어와 공란 뒤의 불안을 통해 자신의 영어 실력에 불안감을 가졌다는 것을 알 수 있으므로 의문이나 불확실함을 나타내는 ~かどうか(~지 어떨지)와 예시를 나타내는 ~といった(~같은)가 합쳐진 2번이 정답이 된다.

오답분석 1번은 변화, 3번은 화자의 확신, 4번은 규칙, 규정을 나타내므로 문맥상 정답이 아니다.

복습 꼭! ~かどうか(~할지 어떨지)

정답 2

02

1 そのため　　2 そのうえ
3 つまり　　4 けれども

알맞은 접속사 찾기 ★★★

정답 찾기 공란 뒤를 보면 처음에는 불안했던 필자가 유학생들과 친해졌다고 적혀 있는데 공란 앞의 사건이 유학생들과 친하게 된 하나의 원인이나 이유가 되므로 1번 そのため(그 때문에, 그래서)가 정답이 된다.

오답분석 2번은 게다가, 3번은 즉, 다시 말하면, 4번은 그렇지만 이라는 의미이므로 문맥상 정답이 아니다.

복습 꼭! 접속사

정답 1

03

1 こういう　　2 どう
3 どういう　　4 そう

알맞은 부사 찾기 ★★

정답 찾기 앞 문장에서 필자가 다니고 있는 대학의 유학생의 경우를 말하면서 공란 앞에 조사 ～も(～도)를 사용하고 있으므로 논리적으로 일본어 클래스 유학생도 같은 내용의 말을 했다가 되어야 하므로 앞 문장의 내용을 지칭하면서 의미적으로 뒤에 있는 동사를 수식할 수 있는 부사인 4번 そう(그렇게)가 정답이다.

오답분석 연체사인 1번(이러한)과 4번(어떠한)을 사용하면 명사인 私를 수식하게 되므로 제외시켜야 하고, 2번(어떻게)은 의문문에 사용되므로 정답이 아니다.

정답 4

04

1 いたとしても
2 いたとしたら
3 いないように
4 いないことから

알맞은 기능어 찾기 ★★★

선택지 해석
1 있다고 해도　　2 있다고 한다면, 있다면
3 없는 것처럼　　4 없기 때문에

정답 찾기 부사가 결정적인 역할을 하는 경우도 많은데 이 문제에서는 문장 첫머리에 もし(만약)가 있으므로 조건가정을 나타내는 ～たら가 사용된 2번이 정답이 된다.

오답분석 양보의 1번과 비유의 3번, 이유의 4번은 문맥상 정답이 될 수 없다.

복습 꼭! ～たら(～라면)

정답 2

05

1 してみてもよろしいでしょうか
2 してみてはいかがでしょうか
3 させていただけますか
4 させてくださいませんか

알맞은 기능어 찾기 ★★★

선택지 해석
1 해 봐도 되겠습니까?　　2 해 보는 것이 어떻겠습니까?
3 하게 해 주시겠습니까?　　4 하게 해 주시지 않겠습니까?

정답 찾기 필자가 자신이 경험한 서포터의 좋은 점을 소개하고 있기 때문에 독자에게도 한번 경험해 볼 것을 추천하는 표현이 적절하다는 것을 유추할 수 있으므로 정답은 ～てはどうですか(～하면 어떻겠습니까?)의 정중 표현인 2번이 된다.

오답분석 1번은 허가를 구할 때 사용하며 3번과 4번은 약간의 정중도 차이가 있을뿐 결국 같은 의미가 되므로 정답이 될 수 없다.

정답 2

시나공 05 만점을 위한 문장 문법력 | 적중 예상 문제 ⑤

문제 3 다음 문장을 읽고 문장 전체의 내용을 생각하여 [1]에서 [5] 안에 들어갈 가장 좋은 것을 1・2・3・4 중에서 하나 고르세요.

日本のコンビニにはまんがやいろいろな種類の雑誌がたくさん[1]いますが、コンビニに行くと、いつもそれを立ち読みしている人たちをよく見かけます。私の国ではコンビニで立ち読みする人はほとんどいませんから、はじめて見たときは立ち読みは悪いことではないだろうかと、とても気にになりました。

[2]友だちに聞いてみました。友だちの話では店は立ち読みされると、本が汚れたり整理しなおしたりしなければならない[3]よくない点もあるが、立ち読みする人たちは、帰るときその店で他の商品を買って帰るので、店にとっては必ずしもよくないことではない[4]。

最近は私もよくコンビニで立ち読みして、気に入った雑誌を買ったり、他の商品も一緒に買ったりしています。なぜならコンビニの立ち読みは日本の文化の一つだと[5]からです。

해석 일본의 편의점에는 만화책과 여러 종류의 잡지가 많이 [1 진열되어] 있습니다만 편의점에 가면 항상 그것을 다치요미하고 있는 사람들을 자주 보게 됩니다. 우리나라에서는 편의점에서 다치요미하는 사람은 거의 없기 때문에 처음 봤을 때는 다치요미는 나쁜 일이지는 않을까 매우 걱정이 되었습니다.

[2 그래서] 친구에게 물어 보았습니다. 친구 말에 의하면 가게는 손님이 다치요미를 하면 책이 더럽혀지거나 다시 정리하지 않으면 안 되기 [3 때문에] 좋지 않은 점도 있지만 다치요미하는 사람들은 돌아갈 때 그 가게에서 다른 상품을 사서 돌아가기 때문에 가게 입장에서는 반드시 나쁜 일은 아니라고 [4 합니다].

요즘은 저도 종종 편의점에서 다치요미를 하고 마음에 드는 잡지를 사거나 다른 상품도 함께 사거나 하고 있습니다. 왜냐하면 편의점의 다치요미는 일본문화의 하나라고 [5 생각하게 되었기] 때문입니다.

어휘 **種類(しゅるい)** 종류 | **雑誌(ざっし)** 잡지 | **並(なら)べる** 나열하다, 진열하다 | **立(た)ち読(よ)み** 책을 사지 않고 그 자리에 선 채로 읽는 것 | **見(み)かける** 우연히 보다, 눈에 들어오다 | **ほとんど** 거의, 대부분 | **気(き)になる** 마음에 걸리다, 걱정되다 | **汚(よご)れる** 더럽혀지다, 오염되다 | **整理(せいり)** 정리 | **商品(しょうひん)** 상품 | **必(かなら)ずしも** 반드시, 꼭 | **文化(ぶんか)** 문화

01

1 並べられて　　2 並べてあげて
3 並べさせられて　　4 並べさせてくれて

알맞은 기능어 찾기 ★★

정답 찾기 공란 앞에 雑誌が가 있고 선택지에 타동사인 並べる(진열하다)가 공통적으로 있으므로 문맥상 잡지가 진열되다 라는 의미가 되기 위해서는 수동동사가 필요하므로 1번이 정답이 된다.

오답분석 2번 ～てあげる는 자신이 상대에게 ~해 주다, 3번 사역수동동사는 마지못해, 억지로 ~하다, 4번 ～てくれる는 상대가 자신에게 ~해 주다 라고 할 때 사용하므로 문맥상 정답이 아니다.

복습 꼭! 수동표현

정답 1

02

1 すると　　2 一方
3 ところが　　4 そこで

알맞은 접속사 찾기 ★★★

정답 찾기 앞 단락의 마지막 문장과 공란 뒤의 문장과의 흐름을 보면 쉽게 정답을 찾을 수 있다. 필자 자신은 다치요미가 좋지 않다고 생각했기 때문에 친구에게 물어보게 된 것이므로 순접의 접속사인 4번 そこで(그래서, 그런 까닭에)가 정답이 된다.

오답분석 1번은 그러자, 그랬더니, 2번은 한편, 3번은 그런데 라는 의미로 문맥상 정답이 아니다.

복습 꼭! 접속사 そこで(그래서, 그런 까닭에)

정답 4

03

1 まで　　2 から
3 ほかに　　4 より

알맞은 기능어 찾기 ★★★

정답 찾기 공란 앞을 보면 ～たり～たり(～하거나 ～하거나)를 사용해서 다치요미로 인해 발생할 수 있는 나쁜 점 두 가지를 대표적으로 나열하면서 공란 뒤에 나오는 좋지 않은 점의 이유, 원인으로 삼고 있으므로 2번 ～から(～때문에)가 정답이 된다.

오답분석 1번은 ～까지, 3번은 ～외에, 4번은 ～보다 이므로 문맥상 정답이 아니다.

복습 꼭! ～から용법

정답 2

04

1 だけです　　2 そうです
3 ためです　　4 せいです

알맞은 기능어 찾기 ★★★

정답 찾기 단락의 시작에서 필자가 친구에게 물었다고 적혀 있고 이어지는 내용은 친구가 필자에게 한 말이기 때문에 들은 내용을 전달할 때 사용하는 전문 ～そうだ(～라고 한다)인 2번이 정답이 된다.

오답분석 1번은 ～뿐입니다, 3번은 ～ 때문입니다, 4번은 ～탓입니다 라는 의미가 되므로 문맥상 정답이 아니다.

복습 꼭! 전문 ～そうだ(～라고 한다)

정답 2

05

1 思わないだろう　　2 思うことになっている
3 思うようになった　　4 思わなくてもいいだろう

알맞은 기능어 찾기 ★★★

선택지 해석
1 생각하지 않을 것이다　2 생각하기로 되어 있다
3 생각하게 되었다　4 생각하지 않아도 될 것이다

정답 찾기 이 단락에서는 처음에 다치요미에 대해 위화감을 가졌던 필자가 친구의 이야기를 들은 후 최근에는 종종 다치요미를 하고 있다고 말하고 있으므로 변화를 나타낼 때 사용하는 ～ようになる(～하게 되다)가 사용된 3번이 정답이다.

오답분석 1번은 추량이나 완곡한 주장, 2번은 규정, 규칙 4번은 허가, 허용을 나타낼 때 사용하므로 문맥상 정답이 아니다.

복습 꼭! ～ようになる(～하게 되다)

정답 3

실전 모의고사
정답과 해설

:: 2회분 ::

정답 한눈에 보기

실전 모의고사 1회

문제 1	01 1	02 1	03 3	04 2	05 1	06 3	07 4	08 2	09 1
	10 3	11 2	12 4	13 3					
문제 2	14 4	15 3	16 3	17 2	18 4				
문제 3	19 2	20 4	21 1	22 2	23 3				

실전 모의고사 2회

문제 1	01 4	02 2	03 1	04 2	05 4	06 3	07 2	08 1	09 4
	10 2	11 1	12 3	13 3					
문제 2	14 3	15 1	16 4	17 2	18 1				
문제 3	19 1	20 2	21 3	22 4	23 2				

정답과 해설

실전 모의고사 | 1회

문제 1 다음 문장의 (　　　)에 들어갈 가장 알맞은 말을 1・2・3・4 중에서 하나를 고르세요.

01 もう三日（　　　）降り続いている雨のせいで、子供たちは外遊びができなくて残念がっている。

1 も　　2 など
3 くらい　　4 に

적절한 조사 찾기 ★★★

해석 벌써 3일**(이나)** 계속 내리는 비 때문에 아이들은 바깥 놀이를 할 수 없어서 아쉬워하고 있다.

정답 찾기 내용상 비가 너무 오래 내려서 곤란해 하고 있으므로 같은 종류를 나열하는 의미 외에도 예상을 넘거나 한계에 달했음을 강조할 때도 ～も(～도, ～이나)를 사용할 수 있으므로 1번이 정답이다. 참고로 대략적인 정도(～정도, ～쯤)를 나타내거나 놀람이나 감탄(～이나, ~도)을 나타낼 때도 사용할 수 있다.

오답분석 2번(～등, 따위)은 예시나 경시, 3번(～정도, 쯤)은 대략적인 수량, 4번(～에, ～에게)은 때나 장소, 방향, 대상 등을 나타내므로 정답이 아니다.

어휘 ～続(つづ)く 계속 ～하다 | 外遊(そとあそ)び 바깥 놀이 | 残念(ざんねん)がる 아쉬워하다

정답 1

02 危ないから暗くならない（　　　）山を下りたほうがいい。

1 うちに　　2 ために
3 あいだ　　4 あとで

적절한 기능어 찾기 ★★★

해석 위험하니까 어두워**(지기 전에)** 산에서 내려가는 편이 좋다.

정답 찾기 해석만으로 찾으면 오히려 틀리기 쉬운 문제이다. 이 문제에서는 ～ない에 접속될 수 있으며 문맥상 어두워지기 전에 라는 의미가 되어야 하므로 어떤 상태가 계속되고 있는 기간 내에 후문의 행위를 할 때 사용하는 1번이 정답이 된다.

오답분석 4번(～한 후에)은 동사 た형에 접속되므로 제외해야 하고 2번(～위해서, ～때문에)은 목적이나 이유를 3번은 ～동안 계속을 의미하므로 논리상 정답이 될 수 없다.

복습 꼭! ～うちに(～사이에, ~동안에)

어휘 危(あぶ)ない 위험하다 | 暗(くら)い 어둡다 | 下(お)りる 내려오다

정답 1

03 この曲をきく（　　　）、いつも昔見た映画を思い出す。

1 までに　　2 くせに
3 たびに　　4 うちに

적절한 기능어 찾기 ★★★

해석 이 곡을 들을 **(때마다)** 항상 옛날에 본 영화를 떠올린다.

정답 찾기 공란 뒤의 부사 いつも(언제나, 항상)가 결정적인 단서가 되어 어떤 조건이 되면 항상 후문이 일어난다고 할 때 사용하는 3번이 정답이다.

오답분석 1번은 ～까지, 2번은 ～주제에, ～인데 라는 의미로 문맥상 정답이 아니며 4번(~동안에, 사이에)은 의미상 정답이 될 것 같지만 결정적으로 후문에 반복적인 행위가 올 수 없다.

복습 꼭! ～たびに(～하면 언제나, ～할 때마다)

어휘 曲(きょく) 곡 | 昔(むかし) 옛날 | 思(おも)い出(だ)す 생각해 내다, 회상하다

정답 3

04 早く起きられる(　　　)目覚ましをかけて寝た。

1 せいで　　2 ように
3 ために　　4 うえに

적절한 기능어 찾기 ★★

해석 빨리 일어날 수 **(있도록)** 알람시계를 맞추고 잤다.

정답 찾기 선택지의 4가지 표현이 모두 동사에 접속될 수는 있지만 공란 앞의 동사가 가능동사이므로 주로 가능동사나 무의지동사에 접속되어 목적을 나타낼 때 사용하는 2번이 정답이다.

오답분석 1번(~탓으로, 때문에)은 이유나 원인, 4번(~한데다가)은 첨가를 나타내므로 정답이 아니며 3번은 의지동사에 접속될 경우에만 목적의 의미를 가질 수 있으므로 정답이 될 수 없다.

복습 꼭! ~ように(~하도록)

어휘 起(お)きる 일어나다 | 目覚(めざ)まし 자명종

정답 2

---

05 A「田中さん、何を勉強しているんですか。」
B「韓国語です。韓国人の友達ができたので。
でも、韓国語(　　　)、難しいですね。」

1 って　　2 だって
3 なら　　4 だったら

적절한 기능어 찾기 ★★★

해석 A: 다나카 씨, 무엇을 공부하고 있습니까?
B: 한국어입니다. 한국인 친구가 생겨서요. 그렇지만 한국어**(는)** 어렵군요.

정답 찾기 내용 보다는 문법적인 요소를 먼저 고려해야 한다. 이 문제에서는 공란 앞의 한국어가 주어의 역할을 하고 있으므로 어떤 사항을 주제나 화제로 삼을 때 사용하는 1번(~이라는 것은, ~이란)이 정답이다.

오답분석 2번은 ~일지라도, ~라도, 3번은 ~라면, 4번은 ~였다면이라는 의미로 문맥상 정답이 아니다.

복습 꼭! ~って(~이라는 것은, ~은/는)

어휘 勉強(べんきょう) 공부 | 韓国語(かんこくご) 한국어 | 難(むずか)しい 어렵다

정답 1

---

06 この運動は体の健康(　　　)、心の健康にも効果があるという。

1 しかなく　　2 ばかりで
3 だけでなく　　4 よりも

문법적 호응관계 파악하기 ★★

해석 이 운동은 신체의 건강**(뿐만 아니라)** 정신 건강에도 효과가 있다고 한다.

정답 찾기 공란 뒤의 ~にも(~에도)를 통해 주로 조사 ~も와 함께 전문에서 언급한 것 외에도 범위가 더 크다는 것을 나타낼 때 사용하는 3번이 정답임을 알 수 있다

오답분석 1번 ~밖에 없고, 2번 ~뿐이므로, 4번 ~보다도 라는 의미가 되므로 정답이 아니다.

복습 꼭! ~だけでなく・~だけではなく(~뿐 아니라)

어휘 運動(うんどう) 운동 | 体(からだ) 몸 | 健康(けんこう) 건강 | 効果(こうか) 효과

정답 3

---

07 病院に運ばれてきた男性の足は、骨が見える(　　　)ひどいけがをしていた。

적절한 기능어 찾기 ★★

해석 병원으로 실려 온 남성의 다리는 뼈가 보일 **(만큼)** 부상이 심했다.

1 つもりの　　2 おかげで
3 途中の　　4 ほど

정답 찾기 공란 앞의 뼈가 보이다와 공란 뒤의 부상이 심했다의 관계를 보면 부상이 어느 정도인지를 나타내고 있다는 것을 알 수 있다. 그러므로 어떤 상태가 어느 정도인지를 나타낼 때 사용하는 4번이 정답이 된다.

오답분석 1번은 의지나 신념을 나타내므로 자동사 등과는 사용할 수 없다. 2번은 ~덕분으로 3번은 ~도중의 라는 의미로 문맥상 정답이 아니다.

복습 꼭! ～ほど(~만큼, ~정도)

어휘 病院(びょういん) 병원 | 運(はこ)ぶ 운반하다 | 骨(ほね) 뼈 | 見(み)える 보이다 | けが 부상, 상처 | ひどい 심하다

정답 4

---

08 到着時刻を教えていただければ、空港までお迎えに（　　）。

1 いらっしゃいます　　2 まいります
3 なさいます　　4 ございます

적절한 경어동사 찾기 ★★★

해석 도착 시간을 알려 주시면 공항까지 마중을 **(나가겠습니다)**.

정답 찾기 경어 문제에서는 먼저 행위의 주체를 찾고 다음으로 의미를 생각하는 것이 좋다. 이 문제에서도 내용상 마중을 가는 것은 화자 자신이므로 가다, 오다의 겸양어인 2번이 정답이 된다.

오답분석 1번(行く, 来る, いる)과 3번(する)은 상대의 행위를 나타내는 존경어이므로 제외되어야 하고 4번은 ある의 정중어로 문맥상 정답이 아니다.

복습 꼭! 경어표현

어휘 到着(とうちゃく) 도착 | 時刻(じこく) 시각, 시간 | 教(おし)える 가르치다 | 空港(くうこう) 공항 | 迎(むか)える 맞이하다

정답 2

---

09 A「うちの子がかいたウサギの絵、かわいいでしょ。」
B「ええ。でも、ウサギ（　　）くまみたいですね。」

1 というより　　2 といえば
3 といった　　4 という

적절한 기능어 찾기 ★★★

해석 A: 우리 아이가 그린 토끼그림 귀엽죠?
B: 예. 그렇지만 토끼**(라고 하기보다)** 곰 같군요.

정답 찾기 대화를 살펴보면 A가 자신의 아이의 토끼그림을 자랑하자 B가 곰 같다는 내용을 통해서 두 사항을 비교해 후문이 더 적절하다, 맞다고 할 때 사용하는 1번이 정답이 된다.

오답분석 2번은 ~라고 하면, 3번은 ~같은, 4번은 ~라는 이라는 의미이므로 문맥상 정답이 아니다.

복습 꼭! ～というより(~라고 하기보다)

어휘 うさぎ 토끼 | 絵(え) 그림 | かわいい 귀엽다 | くま 곰

정답 1

---

10 A「この授業はどんなことを勉強するんですか。」
B「授業の内容は教える先生（　　）違いますから、直接先生に聞いてみてください。」

의미적 호응관계 찾기 ★★★

해석 A: 이 수업은 어떤 것을 공부합니까?
B: 수업 내용은 가르치는 선생님**(에 따라서)** 다르기 때문에 직접 선생님에게 물어 보세요.

정답 찾기 공란 뒤의 違う(다르다)가 중요한 힌트가 된다. 즉 명사에 대응해서 후문의 사항도 변한다, 각각 다르다고 할 때 사용하는 3번이 정답이 된다.

1 にとって　　2 に対して
3 によって　　4 に比べて

오답분석 1번(~에 있어서)는 입장, 처지, 2번(~에 대해서, ~한데 비해서)는 대상, 대비, 4번(~에 비해서)은 비교를 나타낼 때 사용하므로 문맥상 정답이 아니다.

복습 꼭! ~によって(~에 따라서, ~에 의해서)

어휘 授業(じゅぎょう) 수업 | 勉強(べんきょう) 공부 | 内容(ないよう) 내용 | 違(ちが)う 다르다 | 直接(ちょくせつ) 직접

정답 3

11 店内に入ると、ちょうど(　　)、客は私たちだけだった。

1 開店したばかりなのに
2 開店したばかりなのか
3 閉店したところなのに
4 閉店したところなのか

의미적 호응관계 찾기 ★★★

해석 가게 안에 들어가자 **(막 문을 열어서인지)** 손님은 우리들뿐이었다.

정답 찾기 가게 안에 들어갔다를 통해서 개점했다는 것을 알 수 있으므로 1번과 2번 중에 정답이 있는데 일반적으로 개점 직후에는 손님이 많지 않으므로 불확실한 이유를 나타내는 ~のか(~것인지, 때문이지)가 사용된 2번이 정답이 된다.

오답분석 1번의 ~のに(~한데, 인데)는 반대의 결과가 일어나는 역접에 사용하며, 3번과 4번의 동사 과거형+ところだ(막 ~했다)는 직후를 나타낼 때 사용하므로 폐점 직후가 되어 논리상 정답이 될 수 없다.

복습 꼭! 동사た+ばかりだ(막 ~했다, ~한지 얼마 되지 않았다)

어휘 店内(てんない) 가게 안 | 開店(かいてん) 개점 | 閉店(へいてん) 폐점

정답 2

12 このマンションは、駅前とは思えないくらい静かで緑も多くて本当に(　　)ので買うことにした。

1 住みにくくてもいい
2 住みすぎている
3 住んだままな
4 住みやすそうな

의미적 호응관계 찾기 ★★★

해석 이 맨션은 역 앞이라고는 생각되지 않을 정도로 조용하고 녹지도 많아 정말 **(살기 좋을 것 같)**아서 사기로 했다.

정답 찾기 ~ので(~때문에)를 통해 공란 앞의 이유로 화자가 집을 사기로 결정했다는 것을 알 수 있는데 역 앞, 조용함, 녹지 등은 생활환경이 우수함을 나타내므로 용이함과 편리함을 나타내는 ~やすい와 양태 표현 ~そうだ(~할 것 같다, ~으로 보인다)가 합쳐진 4번이 정답이 된다.

오답분석 1번 ~にくい는 ~하기 어렵다, 불편하다, 2번 ~すぎる는 너무 ~하다, 3번 ~まま는 ~한 채 라는 의미이므로 문맥상 적절하지 않다.

복습 꼭! 동사 ます형+やすい(~하기 쉽다, ~하기 편하다)

어휘 駅前(えきまえ) 역 앞 | 静(しず)かだ 조용하다 | 緑(みどり) 녹색, 자연 | 住(す)む 살다

정답 4

13 ピアノは子供のうちから習い始めることが多いが、大人に(　　)始められるというので、体験レッスンから受けてみた。

의미적 호응관계 찾기 ★★★

해석 피아노는 어릴 때 배우기 시작하는 경우가 많지만 어른이 **(되고 나서라도)** 시작할 수 있다고 해서 체험레슨부터 받아 봤다.

1 なる前でも　　2 なる前は
3 なってからでも　　4 なってからは

정답 찾기 역접의 접속조사 ～が(～이지만)와 공란 뒤의 '시작할 수 있다'를 통해 어른이 되어도 배울 수 있다가 되어야 함을 알 수 있으므로 ～てから(～하고 나서)와 ～でも(～라도, ～일지라도)가 합쳐진 3번이 정답이 된다.

오답분석 1번 되기 전이라도, 2번 되기 전에는, 4번 되고 나서는 이라는 의미이므로 문맥상 정답이 아니다.

복습 꼭! 동사 て형+から(~하고 나서)

어휘 習(なら)う 배우다 | 大人(おとな) 어른 | 体験(たいけん) 체험 | 受(う)ける 받다

정답 3

문제 2 다음 문장의 ＿★＿에 들어갈 가장 알맞은 말을 1・2・3・4 중에서 하나를 고르세요.

14 僕はいつもお客様の要望を＿＿ ＿＿ ＿★＿ ＿＿仕事をしている。

1 実現できるか　　2 考えながら
3 どうすれば　　4 ということを

단어 바르게 배열하기 ★★★

문장배열 僕はいつもお客様の要望を どうすれば(3) 実現できるか(1) ということを(4) 考えながら(2) 仕事をしている。

해석 나는 항상 고객의 요망을 어떻게 하면 실현시킬 수 있을까 라는 것을 생각하면서 일을 하고 있다.

정답 찾기 4번에 있는 명사의 속성을 나타내는 ～という(～라는, ～라고 하는) 앞에는 절이 올 수 있어 문맥상 1번이 적절하므로 1-4가 되어 타동사인 2번의 목적어가 되는 것이 좋다. 마지막으로 3번은 의문의 조사 ～か가 있는 1번 앞에 넣어 전체적으로 나열하면 3-1-4-2가 되어 정답은 4번이다.

어휘 お客様(きゃくさま) 손님 | 要望(ようぼう) 요망 | 実現(じつげん) 실현

정답 4

15 子供の悪い習慣は＿＿ ＿★＿ ＿＿ ＿＿ほうがいいと思います。

1 できるだけ　　2 直して
3 早く　　4 やった

단어 바르게 배열하기 ★★★

문장배열 子供の悪い習慣は できるだけ(1) 早く(3) 直して(2) やった(4) ほうがいいと思います。

해석 아이의 나쁜 습관은 가능한 한 빨리 고쳐주는 것이 좋다고 생각합니다.

정답 찾기 선택지의 2번과 4번의 연관성을 찾을 수만 있으면 간단히 해결된다. 여기서 4번은 보조동사로 사용되고 있으므로 2-4가 되어야 함과 동시에 마지막 칸에 들어가 ～た+ほうがいい(～하는 편이 좋다)가 되어야 한다. 그리고 い형용사의 부사형인 3번과 부사 1번은 의미상 1-3이 되는 것이 적절하므로 전체적으로 나열하면 1-3-2-4가 되어 정답은 3번이다.

어휘 悪(わる)い 나쁘다 | 習慣(しゅうかん) 습관 | できるだけ 가능한 한 | 直(なお)す 고치다

정답 3

16 A「それ、新しい携帯電話ですね。いつ買ったんですか。」
B「きのうです。＿＿ ＿＿ ＿★＿ ＿＿ ほしくなってつい買ってしまいました。」

1 買うつもり　　2 見たら
3 んですが　　4 はなかった

단어 바르게 배열하기 ★★★

문장배열　きのうです。買うつもり(1) はなかった(4) んですが(3) 見たら(2) ほしくなってつい買ってしまいました。

해석 A: 그거 새 휴대폰이군요. 언제 샀습니까?
B: 어제입니다. 살 생각은 없었는데 보니 갖고 싶어져서 그만 사버렸습니다.

정답 찾기 먼저 1번을 통해서 ～つもりはない(~할 생각은 없다)의 끊어진 형태임을 알 수 있으므로 1-4가 되어야 하고, 3번의 ～ん은 형식명사 ～の이므로 명사를 수식할 수 있는 4번 뒤에 들어가야 한다. 나머지 2번은 문맥상 마지막 칸에 넣어 전체적으로 나열하면 1-4-3-2가 되므로 정답은 3번이다.

어휘 新(あたら)しい 새롭다 | 携帯電話(けいたいでんわ) 휴대 전화 | ほしい 갖고 싶다 | つい 그만

정답 3

17 きのうから急に腰が痛くなったが、＿＿ ＿＿ ＿★＿ ＿＿ 困っている。

1 行けば　　2 一番早く治るのか
3 どこに　　4 わからなくて

단어 바르게 배열하기 ★★★

문장배열　きのうから急に腰が痛くなったが どこに(3) 行けば(1) 一番早く治るのか(2) わからなくて(4) 困っている。

해석 어제부터 갑자기 허리가 아팠지만 어디로 가면 가장 빨리 나을지 몰라서 난처하다.

정답 찾기 먼저 불확실함을 나타내는 ～か(~인가, ~인지)가 있는 2번은 4번과 잘 어울리므로 2-4가 되어야 하고 이동동사인 1번은 장소를 나타내는 3번에 접속되는 것이 좋다. 마지막으로 논리상 3-1이 2-4 앞에 들어가야 하므로 전체적으로 나열하면 3-1-2-4가 되어 정답은 2번이다.

어휘 急(きゅう)に 갑자기 | 腰(こし) 허리 | 痛(いた)い 아프다 | 治(なお)る 낫다

정답 2

18 日本の食べ物の中で ＿＿ ＿＿ ＿★＿ ＿＿ のは、やはりすしである。

1 もの　　2 代表的な
3 あげられる　　4 として

단어 바르게 배열하기 ★★★

문장배열　日本の食べ物の中で 代表的な(2) もの(1) として(4) あげられる(3) のはやはりすしである。

해석 일본의 음식 중에서 대표적인 것으로 들 수 있는 것은 역시 초밥이다.

정답 찾기 선택지 중에서 4번은 명사+として(~로서, ~으로서)로 사용하므로 1-4가 됨을 알 수 있다. 그리고 뒤에 명사가 필요한 な형용사 2번은 문맥상 1번을 수식하는 것이 적절하며, 마지막으로 예로 들다 라는 의미인 3번을 형식명사 ～の가 있는 마지막 칸에 넣어 전체적으로 나열하면 2-1-4-3이 되므로 정답은 4번이다.

어휘 食(た)べ物(もの) 음식 | 代表的(だいひょうてき)だ 대표적이다 | あげる 예로 들다 | やはり 역시 | すし 초밥

정답 4

문제 3 다음 문장을 읽고 19 에서 20 안에 들어갈 가장 좋은 것을 1·2·3·4 중에서 하나 고르세요.

私たちが日常生活のなかで、一番よく使う言葉は「忙しい」 19 。しかし、なんとなく使っているこの言葉の意味をはっきりわかっている人はあまりいないだろうと思います。

私たちはよく「最近メールをくれないのは忙しいからですか。」と聞いたりするんですが、「忙しい」という言葉の意味を考えてしまうと、 20 。

なぜなら、「忙しい」という言葉は「あなたのために使う時間がない。自分にはそれより大事なことがある。」という意味ではないでしょうか。これは 21 、あなたは自分にとってそれほど大事な人ではないという意味にもなるからです。

私も大事な人に向かって「忙しい」という言葉を使ってしまって、後で意味を考えて失敗だったと後悔することがあります。仕事で忙しい。それは、「私はあなたより 22 のほうが大事ですよ。」という意味にもなるからです。

本当にそうなら、そう言ってもいいでしょう。でも、そうでないなら、「忙しい」という言葉は 23 。

해석 우리들이 일상생활 속에서 가장 많이 사용하는 말은 '바쁘다' 19 이지 않을까요? 그러나, 무심코 사용하고 있는 이 말의 의미를 확실히 알고 있는 사람은 별로 없을 것이라고 생각합니다.

우리들은 종종 '요즘 메일을 보내주지 않는 것은 바빠서입니까?' 라고 묻거나 합니다만, '바쁘다'라는 말의 의미를 생각하면 20 사용하기 어려워질 것입니다.

왜냐하면 '바쁘다'라는 말은 '당신을 위해서 쓸 시간이 없다. 자신에게는 그보다 중요한 일이 있다'라는 의미이지 않을까요? 이것은 21 결국 당신은 나에게 있어서 그다지 중요한 사람이 아니라는 의미도 되기 때문입니다.

저도 중요한 사람에게 '바쁘다'라는 말을 사용하고서 나중에 의미를 생각하고서 실수였다고 후회하는 경우가 있습니다. 일로 바쁘다. 그것은 '나는 당신보다 22 일이 중요합니다'라는 의미도 되기 때문입니다.

정말 그렇다면 그렇게 말해도 괜찮을 것입니다. 그렇지만 그렇지 않다면 '바쁘다'라는 말은 23 사용하지 않는 편이 좋을 것 같습니다.

어휘 日常生活(にちじょうせいかつ) 일상생활 | 言葉(ことば) 말 | 意味(いみ) 의미 | はっきり 확실하게 | 大事(だいじ)だ 소중하다 | 失敗(しっぱい) 실패 | 後悔(こうかい)する 후회하다

19

1 ではないでしょう　2 ではないでしょうか
3 ではないです　4 でしょうか

알맞은 기능어 찾기 ★★

선택지 해석
1 이지 않을 것입니다　2 이지 않을까요?
3 이지 않습니다　4 일까요?

정답 찾기 공란 앞뒤의 이야기의 전개를 보면 논리상 우리들이 일반적으로 가장 많이 사용하는 말이 바쁘다 라는 의미가 되어야 함을 알 수 있다. 그러므로 상대에게 정중하게 사실을 확인하면서 동의를 구할 때 사용하는 2번이 정답이 된다.

오답분석 간단히 결론만 보면 결국 1번과 3번은 '~가 아니다'가 되므로 정답이 될 수 없고 4번은 질문이 되기 때문에 정답이 아니다.

정답 2

20

1 使いたくなるはずです
2 使いやすくなるかもしれません
3 使うかもしれません
4 使いにくくなるはずです

알맞은 기능어 찾기 ★★★

선택지 해석
1 사용하고 싶어질 것입니다
2 사용하기 쉬워질지도 모릅니다
3 사용할지도 모릅니다
4 사용하기 어려워질 것입니다

정답 찾기 문맥의 흐름을 파악하기 위해서는 접속조사가 중요한 역할을 하는 경우가 많다. 여기서도 ～聞いたりしますが、～意味を考えてしまうと(～묻거나 하지만, ～의미를 생각하면)를 통해서 공란에는 논리상 사용하지 않는다가 되어야 함을 알 수 있으므로 정답은 4번이 된다.

오답분석 1, 2, 3번 모두 결국 사용한다는 결과가 되므로 논리상 정답이 될 수 없다.

복습 꼭! 동사 ます형+にくい(～하기 어렵다)

정답 4

21

1 つまり　　2 一方
3 それで　　4 ところで

알맞은 부사 찾기 ★★★

정답 찾기 부사나 접속사 문제는 단순히 해석상 자연스러운 것을 찾기보다는 앞뒤 문장의 관계를 생각해야 하는데 공란 앞뒤의 문장을 읽어보면 결국 같은 내용이라는 것을 알 수 있다. 그러므로 앞 내용을 다른 말로 바꾸어 말할 때 사용하는 부사인 1번 つまり(결국, 요컨대, 즉)가 정답이 된다.

오답분석 2번은 한편, 3번은 그래서, 4번은 그런데 라는 의미로 논리상 정답이 아니다.

복습 꼭! 부사, 접속사

정답 1

22

1 自分　　2 仕事
3 忙しい　　4 人

알맞은 단어 찾기 ★★★

정답 찾기 이야기의 전개 방식이 앞 단락과 유사한데 이 문제에서는 それは～(그것은～)가 핵심 포인트로 앞 문장의 仕事で忙しい(일로 바쁘다)를 지칭하며 일이 더 중요하다는 의미가 되므로 정답은 2번이 된다.

오답분석 1번 자신, 3번 바쁘다, 4번 사람은 문맥상 맞지 않으므로 정답이 될 수 없다.

정답 2

23

1 使ったほうがよさそうです
2 使ってみたほうがいいです
3 使わないほうがよさそうです
4 いつも使ったほうがいいです

알맞은 기능어 찾기 ★★★

선택지 해석
1 사용하는 편이 좋을 것 같습니다
2 사용해 보는 편이 좋습니다
3 사용하지 않는 편이 좋을 것 같습니다
4 항상 사용하는 편이 좋습니다

정답 찾기 글 전체를 보면 필자는 忙しい라는 말에 대해 부정적인 의견을 피력하고 있다는 것만 알아도 정답을 찾을 수도 있지만 そうでないなら(그렇지 않다면)를 통해 간단히 사용해도 된다는 앞 문장과는 반대의 내용이 되어야 함을 알 수 있으므로 정답은 3번이 된다.

오답분석 1, 2, 4번 모두 표현은 조금씩 다르지만 결국 사용할 것을 제안하는 표현이므로 논리상 정답이 아니다.

복습 꼭! 동사 た형+ほうがいい(～하는 편이 좋다)

정답 3

실전 모의고사 | 2회

문제 1 다음 문장의 (　　　)에 들어갈 가장 알맞은 말을 1·2·3·4 중에서 하나를 고르세요.

01 週末はのんびりコーヒを飲みながら読書をして時間(　　　)過ごした。

1 が　　2 で
3 に　　4 を

적절한 조사 찾기 ★★★

해석 주말에는 느긋하게 커피를 마시면서 독서를 하며 시간**(을)** 보냈다.

정답 찾기 공란 뒤의 過(す)ごす는 시간명사+をすごす(~을 보내다) 형태로 많이 사용하므로 쉽게 4번이 정답임을 알 수 있다. 참고로 조사 ~を는 여러 가지 의미로 사용되는데 기본적인 동작의 대상 외에도 동작, 작용이 지속되는 시간을 나타내기도 한다.

오답분석 1번 ~が(~이, 가)는 동작의 주체나 욕망의 대상, 2번 ~で(~에서, ~으로)는 장소, 수단, 재료, 원인, 3번 ~に(~에게)는 대상이나 수동문의 행위의 주체 등을 나타낼 때 사용하므로 정답이 될 수 없다.

어휘 週末(しゅうまつ) 주말 | のんびり 한가롭다 | 読書(どくしょ) 독서

정답 4

02 京都は古くから観光地(　　　)人気があるところだ。

1 にたいして　　2 として
3 とくらべて　　4 において

적절한 기능어 찾기 ★★★

해석 쿄토는 예로부터 관광지**(로서)** 인기가 있는 곳이다.

정답 찾기 공란 앞뒤의 관광지와 인기 있다를 통해서 관광지로서 유명하다는 의미임을 알 수 있으므로 자격, 입장, 명목을 나타낼 때 사용하는 2번이 정답이 된다.

오답분석 1번(~에 대해서, ~와는 반대로)은 대상이나 대비, 3번(~와 비교해서)는 비교, 4번(~에서, ~에 있어서)는 상황, 장소를 나타낼 때 사용하므로 정답이 아니다.

복습 꼭! ~として(~로서)

어휘 古(ふる)く 옛날 | 観光地(かんこうち) 관광지 | 人気(にんき) 인기

정답 2

03 毎日忙しく仕事をしていたら、(　　　)季節が変わって夏になっていた。

1 いつのまにか　　2 いつでも
3 いつか　　4 いつも

적절한 부사 찾기 ★★★

해석 매일 바쁘게 일을 하고 있었더니 **(어느 새인가)** 계절이 바뀌어서 여름이 되어 있었다.

정답 찾기 내용상 너무 바빠서 계절의 변화를 인지 못했다는 의미이므로 모르는 사이에 어떤 상태가 될 때 사용하는 1번 いつのまにか(어느 새인가)가 정답이 된다.

오답분석 2번은 언제라도, 3번은 언젠가는, 4번은 언제나 라는 의미로 문맥상 정답이 아니다.

어휘 忙(いそが)しい 바쁘다 | 季節(きせつ) 계절 | 変(か)わる 바뀌다 | 夏(なつ) 여름

정답 1

04 ここは日本の伝統料理が食べられるから、外国のお客さんに（　　　）かもしれない。

1 喜ぶ　　2 喜ばれる
3 喜ばせる　　4 喜へない

문법적 호응관계 파악하기 ★★★

해석 이곳은 일본의 전통요리를 먹을 수 있기 때문에 외국 손님들이 **(좋아할)**지도 모른다.

정답 찾기 내용상 손님이 기뻐하다, 좋아하다가 필요한데 행위의 주체 즉 기뻐하는 주체인 お客さん 뒤에 조사 ～に가 있으므로 뒤에는 수동동사가 필요하다는 것을 알 수 있다. 그러므로 정답은 2번이 된다.

오답분석 1번 본동사, 3번 사역형, 4번은 가능형의 부정으로 문맥상 정답이 아니다.

복습 꼭! 수동표현

어휘 伝統料理(でんとうりょうり) 전통요리 | 外国(がいこく) 외국 | 喜(よろこ)ぶ 기뻐하다

정답 2

05 子供たちには興味を持っていることをどんどん（　　　）ほうがいい。

1 やってやらせた　　2 やられてやった
3 やってやられた　　4 やらせてやった

적절한 기능어 찾기 ★★★

해석 아이들에게는 흥미를 가지고 있는 것을 계속 **(시켜주는)** 편이 좋다.

정답 찾기 문장주어는 생략되어 있지만 내용상 부모가 되고 대상은 아이들이므로 주어가 대상에게 어떤 행위를 해주는 보조동사 ～てやる(~해 주다)와 부모가 자식들에게 어떤 일을 하도록 허가, 방임함을 나타내는 やる의 사역동사인 やらせる가 합쳐진 4번이 정답이다.

오답분석 기본적으로 보조동사는 사역이나 수동형을 사용하지 않으므로 1번과 3번은 제외되어야 하며 2번은 수동동사가 사용되어 부모가 아이에게 당하다는 의미가 되므로 정답이 될 수 없다.

복습 꼭! 사역표현

어휘 興味(きょうみ) 흥미 | どんどん 계속, 자꾸

정답 4

06 予定では、私が明日の午後4時までに20個の製品をお客様に（　　　）。

1 送らせるつもりだ
2 送ってくれたことだ
3 送ることになっている
4 送ってあげたばかりだ

의미적 호응관계 찾기 ★★★

해석 예정으로는 내가 내일 오후 4시까지 20개의 제품을 손님에게 **(보내기로 되어 있다)**.

정답 찾기 내용상 화자가 제품을 손님에게 보내야 하며 예정과 내일이라는 단어를 통해 아직 이루어지지 않은 일임을 알 수 있다. 그러므로 예정, 규칙, 규정 등을 나타낼 때 사용하는 3번이 정답이 된다.

오답분석 1번은 보내게 할 생각이다, 2번은 보내줬다는 것이다, 4번은 막 보내드렸다 라는 의미가 되므로 정답이 아니다.

복습 꼭! ～ことになっている(~하기로 되어 있다)

어휘 予定(よてい) 예정 | ～個(こ) ~개 | 製品(せいひん) 제품 | 送(おく)る 보내다

정답 3

07 (店内のアナウンス)
店内は涼しくしておりますが、暑かったら遠慮なくいつでも(　　　)ください。

1 申し上げて　　2 おっしゃって
3 なさって　　4 お聞きして

적절한 경어 찾기 ★★★

해석 (가게 안 안내방송) 가게 안은 에어컨을 가동 중입니다만 더우시면 망설이지 마시고 언제라도 **(말씀해)** 주세요.

정답 찾기 선택지를 보면 경어 문제임을 알 수 있으므로 행위의 주체와 동사를 먼저 찾으면 되는데 여기서는 문맥상 더울 경우 손님이 가게에 말을 하는 것이기 때문에 言う의 존경어인 2번 おっしゃる(말씀하시다)가 정답이 된다.

오답분석 존경어가 필요하므로 言(い)う의 겸양어인 1번과 聞(き)く의 겸양어 공식인 4번은 우선 제외되어야 하고 3번은 する의 존경어이므로 의미상 맞지 않다.

복습 꼭! 경어표현

어휘 店内(てんない) 가게 안 | 涼(すず)しい 시원하다 | 暑(あつ)い 덥다 | 遠慮(えんりょ)なく 사양 말고, 기탄없이

정답 2

---

08 学生「先生、風邪みたいで具合がよくないんですが、(　　　)。」
先生「はい、わかりました。お大事に。」

1 早退させていただけますか
2 早退してはいけませんよ
3 早退ではどうでしょうか
4 早退してしまいましょうか

적절한 경어표현 찾기 ★★★

해석 학생: 선생님, 감기인지 몸 상태가 좋지 않습니다만 **(조퇴시켜 주시겠습니까)**?
선생: 예, 알겠습니다. 몸조리 잘하세요.

정답 찾기 대화의 내용상 선택지의 조퇴하는 주체는 학생이므로 상대에게 허가를 구해 어떤 행위를 할 때 사용하는 사역동사て+いただく와 상대에게 정중하게 부탁할 때 사용하는 ～て+いただけますか가 합쳐진 1번이 정답이 된다.

오답분석 2번은 조퇴해서는 안 됩니다, 3번은 조퇴로는 어떻습니까, 4번은 조퇴해 버릴까요 라는 의미가 되므로 문맥상 정답이 될 수 없다.

복습 꼭! 사역동사て+いただく(~하다)

어휘 風邪(かぜ) 감기 | 具合(ぐあい) 몸 상태 | 早退(そうたい) 조퇴 | お大事(だいじ)に 몸조리 잘하세요

정답 1

---

09 毎日している運動の(　　　)なのか、体重を測ってみたら5キロも減っていて嬉しかった。

1 せい　　2 から
3 ところ　　4 おかげ

적절한 기능어 찾기 ★★★

해석 매일 하는 운동 **(덕분)**인지 체중을 재어 봤더니 5 킬로그램이나 줄어서 기뻤다.

정답 찾기 확신할 수는 없지만 운동 때문에 체중이 줄었으며 문미의 기쁘다를 통해서 운동이 좋은 결과의 원인, 이유가 됨을 알 수 있으므로 정답은 4번이 된다.

오답분석 1번(~탓, 때문)은 나쁜 결과의 원인, 이유에 사용하므로 정답이 될 수 없다. 2번 ～から는 조사 ～の에 접속될 수 없고 3번은 여기서는 장소라는 의미가 되므로 정답이 아니다.

복습 꼭! 명사+おかげで(~덕분으로, 덕택으로)

어휘 運動(うんどう) 운동 | 体重(たいじゅう) 체중 | 測(はか)る 재다 | 減(へ)る 줄다 | 嬉(うれ)しい 기쁘다

정답 4

10 このまんがは(　　　)、アメリカの歴史についても学ぶことができます。

1 おもしろかったために
2 おもしろいだけでなく
3 おもしろいのかどうか
4 おもしろいのだから

적절한 기능어 찾기 ★★★

해석 이 만화는 **(재미있을 뿐만 아니라)** 미국 역사에 관해서도 배울 수 있다.

정답 찾기 공란 뒤의 ~も(~도)를 통해 만화책으로 재미와 학습 두 가지 모두를 얻을 수 있다는 의미이므로 주로 조사 ~も와 함께 ~뿐만 아니라 더 넓은 범위에도 라고 할 때 사용하는 2번이 정답이다.

오답분석 1번은 재미있었기 때문에, 3번은 재미있는지 어떤지, 4번은 재미있기 때문에 라는 의미가 되므로 문맥상 정답이 될 수 없다.

복습 꼭! ~だけで(は)なく(~뿐만 아니라)

어휘 まんか 만화 | おもしろい 재미있다 | 歴史(れきし) 역사 | ~について ~에 관해서 | 学(まな)ぶ 배우다

정답 2

11 A「入るとき、靴を脱がなければなりませんか。」
B「いいえ、(　　　)大丈夫です。」

1 そのままで　　2 あのままは
3 それだけで　　4 あれだけは

적절한 기능어 찾기 ★★★

해석 A: 들어갈 때 신발을 벗지 않으면 안 됩니까?
B: 아니요, **(그대로도)** 괜찮습니다.

정답 찾기 단순히 해석만으로는 조금 혼돈될 수도 있지만 대화 내용상 A는 현재 신발을 신고 있으며 B는 그 상태로 괜찮다고 말하는 것이므로 어떤 상태나 동작이 유지된 상태를 나타내는 ~ままで(~한 채로)가 사용된 1번이 정답이 된다. 참고로 ~まま는 주로 동사의 과거형이나 부정형에 접속되지만 연체사(この, その, あの)에 접속될 수도 있다.

오답분석 2번 あの~는 멀리 떨어진 것이나 서로 알고 있는 사항을 지칭하고 3번과 4번의 ~だけ(~뿐, 만)는 한정할 때 사용하므로 정답이 될 수 없다.

복습 꼭! ~ままで(~한 채로)

어휘 靴(くつ) 신발 | 脱(ぬ)ぐ 벗다 | 大丈夫(だいじょうぶ)だ 괜찮다

정답 1

12 まだ中国に来た(　　　)、もう国の家族や友だちが恋しくなる。

1 そうだから　　2 らしいなのに
3 ばかりなのに　　4 ころだから

적절한 기능어 찾기 ★★★

해석 아직 중국에 온지 **(얼마 되지 않는데)** 벌써 고국의 가족과 친구들이 그리워진다.

정답 찾기 まだ(아직)와 もう(벌써)를 통해 내용상 중국에 온지 얼마 지나지 않았음을 알 수 있으므로 어떤 행위가 완료되고 얼마 지나지 않았다는 의미를 나타낼 수 있는 3번이 정답이 된다.

오답분석 1번의 전문 ~そうだ와 추량의 ~らしい는 자신의 행위에는 사용할 수 없으며 4번 ころ(경, 쯤)는 때를 나타내므로 정답이 아니다.

복습 꼭! 동사 た형+ばかりだ(~한지 얼마 안됐다, 막 ~했다)

어휘 中国(ちゅうごく) 중국 | 家族(かぞく) 가족 | 恋(こい)しい 그립다

정답 3

13 この道は交通量が多いのに狭いしカーブも多いから、いつ事故が（　　　）。

1 起きてよかった

2 起きたくなった

3 起きてもおかしくない

4 起きなければよかった

의미적 호응관계 찾기 ★★★

해석 이 길은 교통량이 많은데 좁고 커브도 많아서 언제 사고가 **(일어나도 이상할 것이 없다)**.

정답 찾기 문제를 보면 사고가 일어날 수 있는 충분한 요소들을 나열하고 있으므로 가능성이 충분함을 나타내는 ～てもおかしくない가 사용된 3번이 정답이 된다.

오답분석 1번 ～てよかった는 ～하길 잘했다, ～해서 다행이다, 2번 ～たい는 ～하고 싶다, 4번 ～なければよかった는 ～하지 않았으면 좋았다는 의미가 되므로 문맥상 정답이 아니다.

복습 꼭! ～てもおかしくない(～해도 이상할 것이 없다, ～하고도 남는다)

어휘 道(みち) 길 | 交通量(こうつうりょう) 교통량 | 狭(せま)い 좁다 | 事故(じこ) 사고

정답 3

문제 2 다음 문장의 ＿★＿에 들어갈 가장 알맞은 말을 1・2・3・4 중에서 하나를 고르세요.

14 今までなかった新しい技術が＿＿ ＿＿ ＿★＿ ＿＿そうだ。

1 教授　　2 開発された

3 によって　　4 A大学の

단어 바르게 배열하기 ★★★

문장배열 今までなかった新しい技術が A大学の(4) 教授(1) によって(3) 開発された(2) そうだ。

해석 이제까지 없었던 새로운 기술이 A대학의 교수에 의해서 개발되었다고 한다.

정답 찾기 먼저 명사가 필요한 4번은 문맥상 1번과 짝이 되어 마찬가지로 명사가 필요한 3번 ～によって(～에 의해서)에 접속되어 4-1-3이 되어야 한다. 마지막으로 2번을 보통형이 필요한 전문 ～そうだ의 앞인 마지막 칸에 넣어 전체적으로 나열하면 4-1-3-2가 되므로 정답은 3번이다.

어휘 新(あたら)しい 새롭다 | 技術(ぎじゅつ) 기술 | 教授(きょうじゅ) 교수 | 開発(かいはつ) 개발

정답 3

15 知って＿＿ ＿＿ ＿★＿ ＿＿誰にでもあるだろうと思う。

1 思い出せない　　2 いるのに

3 という経験は　　4 どうしても

단어 바르게 배열하기 ★★★

문장배열 知って いるのに(2) どうしても(4) 思い出せない(1) という経験は(3) 誰にでもあるだろうと思う。

해석 알고 있는데 아무리 하여도 생각해 낼 수 없는 경험은 누구에게라도 있을 것이라고 생각한다.

정답 찾기 우선 보조 동사로 사용할 수 있는 2번을 첫 번째 칸에 넣어 ～ている 형태로 만들고 동사인 1번은 명사인 3번을 수식하게 하면 된다. 마지막으로 주로 부정어와 함께 사용하는 부사 4번을 1번 앞에 넣어 전체적으로 나열하면 2-4-1-3이 되므로 정답은 1번이다.

어휘 どうしても 아무리 하여도 | 思(おも)い出(だ)す 생각해 내다 | 経験(けいけん) 경험

정답 1

16 明日は午前８時から早朝会議が ＿＿ ＿＿ ★ ＿＿ ならない。

1 寝過ぎて　　2 ようにしなければ
3 あるから　　4 遅刻しない

단어 바르게 배열하기 ★★★

문장배열 明日は午前８時から早朝会議が あるから(3) 寝過ぎて(1) 遅刻しない(4) ようにしなければ(2) ならない。

해석 내일은 오전 8시부터 아침회의가 있기 때문에 늦잠자서 지각하지 않도록 하지 않으면 안 된다.

정답 찾기 동사 기본형이나 ～ない에 접속되는 2번 ～ようにする(～하도록 하다)는 4번과 짝이 됨과 동시에 ～なければならない(～하지 않으면 안 된다)가 되도록 마지막 칸에 넣어주면 된다. 그리고 첫 번째 칸에는 문맥상 동사인 3번이 들어가야 하고 마지막 남은 칸에 1번을 넣어 전체적으로 나열하면 3-1-4-2가 되므로 정답은 4번이다.

어휘 早朝(そうちょう) 조조, 이른 아침 | 会議(かいぎ) 회의 | ～過(す)ぎる 너무 ～하다 | 遅刻(ちこく) 지각

정답 4

17 おもちゃ屋さんにあるのは、どれもこれも ＿＿ ＿＿ ★ ＿＿ ものばかりだった。

1 ほしがり　　2 そうな
3 孫が　　4 すばらしい

단어 바르게 배열하기 ★★★

문장배열 おもちゃ屋さんにあるのは、どれもこれも 孫が(3) ほしがり(1) そうな(2) すばらしい(4) ものばかりだった。

해석 장난감 가게에는 모두 손자가 갖고 싶어 할 것 같은 멋진 것뿐이었다.

정답 찾기 제일 먼저 양태～そうだ(～할 것 같다, ～으로 보인다)인 2번은 동사 ます형인 1번에 접속될 수밖에 없다. い형용사인 4번은 명사인 3번을 수식할 수도 있으나 문맥상 마지막 칸이 더 적합하고 3번은 첫 번째 칸에 넣어 주어로 만들어 전체적으로 나열하면 3-1-2-4이므로 정답은 2번이다.

어휘 おもちゃ屋(や) 장난감 가게 | 孫(まご) 손자 | ほしがる 갖고 싶어 하다 | すばらしい 훌륭하다, 멋지다

정답 2

18 僕にとって部屋が片付いて ＿＿ ＿＿ ★ ＿＿ ことはない。

1 ストレスの　　2 ことほど
3 たまる　　4 いない

단어 바르게 배열하기 ★★★

문장배열 僕にとって部屋が片付いて いない(4) ことほど(2) ストレスの(1) たまる(3) ことはない。

해석 나에게 있어서 방이 정돈되어 있지 않은 것만큼 스트레스가 쌓이는 일은 없다.

정답 찾기 いる의 부정형인 4번은 첫 번째 칸에 들어가서 ～ている를 만들면서 내용상 명사인 2번을 수식하면 된다. 주의할 점은 1번의 ～の는 여기서는 주격이기 때문에 주격조사 ～が와 동일하게 취급해야 하므로 자동사인 3번과 짝이 되어 마지막 칸에 들어가 명사 こと를 수식해야 한다. 전체적으로 나열하면 4-2-1-3이므로 정답은 1번이다.

어휘 ～にとって ～에 있어서 | 片付(かたづ)く 정리되다, 정돈되다 | たまる 쌓이다

정답 1

문제 3 다음 문장을 읽고 19 에서 20 안에 들어갈 가장 좋은 것을 1·2·3·4 중에서 하나 고르세요.

甘いものが大好きな私は、日本へ来てからいろいろなお菓子を 19 。日本の伝統のお菓子は和菓子と言いますが、私が一番好きなのは「タエコ」という和菓子です。「タエコ」は有名な日本の小説の主人公の名前だそうです。色や形がとても美しいほかの和菓子と違って、「タエコ」の見た目はそんなにきれいではありません。 20 ギョウザみたいな形をしています。皮はお米から作ったもので中身はつぶあん 21 できています。見た目は普通だけど、お茶と一緒に食べると、すごく幸せな気分になります。

22 日本の有名なお寺の近くには、だいていお茶の飲めるお店があります。お茶を飲むとき、ピンクや水色などのかわいい和菓子も一緒に出てくることが多いですが、ほどよい甘さでとてもおいしいです。

でも、私は和菓子の中で一番すばらしいお菓子はやっぱり「タエコ」だと思いますので、帰国するとき家族に「タエコ」をお土産に 23 と思っています。

해석 단것을 매우 좋아하는 나는 일본에 오고 나서 여러 가지 과자를 19 먹어보았습니다. 일본의 전통과자는 화과자라고 합니다만 내가 제일 좋아하는 것은 '다에코'라는 화과자입니다. '다에코'는 유명한 일본소설의 주인공의 이름이라고 합니다. 색과 모양이 매우 아름다운 다른 화과자와 다르게 '다에코'는 겉모습은 그렇게 예쁘지는 않습니다. 20 마치 교자만두 같은 모양을 하고 있습니다. 피는 쌀로 만든 것이고 속은 팥소 21 만으로 되어 있습니다. 겉모습은 평범하지만 차와 함께 먹으면 매우 행복한 기분이 듭니다.

22 덧붙여서 말하면 일본의 유명한 절 근처에는 대개 차를 마실 수 있는 가가게 있습니다. 차를 마시면 핑크색이나 옥색 등의 귀여운 화과자도 함께 나오는 경우가 많은데 적당한 단맛으로 매우 맛있습니다.

그렇지만 나는 화과자 중에서 가장 훌륭한 과자는 '다에코'라고 생각하기 때문에 귀국할 때 가족들에게 '다에코'를 선물로 23 사주고 싶다 고 생각하고 있습니다.

어휘 甘(あま)い 달다 | 菓子(かし) 과자 | 伝統(でんとう) 전통 | 和菓子(わがし) 화과자, 일본과자 | 有名(ゆうめい) 유명 | 小説(しょうせつ) 소설 | 主人公(しゅじんこう) 주인공 | 形(かたち) 모양, 형태 | 美(うつく)しい 아름답다 | 違(ちが)う 다르다 | 見(み)た目(め) 겉모습, 눈에 비치는 모습 | 皮(かわ) 가죽, 피 | 中身(なかみ) 속, 내용 | 普通(ふつう) 보통 | 気分(きぶん) 기분 | 寺(てら) 절 | 水色(みずいろ) 물빛, 옥색 | ほどよい 적당하다, 알맞다 | すばらしい 훌륭하다 | 帰国(きこく) 귀국 | お土産(みやげ) 선물 | 家族(かぞく) 가족

19

1 食べてみました
2 食べなかったです
3 食べないようにします
4 食べたためです

알맞은 기능어 찾기 ★★★

선택지 해석

1 먹어 보았습니다　　2 먹지 않았습니다
3 먹지 않도록 하겠습니다　　4 먹었기 때문입니다

정답 찾기 앞 문장에 평소에 필자가 단것을 매우 좋아한다고 했기 때문에 문맥의 흐름상 일본과자를 먹었다가 되어야 하므로 자신의 의지로 실제로 행동할 때 사용하는 ～てみる(~해 보다)가 사용된 1번이 정답이 된다.

오답분석 2번은 부정형 3번 ～ようにする(~하도록 하다)는 결의나 노력의 목표 4번 ～ためだ(~때문이다)는 이유를 나타내므로 문맥상 정답이 될 수 없다.

복습 꼭! 동사て형+みる(~해 보다)

정답 1

20

1 もし　　2 まるで
3 たぶん　　4 あまり

알맞은 부사 찾기 ★★★

정답 찾기 공란 뒤의 ～みたい가 중요한 단서가 되는데 화과자를 교자만두에 비유하고 있으므로 비유의 ～ようだ・～みだいだ(~같다)는 부사 まるで(마치, 흡사)와 함께 사용되는 경우가 많으므로 정답은 2번이다.

오답분석 4번(그다지)은 주로 부정문을 수반하며, 1번(만약)은 가정할 때, 3번(아마)은 추량을 나타낼 때 사용하므로 문맥상 정답이 아니다.

정답 2

21

1 ほどで　　2 ほどが
3 だけで　　4 だけが

알맞은 기능어 찾기 ★★★

정답 찾기 공란 뒤의 できる는 할 수 있다는 가능의 의미 외에도 만들어지다, 완성되다 등의 의미로도 사용할 수 있는데 공란 앞에 화과자인 다에코의 재료가 적혀 있으므로 그 재료만으로 만들어져 있다는 의미가 되는 한정의 ～だけ(～뿐, 만)와 방법, 재료를 나타내는 ～で(～로, 으로)가 합쳐진 3번이 정답이다.

오답분석 1번과 2번의 ～ほど(～정도, ～만큼)는 대략의 수량이나 정도를 나타낼 때 사용하므로 정답이 아니며 4번은 조사 ～が가 사용되어 의미적으로 부적절하다.

정답 3

22

1 しかし　　2 たとえば
3 そのうえ　　4 ちなみに

알맞은 접속사 찾기 ★★★

정답 찾기 이 단락에서는 화과자에 관련된 이야기이긴 하지만 필자가 가장 좋아하는 다에코가 아닌 다른 화과자 이야기가 적혀 있으므로 보충이나 부연적인 사항을 덧붙일 때 사용하는 4번 ちなみに(덧붙여서 말하면)가 정답이 된다.

오답분석 1번(그러나)은 역접일 때, 2번(예를 들면)은 구체적인 예를 들어 설명할 때, 3번(게다가, 더구나)은 앞 사항보다 더한 사실을 덧붙일 때 사용하므로 문맥상 정답이 될 수 없다.

정답 4

23

1 買ってあげるはずだ
2 買ってあげたい
3 買ってもらいたい
4 買ってくれるんだ

알맞은 기능어 찾기 ★★★

선택지 해석
1 사 줄 것이다　　2 사 주고 싶다
3 사 받고 싶다　　4 사 주는 것이다

정답 찾기 앞 문장에서 필자는 다에코가 최고라고 거듭 말하고 있기 때문에 논리상 귀국할 때 필자가 가족에게 다에코를 선물한다가 되어야 하므로 자신이 상대에게 어떤 행위를 해줄 때 사용하는 ～てあげる(～해 주다, 드리다)와 희망의 조동사 ～たい가 합쳐진 2번이 정답이 된다.

오답분석 1번의 ～はず(～할 것/터)는 기본적으로 자신의 행위에 사용할 수 없고 3번의 ～てもらう(～해 받다)는 자신이 상대에게서 어떤 행위를 해 받을 때, 4번 ～てくれる(～해 주다)는 상대가 자신에게 어떤 행위를 해 줄 때 사용하므로 정답이 될 수 없다.

정답 2

네이티브는 쉬운 일본어로 말한다 200대화 편

스자키 사요 지음 | 592쪽 | 16,000원

친구끼리 매일 쓰는 일상 대화 200개, 네이티브는 짧고 쉽게 대화한다!

인기 일본어 유튜버 사요(Sayo)가 쓴 본격 반말 회화서!
일상 회화를 뉘앙스까지 일본어로 번역했다. 롤플레잉 mp3 파일 제공!

난이도: **첫걸음** | 초급 | 중급 | 고급

목표: 교과서 같이 딱딱한 일본어에서 탈출하여 네이티브처럼 자연스러운 일본어 회화 구사하기

대상: 반말, 회화체를 배우고 싶은 학습자

JLPT N3 문법을 기본부터 충실하게 다져주는 파트별 기본서

1 | 독학에 최적화된 최강 해설!

#강의실 생중계 #답이 보이는 해설집 #오답까지 이해 #답을 찾는 스킬

2 | 기본부터 실전까지 한 권으로 완벽 대비!

#기초 문법부터 #고득점/만점을 위한 문법까지 #적중예상문제 총 20회
#실전 모의고사 2회분

3 | 출제 경향 완벽 분석!

#최신 경향 반영 #문제 유형&기출 문제 분석

ISBN 979-11-6521-667-2

시나공 JLPT N3 문법
Crack the Exam!
JLPT N3 Grammar

값 15,000원